Customer
Relationship
Management

2nd Edition

고객관계관리

전타식

북넷

2판 머리말

본서의 초판을 출간한 지 몇 년이 흘렀다. 비즈니스의 상황은 그동안 코로나19와 4차 산업혁명의 확산 등 새로운 패러다임으로 크게 바뀌고 있다. 이러한 새로운 변화는 소비자들의 가치추구, 소비경험 등을 변화시키고 온라인 시장의 성장과 확대로 연결되고 있다.

특히 고객을 파악하고 분석하여 새로운 전략을 수립해야 하는 기업의 CRM 분야는 익숙했던 오프라인 채널로부터 비대면중심의 온라인과 모바일, 가상현실 등의 정보기술이 결합 된 환경까지 이해하고 준비해야만 경쟁시장에서 생존할 수 있다. 이러한 거대한 비즈니스 환경변화에도 기업은 반드시 지켜야 할 고객관계관리의 원칙이 존재한다고 저자는 믿고 있다. 그것은 비즈니스의 변화에 상관없이 기업의 CRM 프로그램은 언제나 고객가치창출과 관계구축, 유지, 강화에 초점을 두어야 한다는 사실이다.

물론 급변하는 비즈니스 환경에서 고객과의 관계설정을 원활하게 유지하고 관리를 통해 긍정적 성과를 창출하는 것은 쉬운 일이 아니다. 요즘처럼 상품 퀄리티가 기본적으로 갖춰져 있고 상품과 서비스에 대한 대중적 접근이 용이한 상황에서는 더더욱 차별화 된 고객관계관리의 접근과 노하우가 기업구성원들에게 반드시 요구되어 진다.

또한 다양한 고객가치를 정확하게 찾아내고 그에 걸맞는 관리기법을 활용하여 고객이 원하는 성과를 만들어 내는 CRM전략은 수많은 기업이 궁극적으로 가고자 하는 비즈니스의 첫 번째 목표일 것이다.

이를 이루기 위해서는 고객에게 단순하게 사랑받는 상품이기보다는 그들의 가치이해를 통해 고객과의 관계가 획득되고 구축 및 강화하는 단계로 끊임없이 연결되어야 한다. 이를 위해서는 최근 다양하게 등장하는 IT 디바이스를 활용한 고객접촉면을 확대하는 등 고객과의 적극적인 커뮤니케이션을 유지 및 발전시켜야 할 것이다.

이에 따라 본서는 고객가치파악과 그에 따른 명확한 고객관계구축 및 관리를 다루는 데 초점을 맞추고 있다. 이번 2판은 기존의 틀 안에서 다음과 같은 주요특징을 갖는다.

첫째, 이 책은 CRM의 기본개념부터 현장에서 활용할 수 있는 응용된 최신의 여러 패러다임을 소개하는 데 그 중점을 두고자 하였다. 둘째, 각 장마다 다양한 글로벌기업의 생생한 사례들을 전달하고자 맨 앞부분과 중간중간 'TRENDS 망원경'을 통해서 현장의 경영사례들을 공유하고 쉽게 이해하도록 제시하였다.

이 책은 총 5부 14장으로 구성되어 있다.

제1부는 고객관계관리의 이해부분으로 고객관계관리(CRM)의 전반적 이해와 접근, 실행이유 등을 다루고 있다.

제2부는 고객관계관리와 마케팅을 다룬 부분으로 고객관계관리를 제대로 달성하기 위한 마케팅 부분에 대해 소개하였다.

제3부는 고객관계관리와 세일즈에 대해 다룬 부분으로 고객유형과 고객관계관리, 고객응대에 따른 고객관계관리, 협상과 상담의 방법을 통해 문제해결을 이끌어 내는 솔루션 비즈니스, 고객만족을 위한 고객관계관리 등 고객만족을 유도하려고 노력하는 세일즈 경영부분을 다루고 있다.

제4부는 고객관계관리와 서비스 부분을 다루었다. 고객서비스를 달성하기 위한 CRM전략, 콜센터의 운영 및 관리, 고객관계관리의 기초가 되는 데이터베이스에 대한 전반적인 부분에 대해서 소개하였다.

제5부는 고객관계관리의 변화부분으로 e-비즈니스와 eCRM, 모바일커머스, 국내외 기업의 CRM에 대해 다루었다.

아무쪼록 책의 완성도를 위해 노력을 기울였으나 여전히 부족한 점이 있을 것으로 생각된다. 일부 내용은 저자의 부족함으로 선행연구와 실무내용에 대해 많이 참고하여 창의적이지 못한 부분이 있으나 부족한 부분은 다음 기회에 더 충실한 내용으로 수정, 보완하고자 한다. 아울러 본서에서 발견되는 오류나 문제점들 역시 저자의 책임임을 미리 밝히고 양해를 구한다. 또한 고객관계관리를 공부하는 학생들에게 좋은 지침서가 되길 바라며 작은 밑거름이 되기를 바랄 뿐이다.

이 책이 나오기까지 항상 옆에서 마음 써 준 가족들과 구순이신 내 어머니, 성갑순 여사께 다시 한 번 고마움을 전한다. 또한 출판을 위해 애써주신 도서출판 북넷의 류재식 사장님과 임직원 여러분들께도 진심으로 감사를 드린다.

2023년 6월

연구실에서 전 타 식

머리말

고객이 기억하는 경쟁력 있는 기업은 과연 어떤 기업일까? 비즈니스의 성과를 꾸준히 달성해내는 기업일까, 아님 이윤창출은 부족하지만 오랫동안 고객들의 머리속에 좋은 기업으로 남아 있는 착한 기업일까?

기업의 경쟁이 치열해지고 자사의 산업분야가 점점 레드오션(red ocean)으로 치닫고 있다면 우리는 모두 기업 경쟁력에 대해 한번쯤 돌아보아야 한다. 기업이 가지고 있는 경쟁력의 핵심역량을 짚어봐야 한다는 것이다.

시대가 지나고 서로 다른 비즈니스 상황에서도 모두가 인정하는 경쟁력의 핵심은 바로 고객이다. 고객은 많은 기업에서 상품개발의 원동력이며, 진정한 성공의 네비게이터가 된지 오래다.

이러한 고객의 중요성은 고객욕구를 파악하려는 기업의 노력과 구체적인 전략의 전개를 통해 고객만족으로 이어진다. 따라서 기업은 고객만족을 위해 고객관계관리(CRM)를 체계적으로 접근해야만 한다.

하지만 그동안은 전문가 중심의 고객관계관리와 하드웨어 중심의 고객관계관리가 대부분을 차지해 왔다. 또한 기업들은 재무성과만을 위한 고객관계관리를 도입하기도 했다. 그러나 이러한 재무적 성과와 시스템을 만들어 내기 위해 먼저 준비해야 하는 것은 바로 고객이라는 핵심역량을 만들어야 하는 것이다.

이 책에서는 좀 더 쉬운 고객관계관리와 소프트한 CRM을 만들기 위해 기본이론들과 현장의 내용들을 함께 다루고자 하였다. 또한 고객관계관리를 처음 공부하는 학생과 일반인을 위한 기본적 CRM의 개념부터 현장에서 활용할 수 있는 다양한 고객관계관리를 소개하는 데 중점을 두었다. 특히 기존 CRM과는 다르게 시스템보다는 고객만족을 위한 접근과 고객중심의 관점에서 여러 가지 CRM 활동을 소개하고 있다.

이 책은 총 5부 14장으로 구성되어 있다.

제1부는 고객관계관리의 이해부분으로 고객관계관리(CRM)의 전반적 이해와 접근, 실행이유 등을 다루고 있다.

제2부는 마케팅과 고객관계관리를 다룬 부분으로 고객관계관리를 제대로 달성하기 위한 마케팅 부분에 대해 설명하였다.

제3부는 고객관계관리와 세일즈에 대해 이야기 하고 있다. 즉 고객유형과 고객관계관리, 고객응대에 따른 고객관계관리, 협상과 상담의 방법을 통해 문제해결을 이끌어 내는 솔루션 비즈니스, 고객만족을 위한 고객관계관리 등을 유기적으로 연결하여 고객만족을 유도하려고 노력하는 세일즈 경영부분을 다루고 있다.

제4부는 고객관계관리와 서비스 부분을 다루었다. 고객서비스를 달성하기 위한 CRM전략, 콜센터의 운영 및 관리에 대해 이야기 하고 있다. 또한 고객관계관리의 기초가 되는 데이터베이스에 대한 전반적인 부분에 대해서도 다루고 있다.

제5부는 고객관계관리의 변화부분으로 e-비즈니스와 eCRM, 모바일커머스, 국·내외 기업의 CRM에 대해 소개하였다.

아무쪼록 이 책이 고객관계관리라는 어려운 주제에 대해 더 많은 관심을 갖고자 하는 학생들과 일반인들에게 작은 밑거름이 되기를 바랄 뿐이다.

이 책이 나오기까지 출판을 위해 많은 도움을 준 북넷의 류재식 사장님과 임직원 여러분들께 진심으로 감사를 드린다. 또한 책을 집필하는 동안 옆에서 많은 도움을 준 가족에게도 고마움을 전한다.

2017년 7월

윗말 연구실에서

전 타 식

차 례

제 1 부 고객관계관리(CRM)의 이해

제2부 마케팅과 고객관계관리(CRM)

제3부 고객관계관리(CRM)와 세일즈경영

제11장 콜센터와 고객관계관리

제12장 고객관계관리와 데이터베이스

제 5 부 고객관계관리(CRM)의 변화

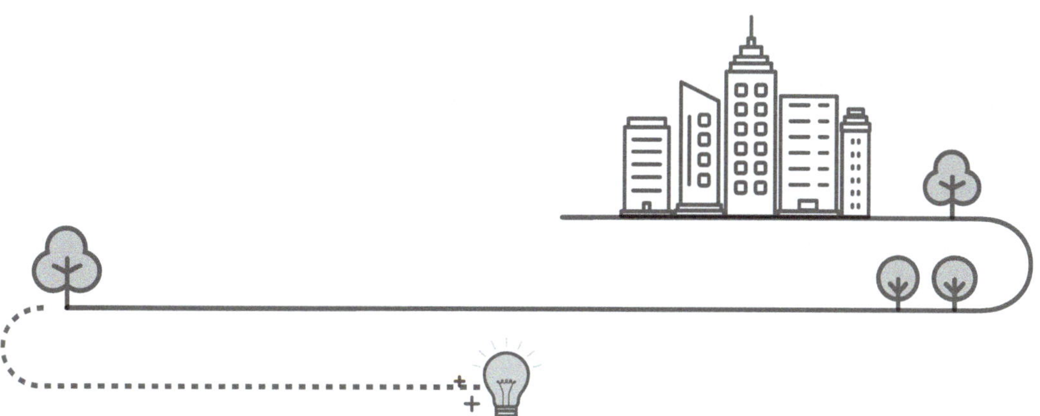

제1부
고객관계관리(CRM)의 이해

제1장 고객관계관리(CRM)의 접근

제2장 고객관계관리(CRM)의 배경

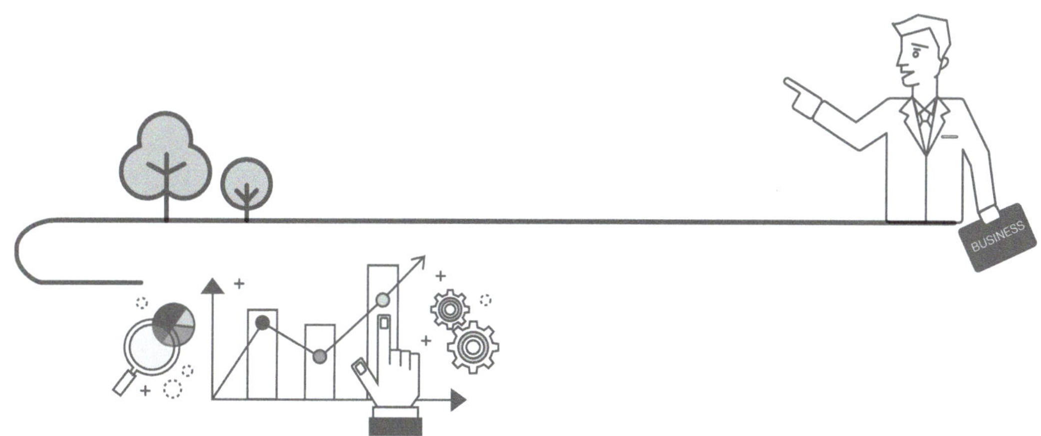

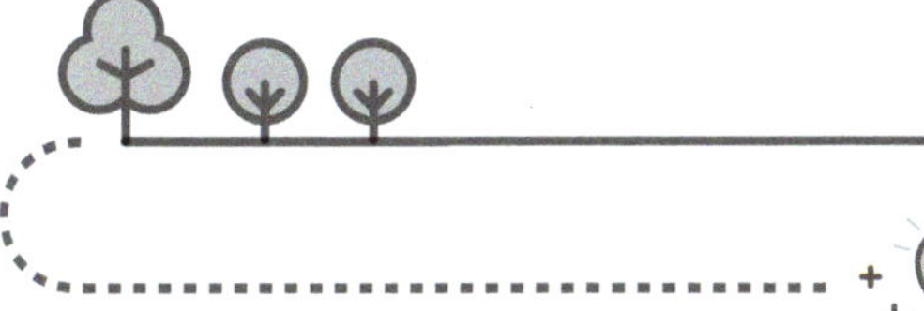

제1장

고객관계관리(CRM)의 접근

베끼기·틱톡·저가 공세로 서구 젊은 세대 사로잡다
논란의 패션기업, 쉬인- 초고속 성장의 비밀

중국의 저가의류 브랜드 쉬인이 무서운 기세로 시장을 점령하고 있다. 쉬인의 로고와 카트모형, 키보드를 놓고 찍은 사진. REUTERS

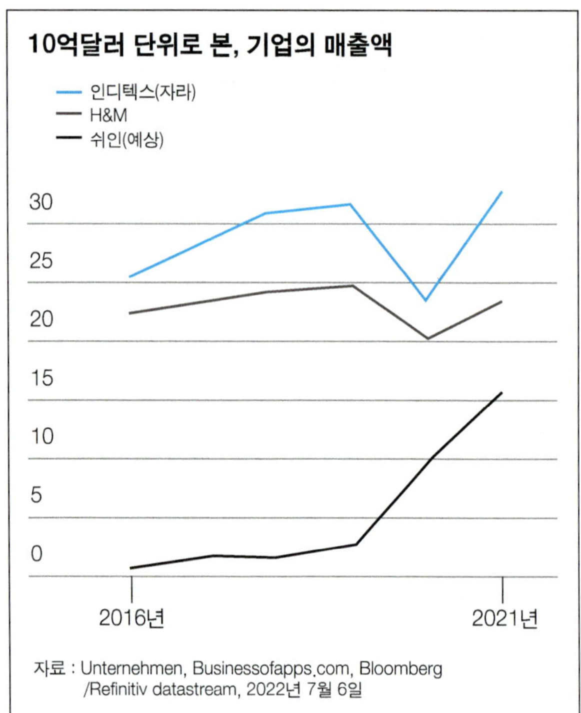

패스트패션 브랜드 쉬인(Shein)이 패션계 스타로 떠오르고 있다. 초고속으로 생산한 의류를 저가로 판매하는 이 재벌기업의 연매출액은 수십억 달러에 이른다. 이 과정에서 지속가능성은 전혀 고려되지 않지만 젊은 고객들은 이를 문제로 여기지 않는다.

첫눈에는 두 의상이 똑같아 보인다. 유전자 복제품인 듯 말이다. 초록과 갈색, 베이지색 무늬가 섞인 옷. 할머니 댁에 걸린 커튼같은 느낌을 살짝 주기도 한다. 치마부분 왼쪽이 깊게 트이고, 위쪽 목 부분은 짧은 터틀넥으로 돼 있다. 모든 것이 아주 흡사하다. 단 하나, 냄새만 빼놓고 말이다. 두 벌 중 하나에선 새 옷에서 나기 마련인 냄새, 이를 테면 그 옷이 담겼던 상자 자체의 냄새가 난다. 반면 다른 옷은 악취를 풍긴다. 플라스틱 냄새다.

처음 언급한 옷은 세계 최대 패스트패션 브

랜드로 꼽히는 기업 자라(Zara)의 제품이다. 두 번째 옷은 중국의 재벌기업 쉬인(Shein)에서 만들었다. 쉬인은 '울트라패스트패션'(Ultra-Fast-Fashion) 혹은 '실시간 패션'(Real-Time Mode)의 추세에서 선봉에 서 있는 기업이다.

이 새 흐름은 지난날 자라와 에이치앤엠(H&M)을 지금의 대기업으로 성장하게 했던 바로 그 요소가 절대적으로 강화된 형태라고 할 수 있다. 더 신속히, 더 싼 가격으로, 더 혁신적인 상품을 생산한다는 목표 말이다. 쉬인은 이 목표를 다른 기업보다 훨씬 철저하게, 그리고 거리낌 없이 추구한다.

◈ 패션에 관심 없는 최초의 패션기업

여기서 '베끼기'는 그 자체가 콘셉트다. 하지만 동시에 그들은 베꼈다는 사실을 뻔뻔하게 부인한다. 마크 제이콥스(미국의 유명 패션디자이너이자 루이뷔통의 수석디자인 감독)의 가방을 카피(복사)한 제품을 쉬인 인터넷 사이트에 올리고 "우리 회사 특유의 상품"이라고 소개하는 게 그 사례다.

베끼기 대상은 해당 업계의 대기업들만이 아니다. 쉬인은 중고시장 이용자가 내놓은 고급 탱크톱(어깨와 팔이 다 드러나는 윗옷), 미국 남캘리포니아 출신 시골 악단 멤버들이 입었던 셔츠같은 것도 그대로 베껴 판매한다. 대부분 직접 손뜨개질해서 만든 것을 파는 미국의 어느 여성 디자이너의 디자인도 쉬인이 40개 넘게 모방했다는 소문이 있다.

이 베끼기 콘셉트로 쉬인은 어마어마한 성공을 거뒀다. 연평균 매출량이 매년 배로 증가하고 있다. 미국 시장분석가들의 조사결과에 따르면, 코로나19 대유행을 겪으면서 자라와 에이치앤엠은 고객이 많이 줄어든 반면, 같은 기간 쉬인의 '회원'인 구매자 수는 연 200% 이상 늘었다. 그들의 지출액 역시 불과 2년 새 거의 두 배로 늘어나, 미국 고객의 경우 쉬인제품의 구매액은 1인당 월 89달러에 이른다. 데이터분석 기업인 어니스트리서치(Earnest Research)의 시장분석가 마이클 말루프는 이 현상에 대해 "중국인이 '정말 대

에이치앤엠(H&M) 역시 쉬인의 공세에 노출돼 있다. 2022년 8월2일 모스크바의 H&M 매장 입장을 기다리는 러시아 시민들. REUTERS

단한 것'을 성취했다"고 평가하면서 "지금까지 경험한 적 없는 일"이라고 놀라워했다.

쉬인은 2021년 한 해에만 전세계에서 160억달러(약 20조원)를 벌어들였다. 이는 독일 패션업계 총수익의 4분의 1에 해당한다. 쉬인은 자사의 수입과 관련한 통계수치를 발표한 적이 없다. 투자가들은 쉬인의 기업가치가 1천억달러에 이를 것으로 평가한다. 자라의 모회사인 인디텍스와 에이치앤엠을 합한 것보다 높은 수치다. 세계적으로 손꼽히는 신생기업 가운데 쉬인은 일론 머스크의 우주탐사기업 스페이스엑스(SpaceX)의 바로 뒤인 3위를 차지한다.

이 성공 이야기가 지금 시대정신에 꼭 부합한다고는 볼 수 없다. 그래서인지 이 패션기업은 환경파괴자 이미지를 벗어버리려 애쓴다. 이를 테면 직원들의 향상된 노동조건, 지속가능한 소비같은 이야기를 끊임없이 언급하는 식으로 말이다. 쉬인의 방식은 고객이 정말 원하는 것, 즉 '싸야지. 그게 제일 중요해. 나중에 무슨 일이 일어나든 우리와 무슨 상관이람?'이라는 요구에 좀더 솔직한 대답인 셈일까.

쉬인은 패스트패션 아이디어를 계속 발전시키는 기업이 아니라, 패션에 전혀 관심 없는 패션기업의 첫 번째 사례가 될 것이다. 옷을 그저 데이터의 종합으로만 여기는 기업, 본질적으로 단순히 기술만 작동시키는 기업 말이다.

사실, 쉬인의 잠재력은 제품의 품질향상에 몰두하는 게 아니라 추천 알고리즘을 더욱 정확히 분석하고 적용하는 것에 있다. 어린 고객이 쉬인 제품을 사기만 하는 게 아니라 오래 앱에 머물면서 이 회사 커뮤니티의 일부가 되도록 하는 것이다. 그리고 아마 (베끼기 외에) 바로 이것도, 쉬인이 20년도 채 안 되는 짧은 기간에 지금처럼 대성공을 거둔 기업이 될 수 있었던 이유, 그러나 30살 이상은 이런 성공을 전혀 알아채지 못했던 이유일 것이다.

◈ 30대 이상은 몰랐던 틱톡 마케팅

쉬인의 창립 이야기는 여느 회사와 마찬가지로 그리 분명하지 않다. 창립 연도는 2008년 혹은 2012년 등 자료에 따라 조금 차이가 난다. 중국 동부에 자리잡은 도시 난징에서 문을 열었다. 당시 인터넷 사이트에는 '쉬인사이드'(Sheinside)라는 상호로 올라왔고 웨딩드레스를 파는 회사였다.

'크리스'라고 자신을 소개한 창립자 쉬양톈에 대해서도 알려진 사실이 많지 않다. 중국 신문들은 쉬양톈이 해안지방인 산둥성 출신이고 그곳 칭다오대학에서 수학했으며 검색엔진 최적화 분야에서 경험을 쌓았다고 썼다. 그런가 하면, 그가 미국에서 태어났고 워싱턴대학을 졸업했다고 보도하는 매체도 있다. 쉬양톈 자신은 물론 그의 기업도, 지금까지 인터뷰를 비롯해 공개된 게 없다. 중국의 한 신문은 2020년에 쉬양톈이 "어떤 내용을 막론하고, 귀사가 사실과 다른 기사를 쓸 경우 나는 단연코 귀사를 고소할 겁니다"라는 말을 전했다고 주장한다.

쉬양톈은 2014년 광저우로 회사를 옮겼고, 이듬해 그는 원래의 상호에서 뒤쪽의 네 글자를 떼어버린다. 쉬인사이드(Sheinside)에서 쉬인(Shein)으로 이름이 바뀐 것이다. 동시에 취급품목도 신부복에서 남성·아동·여성의류로 확대됐다. 검색엔진을 최적화하고 상품가격을 크게 낮췄다. 쉬인은 중국시장을 판매처로 여긴 적이 한 번도 없다. 이 기업의 목표그룹은 항상 패션에 돈을 많이 쓰고 싶어 하지 않는 외국의 젊은층이었다. 중국 내에선 경쟁압력이 너무 높아서였을 것이다.

쉬인은 신속하게 인플루언서들을 사업에 끌어들였다. 제1세대 틱톡 스타인 애디슨 레이처럼 저가 상표 제품을 선전하는 인플루언서, 그리고 〈비비의 뷰티 팰리스〉를 운영하는 독일 유튜버 비앙카 클라센(일명 비비) 등이 여기 속한다. 이런 대형 스타 못지않게 중요하면서도 비용은 훨씬 적게 드는 사업 파트너로 쉬인이 선택한 소형 스타들도 있다. 바로 10만 명 이하의 팔로어를 가진 매크로 또는 마이크로 인플루언서다. 이들은 대부분 젊은 여성으로, 그날 산 쉬인 제품을 걸치고 거실 거울 앞에서 춤추는 영상을 올린다. 이 활동의 대가로 폴리에스터 비키니나 인조가죽 가방을 받는다.

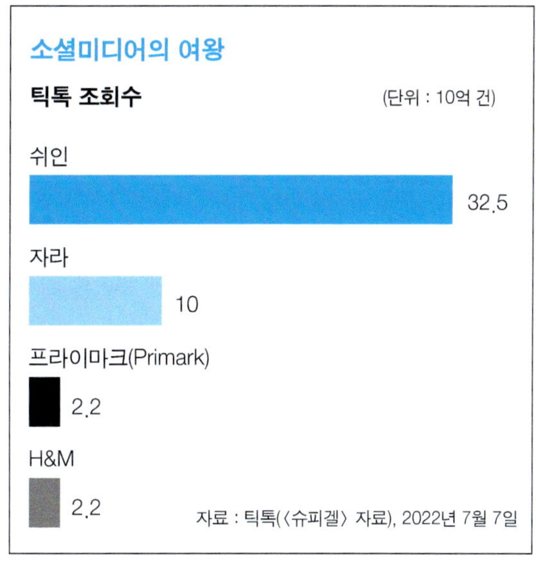

자료 : 틱톡(〈슈피겔〉 자료), 2022년 7월 7일

인플루언서의 프로필에 '팔로어에게 15% 할인을 해주고 인플루언서는 소액 수수료를 받는다'는 자막이 나와 있지 않은 한, 일반 시청자는 자신들이 지금 광고영상을 본다는 사실을 전혀 눈치채지 못한다. 이 전략으로 쉬인은 2020년 틱톡에서 조회수가 가장 높은 브랜드로 자리매김했다. 쉬인 해시태그를 단 비디오는 이 플랫폼에서 320억 회가 넘는 조회수를 기록했다. 2500만 명 이상의 접속자가 이 회사의 영어 인스타그램 채널을 구독했다.

◈ 위험의 최소화, 유연성의 최대화

쉬인이 어떤 방식으로 이 이상에 한발 한발 가까이 가는지를 광저우 본사는 잘 보여준다. 중국 남부 광둥성의 성도인 이 도시에는 "국제적인 패션 브랜드를 위해 일할 일꾼을 구합니다"라고 쓰인 붉은색 광고문이 곳곳에 걸려 있다. 낡은 공장건물 안에서, 슈퍼마켓 창고에서, 아니면 꼬불꼬불 이어지는 골목길에 그냥 나와 앉은 채로, 사람들이 4유로(약 5천원)짜리 탱크톱과 플라스틱 핸드백 바느질을 하고 있다.

이 가내 재봉업의 사장들 사이에서 쉬인은 환영받는 고용주다. 이 재벌기업이 여기서 생산된 제품전부를 일괄 매입하고, 매입 2주 안에 확실히 대금을 지급한다는 보장이 있기 때문이다. 일반적으로 이 업계에서 임금계산은 종종 작업이 마감되고 석 달이 지나서야 겨우 이뤄지는데, 간혹 아예 임금이 지급되지 않는 경우도 있다.

쉬인은 추가주문을 소량으로만 한다. 의류 100점일 때도 있고, 겨우 50점일 때도 있다. 제품이 온라인 쇼핑몰에 도착한 뒤 어떤 상품이 웹사이트와 앱에서 각각 조회되고 또 판매되는지 회사 자체의 소프트웨어를 통해 실시간으로 분석한다. 예를 들어 어떤 탱크톱이 입소문이 난다면, 다음날 길모퉁이 재봉 작업장에서 바로 그 옷이 만들어진다. 반면 어떤 옷이 오랫동안 팔리지 않는 경우에도, 일의 아귀가 잘 맞기만 하면 쉬인쪽의 손해는 기껏 한두 점 정도 초과 주문한 것으로 끝날 수 있다. 위험의 최소화, 유연성의 최대화다. 재봉 작업을 쉬인의 소프트웨어와 긴밀히 연결함으로써 생산의 전 과정이 현기증이 날 만큼 신속하게 진행된다. 회사쪽 발표에 따르면, 디자인(또는 베끼기)에서 판매까지, 사흘에서 닷새면 될 정도로 말이다.

중국 기업가들에게 데이터를 토대로 작업을 진행하는 건 아주 당연한 일이라고, 기술분석가 루이 마는 설명했다. 고객은 다양하고 도시와 지방, 빈곤층과 부유층 간의 차이가 엄청나기 때문이다. "쉬인은 고객이 원하는 것을 잘 아는 척하지 않는다. 대신 소량의 상품으로 시험한다. 그런 뒤, 판매된 상품의 데이터를 분석한다."

쉬인은 오래전에 의류만을 생산하던 한계를 넓혀가기 시작했다. 요즘은 가구, 화장품, 반려동물 용품도 생산한다. 바로 이것이 많은 전문가가 쉬인을 다른 패션기업들과 비교하는 일이 더는 적절하지 않다고 보는 이유라고 소매업 전문가 게리트 하이네만은 지적한다. 오히려 쉬인은 앞으로 제2의 알리바바나 아마존이 되려 한다는 것이다. 적어도 출자자들만큼은 이 사실을 확실히 아는 것 같다.

• 출처 : 이코노미 인사이트 2022년 9월 1일

소비자는 이제 수동적 자세만을 보이지 않는다. 소비자는 스마트 폰과 컴퓨터를 활용하여 전세계 수많은 아이템의 판매현황을 한눈에 볼 수 있고 그 제품의 매력도를 스스로 판단, 분석할 수 있는 능동적 바이슈머로 변화하고 있는 것이 현실이다. 이러한 변화는 비즈니스 시장의 새로운 역할과 접근을 요구하는 동시에 고객과의 관계관리에도 또다른 변화와 지속적인 대응이 필요함을 제시하고 있다.

제1절 고객관계관리(CRM)의 시작

1. 고객관계관리의 정의

최근 고객확보와 유지가 어려워지면서 기업은 고객관계관리(CRM)에 집중하고 있는 실정이다. CRM(customer relationship management)이란 고객관계관리를 의미한다. CRM은 "고객에 대한 정확한 이해를 바탕으로 고객이 원하는 제품과 서비스를 지속적으로 제공함으로써 고객을 오래 유지시키고 결과적으로 고객의 평생가치(life time value, LTV)를 극대화하여 수익성을 높일 수 있는 통합된 프로세스 혹은 그 효율성을 도모하는 활동"으로 정의할 수 있다.

여기서 고객의 평생가치란 "고객이 특정 회사의 제품이나 서비스를 구매하였을 때부터 마지막으로 구매할 것이라고 판단되는 시점까지의 예상 누적매출 또는 누적이익"이라 할 수 있다. 따라서 고객의 평생가치 극대화란 고객이 평생동안 경쟁사의 제품 또는 서비스를 구매하지 않고 자사의 것만을 구매할 수 있도록 하는 것을 의미한다. 이를 위해서는 진정한 가치를 주는 고객은 누구인가, 고객이 어떤 특징을 가지고 있는가, 고객이 진정 원하는 것이 무엇인가 등 고객에 대한 올바른 이해가 선행되어야 한다. 이러한 이해를 바탕으로 고객이 원하는 제품과 서비스를 제공하고 고객에 따라 차별화된 마케팅전략을 구사하는 등 적절한 대응전략을 수립하여 실행함으로써 고객과의 관계를 지속적으로 강화해 나가야 한다.

CRM은 이렇듯 고객과의 관계를 긴밀히 유지함으로써 새로운 고객을 획득하고, 이탈고객을 최소화하며, 기존 고객을 좀 더 우량고객으로 변화시키는 것을 목적으로 한다. 그러나 CRM을 도입했다고 하는 많은 업체들을 보면 CRM개념에 대해 잘못 이해하는 경우가 종종 있다. 이는 외부의 컨설팅 업체나 IT업체가 자신의 영업적인 측면을 강조한 설명만을 주장하며 생긴 오해라고 볼 수 있다.

데이터베이스나 데이터웨어하우스 업체는 "기업 내외의 고객데이터를 추출하여 고객DB(database)를 구축하는 것이 CRM의 거의 전부이다"라고 말한다.

또한 데이터마이닝 업체의 경우는 CRM을 "데이터마이닝 도구를 사용해 고객의 특성을 분석하는 것이라 말하고 CTI(computer telephony integration) 업체는 "CTI에 마케팅기술을 결합한 것으로 가장 중요한 요소는 고객접점관리이다"라고 강조한다.

그러나 CRM은 고객, 정보, 사내프로세스, 전략, 조직 등 경영전반에 걸친 관리체계이며, 이를 정보기술이 뒷받침하는 것으로 보아야 할 것이다.

기업의 입장에서 새 고객을 이끌어 유치하는 것은 기존 고객을 보유하는 것보다 10배나 더 많은 비용을 초래하기 때문에 항상 보다 높은 고객만족도 및 보다 좋은 서비스를 제공해서 기존 고객을 붙잡아 두는 것이 기업입장에서는 이익이다. 그렇게 함으로써 고객들은 보다 저렴한 비용으로 기업의 서비스를 이용할 수 있는 것이다. 이러한 목적을 달성하기 위해 기업은 고객관계를 좀 더 효율적으로 관리, 유지할 필요가 있다. 그렇기 때문에 기업에는 고객관계마케팅이 필요한 것이다.

기업입장에서의 CRM이란 앞에서 이야기했듯이 고객관계관리를 말하는 것으로, 선별된 고객으로부터 수익을 창출하고 장기적인 고객관계를 가능케 함으로써 보다 높은 이익을 창출할 수 있는 솔루션을 말한다. 즉, 고객과 관련된 기업의 자료를 분석, 통합하여 고객특성에 기초한 마케팅활동을 계획하고 지원하며, 평가하는 과정을 말하는 것이다.

이러한 CRM은 기업에만 필요한 것이 아니다. 산업전반에 걸친 모든 분야에 확대적용할 수 있는 것이 바로 CRM이다. 개인 일상생활에서부터 사업에 이르기까지 많은 분야에 적용을 할 수 있다. 하지만 대상은 달라도 공통원칙이 있다. 그것은 고객에 대한 많은 정보를 얻어 분석하고, 분석한 자료를 바탕으로 어떻게 할 것인지 미래에 대해 목표를 결정하는 것이다. 또한 목표를 수행하기 위한 계획과 전략을 세우고 계획과 전략대로 실천하는 것이다. 따라서 CRM의 기본은 목표설정, 고객분석, 전략수립, 실천을 얼마나 잘 하는가에 따라 그 결과가 달라진다.

예를 들어 CRM을 자신의 생활중심으로 이해해 보면, 매일매일 자기 스스로 오늘의 목표를 설정하고 정보를 분석, 계획 및 전략을 수립한 후 그에 맞도록 행동으로 옮긴다. 그것은 자신의 CRM을 진행하고 있는 것이다. 물론 중요한 일과 사소한 일 모두에 적용되며 자신의 삶에 있어 중요한 의사결정을 내릴때도 마찬가지이다.

이처럼 CRM은 다양한 접근과 해야 할 일이 많지만 사회전반에 걸쳐 적용되고 있기 때문에 기업과 개인은 CRM의 활용여부에 따라 그 경쟁력이 달라지고 있는 것이다.

2. CRM의 접근

그렇다면 이렇게 다양한 CRM은 어떻게 접근해야 하는가? 고객의 유형별로 CRM은 달라야 하며 그 상황에 따라서도 접근의 차별화는 이루어져야 한다.

(1) 고객욕구(customer needs)와 CRM

고객의 욕구(needs)와 사이버 공간의 고객접점확대로 기업은 고객욕구에 대한 형상화를 만들어야 하는데 이는 개개인의 고객이 왜? 어떤 방법으로? 상품과 서비스를 구매하고 있는지에 대한 통합적인 이해가 필요하다. 이는 고객의 소비패턴과 구매상황, 구매형태에 대한 통합적 이해를 말한다.

이러한 상황에서 고객의 직접적인 욕구를 실현하는 방법은 첫째, 욕구를 고객의 소비상황과 맞도록 통합적으로 이해하고 유형화한다. 둘째, 직접적인 고객접촉을 통해 고객과의 의사소통을 유도한다. 즉 양방향 소통으로 고객이 원하는 욕구를 파악해 내는 것이다.

이는 고객으로부터의 관점전환을 통해 구매 전 자극보다는 사용후 만족감 극대화를 통해 고객과의 관계를 더욱 원활하게 형성할 수 있다. 그러기 위해서는 가장 먼저 고객에 대해 파악하는 것이 중요한 일이다.

과연 고객은 무슨 생각을 하고 있는가?
도대체 고객은 왜 경쟁자 제품과 서비스를 구매하는가?

우리는 이러한 문제를 해결하기 위해 고객의 욕구에 대해 접근해야 한다.

인간의 욕구를 다루는 동기이론 중 대표적인 매슬로우(Maslow)의 이론을 살펴보면 인간의 욕구는 5단계로 나누어진다. 즉 생리적 욕구, 안전의 욕구, 사회적(소속) 욕구, 존경의 욕구, 자아실현의 욕구가 바로 그것이다.

이론에 의하면 모든 사람들은 5단계의 욕구가 발생하며 욕구도 단계별로 나타난다는 것이다.

가장 하위의 욕구는 생리적 욕구(physiological needs)이다. 생리적 욕구에 해당하는 것은 먹는 일(eat), 잠자는 일(sleep), 성(sex)에 관한 욕구이다. 이것이 충족되고 나면 다음으로 안전의 욕구(security needs)가 나타나며 이는 적절한 주택확보로 물리적 안전이 확보되고 사람들과의 관계속에서 걱정하지 않는 상태가 되어 대인적 안전을 제공받고자 하는 욕구를 말한다.

그림 1-1 매슬로우(Maslow)의 욕구 5단계설

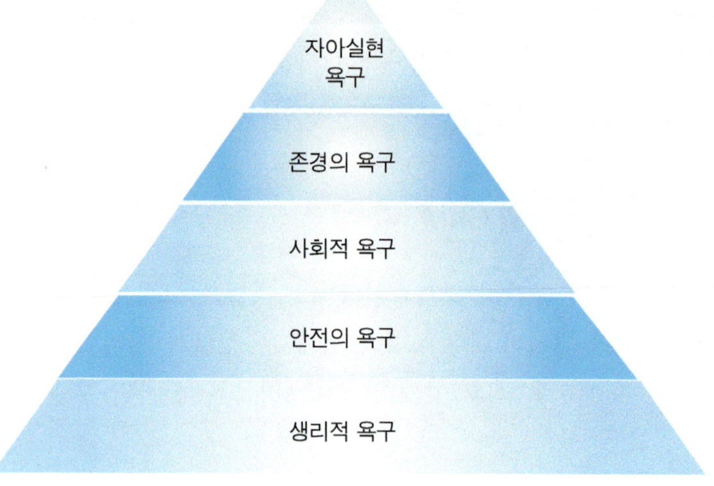

그 다음 나타나는 욕구는 사회적(소속) 욕구(belongingness needs)로 사람들과 어울리려는 욕구, 다른 사람들에게서 동료로 받아들여지려는 욕구이다. 또한 존경의 욕구(esteem needs)는 스스로에 의한 긍정적인 자기이미지와 자아존중의 욕구, 타인으로부터 존경받으려는 욕구를 말한다.

마지막으로 나타나는 자아실현욕구(self-actualization needs)는 자신의 잠재력을 실현하고자 하는 것을 의미한다.

여기서 생리적 욕구, 안전의 욕구, 사회적 욕구, 존경의 욕구는 결핍욕구 혹은 기본욕구라고 일컫는다. 또한 자아실현의 욕구는 개인적 성장과 발달에 초점을 두고 있기 때문에 이는 성장욕구라고 말한다. 이를 정리하면 [그림 1-1]과 같다.

(2) 기업변화와 CRM

CRM은 기업의 변화에 의해서도 달라진다. 이전에 행해지던 기업마케팅이라 하면 대중을 상대로 일률적인 행동을 펼쳐 효율을 유도하고 배분하는 매스마케팅(mass marketing)시대였다.

1980년대는 고객의 세분화로 판매자의 관점으로 전환된 시기였으며 영업부문의 강화와 유통망의 수직통합, 생산과 판매의 결합이 유행하던 시기로 시장에 보다 더 가까이 접근하는 'market-in'의 시대였다.

1980년대 후반이후는 'market-out'의 방식이 제시되었고 이는 고객의 입장에서 이해하려는 개념이 출현된 시기이다. 이는 더욱 세밀하고 더욱 상세하게 고객의 욕구를 판단하고 분석하여 좀 더 능숙하게 대응하고자 하는 것이다.

기업모델이 점차 개별고객별로 변화되면서 고객을 보는 단위는 집단으로서의 고객이 아닌 개개인의 고객이며, 시장이 아니라 개개인 고객의 구매활동과 의사를 대행하는 형태로 변화해 왔다. 기업은 자사의 위치를 그렇게 설정하고 개별고객의 에이전트 역할을 하게 된 것이다.

또한, 애매한 욕구를 형상화하고 구체적인 표적으로 만든다. CRM 전략의 두 가지 커다란 주제는 확대된 가상공간의 고객구매활동 중에서 어떻게 고객의 애매한 요구를 찾아내 형상화하는가와 뒤범벅이 된 고객을 어떤 식으로 파악하고 엄격히 가려내어 자원을 배분해가느냐 하는 문제이다.

이를 위해 최적의 정보기술을 활용한 6가지 가치의 제공과 기존 고객정보 자원을 활용한 직접적인 세분화의 실행이 필요하다.

1) 여섯 가지 가치접근

① 고객화(customization)

고객화(customization)는 고객의 기호와 소비행태를 기억하여 일반적인 상품과 서비스를 특정 고객의 요구에 맞게 만드는 것이다(예, 리바이스).

② 원스톱(one-stop)

고객욕구(needs) 관련 상품과 서비스를 한 곳에 모아서 제공하므로 고객이 한 곳에서 한 번에 원하는 상품과 서비스를 해결할 수 있도록 하는 것이다(예, 오토바이텔).

③ 매 칭

중립적이고 객관적인 관점에서 고객욕구에 맞는 상품과 서비스를 제공하는 것이다(예, 인터넷TV가이드).

④ 적시제공

고객이 원하는 시간에 상품과 서비스를 제공하여 고객의 만족을 충족시키는 접근방법을 말한다. 피폿(peopod.com)이라는 업체는 식료품을 제공할 때 신선도를 유지하기 위해 직접 자동차 회사에 의뢰하여 개조한 냉동차를 통해 식료품을 배송하였다.

또한 고객이 원하는 시간이면 언제든지 정확하게 고객의 매장까지 전달하는 성실함을 보였다. 그로 인해 고객의 만족은 점점 더 높아지게 되었고 비즈니스 아이템의 확대성장으로 유명

기업이 될 수밖에 없었다(예, peopod.com).

⑤ 추 천

고객의 기호와 소비유형에 부합하여 고객에게 상품과 서비스를 제공하는 방법이다. 기존 고객의 소비성향을 분석한 이후 고객이 좋아하는 분야의 것들을 찾아 나름대로의 추천이유와 근거를 통해 상품과 서비스를 고객맞춤으로 접근한다(예, 아마존닷컴).

⑥ 메타 프로덕트

소비가 이루어지는 배경을 이해한 후 고객의 목적실현을 위해 모든 상품과 서비스를 묶어서 제공한다(예, parents place).

2) 직접적인 세분화

값비싼 인건비를 투자하여 사람을 고용하고 철저하게 고객을 개별화하여 쫓아다니며 진행하는 사업은 아마도 이 세상에 거의 존재하지 않는다. 또한 고객을 평균하여 바라보고 분석하는 시각은 기업 스스로의 함정이기 쉽다.

왜냐하면, 현실적으로는 평균적 고객이 존재하지 않기 때문이다. 그러므로 시장에 대한 정확하고 직접적인 세분화가 반드시 필요하다.

(3) 시장과 CRM

시장은 고객들의 끊임없는 수요와 공급자의 공급정도에 따라 그 형태가 만들어져 간다. 수요가 공급보다 많을 때와 적을 때를 일컬어 각각 우리는 공급중심의 시장, 수요중심의 시장으로 나뉘게 된다.

또한 시장을 수요의 시기에 따라 나누는 시기(seasonal)수요도 존재한다. 예를 들어 입학, 취직, 결혼과 같이 시기별로 발생하게 되는 수요를 말한다. 그리고 파생수요로 나누어 볼 수 있는데 이것은 시기에 따른 수요를 포함한 굵직한 소비에서 파생되어 발생하는 수요를 말한다. 예를 들면, 주택구입과 이사에 따른 파생수요도 이에 속한다.

이러한 시장의 수요와 시기에 따라서 고객관계관리는 차별화되어야 한다. 수요가 일방적이었던 시대는 특별한 마케팅이 필요 없었을 것이다. 물론 공급자가 여럿 존재하여 서로 경쟁체제가 되었다면 마찬가지로 마케팅은 활발했을 것이다.

그러나 지금처럼 경쟁사 서로가 마케팅전쟁을 치루는 상황이라면 이제 수요와 공급의 문제를 넘어 CRM의 경쟁에서 살아남아야 한다. 이것은 먼 미래에도 존재할 것이며 기업의 영원한

숙제일 수밖에 없다. 시장의 변화는 이렇게 CRM에도 지대한 영향을 주고있다.

(4) CRM의 진화

다수의 고객을 어떻게 만족시킬 것인지를 파악하기 위해서 기업은 다양한 고객의견을 정확하게 파악하기 위한 개별적 접근을 시도하고 있음을 알 수 있다. 그것은 전체 고객중에서 기업이 표적으로 하는 명확한 대상을 찾아내려는 노력의 시작인 것이다.

1) 기업의 진화

기업이 개별 고객중심으로 진화하기 위해서 전략층과 인사이트(지식)층의 어느 쪽에 주목해야 하는가?

원래 CRM모델은 관심을 인사이트(지식)층에 두고 있다. CRM모델은 마케팅, 세일즈, 서비스 영역에서 인사이트층의 중요성을 인지하고 사람과 조직, 정보시스템의 강화를 호소하는 것이다.

그 핵심은 매일 개별고객을 주시하고 변화를 발견, 개별고객에 대한 세분화와 분석형태를 바꾸면서 활동대상과 목표가 개별고객과 어긋나지 않도록 계속 수정할 수 있는 능력을 익히는 것이다.

2) 진화의 네 단계

CRM전략수행 시 기업발전은 네 단계로 나누어볼 수 있다. 우선 고쳐야 할 것은 '개별고객'을 어떻게 보고, 어떻게 분류하여 고객의 활동에 수월하게 연결시키느냐 하는 문제이다.

1단계, 고객의 적정한 세분화

2단계, 분류별 명확한 지위와 대응

전략적으로 의미있는 세분화가 되기 위해서는 대담하고 명확하게 지위를 부여하는 것이 필요하다. 특히 자사에 유용한 고객확보와 비용만 낭비하는 고객을 반드시 분류하고 정리해야 한다.

3단계, 고객정보수집과 차별적 활동능력 강화

자신이 속해있는 업종의 특성에 따라 대처한다.

4단계, 인사이트(insight)를 기업능력으로 강화

지속적인 지적능력수준을 강화함으로써 시대에 뒤쳐지지 않게 유도한다. 또한 개별

고객별 가치를 잘 파악하고 변화에 대응하여 수정한다.

3) 적정한 세분화

세분화란 고객의 일방적인 요구만으로 분류하는 것을 피하고 비용과의 균형이 필요하다. 또한 세분화는 매출상승효과와 비용증가가 균형있게 이루어져야 하는데 이를 전략적 세분화라 한다. 이러한 세분화를 실행할 때 기업이 빠지지 말아야 할 함정은 다음과 같다.

① 기존 고객정보를 그대로 활용하지 말라

상황에 맞도록 다시 고객정보를 모아 재편성하고 전략과 과제에 부합되는 고객재분류를 시도한다.

② 의향정보에 의존하지 말라

행동정보(구매이력 및 행태)로 추측할 수 있는 방법을 찾는다. 예를 들어, 가전 양판점 하이마트, 전자랜드 등에서 판매수치에 의한 구매자 분석을 통해 새로운 판매전략을 수립한다. 이는 고객의 의향과 실제 구매행동이 서로 다른 경우가 많기 때문이다.

(단, 의향에 의한 정보를 사용하는 경우에는 '강한' 의향만을 사용한다)

③ 단순한 세분화 기법에 지나치게 의존하지 말라

속성, 의향, RFM(recent, frequent, monetary)과 같은 단순한 세분화는 한계가 있다. 따라서 복합적인 세분화기법을 활용한다.

④ 세분화 결과를 현장에서 활용할 수 있도록 하라

세분화가 현장에서 쓸 수 없다면 의미가 없다. 고객을 분류할 수 있는 체계를 만들고 또한 정확히 차별화할 수 있는 행동을 취할 수 있어야 한다.

⑤ 세분화 평가를 현재의 수익성만으로 수행하지 말라

현재 이익을 주는 고객뿐만 아니라 정보를 제공하는 고객과 기업을 성장시켜주는 고객도 매우 중요한 고객이다.

그렇다면, 어려운 경쟁시장에서 적정한 세분화를 위하여 기업은 고객 세분화를 단순히 마케팅을 위한 부품이 아니라, 전 사원의 행동기준이 되고 공략해야 할 적진의 지도와 같은 존재로 활용해야 할 것이다.

4) CRM과 기업강화

① CRM 비용 vs 효과

CRM을 실천하는 상황에서 기업은 업계의 특성을 다시 한 번 재평가하고 적절한 수준의 투자를 생각해야 할 것이다.

예를 들어, 문구점의 고객관리를 생각해 본다면 고객 한 사람당 이윤에 의존하고 있으며 그것은 구매빈도와 구매단가 및 고객 점유율에 의한 것이다. 그 문구점에 얼마나 많은 고객이 찾아오는지? 지역고객소비 중 몇 %를 확보하고 있는지에 대한 대답이 결국 그 문구점을 지속하는 원동력이 될 것이다.

② 활동분야별 수준변화

기업의 CRM 활동은 너무 엉성해도 효과가 없고 지나치게 세밀하면 비용이 많이 든다(담당업무와 고객대응과의 조화가 필요).

예를 들어, 개인활동표에 따라서 DM은 개인별 수준에 맞도록 보내고 우량고객 우대캠페인은 분류하여 선정된 고객에게만 목적에 맞도록 촉진마케팅을 실시한다.

③ 정보수집요령

고객에게 직접 정보를 표출해 내도록 유도하는 일이다. 예를 들어, 온라인 운영기업은 고객이 가입하면서부터 정보입력을 자연스럽게 하게 되며 일정시간이 흘러 정보갱신과 상품에 대한 피드백(feedback)을 하게 되면 선물(gift)을 주곤한다.

이러한 캠페인들은 결국 고객으로 하여금 자연스러운 정보입력을 하도록 유도할 수 있다. 더욱이 커뮤니티(community)를 형성하게 하여 타 고객에 대해 배려할 수 있도록 유도하기도 한다.

또한 CRM을 위해 당연이 필요한 고객DB(database)의 자연스러운 수집 및 갱신을 위해 주기별 이벤트를 실시한다. 고객주소가 변경될 경우, 자발적으로 통보하는 고객에게 선물을 제공하는 등의 이벤트를 실시하여 정보의 풀(pool)을 유지한다.

④ 개별적 대응요령

CRM을 통해 기업이 강화된 능력을 보유하려면 능숙하게 고객의 마음을 사로잡아야 한다. 물론 제품에 대해 많이 알고 접근하는 것 이외에도 고객의 이야기를 먼저 들어주고 난후 기업의 입장을 전달하는 것이 개별적 대응의 좋은 방법이다.

이는 고객이 원하는 숨겨진 욕구(needs)를 끌어내는 방법으로 고객이 스스로 필요한 것을 이야기하도록 하는 중요한 단계이다. 그러나 대부분의 기업은 고객이 원하는 것을 이야기하기 전에 그들의 메시지(message)를 일방적으로 던지는 경향이 있으며 이로 인해 고객의 숨은 욕구를 파악할 수 없는 경우도 빈번하게 발생한다.

제2절 고객관계관리(CRM)의 실행과 구현

이렇듯 많은 기업들과 조직들이 고객관계관리를 추구하며 CRM을 실행하는 이유는 무엇일까? 그 실행이유를 알아보자.

1. CRM의 실행이유

CRM은 기존에 접근해 오던 방식의 마케팅에서 나아가 좀 더 고객을 향해 발전된 모습이라 할 수 있다. 즉 CRM은 고객중심의 접근과 고객가치를 중심으로 고객의 중요성을 깨닫고 모든 정보의 방향과 프로세스 그리고 마인드(mind-set)를 오직 고객역량을 키우는 데 집중하는 것이다.

또한 CRM을 실행해야 하는 이유는 신규 고객확보에만 집중하다 보면 기존 고객에 대한 여러 가지를 놓치기 때문이다. 다시 말하면 기존 고객과의 관계구축 정도가 결국 기업의 신뢰와 성과에 영향을 주게 된다는 것이다.

기업은 신뢰관계의 축적으로 고객과 깊은 의사소통을 하게 되고 서로(기업과 고객)의 의견이 반영된 제품, 서비스를 제공할 수 있다. 그러나 기업들은 기존 고객보다는 신규 고객에게만 집중하는 과오를 종종 저지르기도 한다.

신규 고객창출 혹은 새로운 거래처 확보에 대한 집중은 기존 고객만족이라는 대명제를 뒤로 한 채 오히려 새로운 고객획득에만 시간투자를 하게 되며 결과적으로는 기존 고객을 소홀하게 할 수밖에 없다.

그러나 기업 내 상위 20%의 고객이 전체수익의 80%를 차지한다는 파레토의 법칙에 따르면 기존 고객에 대해 철저한 관리가 필요함은 극명한 사실이다. 이를 무시하고 신규 고객확보에만 전념하다 보면 고객이 가지고 있는 욕구(needs)를 파악할 수 없게 된다. 이로 인해 고객이 원하는 서비스를 제공할 수 없게 되며 고객지향적인 정책과 영원한 고객 만들기에 기업은 실패하게 된다. 기업은 이러한 여러 가지 이유들로 인해 CRM을 실행한다. 따라서 'CRM비즈니스는 고객이 전부'라고 해도 지나침이 없다. 즉 고객이 CRM의 대상이며 그들이 만족하는 CRM만이 시장에서는 활용되기 때문이다.

그렇다면 이러한 CRM을 구현하기 위해서는 어떤 준비를 해야 하는가?

2. CRM의 구현

CRM을 구현하기 위해서는 고객의 데이터베이스(database)가 사전에 준비되어야 한다. 이는 CRM이 DB마케팅과 관계마케팅의 통합이라는 측면에서 설명될 수 있다.

데이터베이스를 중심으로 한 DB마케팅은 고객을 위한 기본자료와 정보를 확보함으로 인해 원하는 정책과 메시지를 전달할 수 있다는 것이다.

또한 CRM구현을 위해서는 고객 특성을 분석하기 위한 데이터마이닝 도구가 준비되어야 한다. 마이닝(mining)이라는 것은 '캐낸다'는 의미로 원하는 정보를 캐내어 고객관계관리를 위해 적절하게 활용할 수 있어야 한다. 즉 세일즈와 서비스부문, 지원부문 등 모든 비즈니스와의 연계된 과정에서 제품 혹은 서비스에 대한 충분한 품질관리를 통해 고객이 원하는 가치창출과 만족 극대화를 이끌어 낼 수 있을 때 고객관계관리의 구축은 비로소 완성될 수 있다. 또한 CRM구현을 위해서는 수립된 전략들을 다양한 마케팅채널들과 원활하게 연결할 수도 있어

그림 1-2 CRM구현의 순환구조

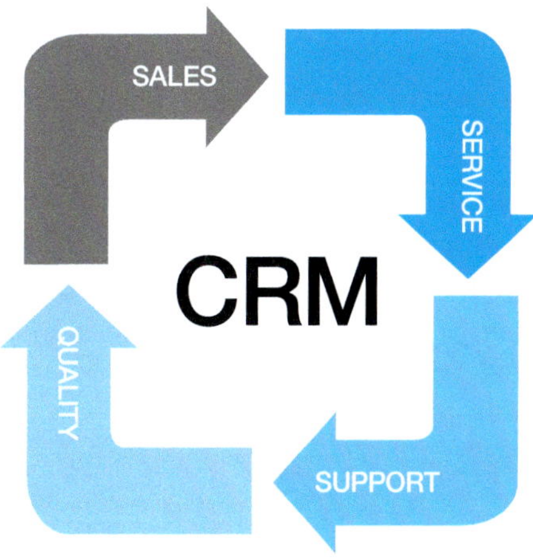

야 한다. 이러한 환경때문에 CRM은 정보기술(information technology: IT)과 반드시 연결되어야 그 효율성을 극대화할 수 있다.

또한 CRM의 사용환경과 적용방법에 따라 프론트오피스(front office) CRM과 백오피스(back office) CRM으로 구분할 수 있다.

프론트오피스(front office) CRM은 대고객과 이루어지는 마케팅, 세일즈, 고객지원을 통해 데이터를 얻고 관리하는 체계적인 솔루션을 말한다. 또한 프론트오피스 CRM은 현업에 적용하기 쉬우며 고객의 요구사항에 효과적으로 대응할 수 있을 뿐만 아니라 고객의 잠재욕구를 찾아내어 신규고객을 만들어 낼 수도 있는 CRM이다.

이에 비해 백오피스(back office) CRM은 데이터를 정리하고 분석함으로써 결과를 예측할 수 있는 솔루션이다. 예를 들면 기획팀에서 실행하는 전략분석이라든지 비전수립 등이 여기에 속한다.

이러한 CRM구현을 위해 기업조직은 고객에 대한 정확한 파악이 우선 진행되어야 한다. 왜냐하면 고객에 대한 접근과 파악은 결국 CRM을 성공시키는 출발이라 할 수 있기 때문이다.

그러나 CRM이 이토록 중요한 과정임에도 불구하고 성공적으로 구현되지 못한 경우가 더 많다. 대부분 CRM의 개념과 정의는 충분히 인지하고 있으나 CRM 프로젝트의 70% 가량이 회사의 성과증진에 전혀 기여하지 못하고 있을 정도로 그 성공은 어렵다는 것을 많은 이들이

그림 1-3 성공 CRM을 위한 5가지 전략

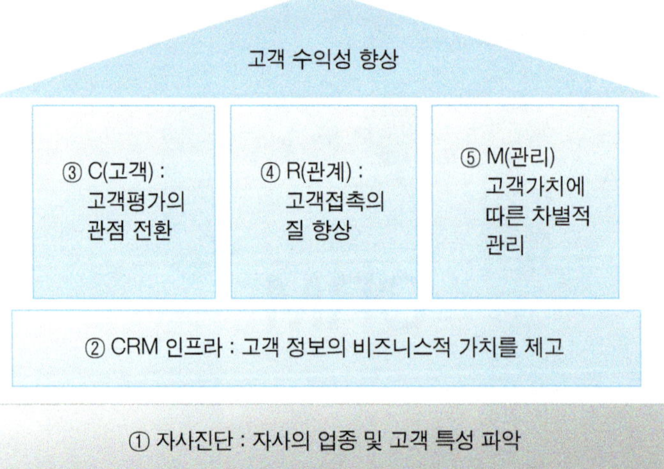

출처 : 삼성경제연구소

지적한다.

이 결과는 이미 컨설팅 회사인 맥킨지도 CRM 솔루션을 도입한 기업들 중 3분의 2가 도입 결과를 실망스럽게 평가하고 있음을 설문에 의해 보고하였다.

또한 학자들은 CRM의 성공을 위한 개선점들을 지적하고 있으며 이 중 가장 중요한 부분은 CRM을 고객관계를 관리하는 단순한 소프트웨어로만 본다는 사실이다. 그러나 CRM은 기술적인 것보다는 전략 혹은 업무과정의 측면이 중요하며 CRM에 우호적인 조직문화가 반드시 전제되어야 한다. 결국 이러한 문제들이 개선되지 않으면 CRM의 구현은 성공적으로 이루어질 수 없다. 아울러 성공적인 CRM을 위한 5가지 전략을 마련하기 위해 기업은 철저하고 구체적인 준비가 필요하다[그림 1-3 참조].

- **자사진단** : 자사업종 및 고객특성 파악
- **CRM 인프라구축** : 고객정보에 대한 비즈니스 가치제고
- **고객** : 고객평가에 대한 관점 전환
- **관계** : 고객접촉에 대한 질(quality)향상
- **관리** : 고객가치에 따른 차별적 관리 및 운영

3. 시대적 요청, 고객관계관리(CRM)

이처럼 시대의 변화는 우리에게 고객관계관리(CRM)의 중요성을 제시하고 있다. 대량생산의 시대에서 다품종 소량생산으로의 변화가 바로 그것이다.

과거에는 더구나 고객 개개인의 입맛에 맞는 차별화된 서비스는 생각조차 할 수 없었다. 사실 고객들 자체도 그것까지는 바라지도 않았다. 하지만 이제는 상황이 완전히 달라졌다. 기업 간의 경쟁이 치열해지면서 고객들의 욕구도 그만큼 다양해지고 입맛도 까다로워진 것이다. 그야말로 "싼게 비지떡"이라는 인식이 널리 퍼져 더 이상 "싸고 양많은 제품"이 통하지 않게 된 것이다. 이러한 시대적 요청에 따라 선진시스템이 과감하게 도입되고 모든 기업활동은 데이터에 따른 철저한 고객분석과 예측을 통해 이루어지고 있다. 고객의 욕구에 대한 파악이 이루어지지 않고서는 상품개발이나 생산활동을 수행할 수 없게 되었고 고객의 취향을 모르고서는 일체의 마케팅활동이 불가능하게 되었다.

이러한 상황에서의 CRM전략은 그야말로 최적의 개념이다. 고객에게 비전을 제시하고, 분석하고, 전략을 세우고, 실행하는 과정에서 고객이 원하는 욕구에 대한 최적화를 만들어 내는

TRENDS 망원경

친환경좋지만… 지갑 닫는 소비자

농부라면 셈에 능하고 기대를 품기도 하며, 의구심도 극복할 수 있어야 한다. 독일 슐레스비히홀슈타인주 하뎀펠트의 농부 얀 리스케는 자신의 유기농 농장에 젖소 추가구매를 고민할 당시, 컨설턴트들의 만류에도 "결국 젖소를 추가구입했다"고 〈차이트〉 취재진에게 털어놓았다. 컨설턴트들은 젖소가 늘어나면 일은 늘어나고 수익증가는 미미하다며 만류했다. 얀 리스케가 컨설턴트들의 충고를 듣지 않은 이유는 무엇일까? "내가 소를 너무 좋아하기 때문이다."

리스케는 함펠더호프(Hamfelder Hof)의 일원이다. 함펠더호프는 함부르크 인근에 낙농업목장을 보유한 유기농 영농조합 비오란트(Bioland) 산하의 38개 농장이 연합한 농업 커뮤니티다. 친환경적인 사육농장 조성을 위해 초원 방목증대와 동식물보호 면적확대, 그리고 농장노동여건 개선을 기치로 내건 함펠더호프는 자체 생산한 우유를 북독일 슈퍼마켓에 납품하고 있다.

리스케가 사육하는 젖소 100여 마리는 축사에서 마리당 넓은 면적을 누리고 있다. 리스케는 착유실과 액비탱크(축산분뇨를 자원화해 발생한 액상비료를 저장하는 탱크)를 포함한 축사시설 공사에 총 130만유로(약 17억원)를 투자했다. 액비탱크 바로 옆에는 송아지와 암소를 위한 일종의 모자시설이 들어설 예정이다. 이 시설공사에 70만 유로가 소요되며, 현재 건축자재 가격급등을 고려하면 총비용은 더 늘어날 것이다.

리스케는 동물복지와 자연보호라는 목표실현을 위해 상당한 추가부채를 기꺼이 짊어진 셈이다. 그의 투자가 수지 맞으려면, 고객이 그의 친환경목장에서 생산한 값비싼 우유에 기꺼이 지갑을 열어야 한다.

2021년 7월30일 독일 슐레스비히홀스타인주 크로프의 축산농가 모습.
REUTERS

독일 뮌헨의 유기농 슈퍼마켓에 유기농 우유 제품이 진열돼 있다. REUTERS

■ 3년 준비해 20센트 인상하자마자…

함펠더호프는 2021년 10월 우유가격을 20센트 올렸다. 당시에도 20센트 인상은 쉬운 결정이 아니었다. 함펠더호프는 지난 3년 내내 20센트 가격인상을 준비해왔다. 소비자의 이해를 돕기 위해 우유팩에 가격인상 배경설명까지 인쇄했다. 가격인상으로 우유 1리터 가격은 1.59유로가 되었는데, 이는 대형마트에서 판매되는 우유가격의 두 배이다.

함펠더호프는 축사공사, 디젤 및 자재비용이 크게 늘어나면서 우유가격을 벌써 다시 올려야 할 상황이다. 아직 38개 농장주는 우유가격을 또다시 인상할 엄두를 내지 못하고 있다. 적어도 아직은 그렇다. 38개 농장주는 우유가격 추가인상이 불러올 후폭풍이 너무나 두렵다. 어렵사리 확보한 고객들이 가격인상으로 이탈하는 것을 지켜볼 여유 따위는 그들에게 없다.

독일 바이에른주 운터하힝에 있는 알나투라 유기농 식품 매장 표지판. REUTERS

농장주들 사이에 가격폭등우려가 커지고 있다. 현재 진행형인 인플레이션은 독일의 유기농 목장업계에 상당한 충격을 던질 전망이다. 2022년 3월 식료품 가격은 전년 대비 6% 이상 껑충 뛰었다. 몇 달 전부터 운송 인프라는 한계치에 다다랐지만, 식료품 가격은 역대 최고치를 찍었다. 에너지 가격은 끝없이 고공행진이다. 러시아의 우크라이나 침공 이후 에너지 가격은 모든 기업의 예상치를 훌쩍 뛰어넘고 있다. 대기업들과 투기업자들이 수급난을 우려하면서 사료 및 식료품 가격도 급격하게 올랐다.

■ 셋 중 하나 "친환경제품 포기 의향"

소비자는 물가인상폭에 큰 충격을 받은 상황이다. 〈슈피겔〉이 입수한 쾰른의 무역연구소(IFH) 최신 조사에 따르면 독일 국민 2명 중 1명은 물가상승으로 삶의 수준이 떨어질 것을 우려한다. 이 수치는 18~29살 연령대에서 70%에 이른다. 게다가 독일 국민 3분의 2는 고가제품, 특히 지속가능하게 생산되고 인증된 제품의 구매를 포기할 의향이 있다고 답했다. 유기농 제품군에서 이러한 소비자의 태도는 "뼈아픈 지점"이라고 보리스 헤데 무역연구소장은 지적한다.

지난 몇 년간 친환경 식료품 업계는 순풍을 탔다. 기후전환, 동물복지 및 경작조건 개선에 대한 사회적 압박, 특히 코로나19 팬데믹이 야기한 세계무역 지형 변화로 공정하고 건강하게 생산한 지역생산 식료품 수요가 늘어났다. 다만 이들 식료품은 일반 식료품보다 가격이 비싸다. 독일에서 2021년 한 해 지속가능성을 기치로 내세운 식료품의 매출액은 160억유로(약 21조원)에 육박했다. 유기농 시장은 15년 만에 3배 이상 커졌다.

유기농은 일부 부유한 소비자의 전유물에서 대중운동이 됐다. 단돈 10원이라도 아끼려고 대형마트에서 장을 보는 소비자도 유기농 식료품 구매에 주저없이 지갑을 열었다. 대형마트 알디(Aldi)나 리들(Lidl)도 유기농 식료품의 거대한 흐름에 올라탔다. 그렇게 모든 소득계층이 일순간 친환경제품을 자연스럽게 구매했다.

슈퍼마켓과 대형마트들은 연초에 "동물복지를 더 고려한" 우유와 종에 적합하게 사육한 돼지고기, 소고기, 닭고기만 판매하겠다고 앞다퉈 발표했다. 최저가라는 경쟁력 덕에 스테디셀러가 된 식료품은 2030년까지 매대에서 치워질 전망이다. 슈퍼마켓과 대형마트에 가장 중요한 것은 수시로 변하는 소비자의 요구를 충족하는 것이다.

그런데 지금 식료품 가격이 일제히 오르고 있다. 친환경업계는 "누구에게나 접근 가능한 친환경"이 머지않아 소수의 사치품으로 전락하는 것을 막아야 하는 난제에 직면했다.

독일 최대 유기농마트 알나투라(Alnatura) 경영진은 향후 소비자가 "소비를 자제"할 것이라고 우려한다. 1984년부터 친환경 식료품을 외부 슈퍼마켓과 자체 슈퍼마켓에서 유통하는 알나투라는 최근 10억유로에 육박하는 매출을 기록했다. 독일 유기농협회인 나투를란트(Naturland)의 슈테펜 레제 대표는 최근 물가상승이 지난 몇 년간의 긍정적인 시장추이에 "찬물"을 끼얹을 것이라고 우려한다. 레제 대표는 "지속가능성이 사람들의 머리속에서 쉽사리 사라지지 않기를 기대할 뿐"이라고 덧붙였다.

■ 품질보다는 가격

반면 나투를란트의 경쟁업체인 비오란트(Bioland)는 향후 친환경시장 추이를 긍정적으로 내다보고 있다. 핵심 소비자층은 가격인상에도 친환경제품에 등을 돌리지 않으리라는 것이다. 하지만 어쩌다 한 번씩 친환경제품을 구매하는 소비자가 "불안요소"라고 비오란트의 농업전문가 게랄트 베데는 말한다. 어쩌다 한 번씩 지갑을 여는 소비자를 충성고객으로 확보하기 위해 많은 수고를 들이고 마케팅을 했던 터라 유기농업계의 아쉬움은 더욱 클 수밖에 없다.

에데카헤센링(Edeka Hessenring) 대표로 47년째 유기농 식료품 업계에 몸담은 한스리하르트 슈네바이스는 독일 고객의 니즈예측에 일가견 있다. 슈네바이스 대표는 머지않아 "가격이 품질보다 구매 결정에 결정적 역할을 할 것"이라고 확신한다. 특히 친환경제품이 직격탄을 맞을 것이며, 소비자에게 친환경제품의 중요도가 낮아지고 있다고 그는 말한다. 이로 인해 친환경 시장 성장이 저해될 것이라고 한다. 여타 슈퍼마켓 운영업체들은 소비자에게 "친환경제품보다 저렴한 대안을 제공해야 한다"고 현 상황을 진단한다.

독일인이 가구소득에서 식료품구매에 지출하는 비율은 12%에 불과한데, 이는 유럽에서 가장 낮은 수치다. 하지만 독일 국민의 44%는 식료품 지출을 계속 줄일 생각이다. 기업 컨설팅업체 매킨지의 여론조사에 따르면, 저소득층의 경우 이 수치는 55%에 달한다. 현재 대다수 독일인은 친환경제품이나 건강한 상품에 더 많은 가격을 지불할 생각이 없다. 그 주범은 다름 아닌 인플레이션이다.

물가급등은 지속가능성의 호황에 두고두고 찬물을 끼얹을 것인가? 독일 라이프치히대학의 홀거 렝펠트 사회학과 교수는 인간이 본래 라이프스타일의 변화를 좋아하지 않는다고 설명한다. 종에 적합한

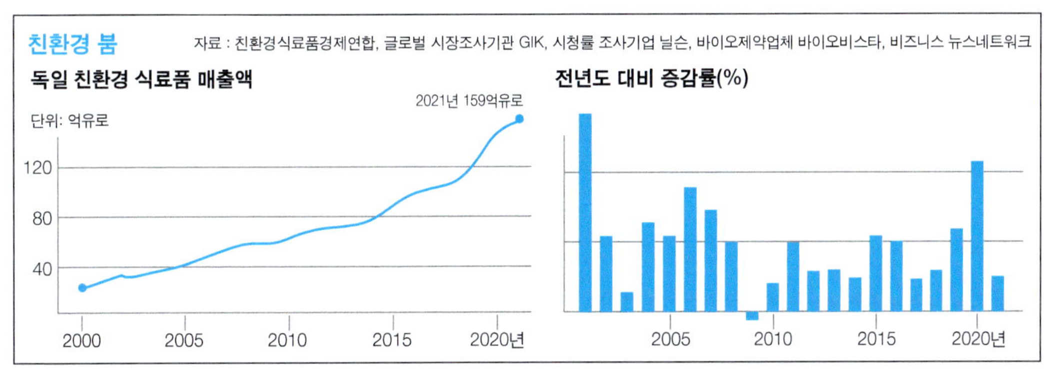

동물사육, 건강한 환경, 적절한 기후 등 자신의 정체성에 관한 사안에서, 특히 인간은 자신의 라이프스타일 변화를 꺼린다고 한다. 또한 1920년대 인플레이션은 현재의 화폐가치 절하와 비교 대상이 되기 힘들다. 특히 당시와 지금 사회는 완전히 다르다. 1920년대가 개인의 생존 보장에 초점이 맞춰진 물질주의 사회였다면, 21세기는 포스트모던 사회다. 인간의 기본욕구가 이미 충족된 포스트모던 사회는 기후, 동물 그리고 환경보호에 초점이 맞춰져 있다.

그래서 친환경업계가 할 수 있는 최악의 대책은 고객이탈을 막기 위해 병적으로 가격을 유지하려는 것이라고 플로리안 바우어는 지적한다. 독일 뮌헨공과대학 행동경제학자인 플로리안 바우어 명예교수는 무역상사와 대기업 대상으로 가격전략을 상담해준다. 친환경업계가 할 수 있는 핵심적인 실수는 소비자가 지속해서 가격을 비교할 것이라는 가정이다. 하지만 실제로 정확한 가격을 아는 소비자는 거의 없으며, 기껏해야 각 제품의 가격을 대충 짐작할 뿐이라고 바우어 교수는 설명한다. 슈퍼마켓과 대형마트에서 가격을 전반적으로 올리더라도 친환경제품은 이보다 조금 더 비싸도 전혀 문제없다는 것이다.

■ 라이프스타일화 전략이 탈출구

냉동식품기업 프로스타(Frosta)의 펠릭스 알레르스 대표는 이미 몇 년 전 이 방법을 시도한 바 있다. 프로스타는 고객에게 자사의 냉동식품이 집밥과 똑같은 맛을 선사할 것이라고 대대적으로 홍보했다. 자사의 냉동채소와 냉동생선에 화학조미료나 색소, 향을 일절 넣지 않고, 유기농 식료품도 공급하겠다고 홍보했다. 프로스타는 단순히 오랫동안 보관 가능한 냉동식품에 그치지 않고, 포장재를 플라스틱 대신 두꺼운 종이로 대체해 더 나은 세상을 만드는 데 일조하겠다고도 홍보했다. 이를 통해 지속가능한 신토불이 식료품공급을 홍보했다. 물론 가격은 그만큼 인상됐다.

프로스타의 전략은 적중했다. 매출은 일시적으로 줄었다가 회복하더니 지속해서 늘어났다. 다만 지금은 프로스타의 사업환경도 좋지만은 않다. 프로스타가 구매하는 식자재 일부의 가격이 무려 50%나 올랐다. 프로스타는 늘어난 비용부담을 소비자가격에 고스란히 전가하려 한다. "이렇게 결과적으로 인상되는 소비자가격이 엄청나다"고 알레르스 대표는 말한다.

알레르스 대표는 과거에 채식이 추세로 자리잡기를 바랐다. 어느덧 채식은 주요 흐름이 됐고, 어느 식당에서나 채식주의자를 위한 음식이 메뉴의 일부가 됐다.

• 출처 : 이코노미 인사이트 2022년 6월 1일

것이 바로 CRM이기 때문이다.

얼마전까지만 해도 많은 기업의 계획과 분석, 전략 및 실행 등의 과정은 몇몇 경영진이 경험과 직관에 따라 주먹구구식으로 결정하고 진행해 왔다. 물론 이때는 현재의 환경만이 고려되었으며, 인맥이나 개인적 노하우만이 전략수립의 근거로 작용했다. 따라서 실행에는 그저 몸으로 열심히 하면 되는 상황이었다. 그러나 지금은 이런 방식의 경영을 하는 기업은 생존하기 어려운 실정이다. 다행히도 요즘들어 많은 기업들이 CRM에 높은 관심을 가지고 그 환경구축에 과감한 투자를 아끼지 않고 있다.

먼저 유능한 컨설팅업체나 전문가들 집단에 의뢰하여 경쟁력 있는 비전을 세우고 있으며, 분석의 효율화를 위해 많은 양의 데이터를 저장하고 관리하는 고가의 시스템을 구비하고 통계 전문가에게 최고의 부가가치 자료를 의뢰하고 있다.

또한 최대로 효과적인 전략을 세우기 위해 의사결정 솔루션을 도입하는가 하면 가상 시뮬레이션 결과를 확신하는 단계까지 진행하고 있다. 과거에는 찾아오는 고객을 위해 준비했다면 이제는 고객에게 다가가기 위한 전략을 실행하고 있다. 이처럼 시대는 끊임없이 급변하고 있다. 이러한 시대에 기업이나 개인이 살아남기 위해서는 변화의 요소들을 정확히 인식하고 적절하게 대처해야 한다. 이것은 바로 생존의 원칙이다. 생존의 원칙을 구체적으로 이해하기 위해 CRM의 변화된 요소를 각 단계별로 짚어보자.

(1) 비전의 변화

과거에는 주로 데이터의 치밀한 분석보다는 경영진의 경험이나 직관에 따라, 고객의 욕구보다는 기업내부의 필요에 따라 비전이 설정되었다. 또한 선진시스템의 도입이나 활용에도 배타적이었다.

하지만 오늘날에는 해외의 유수한 컨설팅 전문업체에 기업의 비전설정을 의뢰하고 있고, 내부의 필요보다는 고객의 관점에서 비전을 설정하고 있으며 시스템을 과감하게 도입하고 있다. 이제 비로소 우리기업들도 '고객을 위한 일'에 준비하는 마인드를 갖춰가고 있는 것이다.

(2) 분석의 변화

거의 수작업에 의존하던 지난날의 분석에서 벗어나 현재는 과거의 데이터를 모두 시스템화를 통해 저장하고 있다. 또한 선진화된 기술분석 솔루션으로 데이터를 분석하고 있다. 그러므로 분석가는 시스템을 고민할 필요없이 분석에만 열중할 수 있으며 그들의 역량을 충분히 발휘할 수 있다. 따라서 빠른 시간내에 정밀한 분석이 가능하게 된 것이다.

(3) 전략의 변화

전략도 분석과 마찬가지로 과거에는 시스템에 많이 의존하였다. 경영환경의 변화에 따라 전략을 수정하려해도 기존의 시스템으로는 해결할 수 없었다. 또한 시스템의 빈번한 재개발에 상당한 시간을 소모함으로써 막대한 기회손실이 발생하였으며, 기획자나 경영진의 의견이 시스템 담당자에 의해 왜곡되는 일이 많았다.

그러나 오늘날에는 선진기술로 만들어진 의사결정시스템을 사용함으로써 경영전략이 바뀌어도 시스템 담당자에게 의뢰할 필요없이 담당자가 바로 변경시키면 기존의 시스템을 그대로 사용할 수 있을 정도로 유연성이 생겼다. 이로 인해 신속한 전략수정이 가능하게 되었다. 기업으로서는 전략을 수시로 바꿀 수 있는 여유가 생겨 경쟁력의 우위를 다질 수 있게 된 것이다.

(4) 실행의 변화

과거 고객과의 접점은 만남, 우편, 전화 등 세 가지 정도였다. 이 방법도 고객의 문의에 대응하는 정도에 그쳤다. 또한 고객접점을 통합적으로 관리하지 못한 나머지 여러 직원이 중복으로 접촉하거나 서로 담당이 아니라며 고객과의 접촉을 회피하는 경우가 허다했다. 그로 인해 고객과의 신뢰가 무너지는 경우도 종종 있었다.

그러나 오늘날에는 인터넷이라는 아주 편리하고 저렴한 비용의 새로운 고객접촉 채널이 생겼다. 이제 기업은 주로 저렴한 비용의 전화와 인터넷으로 더 많은 고객을 만나려고 한다. 또한 고객접점을 통합적으로 관리하게 되어 고객에 대한 모든 채널에 대해 회사는 더욱 적극적으로 대응할 수 있게 되었다. 그리고 모든 채널의 통합관리는 원스톱 서비스(one-stop service)를 가능하게 만들어 고객과의 신뢰를 더욱 두텁게 만들었다.

(5) 조직의 변화

기업의 생존조건도 과거와는 바뀌고 있다. 적당히 잘하면 그런대로 잘나가던 시대는 지나가고 최고가 아니면 그 상품과 기업은 고객들에게 철저히 외면당하는 시대가 되었다. 그런데 기업이 최고가 되려면 그 구성원들이 최고여야 하며 자연스럽게 기업의 조직도 변할 수밖에 없다.

예를 들어, 과거에는 모든 업무를 무난하게 수행할 수 있는 다재다능한 사람을 여러 명 채용하여 조직을 꾸렸지만 이제는 어느 한 분야에만 최고의 능력을 지닌 인재를 분야별로 뽑아 조직을 운영한다는 것이다. 즉 각 업무단위별로 전문화하는 추세가 되고 있으며 업무전문화를 꾀한 기업에서는 또한 많은 시너지 효과를 보고 있다.

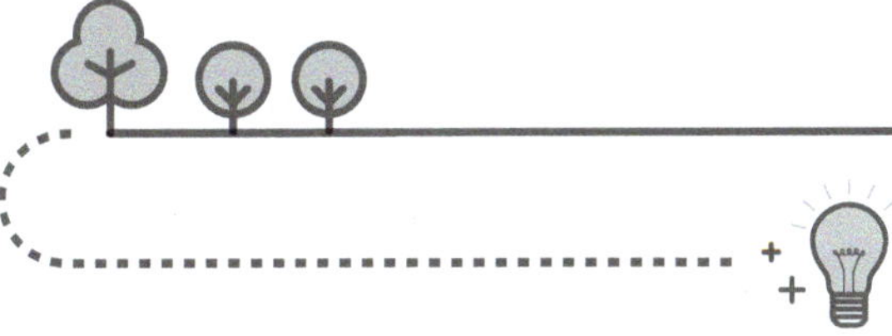

제2장

고객관계관리(CRM)의 배경

"누렇고, 싸고, 축축해"… 소비 줄고 비용은 급증

맥주, 한때 독일인이 가장 좋아했던 음료가 지금은 건강에 좋지 않고 쿨하지 않은 것으로 여겨져 수년간 소비가 계속 줄고 있다. 홉과 맥아의 가격도 오르고 있다. 많은 소규모 양조장에 이는 종말을 의미한다.

조금만 더 있었으면 스벤 비쇼프(54)는 모두 지킬 수 있었을 것이다. 비쇼프 필스(Bischoff Pils), 비쇼프엑스포트(Bischoff-Export), 펠처 헬(Pälzer Hell) 등 그의 양조장에서 생산하는 맥주를 말이다.

"정말 (사업 전망이) 좋아 보였다." 21년 전 가업인 맥주 양조장을 인수한 뒤 비쇼프는 효율성을 높이기 위해 구조개혁을 감행했다. 이탈리아, 프랑스 심지어 중국까지 진출했고 흑자를 냈다. 비쇼프는 이렇게 아버지가 쌓은 1천만유로(약 138억원)의 부채를 차근차근 갚아나갔다. 그의 아버지는 다시 하나가 된 독일인의 통일 뒤 '갈증'을 해소해주기 위해 팔츠 지역 빈바일러에 있는 가족회사의 연간 생산량을 13만헥토리터(1300만 l)까지 끌어올렸다. 하지만 독일인의 갈증은 희망한 것만큼 크지 않았다.

국가지원없이 버텨야 했던 코로나19 대유행 위기에도 비쇼프는 낙담하지 않았다. 그는 땅을 조금 팔아 자금을 확보할 생각으로 투자자를 찾았다. 금리인상으로 자금조달에 실패했지만 그는 여전히 포기하지 않고 2022년 8월 새로운 땅 구매자에게 두 번째 매각을 시도했다. 하지만 에너지, 홉 그리고 화물운송용 팰릿 가격이 치솟자 땅구매에 관심을 보였던 마지막 사람마저 놀라서 거래를 포기했다. 그가 비쇼프에게 건 전화는 딱 4분이었다. 그는 미안하다고 말했다.

비쇼프는 남아 있는 몇 무더기의 맥주 상자앞을 지나갔다. 어린 시절 그는 이 맥주 상자로 동굴을 만들고, (양조장에서) 훔친 루트비어(식물 뿌리나 열매과즙에서 추출한 향유를 탄산수·설탕 등과 섞은 음료)

맥주 소비가 급격히 줄면서 독일의 전통적 맥주 양조장들의 폐업이 속출하고 있다. 독일 바이에른 바이헨슈테판 맥주 양조장. REUTERS

2022년 9월29일 독일 뮌헨에서 열린 세계 최대 맥주축제 옥토버페스트에서 맥주를 즐기는 사람들. REUTERS

를 마셨다. 그는 슬펐다. 10년 전만 해도 팔츠지역에는 양조장이 10여 곳 있었는데 이제 곧 2곳만 남게 됐다고 비쇼프는 한숨을 내쉬었다. 5대째 이어진 가족기업이 결국 파산했다. 오래된 구리탱크와 그 옆의 은색탱크가 모두 비었다. 모든 스위치가 꺼졌다. 비쇼프는 "무덤처럼 조용하다"면서 맥주업계는 "와인처럼 현대화할 기회를 놓쳤다"고 우울하게 말했다. 와인은 "건강하고, 개성 있고, 쿨한" 이미지인데 맥주는 그저 "누렇고, 값싸고, 축축"할 뿐이다.

◈ 5대째 이어온 양조장 폐업

맥주는 끝났다. "고향은 맥주가 필요하다" 같은 가르미슈(Garmisch) 맥주회사들의 활기찬 구호에 이끌리는 사람이 점점 더 적어지고 있다. 헬레스, 밀맥주, 레모네이드맥주, 크래프트맥주, 라들러 등 지난 몇 년간 점점 더 짧은 간격으로 독일 전국을 휩쓸었던 그 모든 유행은 양조학자 토마스 베커의 말처럼 기껏해야 일반적 추세를 늦췄을 뿐 멈출 수는 없었다. 독일인은 그들이 가장 사랑하는 알코올 음료에 대한 관심을 잃어가고 있다.

독일은 점점 더 고령화하고 노인은 술을 덜 소비한다. 젊은이는 여전히 술을 마시지만 맥주를 예전처럼 많이 마시지 않는다. 건강한 생활을 추구하는 흐름은 주류 사업을 해쳤다. 사람들은 취한 기분에 젖어 있기보다 가족과 직장을 위해 언제라도 준비돼 있기를 바란다. 수년 전부터 맥주의 1인당 소비량이 줄었고 현재는 연간 92 l 에 도달했다. 과거 맥주 업계에서 '위험 하한선'으로 봤던 100 l 에 한참 못 미치는 수치다.

코로나19 대유행은 상황을 더욱 나쁘게 했다. 음식점이 부분적으로 몇 달 동안 문을 닫았던 2년 동안 일부 맥주회사는 매출이 3분의 1로 줄었다. 이제 인플레이션이 소형 업체를 죽이고 있다. 요즘 독일 각지를 여행하며 맥주 양조 전문가를 만나면 상황의 심각성을 실감할 것이다.

◈ 고령화도 소비감소에 한몫

바인가르트의 양조장이 시 소유가 아니었다면 지난 20년간의 수익을 모두 회사에 투자할 수 없었을 테고, 힘든 시기를 위한 준비금으로도 사용할 수 없었을 것이라고 바인가르트는 말했다. 상황이 정말 좋지 않다. 하지만 그는 다행히 위기에 투자할 수 있었다. 특히 소규모 양조장은 '스토리'가 필요하다고 시 소속 양조인은 말했다. 자신의 뿌리, 지역 그리고 정체성이 중요하다는 것이다. 나는 누구인가? 어디에 있는가?

슈팔트 맥주에서는 사장도 연출의 일부다. 그는 스스로 맥주 소믈리에가 되기 위한 교육을 받았다. 얼마 전 그는 독일연방대통령이 주최하는 시민축제(Bürgerfest)에 바이에른 맥주 대사로 참여했다. 맥주로 가득 찬 트럭을 타고 갔다가 빈 트럭으로 돌아왔다. 희망이 보였다. "한 잔 더 주겠어요?" 바인가르트는 흥겹게 '시음 맥주바'의 동료 직원에게 외쳤다.

뮌헨공과대학에서 양조학을 가르치는 베커는 맥주가 엄격하게 계산된 사업이 됐다고 말한다. '에너지집약적인 가열과 냉각'은 맥주 양조뿐만 아니라 전체 맥주시장에서도 진행된다. 비용을 통제하지 못하는 업체, 능숙한 마케팅으로 젊은 세대에게 다가가지 못하는 업체, 노인들의 고향에 대한 소속감에 기대어 맥주 한 상자를 20유로에 파는 업체는 대기업과의 가격경쟁에서 살아남지 못할 것이다. "전망이 좋지 않다"고 베커는 말했다.

특히 중간규모의 양조장, 즉 연간 생산량이 20만~40만헥토리터인 회사는 '드라마틱한 과잉생산'으로 어려움을 겪는다. "이제 매일같이 상황이 악화하고 있다"고 베커는 말했다.

아이펠산맥의 작은 마을, 크롬바흐의 녹색 언덕위에 있는 독일에서 가장 큰 개인 양조장은 '변화하는 시장'을 기회로 삼기로 결심했다고 사주 베른하르트 샤데베르크는 말했다. 그들의 전략은 위기에 빠진 지역업체와 해당 업체에 속한 식당을 동시에 인수하는 것이다. 이를 통해 광고만 약간 하면 다시 살릴 수 있는 오래된 맥주 브랜드를 저렴한 가격에 살 수 있다.

메인 브랜드인 크롬바커는 이제 벡스(Beck's)나 바르슈타이너(Warsteiner)처럼 텔레비전(TV) 광고를 하는 맥주와 민감한 소비자를 두고 싸워야 한다. 현재 판촉가격인 상자당 10~12유로 이상 판매는 거의 불가능하다. "사람들이 맥주를 덜 마신다면 최소한 우리 회사 맥주를 마셔야 한다"고 샤데베르크는 말한다.

크롬바커도 최근 몇 년 동안 아주 힘들었다. 마을주점은 문을 닫고 사회 분위기도 바뀌었다. 게다가 에너지 비용까지 폭발적으로 상승했다. 샤데베르크는 그의 미래를 '무알코올'이라고 생각한다. 현재 매출의 3분의 1 이상을 무알코올 맥주, 레모네이드 또는 이 둘의 혼합물로 벌어들인다. 언젠가 이 부서가 그룹의 핵심이 될 것이다. 샤데베르크 자신도 술을 많이 마시는 편이 아니다. 연간 약 550만헥토리터의 생산량을 함께 책임지는 그의 여동생 페트라는 무알코올 분야에서 그보다 훨씬 앞선다.

이 전략이 성공할 수 있을까? 홀거 뵈슈는 더 많은 상상력이 필요하다고 말한다. 어쨌든 사람들은 계속 술을 마신다. 맥주를 더 이상 마시지 않을 뿐이다. 독일에서 가장 큰 디스코텍 '인덱스'(Index)의 사장인 그는 술에 대해 잘 안다고 할 수 있다. 쉬토르프에 있는 5천㎡ 크기의 업소는 24개 바를 갖췄고 최대 5천 명까지 수용할 수 있다. 2000년대 초반에는 맥주가 매출의 절반을 차지했지만 지금은 10%에 불과하다.

뵈슈는 오래전에 마지막 맥주탭(Beer Tap)을 철거했다. 업소 카운터에서는 주로 보드카와 에너지음료가 담긴 얼음양동이가 팔린다. 젊은이들은 "사회관계망서비스(SNS)에 올릴 사진찍기 좋은 것"을 원한다고 뵈슈는 말했다. 맥주는 "쿨하지 않으며" 크롬바커 같은 대량생산 제품은 "어디서나 살 수 있어 매력이 없다"는 것이다.

그래서 베를린노이쾰른에서는 야심찬 확장을 꿈꿨다가 좀 더 조심스럽게 다른 방향으로 시도하려는 사람들이 있다. 코로나19 이전에 '베를리너 베르크'(Berliner Berg) 맥주는 독일 국내시장을 정복하고 국외로 진출하려 했다. 지금 이 스타트업 양조장은 지역으로 방향을 전환했다고 공동대표 미헬레 헹스트는 말했다.

◈ 스토리 있는 맥주가 대안

2021년 3월부터 헹스트는 더 이상 다른 양조업체와 협력하지 않고 자체 발효조에서 양조한다. 홉은 독일 남부에서 주문하고 보리는 작센의 농부에게 의뢰해 재배한다. '맥주는 여행할 필요가 없다'는 새로운 모토는 자신뿐만 아니라 환경에도 좋은 일을 하려는 사려 깊은 수도 베를린의 고객에게 딱 맞는다. 이것이 "우리가 함께 성장하고 싶은 이야기"라고 헹스트는 말했다.

그들의 스토리는 효과가 있었다. 슈퍼마켓 에데카(Edeka)에 이어 할인마트 레베(Rewe)도 1만헥토리터로 생산량을 늘리는 이 회사의 제품을 매대에 진열할 계획이다. 헹스트는 베를린 브랜드에 대한 충성도를 기대한다. 대기업의 맥주가 단조롭고 특징이 없어질수록 더 많은 사람이 대안을 찾으리라는 게 그의 희망이다. 한 상자 가격이 10유로보다 훨씬 비싸더라도 말이다.

• 출처: 이코노미 인사이트 2022년 12월 1일

CRM은 단순한 고객관리가 아닌 고객과의 관계관리를 하는 것이다. 이는 IT시스템 구축과 프로세스관리에만 초점을 두는 것이 아니라 고객의 가치를 창출하고 고객과의 접점관리를 통해서 고객이 원하는 가치를 어떻게 발굴할 것인지를 고민하는 접근인 것이다. 이를 통해 고객의 긍정적 경험을 기업의 브랜드 충성도로 연결시키는 비즈니스 노력이라 할 수 있다.

제1절 고객관계관리(CRM)의 필요 배경

1. CRM의 필요 배경

오늘날의 기업들은 다양한 환경변화 요인에 의해 많은 도전을 받고 있다. 정보기술, 특히 인터넷의 발전에 따라 시간과 공간을 초월한 글로벌 커뮤니케이션이 가능해지고 쌍방향의 의사소통이 가능해 짐에 따라 과거 소유개념이었던 정보와 지식이 이제는 공유의 개념으로 변화되었다.

고객들은 특정 제품 또는 서비스에 대한 정보의 공유와 교환을 통해 많은 사람들의 경험이 통합된 지식을 획득할 수 있는 경험공동체 형성이 가능하게 됨에 따라 제품 또는 서비스의 기대수준이 한층 높아지게 되었다. 따라서 기업은 고객을 제품 또는 서비스의 단순구매자로서가 아닌 제품 또는 서비스를 같이 만드는 공동참여자로서 인식하는 고객지향적 경영체제로의 변환이 불가피하였다.

완벽한 고객정보의 수집과 분석을 통해 고객의 요구에 부응하는 제품 또는 서비스를 제공하고 장기간에 걸친 고객과의 긴밀한 관계유지야말로 치열한 기업경쟁체제에서 살아남기 위한 필수요소라는 인식을 하게 되었다.

그렇다면 "어떤 고객과의 관계를 긴밀히 유지할 것인가?"

과거 고객만족경영 방식에서는 "모든 고객은 왕이며 모든 고객이 동일하게 중요하다"는 인식하에서 출발하였다. 그러나 CRM은 이런 측면에서 다소 다른 관점을 취한다.

기업수익의 80%는 상위고객 20%에 의해 창출된다. 이것은 80대20 법칙에 따라 모든 고객을 대상으로 일시적 수준의 마케팅활동을 전개하기보다는 진정으로 기업에 수익을 주는 고객에게 보다 정교한 대응을 하는 차별화 된 마케팅 전략을 구사하는 것이다. 즉, 질적으로 우수한 고객과의 관계를 지속적으로 유지함으로써 다른 비즈니스 기회가 창출될 수 있도록 하는데 주안점을 두고 있다.

기업 간의 경쟁심화로 제품차별화와 신규 고객획득이 점점 어려워지고 있다. 신규 고객획득에 소요되는 비용은 기존 고객유지 비용에 비해 3~5배 더 소요된다고 한다. 또한 매출액의 70%~80%를 차지하는 주요 고객에 대한 특별한 관리방법이나 운영접근에 대한 체계적 접근이 마련되어 있지 않은 것이 대다수 기업의 현실이다. 그래서 모든 분야의 CRM에서는 신규고객의 수를 늘리려는 노력보다는 기존 고객을 유지(retention)하고 이탈고객을 최소화하며 기존 고객과의 관계를 긴밀하게 유지하여 고객의 평생가치 극대화를 추구하는 것을 더 강조하고 있다.

그렇다면 이러한 환경에서 CRM은 왜 필요한 것일까?

그것은 기업 간 경쟁이 치열해지고 제품의 수명이 점점 더 빨라지면서 기업은 변화하는 환경에 적응이 필요해졌다. 더구나 고객의 취향과 욕구(needs)가 급격히 변화하고 있고 이에 제대로 대처하기 위해 고객관리는 절실하다. 이는 바로 CRM의 중요성이 부각된 이유이며 모든 분야로 CRM이 확산되는 배경이 되었다.

특히 마케팅 분야의 CRM은 금융, 통신, 유통부문의 대기업을 중심으로 IT를 기반으로 하는 데이터베이스 시스템 구축에 초점이 맞추어져 있었으며 인터넷의 활성화로 인한 eCRM의 구현도 점차 확대되어가고 있다.

또한 질적 측면의 CRM을 위하여 시스템구축보다는 실질적 수익창출을 위해 고객정보를 활용하는 분야가 늘어나고 있으며 이러한 성공에 영향을 주는 배경에 최고경영진의 지원과 조직의 통합 그리고 전사적인 관점에서의 접근이 필요하다.

(1) CRM은 시대적 요구

공급이 적고 수요가 다량이던 시절에는 단순기능으로 규격화된 상품을 대량으로 생산하여 매스미디어를 통해 홍보만하면 불티나게 팔려나갔다. 그 때문에 기업은 공급의 부족을 해소하기 위해 생산시설을 확장하고, 확장에 따른 초과분은 다시 광고를 통해 얼마든지 소화할 수 있었다. 이것이 소품종 대량생산과 매스마케팅의 시대였다.

그러나 시간이 지나면서 수요와 공급의 불균형이 시작되고 품질의 차이도 거의 없어지기 시작했다. 물론 많은 사람들은 서로 다른 상품에 대한 '취향'을 요구하게 되었다. 기업도 고객 욕구가 다양해지는 것을 인식하고 고객을 세대별·성별·지역별 등 비교적 단순한 속성으로 분류하여 관찰하고 고객속성별 욕구에 맞게 제품을 기획·생산하기 시작했다. 이처럼 시장에 공급되는 제품이 다양화되었기 때문에 기업홍보의 초점도 제품다양화에 집중하게 되었다.

그림 2-1 수요·공급과 CRM

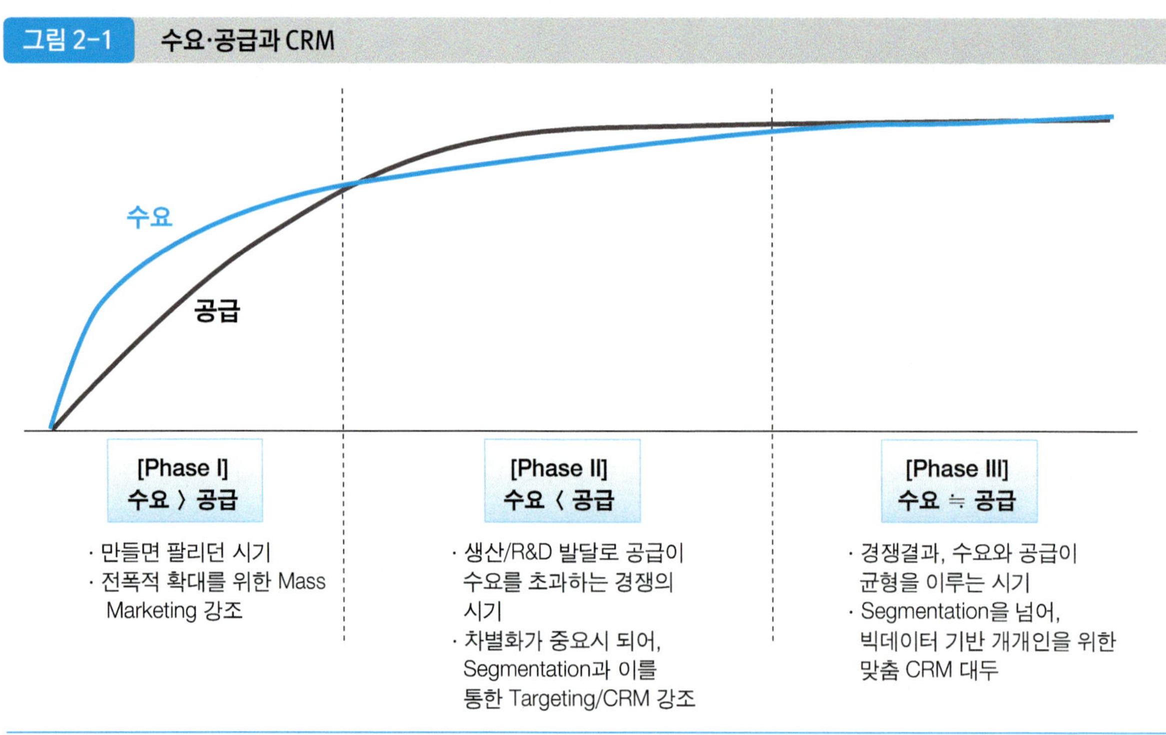

출처 : RecoPick

시장에 공급되는 상품이 다양해지고 넘쳐남에 따라 고객의 욕구는 이제 모든 상품을 하나의 '기호품'으로 바라보게 되었다. 기업도 그 욕구에 대응하여 갖가지 아이디어와 디자인, 그리고 다양한 기능의 상품을 쏟아내기 시작했다[그림 2-1참조].

외국계 컴퓨터 업체인 델(Dell) 컴퓨터 등 몇몇 컴퓨터 회사가 고객 한 사람 한 사람의 욕구에 맞춰 CPU나 메모리 등을 별도 조립한 특별사양의 상품을 내놓은 것도 그 좋은 예다. 그러나 각각의 고객욕구에 지나친 대응이 결국은 고객스스로 자신있게 선택하기 힘들어질 정도로 다양화되고 복잡화되어가는 양상을 만들고 말았다.

(2) 고객으로부터의 출발

CRM이 왜 필요할까를 생각해보면 그것은 고객에 대해 파악해야 하기 때문이다. CRM을 안다는 것은 그 대상이 되는 고객에 대해 더 구체적으로 접근한다는 것이다. 즉 고객의 구매유형과 연령, 성별, 취미 등의 개인정보를 수집하고 그 정보를 기초로 기업이 취해야 할 행동을 결정하는 일종의 마케팅기법이다. 따라서 CRM의 기본은 고객을 이해하는 데서 시작된다.

넘쳐나는 상품 속에서 소비자의 구매유형은 엄청나게 다양화하고 있다. 이러한 상황에서는 소비자를 성별, 연령별, 주거지별 등의 커다란 범주로 분류하는 것은 더 이상 의미가 없다. 좀 더 정밀하게 소비자의 행동을 관찰하고, 소비자 개개인에게 맞는 마케팅을 생각지 않고서는 시장에서 살아남기 어렵기 때문이다.

그래서 고객정보를 경쟁사보다 얼마나 더 효율적으로 수집할 수 있느냐가 중요한 문제가 되는 것이다. 현재는 개인의 생활이 매우 중요시되는 시대이다. 이런 이유는 개인들이 간단하게 자신의 정보를 제공하지 않는다는 것이다. 어떤 기업들은 한꺼번에 많은 개인데이터를 확보하기 위해 설문조사를 빙자하여 개인정보를 수집하기도 한다. 그러나 이런 상황에서도 확실한 동기를 부여하지 못하면 오히려 기업이미지를 해칠 수도 있으므로 설문조사를 남용하는 것은 바람직하지 못하다. 그러므로 가장 정당하고 바람직한 방법은 CRM의 고객획득수법을 이용하여 자사의 마케팅활동에 반영하는 것이다.

(3) 고객점유율이 더 중요한 시장

시장은 점점 변화하여 이제 시장에서의 점유율 즉, 시장점유율(market share)이 얼마나 높은가를 평가하기 보다는 고객점유율이라는 새로운 패러다임(paradigm)으로 변화하고 있다. 시장점유율은 일정기간 전체시장의 매출 가운데 자사매출이 차지하는 비율이며, 자사상품이

고객에게 어느 정도 선택받는지가 나타난다. 즉 "어느 정도 많은 사람들이 자사제품을 사고있는지"를 알 수 있는 지표다.

한편 고객점유율은 일정기간 동안 고객이 소비한 금액 가운데 자사상품이 차지하는 비율이며, 한 사람의 고객에게 자사상품이 어느 정도 선택받았는지를 나타낸다. 즉 그 고객이 어느 정도 자사(상품)의 팬이 되었는가를 알 수 있는 지표다. 당연히 자사상품을 많이 구입한 고객, 또는 그런 사람을 데려와 주는 고객이 기업에 안정적인 이익을 가져다 준다.

어쨌든 최대한 많은 사람이 최대한 높은 비율로 자사상품을 사는 것이 이상적이지만 현실적으로 고객에는 '이익이 되는 고객'과 '이익이 안 되는 고객'이 있게 마련이다. 기업으로서는 이익이 되는 고객은 다소 비용이 들더라도 계속 유지시킬 필요가 있고, 이익이 되지 않는 고객은 필요 이상의 비용을 들여가며 유지시킬 필요가 없다.

시장점유율만 중시하고 고객점유율을 소홀히 하게 되면 이익이 별로 안 되는 고객을 확보하기 위해 과다한 홍보비를 지출한다든지, 이익이 되는 고객의 질을 떨어뜨려 장래에 기대할 수 있는 판매기회를 잃어버리는 등의 비효율적인 경영을 되풀이하게 된다. 따라서 고객점유율에 집중하여 이익이 되는 고객과 그렇지 못한 고객을 구별하여 합리적인 마케팅전략을 수행하는 것이 필요하다.

(4) 다양한 판매채널

전통적인 기업의 판매활동은 점포와 영업사원활용 등에 의존해 왔다. 고객과 직접 대화할 수 있는 기회는 영업사원이 고객을 방문할 때 또는 고객이 매장을 찾아왔을 때 잠깐 뿐이었다. 물론 고객을 접촉하지 못해 놓치고 있는 판매기회 확대를 위해 기업은 영업시간을 연장한다든지, 비교적 비용이 적게 드는 카탈로그 통신판매, 전화에 의한 영업활동 등을 시작하였다.

그림 2-2 다양한 고객채널

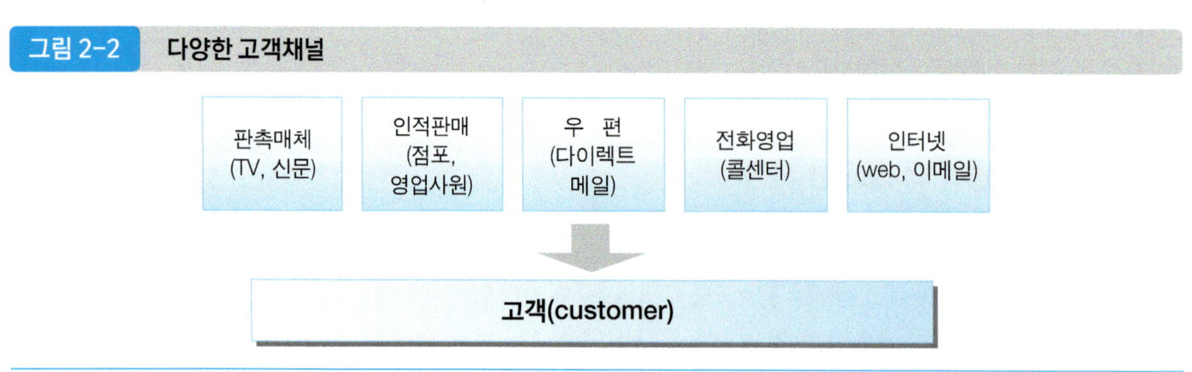

그러나 최근에는 정보기술(IT)의 눈부신 발달로 콜센터의 개설 등 전화업무를 연결하여 비용절감을 유도하고 24시간 영업이 가능한 인터넷 통신판매 등의 판매채널을 구축하게 되었다.
이처럼 판매채널이 다양화됨으로써 기업은 고객과 접촉할 기회가 많아지는 동시에 다양한 과제를 처리해 나가야 할 필요성이 발생하였다.

첫째, 기업은 다양화된 채널을 효율적으로 사용해야 한다.
둘째, 기업은 분산된 고객정보를 회사전체에서 동시에 공유해야 한다.

바로 이 두 가지 과제를 해결하는 것이 CRM의 성공조건이 되었다. 또한 고객과의 커뮤니케이션은 상품을 판매할 때만 한정짓지 말고 마케팅단계에서부터 판매단계 그리고 애프터서비스(after service) 단계에 이르기까지 전 단계를 통해 시도해야 한다.

2. CRM의 도입목적

선진기업들은 최근 CRM에 대해 많은 관심을 가지고 있다. 또한 도입을 서두르고 그 운영을 확대하고 있다. CRM을 도입하는 목적은 첫째, 고객의 충성도(customer loyalty)를 강화하고, 개별고객에게 맞춤서비스를 제공하며, 수준 높은 고객지식을 축적하여 경쟁사들과의 차별화를 꾀하는 데 있다. 둘째, 수익성이 높은 우량고객을 파악하고 이를 평생고객으로 만들기 위해 노력하는 것이다. 그러한 방법으로 교차판매(cross-selling) 혹은 업셀링(up-selling) 등으로 수익을 극대화하기 위한 노력을 하게 된다. 셋째, 고객서비스의 신속성 향상과 기업의 비용을 절감하는 데 그 의의를 두고 있다.
또한 기업이 이러한 목적으로 CRM을 도입하는 이유는 과거에 비해 강화된 고객의 힘을 인식하게 되었으며 고객과의 끊임없는 상호작용의 최적화가 기업이 영속할 수 있는 원동력이라는 사실을 깨달았기 때문이다.
그렇다면 기업이 CRM을 통해 더욱 강력한 마케팅을 하기 위해서는 어떻게 접근해야 하는가?

(1) 고객의 활용

1) 고객의 커뮤니티를 활성화한다

온라인이나 오프라인(off line)상에서 고객커뮤니티(community)를 형성하고 그 공동체의 리더(leader)층을 집중관리하여 구전효과를 극대화하도록 노력한다. 이를 위해서 기업은 고객커뮤니티를 인식해야 하며, 그들의 의견을 최대한 반영해야만 한다.

2) 기업의 역량을 핵심고객에게 집중한다

일부 핵심고객층이 기업수익을 책임지고 있다는 사실을 기억한다. 그렇기 때문에 기업은 핵심 우량고객을 중심으로 고착화 전략을 구사하여 고객의 평생가치를 극대화하는 것에 모든 역량을 집중시킬 필요가 있다.

3) 맞춤 서비스를 실시한다

기업은 고객개개인의 특성을 파악하고 대응할 수 있는 차별화 된 시스템을 구축해야 한다. 제조업체뿐만 아니라 모든 분야에서 고객과의 일대일 대응을 준비하고 고객과 직접 커뮤니케이션을 하는 채널을 구축해야 한다.

(2) 철저한 상호작용

1) 개발단계부터 고객을 참여시킨다

모든 상품과 서비스를 사용하는 것은 고객이다. 이러한 측면에서 기업은 상품이나 서비스를 개발하는 단계에서부터 고객을 참여시키고 그 결과를 고객에게 피드백(feedback)해야 한다. 이를 위해서는 고객의 취향에 맞도록 제품과 서비스를 준비할 수 있는 지원이 필요하다.

2) 접점을 확대한다

온라인과 오프라인을 병행 유지하여 고객과의 접점을 확대한다. 고객의 입장에서 접근하기 편리한 방식을 스스로 선택하도록 유도하며 다양한 채널전략을 통해 접점의 융통성을 실행한다.

3) 기존 고객유지에 집중한다

고객입장에서의 가치평가를 통해 고객이 원하는 제품과 서비스를 제공할 수 있는 시스템을 구축하여 고객중심의 접근을 시도한다. 고객을 자사에 충성할 수 있도록 하는 각종 프로그램을 가동하여 끊임없는 양방향 커뮤니케이션을 통해 확보된 고객이 이탈하지 않도록 유의한다.

3. CRM의 의의

(1) 일반적 의의

기업의 대부분은 고객정보에 둘러싸여 있으며 각 기업들은 고객들과의 접점에서 정보를 수집한다. 고객들과의 접점은 매장방문 및 구매시점, 판매사원과의 접촉, 서비스와 지원에 대한 전화요청, 회원가입 및 웹사이트 방문, 만족도 조사, 결제와 관련된 상호작용, 시장조사 등 기업과 고객의 모든 접촉을 말한다.

문제는 정보의 데이터베이스, 계획, 기록들이 다른 부서와 기업의 기능 속에 묻혀있거나 각 조직에 널리 흩어져 있을 수 있다. 이러한 문제점의 해결과 함께 많은 기업들은 고객의 충성도를 극대화하기 위해 개별고객의 상세한 정보를 관리하고 고객접점을 관리하는 고객관계관리를 시도하고 있다.

고객관계관리(customer relationship management)는 고객의 충성도를 극대화하기 위해 개별고객의 구체적인 정보를 관리하고 고객과의 접촉점을 세심하게 관리하는 과정이다. 즉, 기업이 탁월한 고객가치와 고객만족을 제공함으로써 수익성 있는 고객관계를 구축·유지하는 전반적 과정이라 할 수 있다. 학자들은 고객관계관리를 마케팅 데이터베이스의 분석 및 활용과 다양한 커뮤니케이션 기술의 응용을 통해 개별고객의 생애가치를 극대화하도록 기업의 모든 관습과 방법들을 정의하는 기법이라 하였다.

즉 CRM은 기업의 다양한 자원과 역량을 활용하여 고객과의 관계를 획득·유지·강화하기 위해 고객의 생애주기에 걸쳐 고객과 기업상호 간의 이익극대화를 추구한다.

고객에 대한 정보를 데이터베이스(database)화하여 저장하고 고객자료의 분석을 통해 가장 적합한 제품과 서비스를 제공하는 정보시스템이라 할 수 있다. 기업의 자원과 역량은 정보기술, 다양한 인적자원, 기업의 보유기술, 뛰어난 조직문화, 고객지향적 조직체제, 효율적인 업무프로세스 등을 모두 의미한다. 그리고 CRM과 관련된 정보기술 자체는 쉽게 경쟁기업의 모방이 가능하기 때문에 만약 CRM이 정보기술에 의해 구현되는 전략으로 한정한다면 똑같은 CRM정보기술을 도입하는 기업들은 동일한 CRM전략의 성과를 가져올 수 있어야 한다.

그러나 똑같은 CRM기법을 활용한 고객관계관리라 할지라도 기업의 조직문화, 이미지, 제품의 선호도 및 상표인지도 등에 따라 그 성과가 서로 다르다는 점을 인식하여야 한다.

따라서 기업이 가지고 있는 핵심역량의 강점과 약점 그리고 주어진 환경의 기회와 위협요인을 평가하여 기업의 제 자원을 적절히 활용하여 각 기업의 특성에 부응하는 CRM 대응전략이 필요하다.

(2) 마케팅 측면의 의의

마케팅 측면에서 CRM의 모습은 생산자와 고객간의 긴밀한 관계유지에서 찾아볼 수 있다. 과거 우리가 보아왔던 동네의 작은 가게를 생각해 보자.

동네 작은 가게주인은 어느 집의 제사가 언제이고, 어떤 종류의 상품을 좋아하는지 훤히 알고 있었으며, 명절을 앞두고는 필요한 상품은 무엇인지를 물어보거나 때때로 전화를 해서 좋은 상품이 들어왔으니 사가라고 연락을 하곤 했다. 이렇게 고객과의 긴밀한 관계를 유지할 수 있었다. 하지만 대량생산과 대량소비로 나타나는 산업사회에서는 대량생산된 획일화 된 제품을 '대중'이라는 불특정 다수에게 일방적인 밀어내기(push)로 판매하는 매스마케팅 방식(mass marketing)을 취하게 되었다.

동네 작은 가게가 점차 사라지고 대형할인점이 생기고 고객의 수가 증가함에 따라 고객 한 사람 한 사람의 특징을 파악하여 고객과의 긴밀한 관계를 유지하는 것이 어려워진 것이다.

대량생산시대에는 생산하면 팔리던 시대로 소비자의 관심적 욕구는 그다지 생각하지 않아도 되는 시기였으나, 기업간의 경쟁이 심화되고 공급이 수요를 초과하고 또한 소비자의 관심과 욕구가 복잡다양해지면서 기업들은 점차 소비자에 대해 관심을 갖게 된다. 이러한 상황에서 기업들은 소비자를 보다 효과적으로 공략하기 위해 그들이 지닌 특성에 따라 동질성을 가진 몇 개의 소집단으로 세분화하고, 세분화된 시장을 대상으로 제품차별화와 포지셔닝을 하는 세분화 마케팅(segmentation marketing)을 전개하게 된다. 연령, 성별, 결혼여부, 직업, 주거지 등 다양한 기준으로 시장을 세분화하여 공략하는 방식을 취한 것이다. 하지만 여전히 고객과 긴밀한 관계를 유지하는 데에는 많은 어려움이 있었다.

이러한 상황에서 새로운 돌파구로 등장한 것이 바로 CRM이다. 인터넷과 정보기술의 발전에 힘입어 산업시대 이전과 같은 생산자와 소비자 간의 긴밀한 관계유지가 오늘날 가능해 진 것이다. 인터넷은 다수의 고객과 일대일로 긴밀한 관계를 유지할 수 있는 기반을 제공한다.

e-mail과 게시판 등을 이용하여 저렴한 비용으로 고객과 상호작용을 할 수 있으며, 상품/정보/가격의 개인화, 웹 콘텐츠(contents)의 개인화 등을 통해 고객 한 사람 한 사람에게 차별적 서비스를 제공할 수 있다. 이러한 수단들의 발달은 고객의 요구를 신속하게 수렴하는 것을 가능하게 한다.

또한 데이터베이스 기술의 발전으로 대용량의 고객정보의 저장이 가능해졌으며, 데이터마이닝, OLAP(online analyzing process), 캠페인 관리도구 등을 이용하여 효과적인 고객분석 및 관리가 가능해졌으며, CTI(computer telephony integration), IVR(interactive voice response), Web 등을 이용하여 다양하게 고객과의 접점을 관리할 수 있게 되었다.

이러한 인터넷과 정보기술의 발전에 힘입어 산업시대 이전의 원형적 CRM이 오늘날 다시 활성화 되고 있는 것이다.

제2절 고객관계관리(CRM)의 활용

1. CRM의 범위

CRM(고객관계관리)은 크게 세 가지로 그 영역을 나누고 있다. 기존 고객을 우호적인 파트너로 유지하는 고객유지(retention)와 경쟁고객 혹은 잠재고객을 우량고객으로 만드는 고객확보(acquisition) 그리고 새로운 고객을 찾아내는 고객발굴(cultivation) 등이 전 영역에 걸쳐 적용되고 있다.

고객유지는 초기 CRM의 관심영역으로서

- 이탈고객의 이탈이유는 무엇인가?
- 고객이탈을 어떻게 막을 수 있을까?
- 자사수익을 많이 창출하는 우량고객은 누구인가?
- 우량고객을 어떻게 유지할 것인가?

등에 그 유지정책의 중점을 두고 있다.

고객확보 측면에서는 고객유지 활동을 통해 파악된 우량고객의 특성을 이용하여 향후 우량고객이 될 가능성이 있는 잠재고객을 파악하여 신규고객으로 확보하는 활동을 전개한다.

또한 고객발굴은 현재 고객을 우량고객으로 전환시키기 위해 교차판매(cross selling), 업셀(up sell) 등의 다양한 활동을 전개한다. 교차판매는 금융회사들이 자체상품에만 의존하지 않고 다른 금융회사가 개발한 상품까지 판매하는 적극적인 판매방식을 말한다. 즉 기존 고객과의 관계를 강화하기 위해서 기존 고객이 현재 거래하고 있는 상품과 서비스 외에도 다른 상품과 서비스를 다양하게 이용함으로써 거래량과 수익성, 거래기간 등을 늘려가는 개념이다.

업셀(up sell) 등은 교차판매와 유사한 개념이며 고객이 찾고있는 상품의 유사상위 상품으로 판매를 유도하는 것이다.

예를 들어, 할인점에서 고객이 40인치 PDP를 구매하려고 상담을 한다면 판매원이 최근 구매추세(trend)가 52인치로 옮겨가고 있으며, 예산을 더 추가하여 더 나은 휘도로 인한 시력보호에도 좋다고 유도하는 판매방식을 말한다. 이처럼 고객이 희망하는 상품보다 한 등급 높은 상품 또는 판매단가가 높은 상품을 권유하는 활동을 통해 기업은 전통적인 판매방식보다 더 많은 이윤을 창출할 수 있게 된다.

이러한 CRM을 전개하기 위해 무엇보다 중요한 것은 CRM을 통해 달성하고자 하는 목적, 이를 위해 필요한 활동, 그리고 대상고객을 명확히 해야 한다.

CRM의 전략적 방향이 명확하게 설정되어 있지 않은 상태에서 단순히 CRM 정보시스템을 도입한다면 도입효과는 미미하거나 실패로 끝날 가능성이 매우 크다. 고객 수 증대, 고객평생가치(lifetime value, LTV) 극대화, 고객확보비용절감, 고객유지비용절감 중에서 무엇을 목적으로 할 것인지 명확한 설계가 필요하다.

신규고객확보, 잠재고객확보, 로열티 프로그램, 교차판매, 업셀 중에서 어떤 활동을 전개할 것인지도 명확하게 설정해야 한다. 이러한 활동을 통해 어떤 고객층을 대상으로 전개할지를 면밀히 검토한 후 이에 적합한 CRM시스템 도입을 검토하는 것이 바람직하다.

2. CRM의 적용

(1) 시대별 고객관리

기업의 고객관리에 대한 변화는 1970년대 판매를 중심으로 한 초창기부터 시작하였다. 판매가 지배하던 시대에는 수요와 공급에 의한 시장형성이 이루어 진 바, 수요가 공급을 넘어서는 시장상황이었다. 획일적 제품이 고객에게 일방적으로 팔리는 단순한 판매의 시대였다. 이러한 시장환경은 수동적 구매자를 만들고 시장에 일방적인 공급을 이루게 하였다. 마케팅이 굳이 필요없어도 시장에서 살아남을 수 있는 상황이었다.

그 후 1980년대에는 고객만족의 시대라 일컬어질 만큼 기업은 고객의 만족을 측정하는데 중심을 두었다. 기업 간 경쟁이 심화되면서 구매자들은 선택에 의해 구매를 하기 시작하였다. 공급이 수요를 초과하며 기업의 품질관리가 서서히 중요해지는 상황이었다. 단순한 영업형태가 아닌 영업과 서비스가 동시에 이루어지는 상황이었다. 고객은 판매이후 서비스의 만족과 관리에 의해 그들의 선택적 구매에 대한 만족을 측정하기도 하였다.

1990년대에는 고객들의 다양성과 개별적 개성을 드러내는 구매자의 특성들이 나타나기 시작하였다. 고객들의 개성과 다양성은 기업으로 하여금 좀 더 세밀한 고객접근을 하도록 하였으며 IT기술의 필요성을 일깨워 주기 시작했다. 이러한 기업의 환경은 고객들의 개별정보를 활용하는 데이터베이스 마케팅을 자리잡게 하였다. 고객에 대한 정보들이 서서히 축적되면서 기업은 데이터베이스(database)를 중요한 정보의 기본축으로 생각하게 되었고 DB를 활용한 기업의 마케팅이 서서히 고객에게 친근한 관리방법으로 다가서게 되었던 것이다.

기업이 고객과 서서히 가까워지고 그들을 좀 더 심층적으로 이해하고 관리하기 위해서 1990년대 후반에 CRM이 등장하게 된다. 개별고객과 쌍방향 의사소통을 함으로써 고객의 세부적인 욕구(needs)를 얻어낼 수 있는 능동적인 고객관리접근법이 기업의 새로운 경쟁력으로 자리하게 되었다. 즉 기업의 고객관리가 기업의 성과와 생존에 직접적으로 영향을 주는 CRM의 시대가 도래한 것이다.

결국, 기업은 이러한 고객관리의 시대적 변천을 겪으며 기업이 갖는 경쟁력을 찾아내고 고객의 성향에 따라 차별적으로 대처함으로써 고객의 숨은 욕구를 발견하게 된다. 시대별 고객관리를 정리하면 [표 2-1]과 같다.

시대별 고객관리를 살펴본 결과, 고객은 시간이 흐를수록 수동적 입장에서 서서히 능동적 참여자로 변화하고 있다.

과거에는 공급자 → 판매활동 → 고객의 방향으로 가치사슬이 형성되었으나 최근의 가치사슬은 고객→고객/기업 간 채널→경영활동의 변화로 이어지고 있다. 이것은 시장의 경쟁적 수요욕구 변화가 더 이상 고객을 무시하고는 경쟁에서 이길 수 없음을 의미한다. 또한 일방적

표 2-1 시대별 고객관리

구 분	판매중심의 시대 (1970년대)	고객만족의 시대 (1980년대)	DB마케팅 시대 (1990년대)	CRM의 시대 (2000년대 이후)
대고객 관점	수동적 구매자	선택적 구매자	개성화, 다양화 추구 구매자	능동적 파트너
고객과의 관계	전체 시장에 일방적 공급	고객만족도 측정, 일방적 관계	그룹화된 고객과의 일방적 관계	개별고객과 쌍방향 의사소통
고객관리	단순영업위주	영업과 판매위주 서비스	IT기술팀 위주	전사적 관리

커뮤니케이션에서 이제는 쌍방향의 동반자로 기업과 고객의 관계가 이어지고 있는 실정이다. 이는 고객의 소리를 듣는 기업 내 창구들과 고객의 의견을 수렴, 개선할 수 있도록 노력하는 기업의 노력을 요구하는 것이다.

고객관리 또한 단순한 영업중심이 아닌 기업의 모든 부서가 일관된 고객정책과 전략을 구사함으로써 고객만족의 극대화를 유도하고 지속적 구매를 이끌어 낼 수 있는 것이다.

(2) 카드회사의 CRM 적용

최근 카드사들은 각종 은행취급 상품과의 교차판매 및 예금, 적금 등 은행상품과 연계된 카드를 개발해 은행계 카드사의 강점을 부각시키는데 주력한다는 전략이다.

또 휴대폰 결제시장, 선불 직불카드시장 등 틈새시장도 적극적으로 개척하는 것은 물론 업계 최저 수수료율 유지를 통해 실질적인 혜택을 제공하고 있다.

1) 삼성카드

삼성카드는 신판사업의 흑자기반 구축을 위한 사업구조 리모델링 및 수익창출 기반의 신상품출시에 영업력을 집중하고 있다. 그 일환으로 우량고객확충을 위한 종합리워드(보상) 프로그램 개발을 통해 우량고객에게는 업계 최고의 금전적 혜택과 서비스를 제공하는 전략을 펼치고 있다.

따라서 카드론 부문에서는 우량직군의 회원을 대상으로 10%미만의 초단기론 상품을 출시하고 대대적인 광고를 벌이고 있다. 영업의 기본적 전략은 신판사업을 강화하는 것이지만 우량한 잔고를 확대하고 우량고객을 확충하는 한편 수익기반 강화를 위해서는 금융사업도 일정부분 강화할 필요가 있기 때문이다.

2) 현대카드

현대카드는 고객 라이프스타일을 세분화한 카드를 선보이며 영업을 강화하고 있다. 고객의 주 이용처 분석과 소비자조사 등 고객의 성향을 분석해 신카드개발에 활용하고 있다.

새 카드의 명칭을 알파벳을 사용해 고객들을 유인하고 있다. 현재 출시된 카드는 통신전용카드 T, 항공전용카드 A.K, 대학생전용 체크카드인 U등이 있으며, 향후 쇼핑을 즐기는 신세대를 위한 신카드를 출시할 예정이다. 특히 현대카드는 출시된 각 카드별로 다양한 마케팅을 전개하며 고객몰이에 나서고 있다. 후발 카드사로서 구조조정을 완료한 현 시점이 우량고객을 확보할 수 있는 좋은 기회이기 때문이다.

TRENDS 망원경

명품도 '톡~' 틈새에서 대세된 '모바일 선물하기'
250원에서 5200만원까지 다양한 상품…4조원대 규모로 급성장

생일을 맞은 30대 직장인 윤지영씨(가명)는 최근 카카오톡 선물하기로 남자친구에게 200만원대의 명품 목걸이를 받았다. 3년간 교제한 남자친구가 해외출장 중에 보낸 깜짝 생일선물이었다. 몇달 전 윤씨가 백화점에서 해당 목걸이를 눈여겨본 것을 남자친구가 기억하고 있었던 것이다. 목걸이는 파우치에 담겨 브랜드 고유 시그니처 블루 박스에 1차 포장된 후 친환경 소재의 스페셜 패키지에 담겨 배송됐다. 물론 정품 보증서도 들어 있다.

고등학교 2학년인 박은주양(가명)은 12월 말 생일을 앞두고 카카오톡 선물하기에 접속해 원하는 선물을 '위시리스트'에 담았다. 올해는 2만원대 특정 브랜드의 스니커즈 운동화, 립 글로우, 방향제 등을 담았다. 생일날 친구들이 자신의 위시리스트를 보고 선물할 수 있도록 한 것이다. 박양은 친구의 생일날에도 친구의 '위시리스트'를 확인해 선물을 보낸다. 박양은 "서로 원하는 선물을 주고받을 수 있어 만족도가 높다"고 말했다.

■ 카카오·네이버에 '로켓 선물하기' 까지

이커머스 시장의 비주류였던 '선물하기'가 대세로 떠올랐다. 그동안 국내 선물하기 시장은 카카오가 시작하고 주도해온 틈새시장 정도로 여겨졌다. 코로나19를 겪으며 온라인 쇼핑수요가 늘자 네이버, 쿠팡, G마켓, 마켓컬리 등 이커머스는 물론 신세계, 롯데 등 전통 유통업체들도 적극적으로 선물하기를 도입하기 시작했다.

네이버는 연내 출시예정인 '네이버 도착 보장' 서비스를 '선물하기' 상품을 대상으로도 적용할 수 있도록 관련 테스트를 진행 중이다. 네이버 도착 보장 서비스는 고객들이 상품 도착일을 안내받고 해당 날짜에 정확하게 배송받을 수 있도록 지원하는 솔루션이다. 쿠팡의 '로켓 선물하기'도 2020년 4월 런칭한 후 연간 성장률(지난해 말 기준)이 336%에 달하는 것으로 알려졌다. 주소를 몰라도 받는 사람의 연락처만 알면 카카오톡과 문자(SMS) 등을 이용해 로켓선물이 가능하다. 생일 전날 신선식품 배송인 로켓프레시로 케이크와 생화 꽃다발 등을

경향신문 자료사진 / 카카오톡 제공

선물하면 생일 당일 오전 7시 전까지 배송된다. 쿠팡관계자는 "타 이커머스와 차별점은 선물보내는 사람이 쿠팡의 와우멤버(월 4990원)일 경우 받는 사람도 동일하게 '빠른 무료배송', '무료반품' 등의 멤버십 혜택을 받을 수 있다는 점"이라고 말했다.

선두주자인 카카오가 12년 전인 2010년 처음 '카카오톡 선물하기'를 시작할 때만 해도 상품군은 커피, 케이크, 치킨 등 모바일 교환권에 한정됐다. 현재는 모바일 상품권은 물론 배송상품이라고 부르는 '실물상품'으로 판매상품군이 확장되면서 167만여 개의 상품이 거래되는 이커머스 플랫폼으로 성장했다. 샤넬 · 구찌 · 티파니 등 명품부터 김치, 전통주, 프리미엄 식품 선물세트까지 고단가의 상품도 편입되고 있다. 받는 사람의 주소를 몰라도 카카오톡으로 실물상품을 선물할 수 있다는 이점이 크다.

'어떻게 고가의 명품 액세서리 선물을 온라인으로 주문해 택배로 보낼 수 있나?'라고 생각한다면 당신은 이미 시대에 뒤떨어진 사람이다.

"신랑이 생일선물 해줬어요. 넘넘 행복합니다." #신랑에게 받은 #생일선물 / "10년 동안 애쓴 나를 위해, 나에게 주는 선물." #나에게 받은 #위로 선물

카카오톡 선물하기의 수백만원대 고가 주얼리 상품 판매 페이지에서 실제로 볼 수 있는 상품후기다.

선물하기 플랫폼에는 글로벌 명품 본사들의 직입점이 이뤄지고 있다. 간단하고 편리한 구매가 가능하다는 강점에 더해 거품 걱정 없이 믿고 구매할 수 있는 신뢰감이 더해져 새로운 명품 구입처로 급부상 중이다. 불가리와 티파니 등 일부 명품 브랜드의 경우 귀중품 배송전문업체 '발렉스'를 통해 안전하게 배송되며, 선물 포장은 물론 정품 보증서를 발급한다. 피아제의 경우 최대 8년간 무상 품질보증을 받을 수 있는 '피아제 케어'를 제공하는 등 오프라인과 동일한 서비스를 제공해 비대면 명품선물도 품격과 정성을 느낄 수 있도록 서비스를 제공한다. 2021년 카카오톡 선물하기 명품 거래액 성장률은 전년대비 83% 성장하는 등 꾸준한 성장세를 기록 중이다.

업계에 따르면 2021년 국내 모바일 교환권 선물하기 시장은 약 4조원으로 추산된다. 향후 10조원대로 성장할 것으로 예측된다. 2017년만 해도 1조원이 채 되지 않던 규모에서 4년 만에 4배 이상 성장했다. 이는 실물 상품을 배송하는 '배송상품'은 제외한 '모바일 교환권' 거래액이다. 실제로 네이버, 카카오, 쿠팡, 마켓컬리 등 실물 상품에 선물하기 서비스를 도입한 수치까지 포함하면 실제 선물하기 시장 규모는 올해 예상치 5조원을 상회하리라는 전망도 나오고 있다.

■ MZ세대 외 중장년층에게도 인기

시장의 성장과 확대는 온라인에 익숙한 MZ세대 외에도 구매력이 높은 중장년층까지 선물하기를 이용할 정도로 사용층이 두터워졌기 때문이다. 코로나19 이전만 해도 중장년층의 경우 온라인 선물은 성

의가 없는 선물이라는 선입견과 함께 구매 자체도 익숙하지 않아 사용을 꺼렸다. 하지만 장기간의 사회적 거리 두기를 거치며 중장년층도 적극 이용하기 시작했다. 카카오톡 선물하기 관계자는 “언택트 명절을 거치며 선물하기를 사용하는 중장년층 이용자가 지속적으로 증가했다”며 “2020년, 2021년의 경우 50, 60대 이용자의 구매 거래액이 전년 대비 2배 이상 성장하는 등 전체 연령층에서 가장 높은 성장률을 기록했다”고 말했다.

카카오톡 선물하기 최고가·최저가 상품은 뭘까. 최고가 상품은 다이아몬드가 세팅된 피아제 ‘포제션 시계 화이트 골드-다이아몬드-34㎜’로, 5200만원이다. 최저가 상품은 츄파춥스 제품 교환권으로, 250원이다. 판매된 상품 중 최고가는 1800만원대 명품시계다.

■ MZ세대는 새해에 달걀을 선물한다?

코로나 시대 이전부터 선물하기 서비스에 익숙했던 MZ세대는 온라인으로 어떤 선물을 어떤 모습으로 주고받고 있을까. 온라인 선물하기 고수인 MZ세대의 선물하는 법을 소개한다.

1. 받고 싶은 선물, 이제 티 내도 된다

MZ세대는 생일이 다가오면 ‘위시리스트’를 채워둔다. 카카오톡 선물하기의 위시리스트는 일반적인 온라인 쇼핑몰에서 하트모양의 아이콘을 눌러 즐겨찾기하는 기능과 비슷해 보인다. 뚜렷한 차이점이 있다. 내가 위시리스트로 선택한 제품들을 카카오톡 친구에게도 ‘공개’할 수 있다는 점이다. 외국에서 ‘브라이덜 샤워(Bridal Shower)’나 결혼식 때 호스트가 원하는 선물 목록을 만들면 친구

나 하객들이 선택해 선물하는 문화를 응용한 것이다. 선물을 받는 사람, 주는 사람 모두 만족도가 높다. 실제로 2022년 12월 기준, 신규 위시리스트 상품 등록 수는 전년 같은 기간 대비 47%, 위시리스트 사용자 수는 약 40%가 늘었다.

2. '트친(트위터 친구)', '인친(인스타 친구)' 에게도 선물

MZ세대는 오프라인에서 맺은 관계보다 온라인에서 익명으로 맺은 관계에서 친근감을 더 크게 느끼기도 한다. 유튜브/인스타그램 등에 서로를 태그하며 스스로 이벤트나 놀이를 만들어낸다. 트위터에서 자신의 일상에 관한 이벤트를 열고 당첨된 '트친'에게 '선물코드'를 전달하는 방식으로 선물을 주는 등 특별한 날에 '랜선 축하'를 해주는 경우가 많다.

2021년 11월 출시된 '선물코드'는 카카오톡 친구를 맺지 않아도 선물이 가능한 장점이 있다. 원하는 상품을 결제하면 생성되는 영문과 숫자로 조합의 코드를 문자/SNS 등 다양한 경로를 통해 전달해 지인이 아닌 사이에도 선물을 주고받을 수 있다. 이 기능을 사용하는 주 연령층은 10, 20대로 주로 트위터/커뮤니티 사이트 등 익명성이 강한 SNS에서 선물코드에 더 높은 관심을 보이는 것으로 확인됐다.

실제로, 크리스마스와 연말을 맞아 그동안 온라인상에서 교류해왔던 '트친', '인친'들에게 선물을 주는 이벤트를 열거나, 트위터에서 유행하는 '소매넣기'('소매에 넣어준다'는 의미로, 온라인상에서 지인들에게 게임 아이템이나 평소 갖고 싶어하는 선물 등을 주는 행위를 말함)에 '선물코드'를 활용하는 게시글을 찾아볼 수 있다.

3. 성탄절 낀 연말, MZ세대는 온라인으로 어떤 선물을 주고받나

10대(15~19세)의 경우 연말 인기 선물 1위는 리빙(인테리어 · 조명 소품), 2위 뷰티, 3위 식품이다. 1위를 차지한 10대의 사랑받는 리빙 품목은 '포토존 만들기', '유튜브 룸투어' 등의 인기에 힘입어 은박 커튼을 비롯한 이벤트 파티용품이나 캐릭터 무드등, 미니 러그 등 주로 가벼운 인테리어 소품들이다.

이외에 1020세대의 인기 카테고리에서 빼놓을 수 없는 품목은 '패션'이다. 그중 연말 모임에서 활용할 수 있는 '인싸템'들이 특히 인기를 끌고 있다. 트리 모양의 모자부터 곰돌의 모양의 파자마, 파티 가면 등 신박한 디자인의 패션 아이템들이 사랑받는다. 또한 친환경에 관심이 많은 젊은 세대 사이에서 리사이클로 탄생한 친환경 에코백, 양말 선물의 비중도 늘어나고 있다.

2030세대의 선물 1위는 식품, 2위는 뷰티, 3위는 리빙이다. 카카오톡 관계자는 "2030세대의 30% 이상이 연말 선물로 '식품'을 선택했다"며 "특히 최근 MZ세대 사이에서 불고 있는 헬시플레저(Healthy Pleasure · 즐겁게 건강을 추구하는 방식) 열풍과 함께 건강식품의 인기가 가파르게 상승하고 있다"고 말했다. 이 관계자는 또 "케이크와 같은 디저트 상품의 인기도 지속되고 있다"며 "크리스마스와 연말 파티 시즌을 맞아 1만원대 가성비 케이크부터 프리미엄 호텔 디저트 구매량이 늘어나고 있다"고 말했다.

눈에 띄는 것은 '계란 20입/30입' 선물의 증가다. 평소 대비 10배 이상 구매가 늘었다. 새해를 맞아 20세, 30세를 맞이하는 지인을 위해 계란을 나이만큼 채운 선물이다.

• 출처 : 주간경향 2022년 12월 19일

3) 신한카드

신한카드는 그룹 내 우수고객은 물론 외부의 중상층 고객 등 우량직군을 선정, 타깃영업을 실시하고 있다. 신한금융그룹의 자회사라는 강점을 활용해 그룹영업망을 적절히 이용하고 그룹내 우수고객에 대한 타깃마케팅을 활성화함으로써 고객의 로열티를 증대하는 방향으로 영업을 추진하고 있다.

이와 관련 신한카드는 최근 취급수수료를 면제해 주는 마이너스 통장방식의 현금서비스를 제공하는 것은 물론 신한은행 정기예금 가입 시 최고 50만 원 선지급 등의 서비스를 제공하는 '신한 F1카드'를 출시하고 고객몰이에 나섰다.

특히 신한카드는 포인트 적립선호 고객은 백화점, 교육기관 사용액의 최고 2%를 적립해 주는 F1블루카드, 이동통신, 영화티켓할인 등 각종 할인혜택을 중시하는 고객은 F1 오렌지카드, 새로운 기부문화를 원하는 고객은 F1 바이올렛카드 등 고객이 자신의 라이프스타일에 맞게 선택할 수 있도록 하는 등 맞춤서비스도 도입했다.

이처럼 카드회사들의 다양한 CRM프로그램들은 기업의 성과목표를 달성하는 것은 물론 고객들의 다양한 욕구충족과 만족을 유발하여 그들이 원하는 고객과의 관계구축에도 중요한 수단이 되고 있다.

(3) CRM 실행시 유의사항

첫째, 자사의 특성에 맞는 CRM전략을 수립하는 것이다. 자사의 전략적 방향성을 설정하지 않고 다른 경쟁사에서 도입해서 효과를 봤다고 하는 CRM시스템을 무턱대고 도입했다가는 큰 낭패를 볼 수도 있다.

최근 CRM시스템을 도입했으나 큰 효과를 보지 못했다고 말하는 기업들이 적지 않다. 과연 이들 기업이 고객(customer), 자사(company), 경쟁사(competitor)라는 3C 측면에서 엄밀하게 환경분석을 했는지, CRM도입의 목표는 명확했는지, CRM에 필요한 활동들은 정확히 정의하였는지 등 전략적 측면의 검토와 전략부합하는 CRM시스템을 도입하였는지에 대한 점검이 필요할 것이다. 또한 CRM의 도입효과가 단기간에 나타날 것으로 지나치게 기대하고 있는 건 아닌지 생각해 볼 일이다.

CRM은 단순히 정보시스템을 구축하고 몇 번의 시도로 끝나는 활동이 아니라 지속적으로 전개해 나가야 할 장기적인 활동이라는 것을 명심해야 할 것이다.

둘째, IT업체가 중심이 되어 CRM시스템 영업활동을 전개하고 있어 자칫 CRM을 회사 내

IT부서의 고유업무라는 잘못된 인식을 하고 IT부서 주도하에 CRM활동을 전개하는 것을 볼 수 있다. 그러나 몇번 강조하지만 CRM은 마케팅, 영업, 고객서비스 등 고객과의 긴밀한 관계 유지를 위해 필요한 활동들을 정보시스템이 지원하는 것이지 정보시스템 자체가 CRM이 아니라는 점이다. 따라서 CRM시스템 도입을 검토하고 있다면 마케팅, 영업, 고객서비스 등의 부서와 IT부서가 긴밀한 협조체계를 구축하고 도입의 목적, 효과, 적합한 CRM시스템 등에 대해 충분히 검토하고 도입여부를 결정할 필요가 있다.

셋째, CRM을 도입하기 전에 자사의 고객데이터 측면의 검토가 필요하다. CRM은 고객데이터를 바탕으로 과학적인 활동을 전개하는 것인데, 이들 고객데이터가 부실하지 않은지 검토해봐야 할 일이다. 즉, 고객데이터를 확보할 수는 있는 것인지, 고객데이터는 관리하고 있으나 정작 필요한 데이터가 빠져있지는 않은지, 주소나 전화번호 등 고객관련 데이터가 제때에 갱신되고 있는 것인지, 데이터 자체가 엉터리 값이 들어가 있는 것은 아닌지 등에 대해 검토해 보아야 한다.

아무리 좋은 시스템과 방법론을 사용한다 하더라도 데이터 자체에 문제가 있다면 전혀 엉뚱한 결과를 내어 혼란만 가중시킬 수 있기 때문이다.

그렇다면, 고객데이터가 완벽해질 때까지 CRM의 도입을 미루고 있어야 하는 것인가? 물론 여기에는 정답이 없다. 하지만 아무리 노력을 기울여도 100% 완벽한 고객데이터를 확보한다는 것은 불가능한 일이다.

또한 급변하는 시장환경 속에서 대책없이 CRM도입을 미루고만 있을 수는 없는 일이다. 어느 정도 신뢰성 있는 고객데이터를 확보할 수 있다고 확신을 할 수 있다면 일단 CRM을 도입하여 구축하면서 완벽한 데이터를 만들도록 노력하는 것이 바람직할 것이다.

마지막으로, 흔히 범할 수 있는 오류로, 좋은 시스템은 도입했지만 이를 운용할 전문인력이 없어 시스템이 사장되는 일이 없도록 주의해야 한다.

3. CRM의 성공요인

CRM의 성공을 위해 가장 중요한 성공요인은 어떤 것이 있을까?

그것은 비즈니스 분야와 상황마다 조금은 다를 수 있다. 하지만 CRM의 확실한 구현을 통해 탄탄한 기업으로 자리잡은 그들에게는 몇 가지 공통된 특성이 있다.

(1) 전사적 협력이 필요하다

CRM은 조직의 모든 영역을 세심하게 배려해야 한다. 서로 다른 일을 하는 직원들끼리도 심지어는 서로 이해해야 한다. 이것은 동료들이 CRM을 중심으로 내부적으로 철저한 협력이 이루어져야 함을 의미한다.

이는 생산라인 등에서도 마케팅부서가 파악한 고객의 요구사항에 신속하게 대응할 수 있어야 한다. 회사내 어느 부서에 근무하는 그 누구라도 항상 고객을 위해 일하고 고객의 요구에 대해 미리 준비해야 할 의무가 있다. 이것은 조직과 프로세스 등을 모두 고객중심으로 전환해야 한다는 것이다. 또한 전체가 협력하지 않으면 이룰 수 없음을 의미한다.

(2) CRM에 필요한 정보를 정확하게 수집한다

CRM은 한 부서의 전유물이 아니다. 그러므로 CRM을 위해 준비하는 모든 직원들이 원하는 정보수집과 필요한 정보를 적시에 정확하게 수집하는 것은 아주 중요하다. 왜 그 정보를 수집해야 하는지 혹은 어떤 정보를 수집해야 하는지 그 이유를 파악하고 접근하면 결과는 달라진다. 또한 CRM정보가 왜 수집되어야 하는지를 알고 있는 경우에는 수집된 정보를 신뢰하고 활용할 가능성이 더욱 높아진다.

(3) 명확한 전략을 설정해야 한다

CRM은 전사전략과 마케팅부문의 재설계에서 접근해야 한다. 프로세스의 답습이나 변화없는 단순한 정보시스템 도입은 실패할 확률이 높다. 또 도입되는 CRM시스템이 고객관계관리에 구체적으로 어떻게 활용될 것인지에 대한 점검이 최우선 사항이다. 그리고 분석데이터를 어떻게 해석하고 활용할 것인가에 좀 더 많은 관심을 구체적으로 가져야 한다.

(4) 고객친화적인 CRM도구를 확보한다

CRM도구는 자연스럽게 시스템에 통합되고 그것이 고객서비스의 일부가 되어야 한다. 그러기 위해서는 고객의 입장에서 좀 더 접근하기 쉬워야 한다. 굳이 재래식의 방법으로도 효율적으로 할 수 있다면 그것을 어려운 하이테크로 변경할 이유는 없다. 물론 그 효율을 평가한 후 변화를 모색해야 한다.

그러나 잊지말아야 하는 것은 재래식 해결책이 실제 사용할 사람들에게 잘 맞는다면 복잡하고 비싸기만 하고 결국엔 방치되거나 기존 환경과 조화를 이루지 못하는 어려운 솔루션보다 더 효과적일 것이다.

(5) CRM은 자사의 고객에게 배워야 한다

자기 회사의 고객보다 더 좋은 CRM교육은 없다. 아무리 훌륭한 CRM의 대가라고 할지라도 자기 회사의 고객보다 나을 수 없다. 각 회사마다 그 회사의 열성고객이 있게 마련이다. 정말 그 회사에 충성심(loyalty)이 높은 고객들이다. 이들을 초청해서 자사에 대한 제언을 들어보면 그것이 배송문제이든 품질문제이든 지불방식에 대한 문제이든 고객의 이야기를 가감없이 듣는 것이 중요하다. 논리적으로 이해가 안가도 나름대로 이유가 있다. 기업은 그것을 놓치지 말아야 한다.

(6) CEO가 직접 주도해야 한다

이것은 CRM에 대한 모든 판단을 CEO에게 떠맡기는 것이 아니라 고객이라는 주제는 전사적인 문제이기 때문이다. CRM은 단순한 고객관계관리가 아니다. CRM은 고객에 대한 모든 것을 전사적인 관점에서 해결하는 것이다.

CRM을 추진하다보면 부서 이기주의, 자기는 잘못이 없다고 발뺌하기, 이것은 내 조직에서 할 일이 아니라고 뒤로 빠지기 등 조직상의 부정적인 현상이 발생한다. CEO는 이 문제를 먼저 정리해 주어야 한다. 항상 CRM 추진시 어려움을 겪는것은 기술의 문제도 아니고 CRM에 대한 지식의 문제도 아니다.

가장 풀기 어려운 것이 사람의 문제이며 조직상의 문제이기 때문이다. 만일 이 문제를 CEO가 풀어줄 수 없다면 CRM프로젝트는 안 하는 것이 좋다고 생각한다. 부서적인 관점에서는 절대로 CRM은 성공할 수 없기 때문이다.

(7) CRM은 한 번에 끝나는 이벤트가 아니다

일반적으로 기업은 CRM의 일부를 했으면서도 우리는 CRM을 완료했다고 끝내버린다. ERP를 도입하고 SCM을 구축하듯이 CRM도 한 번에 끝내버리는 것으로 인식하고 있다.

CRM은 고객을 알아가는 과정이며 그 이해하는 수준에 맞추어 회사가 스스로를 변화해가는 과정이다. 고객중심으로 끊임없이 자기혁신을 해나가는 과정인 것이다. CRM은 계속적인 반복과정 속에 고객의 데이터는 점점 정교해지고 그 깊이를 더해 간다. 우리나라에서는 CRM시스템 구축이 끝나면 매뉴얼대로 사용만한다. 이러한 행위는 시스템도 정교해질 수 없고 고객을 명확하게 파악할 수도 없다.

고객은 캠페인에 반응을 하기도 하지만 그렇지 않은 고객도 있다. 반응하지 않는 고객에게 계속적으로 캠페인을 해봐야 아무런 회답이 없다. 그렇다면 이 고객을 캠페인대상에서 제외시켜야 한다. 그리고 이탈 가능성이 크기 때문에 다시 한 번 구매가 일어날 때 많은 보너스를 제공해서 다시 활성고객으로 만들필요가 있다. 이러한 일련의 시나리오를 반영하기 위해서는 기존 시스템과 업무프로세스를 수정해야 한다. 또한 데이터베이스, 고객의 방문시점 등이 시스템에서 연계될 수 있도록 해야 한다. 이러한 작업을 지속적으로 진행할 때 비로소 고객을 알아간다고 할 수 있는 것이다.

(8) 조직구성원의 변화를 유도해야 한다

대부분 CRM하면 IT를 중요한 이슈로 떠올린다. 물론 훌륭한 CRM IT도구는 성공적인 CRM을 위해 매우 중요하다. 하지만 이외에도 CRM이 올바로 구현되기 위해 관심을 가져야 하는 부분은 많다. 그것들 중에 하나가 조직구성원의 변화유도다. 그러나 이것은 가장 어려운 부분이기도 하다.

CRM이 도입되면 사람들은 이전과는 다른 방식으로 일을 해야하고 새로운 IT 활용능력을 배워야 하는 등 이른바 스트레스를 받게 된다. 이를 잘 유인해내느냐 그렇지 못하느냐는 CRM 성공의 중요한 관건이다.

그러나 교육훈련, 인센티브 프로그램, 정보수용능력 배양프로그램 등을 통해 이러한 변화를 유도해내려고 많은 기업들이 노력하지만 만족스럽게 변화를 이끌어 낸 기업은 그리 많지 않은 것 같다.

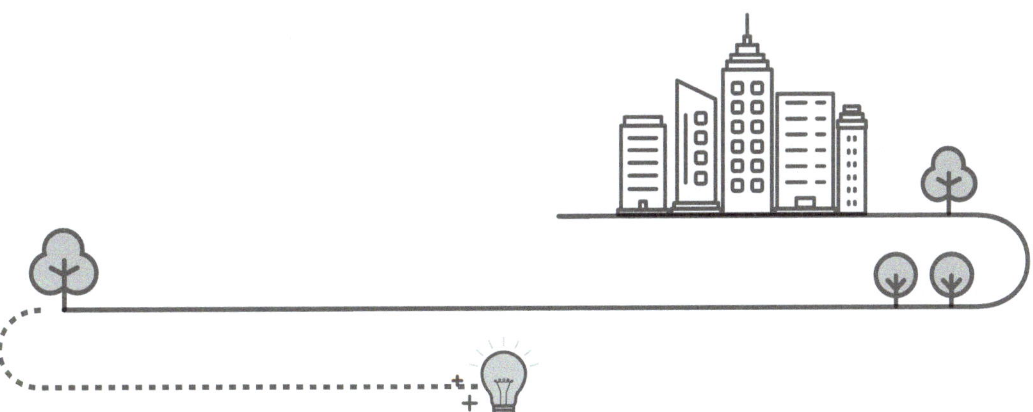

제2부

마케팅과 고객관계관리(CRM)

제3장 고객관계관리를 위한 기본마케팅

제4장 전략적 마케팅

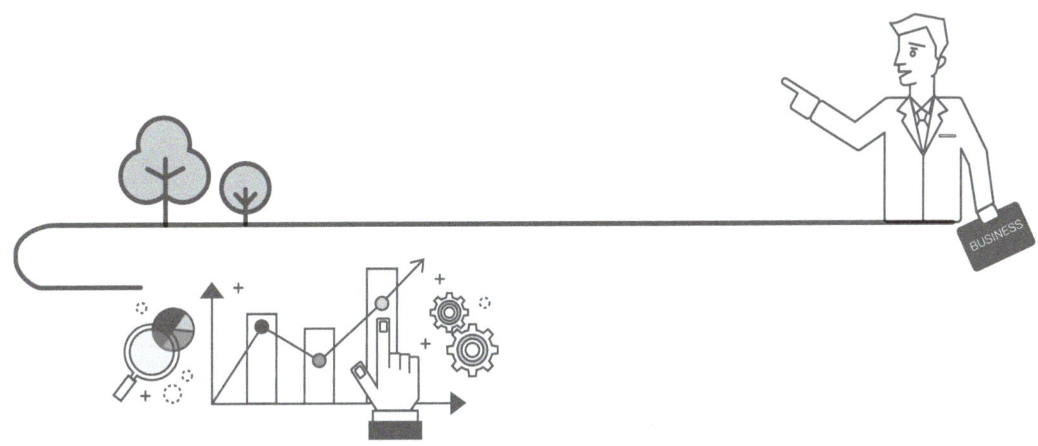

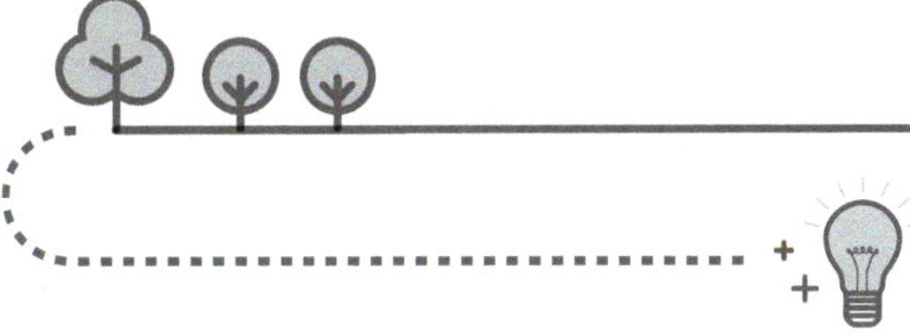

제3장

고객관계관리를 위한 기본마케팅

롯데월드몰, 유통업계 첫 NFT 전시공간 '넥스트 뮤지엄' 연다

■ 카카오 계열사 '그라운드엑스' 협업
■ NFT 활용한 새 공간 콘텐츠 선도
■ '과일 섬' 테마 아티스트 작품 전시

유통업과 NFT(대체불가 토큰)가 만나 새로운 디지털 콘텐츠를 제공하는 오프라인 공간이 탄생한다. 롯데백화점은 최근 카카오그룹의 블록체인 기술 계열사인 그라운드엑스와 협업을 통해 NFT와 '피지컬 아트(오프라인의 일반 갤러리)' 콘텐츠가 융합된 '피지탈(Physical+Digtal)'을 테마로, 유통업 최초의 오프라인 NFT 전시공간인 '넥스트 뮤지엄'을 오픈한다고 밝혔다.

롯데백화점은 새 오프라인 NFT 전시공간의 장소로 잠실 롯데월드몰을 선택했다. 다양한 메가숍유치와 새로운 팝업스토어를 지속적으로 선보이며 MZ세대 고객들의 유통메카로 떠오른 롯데월드몰은, 이번 전시를 통해 쇼핑공간을 뛰어넘어 유통업과 NFT의 결합이라는 새 공간 콘텐츠를 구현하고 디지털 쇼핑 트렌드를 선도할 계획이다.

이에 롯데백화점은 디지털 콘텐츠와 NFT를 오프라인에서 손쉽게 경험할 수 있는 새로운 플랫폼을 구성

하기 위해 넥스트 뮤지엄을 기획했으며, 전시관 운영은 파인 아트 갤러리인 'M 컨템포러리'가 맡았다.

넥스트 뮤지엄은 이달 23일 잠실 롯데월드몰 2층에 약 330㎡(약 100평) 규모로 들어서며, 다양한 작품들을 전시하는 메인 전시공간을 비롯해 아티스트의 NFT 아트 상품 전시, 브랜드의 스페셜 NFT 전시, 그리고 카페 등의 공간으로 구성했다. 롯데백화점은 디지털 및 NFT 작품과 아트 콘텐츠의 영역을 연결해 디지털 작품뿐만 아니라 실물 작품 및 브랜드와 아티스트의 공동작업 굿즈 등도 선보일 예정이다. 또 유통업의 장점을 살려 패션상품뿐만 아니라 F&B, 식음료, 체험형 콘텐츠 등 다양한 NFT 콘텐츠를 소개한다.

넥스트 뮤지엄의 첫 개관은 '과일섬'이라는 테마를 주제로 다양한 작가들이 과일을 활용한 디지털과 피지컬 작품들을 전시한다. 평소에 익숙하게 접할 수 있는 과일을 디지털, 회화, 조형 등 다양한 매개체를 통해 전달하면서 고객들에게 이질적이고 다양성을 보여주기 위해 테마를 과일로 정했다.

먼저 이번 전시회에서는 사과그림의 대가로 유명한 윤병락 작가가 참여한다. 윤 작가는 이번 전시회에서 신작뿐만 아니라 NFT 작품을 최초로 선보일 예정이다. 이외에도 과일을 테마로 픽셀 아티스트의 대표작가 주재범을 비롯해 신진작가들의 작품과 이를 해석한 피지컬 작품과 NFT 작품 전시, 그리고 MZ세대들에게 각광받는 디지털 작가인 박소희, BBM 등의 디지털 작품을 NFT의 형태로 새롭게 구현할 예정이다.

최근 MZ세대에게 핫 한 브랜드로 떠오르는 패션 브랜드와 F&B 브랜드도 전시회에 참여한다. 먼저 디지털 과일 이미지로 티셔츠를 제작해 두꺼운 팬층을 보유한 '김씨네과일' 브랜드가 새롭게 제작한 티셔츠와 굿즈, 그리고 처음으로 NFT 상품을 판매한다. 특히 김씨네 과일은 즉석에서 공연하는 게릴라 공연 등 고객들이 이색적인 체험이 가능한 이벤트도 선보인다.

성수동의 유명 디저트 브랜드인 '파티세리 후르츠'도 베이커리 상품판매와 더불어 최초로 NFT를 선보인다. 미슐랭 3스타 레스토랑 출신인 임하선 셰프의 신제품 '사과 무스케이프'의 레시피를 NFT의 형태로 선보일 예정이며, 실제 상품도 NFT 레시피와 세트로 하여 전시장에서 한정 판매할 예정이다. 이외에도 전시장에서는 다양한 아티스트의 굿즈를 NFT로 연계한 새로운 아트상품을 선보인다.

넥스트 뮤지엄에 방문한 고객들은 모든 피지컬 작품과 디지털 NFT 작품을 현장에서 구매할 수 있다. NFT 구매를 원하는 고객의 경우 그라운드엑스의 플랫폼인 '클립드롭스(Klip Drops)'를 통해 구입할 수 있다.

한편 넥스트 뮤지엄 오픈을 기념해 잠실점에서는 사은 이벤트도 준비했다. 해외명품 브랜드 디올 작가로 유명한 '다리아 송'과 협업해 잠실점에서 23일부터 10만원 이상 구매한 고객에게 크리스마스 카드와 NFT 작품을 선착순으로 500분에게 증정한다.

이승희 롯데백화점 영업전략부문장은 "성장하는 블록체인 기술과 시장성을 유통업 오프라인 공간에 적용하여 시너지를 발휘하고 고객분들에게 새로운 체험을 드리기 위해 이번 넥스트 뮤지엄을 개발했다"고 밝혔다. 이 부문장은 "앞으로도 NFT의 대중화에 기여하고, 이를 활용해 다양한 방식으로 고객들의 라이프스타일에 긍정적인 영향을 미치는 오프라인 플랫폼이 되도록 노력하겠다"고 말했다.

• 출처 : 경향신문 2022년 12월 19일

대표적인 전통 비즈니스인 유통업이 하이테크 분야로 진입하며 미국에서 가장 빠르게 혁신하는 산업으로 바뀌고 있다. 또한 온·오프라인 유통 간 대결은 온라인의 승리로 귀결되며 융합의 단계로 들어섰고, 오프라인 유통도 대변신을 하지 않으면 뒤쳐지게 되는 위기의 상황들이 몰려오고 현실이다.

아울러 이는 비즈니스 시장에서 소비자들의 발빠른 욕구변화가 기업 측면에서는 비즈니스 접근의 혁신적 마케팅전략으로 변화하도록 유도하는 현장의 모습을 보여주고 있다. 이러한 비즈니스 상황에서 고객관계관리 구축과 운영을 위한 마케팅접근은 이제 비즈니스의 핵심역량임에 틀림없다.

제1절 마케팅의 이해

마케팅은 고객을 다루고있다는 점에서 경영의 다른 어떤 부분보다 훨씬 중요하다고 할 수 있다. 하지만 이것은 고객을 통해 일정한 수익을 얻을 수 있음을 전제한다. 마케팅의 두 가지 목표는 기존 고객을 잘 유지하는 것과 새로운 고객을 경쟁사에 비해 더 많이 확보하는 일이다.

성공한 기업의 대부분은 한 가지 공통점을 가지고 있다. 그것은 바로 많은 노력을 고객이라는 목표에 집중한다는 것이다. 그들은 고객의 가치와 고객의 만족이라는 대명제 아래 모든 종업원의 능력과 조직의 시스템을 겨냥하고 있다.

1. 마케팅의 정의

마케팅하면 보통 많은 사람들이 판매원과 광고를 떠올린다. 이는 무리가 아니다. 우리가 일상생활을 영위함에 있어서 매일 많은 판매원들을 접하기 때문이다. 우리가 아침에 마시는 우유는 매일 집근처의 보급소에서 배달된다. 등교길에 전철을 타기 위해서 매표소를 거치고 전철역내 판매점에서 신문을 사서 읽는다. 때로는 전철안에서 간단한 제품을 파는 판매원들의 유창한 설명을 듣게 된다. 슈퍼마켓이나 백화점에서도 많은 판매원들을 접하게 되며 가격파괴로 인기가 높은 할인점과 회원제 창고형 소매점에서도 마찬가지이다.

우리는 광고를 접하지 않는 날이 거의 없다. TV에서 즐겨보는 뉴스나 드라마 또는 스포츠

그림 3-1 마케팅 과정

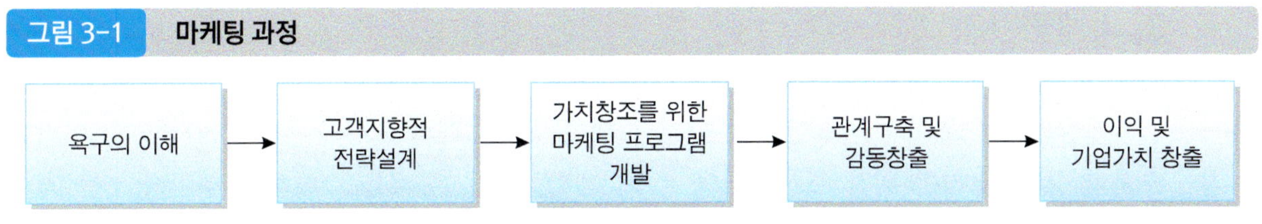

중계를 전후하여 수많은 광고물들이 방영된다. 차안에서 또는 심야에 듣는 라디오방송에서도 광고를 피하기는 어려우며 신문이나 잡지에서도 마찬가지이다. 잡지의 앞부분은 대부분 광고물로 채워지고 있다. 이러한 여건에서 살고 있기 때문에 많은 사람들이 '마케팅을 판매 또는 광고'로 보는 것이다.

학계에 널리 수용된 마케팅(marketing)에 대한 하나의 정의는, "마케팅은 개인 또는 조직이 필요한 것과 원하는 것을 다른 개인 또는 조직과 교환함으로써 수익과 가치를 획득하는 과정"이라고 한다.

즉 원하는 가치와 수익을 얻기 위해 단순히 판매와 광고를 하는 것만이 아닌 일련의 교환이라는 과정을 거쳐 서로에게 이득이 되게 하는 과정이다. 이러한 마케팅과정은 고객을 이해하는 것이 가장 중요하므로 먼저 고객의 욕구(needs)를 철저하게 파악해야 한다. 마케팅과정을 그림으로 나타내면 [그림 3-1]과 같다.

[그림 3-1]에서 보는 바와 같이 기본적 욕구를 파악하면 기업의 모든 자원과 시스템을 고객지향적으로 운영하여야 한다. 그것은 무모한 도전이 아닌 시대의 조류이며 경쟁업체들과의 싸움에서 이기기 위한 준비작업인 것이다. 이런 과정에서 고객은 스스로 원하는 자기만의 가치를 얻어내고 경쟁사와 다른 자사의 차별화를 획득하며 결국 그 과정에서 만족(satisfaction)이라는 새로운 경험을 갖게 된다.

이 과정에서 기대의 기준을 설정할 때 조심스러워야 한다. 기대수준이 너무 낮으면 고객을 쉽게 만족시킬 수는 있으나 고객유인은 충분하지 못하다. 또한 기대수준을 너무 높게하면 구매자가 실망할 가능성이 크다. 이러한 과정에서 고객에게는 기업과의 신뢰가 형성되고 그것은 긴밀한 관계로 발전하는 것이다.

관계구축과 고객의 감동이 만들어지면 서서히 기업이 원하는 이익과 기업의 가치가 창출되는 시점이 도래한다. 그것은 인위적으로 유도하는 것보다 시간과 노력을 쏟으며 자연스럽게 기다려야 한다. 물론 철저한 사전분석과 지속적인 마케팅 프로그램을 통해 고객과의 긴 여행을 함께 하는 것이다.

2. 마케팅관리

마케팅관리는 조직의 목표를 달성하기 위해 표적고객과의 교환을 창출·유지하고, 이러한 교환의 창출·유지를 위한 프로그램의 분석, 계획, 실행, 통제를 수행하는 것이다. 말하자면 마케팅은 하나의 사회현상이고 마케팅관리는 특정 조직의 관점에서 마케팅활동을 분석, 계획, 실행, 통제하는 과정인 것이다.

마케팅활동의 주된 이해당사자인 조직과 소비자 및 사회의 이해관계는 상충되는 경우가 많다. 마케팅관리자는 이러한 이해관계자 중 누구에게 더 많은 비중을 두어야 하는가? 보다 일반적으로 마케팅활동을 관리하는 지침 또는 원칙이 무엇이어야 하는가?

마케팅관리 지침은 환경변화에 따라 다음과 같이 변해왔다.

(1) 생산지향적 개념(production concept)

소비자는 저렴한 가격에 용이하게 구매할 수 있는 제품을 선호한다고 가정한다. 따라서 기업관리자는 기업활동의 초점을 생산효율과 유통효율증진에 두어야 한다는 것이다. 이러한 지침이 효과적인 상황을 두 가지로 생각해보자.

첫째, 제품에 대한 수요가 공급을 초과하는 상황이다. 여러 제품군에서 산업혁명 전과 초기까지 이러한 상황에 있었다. 기업의 과제는 공급량을 증대시키는 것이었다.

둘째, 제품의 원가가 너무 높아서 생산성을 향상시켜야만 많은 사람들이 구매가능한 상황이다. 포드자동차가 최초로 승용차를 출시하였을 때, 주된 과제는 생산효율을 증진시켜 많은 사람들이 구매가능한 원가를 달성하는 것이었다. PC와 VCR 등이 처음 개발되었을 때도 동일한 상황이었다. 그러나 공급이 증가되고 경쟁사들이 다양한 제품을 출시하게 됨에 따라 표준적 제품을 저가격에 제공하는 방식은 한계에 직면하게 되었다.

(2) 제품지향적 개념(product concept)

이 개념에 의하면 소비자는 품질과 성능 및 제품속성이 가장 우수한 제품을 선호한다고 가정한다. 이 경우 기업활동의 초점은 지속적 제품개선에 두어진다. 이 개념은 하나의 제품군에 복수상표가 경쟁을 하게 되고 소비자 소득이 증가함에 따라 가격보다 제품품질이 중시되는 상황에서 효과적인 지침이다.

제품지향적 지침은 근시안적 경영에 빠질위험이 있다는 점에 주의해야 한다. 우리 주위에서 사라져가는 과거의 인기제품들을 생각해보자.

성냥이나 지포라이터의 생산업체는 흡연자들이 담배불이 아닌 성냥 또는 라이터를 원한다고 생각했을 것이다. 그러나 이러한 제품은 품질개선에 상관없이 일회용 라이터의 등장과 함께 사라져갔다.

경쟁이 치열해지고, 제품자체의 품질이 경쟁업체 간에 평준화되면서 제품개선에만 주력하는 방식은 소극적으로 보인다. 그리고 제품군에 따라 더욱 적극적 방식이 요구될 수 있다.

(3) 판매지향적 개념(selling concept)

소비자는 많은 촉진활동과 판매유도활동을 하지 않으면 충분히 구매하지 않는 속성을 가지고 있다. 따라서 기업은 판매조직을 통한 활발한 판매와 대량광고 및 홍보 등을 통해 소비자 흥미를 유발하고자 한다.

구매빈도가 낮은 백과사전이나 문학전집 또는 생명보험 상품 등의 경우에 이러한 지침이 흔히 실행되고 있다. 정치마케팅이 또 하나의 전형적인 예이다. 선거시 정당은 자당공천자가 최적임자임을 알리기 위하여 가능한 모든 수단을 동원한다. 공천자는 많은 유권자에게 긍정적 이미지를 심기 위하여 악수, 절, 연설, 공약 등을 되풀이하며 명함, 벽보, 현수막, 우편물 등 여러 광고수단을 사용한다.

지금까지의 세 개념들은 모두 고객보다 기업을 관리활동의 출발점으로 하였다. 근래에는 고객을 기업활동의 중심에 두어야 기업의 장기적 존속과 성장이 가능하다고 한다.

(4) 마케팅지향적 개념(marketing concept)

조직의 목적달성은 고객의 니즈와 욕구를 파악하고 경쟁사보다 더 효과적으로 만족을 제공해야 가능하다고 전제한다. 이러한 지침은 비교적 최근에 이르러서야 실행되고 있다. 우리나라의 일부기업들이 최근에 강조하는 고객만족이나 고객감동경영이 바로 이것이다.

마케팅지향적 개념은 판매지향적 개념과는 많은 차이가 있다. 전자는 고객욕구(needs)의 발견이 우선이고, 기업의 총체적 활동을 통해 고객만족을 창출하는 대가로 이익을 얻자는 것이다. 후자는 이미 만들어진 제품을 대규모 판매노력과 촉진을 통해 판매해냄으로써 이익을 얻자는 것이다.

많은 기업들이 마케팅지향적 개념을 실행하고 있다고 주장하지만 구호로만 그치고 마는 경우가 많다. 마케팅지향적 개념이 조직전반에 뿌리내리기 위해서는 최고경영자의 굳건한 신념

그림 3-2 사회친화적 마케팅개념

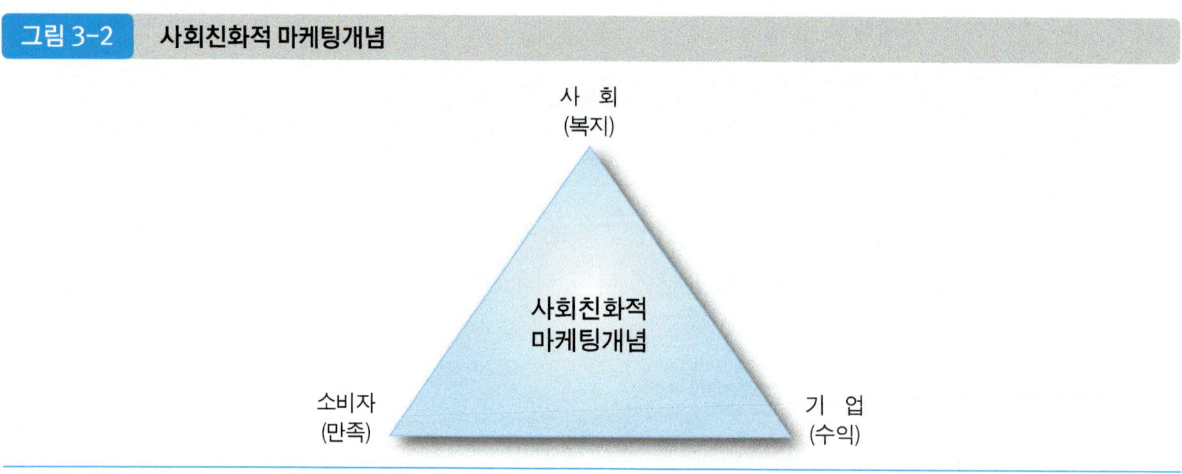

과 지원 및 전종업원의 자세전환이 필요하다.

(5) 사회친화적 마케팅개념(societal marketing concept)

이 개념은 조직이 목표달성을 위하여 고객욕구(needs)를 경쟁사보다 더 효과적으로 충족시킬 뿐만 아니라 고객과 사회의 복지증진에 기여하도록 요구한다.

오늘날과 같이 환경오염과 자원부족이 심각하고 세계 일부지역에 기아, 인구문제, 물자부족 등이 상존하는 시기에 마케팅지향적 개념만으로는 충분하지 않다는 지적에서 출발하였다.

단기적 소비자 욕구충족과 소비자복지는 양립되지 못할 가능성이 있다. 코카콜라는 세계 전역에서 높은 성과를 올리고 있는 성공적 기업이다. 탄산음료로 갈증해소와 청량감이라는 니즈를 충족시켜 주는 것이 사실이다. 그러나 환경단체들은 비만과 치아부식 또는 용기폐기로 인한 환경오염 등에 우려를 표시한다.

그래서 사회친화적 마케팅은 기업이 마케팅을 수행함에 있어서 기업수익, 소비자만족, 사회복지의 세 측면이 균형적으로 고려되도록 요구하고 있다[그림 3-2 참조].

TRENDS 망원경

온라인에 밀려 백화점에 치여…위기의 '가전 양판점' 활로 찾기

양대 산맥 '하이마트·전자랜드' 수장 교체 나선 이유

- **하이마트, 창립 후 첫 적자 전망**
- **전자랜드도 작년 9년 만에 적자**
- **구매 환경 변화로 실적 부진 심화**
- **롯데 남창희·전자랜드 김찬수**
- **대표 교체, 점포 리뉴얼 등 단행**

국내 가전 양판점 양대 산맥인 롯데하이마트와 전자랜드가 수장을 교체하며 체질개선에 나섰다. 경기침체와 수요위축에 따른 업황 악화 속에서 새로운 경영전략이 필요하다는 판단에 따른 승부수로 보인다.

18일 유통업계에 따르면 롯데그룹은 지난 15일 정기인사를 통해 롯데하이마트 대표이사에 남창희 롯데슈퍼 대표를 내정했다. 남 대표는 30년 이상의 직매입 유통경험을 바탕으로 실적하락을 방어할 구원투수 역할을 맡게 됐다.

전자랜드를 운영하는 에스와이에스리테일도 같은 날 김찬수 신규사업부문장을 신임 대표로 선임했다. 그는 삼성전자 출신으로 2010년 전자랜드로 자리를 옮겨 마케팅팀장과 온라인 영업부문장 등을 거친 소매유통 전략가다. 삼성전자 출신으로 최초의 외부 영입 수장이자 최장수 경영자였던 옥치국 대표는 8년 만에 물러난다.

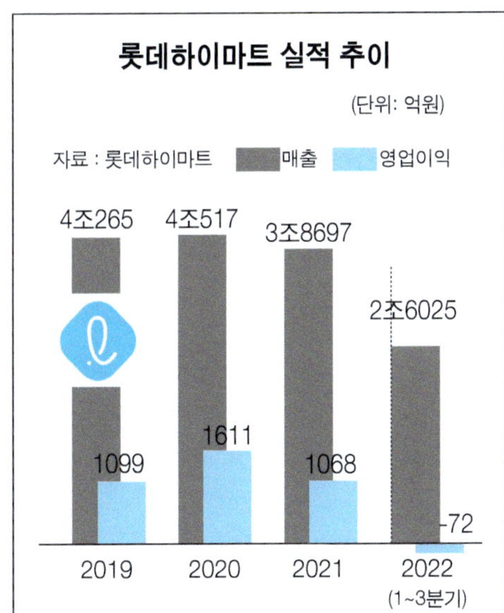

양사가 수장을 바꾼 것은 가전 양판점의 부진이 깊어지고 있어서다.

매년 매출 4조원대를 유지하며 롯데그룹의 캐시카우 역할을 했던 롯데하이마트는 올해 들어 3분기까지 매출 2조6025억원, 영업손실 72억원을 기록했다. 창립 이후 처음 연간 적자를 기록할 것으로 전망된다. 롯데하이마트는 2020년 3월 이후 2년여 만에 희망퇴직을 신청받고 있다.

전자랜드도 비슷한 상황이다. 전자랜드는 지난해 매출 8784억원, 영업손실 18억원을 내며 9년 만에 적자 전

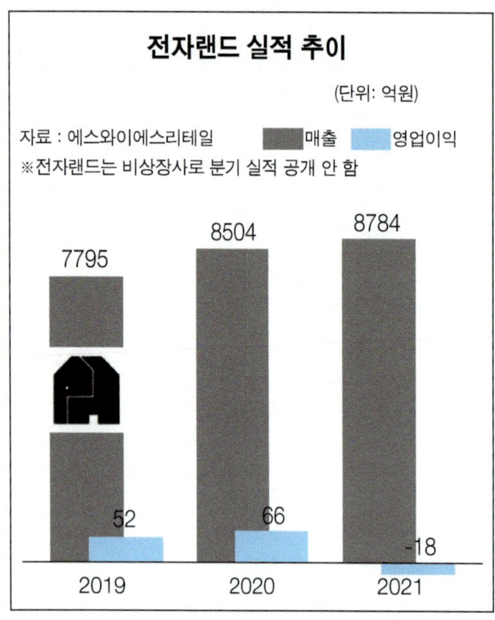

환했다. 전자랜드가 연간 적자를 기록한 것은 옥 대표 부임 후 처음이었다. 비공개 상장사라 올해 분기 실적은 공개되지 않았지만, 반등이 어려울 것이라는 평가가 많다.

이들이 어려움을 겪는 이유는 복합적이다. 중저가 상품은 e커머스의 가격경쟁력을 따라가지 못하고, 프리미엄 상품은 백화점은 물론 LG전자, 삼성전자 같은 제조사의 소비자 직거래(D2C) 매장에도 밀리며 '샌드위치 신세'가 되고 있다.

소비자들의 구매방식도 온라인 중심으로 달라지고 있다. 2019년 45%였던 가전시장 온라인 침투율은 2021년 60%까지 올랐다.

소비자들은 크리에이터와 유튜버 등의 영상으로도 제품을 꼼꼼히 비교할 수 있게 돼 굳이 오프라인 매장을 찾아야 할 이유가 없다.

최근에는 부동산시장 침체와 고물가 등으로 생활가전을 교체하려는 수요마저 줄고 있다.

양사는 자사 몰에서 신선과일과 골프, 요가 등의 '비전자 상품군'을 확대하며 고객붙잡기에 나섰다. 또한 오프라인에서는 일반매장을 줄이고, 체험형 대형매장을 늘리는 등의 점포 리뉴얼로 오프라인 매장만이 제공할 수 있는 강점을 살리기 위해 안간힘을 쓰고 있다.

이진협 한화투자증권 연구원은 "소비시장 부진은 사이클의 순환 측면에서 바라볼 수 있지만, e커머스 사업자와 백화점으로 소비가 양극화돼 기업과 개인 간 거래(B2C)만 바라보기에는 구조적으로 한계가 있다"며 "B2B(기업 간 거래) 시장진출 등 신사업확장 방안이 필요하다"고 말했다.

• 출처: 경향신문 2022년 12월 18일

3. 마케팅의 영역

마케팅은 자본주의 사회의 영리기업에서 태동되고 발전되었다. 마케팅은 치약, 칫솔, 비누, 과자, 음료수 등과 같은 포장소비재(consumer packaged goods)분야에 가장 먼저 도입되었고 다음으로 소비내구재(TV, 라디오, VCR, 냉장고, 카메라, 정장복)와 산업설비재(공장기계, 부품, 엔진, 모터)의 순이다.

철강, 화학약품, 제지 등 제품차별화가 어려운 상품들은 마케팅을 가장 늦게 도입하였고 그 실행수준도 낮은 편이다.

최근 들어 항공사, 여행사, 은행, 보험 등과 같은 서비스 업종에서도 규제완화와 경쟁격화로 인하여 마케팅을 도입하여 활발하게 실행하고 있다. 그러면 비영리기관에는 마케팅이 적용되지 않는가?

그렇지 않다. 정당, 병원, 대학, 종교단체, 국립공원들을 보면 고객의 무관심이나 수요감소, 경쟁격화와 같은 환경에 대응하기 위하여 이러한 기관들은 고객을 분석하고, 고객의 선호를 그들의 제품에 반영하기 위하여 노력하며 대중매체 광고를 이용하기도 한다. 이것은 마케팅의 영역이 이제 한 분야에 국한되어 있다기보다는 우리 생활 전반적으로 확대적용되고 있다는 것을 보여준다.

이는 또한 고객관계관리라는 기업의 숙명적인 과제에도 영향을 주고 있는 것이 현실이다. 그렇다면 이렇게 폭넓게 적용되고 있는 마케팅은 어떻게 관리되어야 하는가? 다음에서 좀 더 구체적으로 접근해 보도록 하자.

제2절 마케팅믹스와 소비자구매행동

1. 마케팅믹스(Marketing Mix)

시장세분화와 표적시장의 결정 및 이미지 창출에 관한 의사결정이 완료되면 마케팅믹스에 관한 계획을 수립해야 한다. 마케팅믹스는 기업이 표적시장으로부터 원하는 반응을 창출하기 위하여 사용하는 통제가능한 마케팅변수들의 조합을 말한다.

마케팅믹스에는 네 그룹의 변수들이 있는데 제품(product), 가격(price), 유통(place) 그리고 촉진(promotion)이다. 네 변수 모두 P로 시작한다는 데 착안하여 4P라고 부른다.

제품은 기업이 표적시장에 판매대상으로 제공하는 물리적 대상과 서비스의 혼합을 말한다. 예를 들어, 현대자동차의 승용차는 볼트와 너트, 점화플러그, 피스톤, 전조등 및 그밖의 수많은 부품들로 구성되어 있다. 수동변속과 자동변속이 있고, 그 외에 많은 사양품들도 있다. 제품보증 또한 제품의 일부로 보아야 한다.

가격은 제품을 구입하기 위하여 구매자가 치러야 하는 금액을 말한다. 현대자동차는 전국적으로 동일한 소매가격을 제시한다. 각 대리점은 이 가격을 기준으로 하여 구매자와 협상과정에서 일부 할인하기도 한다. 유통은 표적시장 내 소비자들에게 자사의 제품이 획득가능하도록 하는 모든 활동을 말한다. 현대자동차는 전국에 수많은 대리점을 보유하고 있다.

각 대리점은 여러 차종을 전시하고, 잠재구매자들과 상담을 하고, 가격을 협상하며 판매를 종결하고, 주문과 배달처리를 한다. 촉진은 제품의 장점을 알리고 잠재구매자들에게 구매하도록 설득을 하는 활동들을 말한다. 현대자동차는 TV, 신문, 잡지 등 대중매체에 많은 광고를 하고, 신차도입시 발표회, 기자회견 등의 행사를 개최하기도 한다. 그리고 대리점들은 구역 내 잠재구매자들에게 우편광고를 하고 방문고객들에게 제품설명과 설득을 한다.

이러한 네 가지 마케팅믹스 요소들이 적절하게 혼합되어야만 효과적인 마케팅프로그램이 구성된다. 각 요소를 별개로 보아 의사결정을 하는 것이 아니라 모든 요소들이 조화를 이루어 원하는 마케팅목표가 달성되도록 전반적 관점에서 결정되어야 한다. 말하자면 자사제품의 특징에 맞도록 가격, 유통방식, 촉진이 계획되어야 한다. 지금부터 제품, 가격, 유통, 촉진의 각 요소를 차례대로 살펴본다.

(1) 제품(Product)

오늘날 많은 기업들이 복수의 제품을 생산·판매한다. 중소기업도 단일 품목만을 취급하는 경우는 드물고 대기업은 수천 가지 품목을 생산하는 경우도 있다. 제품은 교환의 형태로 받는 유형제품, 서비스, 아이디어를 말한다. 제품은 일정한 형태를 가질 수도 있으나 형태가 없을 수도 있다. 또한 제품은 사회적 효용, 심리적 효용, 기능적 효용, 편익 등을 포함하고 있다. 제품은 포괄적으로는 설치, 보증, 제품정보, 수리, 유지에 대한 약속까지도 포함한다. 아울러 많은 기업들이 자사의 제품에 상표를 사용하고 있다. 어떤 제품이든 신제품으로 시장에 출시되어 종국적으로 시장에서 사라져 갈때까지 많은 단계를 거친다. 여기에서는 상표, 신제품개발,

제품수명주기의 순으로 논의를 전개한다.

1) 상 표

오늘날 많은 제품들이 상표를 사용하고 있다. Samsung, Disney, Sony, Mercedes-Benz, BMW, Panasonic, Toyota, Seiko, Coca-Cola와 같은 세계적으로 잘 알려진 상표들은 제품에 가치를 부여해 준다.

상표는 한 기업의 제품을 다른 기업의 제품들과 구별하도록 해주는 이름, 용어, 디자인, 상징 또는 어떤 다른 특징이다. 상표는 단일 제품아이템, 유사제품군, 판매자의 모든 제품아이템을 확인가능하게 할 수 있다.

이러한 상표를 개발·유지하는 데는 장기적 관점에서 많은 투자가 요구된다. 소비자들이 발음하기 좋고 기억하기 쉬운 상표명을 찾아내야 하고, 이 상표에 대한 인지도와 선호도를 높이기 위하여 지속적으로 광고를 해야 하며, 경쟁상표와 잘 구분되는 포장을 사용해야 한다. 이러한 비용을 회피하기 위하여 제품을 생산하기만 하고 상표구축 작업은 다른 기업에 맡기는 경우가 있다.

예컨대 우리나라의 신발업체들이 생산하는 일반 운동화와 테니스화는 생산자의 상표가 아닌 나이키, 리복, 아디다스 등 주문자 상표로 판매되는 경우가 많다. 말하자면 우리 신발업체

들이 유명상표 보유기업들의 하청업체 역할을 하는 것이다.

상표를 통제하는 기업에게 힘이 있다는 것을 결국 깨닫게 되는 경우가 많다. 우리나라의 수많은 중소기업들이 신발, 섬유, 전자 등의 업종에서 하청수출을 해왔다. 그런데 우리의 공급가격이 높아지자 유명상표를 보유한 주문자들이 타국의 더 저렴한 공급자들을 찾아 떠났다. 이러한 판매기회손실을 막기 위하여 우리 중소수출 업체들이 할 수 있는 것은 별로 없었다. 최종 소비자들이 선호하는 것은 유명상표이지 하청생산 업체가 아니기 때문이다.

강력한 상표는 강한 소비자 충성도(consumer loyalty)를 유발한다. 많은 소비자들이 이러한 상표의 제품을 구매하고, 경쟁상품이 더 낮은 가격에 판매되더라도 이끌리지 않는 것이다. 또한 소비자들이 선호하는 상표를 보유한 기업은 경쟁자의 많은 고공공세에도 흔들리지 않는다.

따라서 많은 기업들이 자사상표에 대한 인지도와 선호도를 높이기 위하여 막대한 투자를 아끼지 않는다. 과거에 상표가 사용되지 않던 건설업, 주유소, 육류 등의 업종에서도 상표가 사용되기 시작하였다.

한편, 일부 소비재에서는 의도적으로 상표를 사용하지 않는 무상표품(generics)이 유통되고 있다. 무상표품이란 상표를 붙이지 않은, 평범한 포장의 제품으로 상표제품에 비하여 상당히 가격이 저렴하다는 특징이 있다. 무상표품의 저가격은 낮은 품질의 원자재 사용, 포장비 절감, 광고비 절감 등으로 가능할 것이다. 무상표품은 미국의 경우 인플레이션 경기침체가 심했던 1980년대 초반에 큰 인기를 모았다.

무상표품에는 가격상의 이점이 있지만 품질이 낮다는 의심을 받고 있다. 소비자들이 품질에 별로 개의치 않는 제품류 또는 상표제품과 큰 품질차이가 없는 제품류에서 무상표품이 잘 판매된다. 미국의 경우 종이, 냉동식품, 피넛버터, 통조림식품, 일회용 기저귀 등에서 큰 인기를 얻었다.

상표를 사용할 것인가 말 것인가를 결정하기 위해서는 상표사용의 이점과 비용을 검토해야 한다. 일반적인 이점과 비용요소는 위에서 언급되었다. 보다 구체적으로 상표사용에서 누구에

게, 어떤 이익이, 어느 정도 발생하는지 그리고 상표개발과 관리에 소요되는 비용을 계산해 보아야 할 것이다.

2) 신제품개발

오늘날은 소비자들의 기호와 기술 그리고 경쟁양상이 급격하게 변화하기 때문에 기업들이 기존 제품에만 의존해서는 존속하고 성장을 기할 수 없다. 우리나라에서도 거의 매년 자동차의 신형모델이 나오고, 냉장고나 TV같은 가전제품은 새로운 모델이 나올때마다 더욱 편리한 속성이 추가되거나 기능이 향상되고 있다. 신세대들 사이에 유행하는 옷차림과 신발, 머리모양은 더욱 빠른 속도로 변화되고 있다.

신제품의 성공률을 높이기 위해서는 제품개발과정을 효과적으로 관리해야 한다. 보통 제품개발은 아이디어 창출－아이디어 선별－제품개념개발 및 테스트－마케팅전략개발－사업성분석－제품개발－시험마케팅－출시의 8단계를 거치는 것으로 볼 수 있다.

신제품개발은 아이디어 창출로 시작된다. 우연하게 좋은 아이디어가 나오는 경우가 있지만, 우연에 의존할 수는 없고 체계적 탐색을 해야 한다. 아이디어 원천으로 기업내부, 고객, 경쟁사, 유통업자 및 공급자 등이 이용될 수 있다.

지금까지 제품은 말로 된 설명이거나 그림 또는 모형에 불과하였다. 제품개발 단계에서 연구개발 또는 엔지니어링 부서가 개념을 토대로 실물을 시험제작한다. 여기서 비용이 크게 증가되고, 제품이 실제로 개발될 수 있는지 판가름 나게된다. 시험제작된 제품은 실험실과 현장에서 기능테스트를 거치고, 소비자 테스트를 통하여 만족도를 검토하게 된다.

신제품개발 및 해외판로 개척을 위한 회의장면

시험제작된 제품에 예상마케팅 프로그램을 적용하여 현실적인 시장상황에서 테스트를 실시한다. 일부지역을 선정하여 몇 개월간 실제판매를 해볼 수도 있고, 실제 소매점처럼 꾸민 시험점포를 통해 예상구매자들의 반응을 볼 수도 있다. 여기서 긍정적 결과가 나오면 제품을 생산하기 시작하며 시장에 도입한다. 이 단계에서는 초기 유통점확보와 제품홍보를 위한 광고비로 인하여 가장 비용이 많이 소요되는 단계이다. 기업은 언제, 어떤 시장부터, 누구를 대상으로, 어떻게 접근할 것인가에 대한 실행계획을 비로소 수립해야 한다.

3) 제품수명주기(Product Life Cycle_PLC)

동, 식물이 태어나서 유년기, 성년기, 노년기를 거쳐 소멸하듯이 제품에도 수명주기가 있다. 제품수명주기는 한 제품이 신제품으로 시장에 도입되어 사라져 가기까지 거치는 매출액과 이익의 변동패턴을 말한다. 전형적 제품수명주기는 도입기, 성장기, 성숙기, 쇠퇴기 등 네 단계로 구성되어 진다.

제품이 처음으로 시장에 출시되면서 시작되는 도입기(introduction stage)는 비교적 오랫동안 지속된다. 매출액 성장이 매우 느리다. 매출이 낮은 반면 유통비용과 촉진비용이 많이 소요되어 보통손실이 발생하거나 이익이 나도 매우 낮다. 유통업자들을 동원하여 유통망을 구축하고 이들로 하여금 자사제품을 취급하게 하는 데 많은 투자가 소요된다. 잠재구매자들에게 신제품을 알리고 시험구매에 나서도록 하는 데 광고를 포함하여 많은 촉진비용이 요구된다. 신제품에 대한 구매성향이 가장 높은 집단에 기업의 판매노력을 집중한다.

신제품이 초기 구입자들을 만족시키면 매출이 급속하게 증가하는 성장기(growth stage)에 진입한다. 초기 구입자들로부터의 구전에 의하여 대중이 구매하기 시작하는 것이다. 제품의 단위당 제조비용이 감소되고 촉진비용이 많은 수량으로 분산됨에 따라 이익은 증가한다. 매력적인 이익기회를 잡기위하여 경쟁사들이 진입하고, 새로운 제품속성들을 추가적으로 제공하며, 새로운 경쟁사와 함께 증대되는 유통점의 증가로 인하여 시장규모가 확대된다. 이 단계에서 기업의 주요과제는 시장확대에 노력하면서 동시에 경쟁우위 확보에 나서야 한다는 것이다.

성장기가 끝나면서 매출액이 정체상태에 이르는 성숙기(maturity stage)가 시작된다. 성숙기는 이전단계들에 비해 더 오랫동안 지속되며 마케팅 관리자에게 많은 도전을 제기한다. 우리가 알고 있는 많은 제품들이 사실 이 단계에 있기 때문에 제품관리의 대부분이 성숙기 제품에 관한 것이다. 또한 많은 경쟁사들이 진입해 있어 매출은 정체되고 설비도 과잉에 이르기 쉽다. 경쟁사들이 가격을 인하하고 제품개선을 하기 위하여 연구개발비를 증대시키며 광고를 증가시키게 된다. 그러나 이익은 감소되기 시작하고 약한 경쟁사들은 도태되기 시작한다. 이어

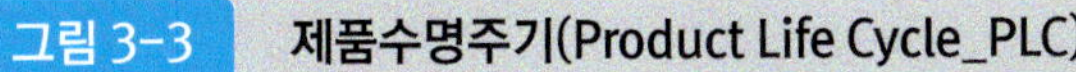
그림 3-3 제품수명주기(Product Life Cycle_PLC)

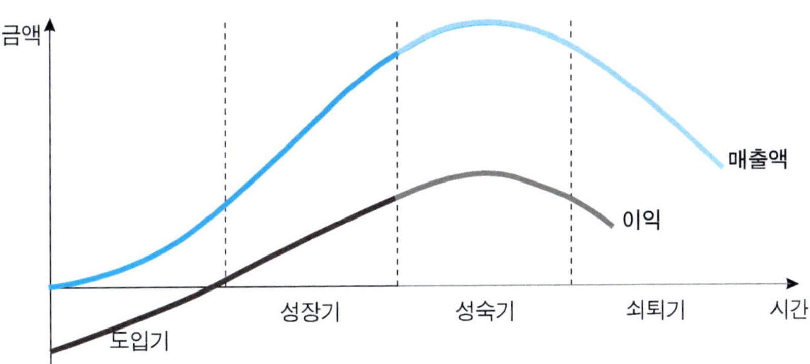

서 쇠퇴기(decline stage)에 접어들게 된다. 이 시기는 다른 사업으로의 빠른전환과 더불어 보유한 재고상품에 대한 처리문제를 고민해야 하는 시기이다. 각 단계별 특징을 정리하면 다음과 같다.

① 도입기

■ 특징

- 일반적으로 상당기간 지속되며 완만하거나 평탄한 성장률
  예, 캔커피, 오렌지주스 등도 상당기간 동안 도입기 지속
- 이익은 최저 또는 마이너스
- 유통과 촉진에 매출액의 대부분 할당
- 매출액 대비 촉진비용이 매우 높음(인지도증진, 시용유도, 유통판촉 등)

■ 경쟁과 전략

- 경쟁사 소수 또는 없음
- 생산제품은 대개 범용스타일
- 대개의 경우 고소득층을 겨냥한 고기능성, 디자인추구로 마진율을 높임
- 생산원가, 유통비용, 촉진비용 등의 원인으로 고 마진율채택

■ 시장선점 효과(개척기업)

- 발명기업, 제품개척기업, 시장개척 기업
- 일반적으로 초기시장 선도기업이 성공적

■ 시장선점 실패요인

- 제품조잡
- 적절한 포지셔닝(positioning) 실패
- 강력한 수요창출 전 출시
- 제품개발 및 출시비용의 고갈
- 관리상 역량부족

② 성장기

■ 특징

- 본격적으로 판매가 증가하는 단계
- 혁신자나 조기수용자들의 적극적 재구매단계
- 구전마케팅의 효과가 본격적으로 발휘되는 단계
- 손익분기점을 탈피하여 본격적으로 이익이 증대되는 단계

■ 경쟁과 유통

- 경쟁사의 활동이 본격화되고 유통이 활발히 움직임
- 대다수시장에 제품공급이 이루어짐
- 각 세분시장 안에서 치밀한 공방전 양상을 띰

■ 전략

- 촉진의 효과가 대단위 생산량에 의해 분산되면서 제조원가가 하락하고 이익이 급속히 증가
- 제품의 품질개선, 새로운 제품특성 및 제품라인을 추가
- 새로운 세분시장침투 및 유통경로구축
- 광고내용의 변경(제품인지 → 사용량확대 & 브랜드구축)
- 소비자유인 및 시장확대를 위해 가격인하
- 기업은 시장점유율 확대를 위한 투자와 단기순이익 증가를 위한 자금비축 중 하나를 선택해야 하는 단계

③ 성숙기

■ 특징

- 소비자가 인지하는 대다수 제품은 수명주기상 성숙기에 위치
- 성장률(매출) 곡선이 둔화되기 시작하는 시점

- 성장성숙기 → 안정성숙기 → 쇠퇴성숙기
- 보통 장기간 지속되는 특징(완만한 곡선으로 나타남)
- 마케팅관리도 대부분 성숙기에 집중
- 소수의 대기업 및 틈새기업이 시장지배

■ 경쟁과 유통

- 추가적인 경쟁사 진입은 거의 없으며 기존 경쟁사 중에서 경쟁우위를 확보하지 못한 기업이 하나씩 퇴출
- 과잉설비의 가동률을 유지하기 위해 생산은 지속
- 유통경로의 포화상태로 치열한 경쟁이 장기간 지속

■ 전략

- 단순히 지키는데 급급해서는 안됨, 최선의 방어는 공격
- 여유있는 기업은 이때 연구개발비를 과감히 투자

④ 쇠퇴기

■ 특징

- 기술변화, 소비자 기호변화, 경쟁의 격화로 인한 기업의 피로도 증가
- 성장곡선(증가율)은 (−)로 떨어짐

■ 경쟁과 유통

- 경쟁사가 하나씩 시장을 빠져나감
- 소규모의 세분시장이나 유통경로는 통합내지는 제거
- 더 이상의 촉진전략은 거의 없음
- 시장에 출시되는 제품의 수 감소

■ 기업의 손실

- 취약한 제품은 가시적인 재무적 손실에만 그치지 않음
- 고객불만으로 기업이미지 손상
- 고객요구수용, 가격조정, 재고조정 등으로 인한 비생산적 업무시간
- 대체해야 할 신제품 출시시점의 지연 등으로 여러 가지 불이익동반

■ 전략

- 유지전략(Hold) : 경쟁사들이 계속 철수하고 자사제품의 수익률이 괜찮으면 유지전략
- 수확전략(Harvest) : 단기이익을 확보하기 위해 가동률을 낮추고 인력을 다른 곳으로

TRENDS 망원경

이마트24·넥슨 협업…간식 사면 게임 아이템 쏜다

편의점 이마트24가 오는 25일까지 글로벌 게임사 넥슨의 다중접속역할수행게임(MMORPG) 마비노기와 게임 아이템 증정 행사를 한다고 16일 밝혔다.

증정 행사로 판매하는 상품은 '아임e 못생긴 아이스 군고구마' '아임e 가메골 고기 · 김치 · 반반 왕만두' 'PC방 칠리 치즈 핫도그' '함박 · 김치볶음밥 도시락' 등 11종이다. 마비노기 게임 아이템 행사에 참여를 원하는 소비자는 전국 매장에서 해당 상품을 결제하면서 이마트24 앱 통합 바코드를 스캔한 후 스탬프를 적립하면 된다.

스탬프를 1개 적립하면 마비노기 기본템을, 5개를 적립하면 '이마트24X 마비노기 스페셜 기프트박스' 등을 받을 수 있다. 자세한 내용은 이마트24 모바일 앱 '이벤트' 페이지를 통해 확인할 수 있다.

이마트24는 게임 협업 전문 플랫폼으로 차별화된 이미지를 구축해 오프라인을 통한 MZ세대(1980년~2000년대 초 출생)와 소통을 강화할 방침이다. 앞서 이마트24는 MZ세대에게 인기가 있는 게임을 편의점에 접목해 '미르24' '이마트24 금성점' 등의 팝업 스토어 오픈과 상품 판매로 호응을 얻은 바 있다.

이마트24 관계자는 "이색 협업으로 차별화 전략을 강화 중인 이마트24와 게임사인 넥슨이 시너지를 발휘해 고객에게 특별한 경험을 선사할 것"이라며 "앞으로도 협업을 통해 고객과 접점을 확대하고 이마트24만의 독보적인 이미지를 만들 계획"이라고 말했다.

• 출처 : 경향신문 2022년 12월 16일

투입
- 가격은 오히려 절상하여 단기 이익증대
- 철수전략(Divest)
- 사업매각, 청산, 생산중단 등

⑤ 제품수명주기(PLC) 비판

- 수명주기의 유형은 형태(모양)와 기간면에서 다양
- 마케팅관리자 조차도 현제품의 수명주기상 단계파악이 어려움
- 판매량은 수명주기 때문이 아닌 마케팅전략의 성과물
- 제품수명주기(PLC)는 마케팅활동에 의해 영향을 받는 종속변수
  예, 외부요인으로 소비침체 → 제품광고 자금을 신제품개발 비용으로 전환 → 제품인지도 하락 → 제품수명주기상 쇠퇴속도 증가

(2) 가격(Price)

가격은 제품 또는 서비스에 부과되는 금액이며 고객의 관점에서 보면 제품 또는 서비스를 보유·사용하는 혜택과 교환하는 가치라고 할 수 있다. 전통적으로 가격은 판매자와 구매자의 협상에 의해서 결정되었다. 말하자면, 구매자 각자는 구매의 절박성과 협상기술에 따라 동일 제품에 대하여 서로 다른 가격을 지불한 것이다.

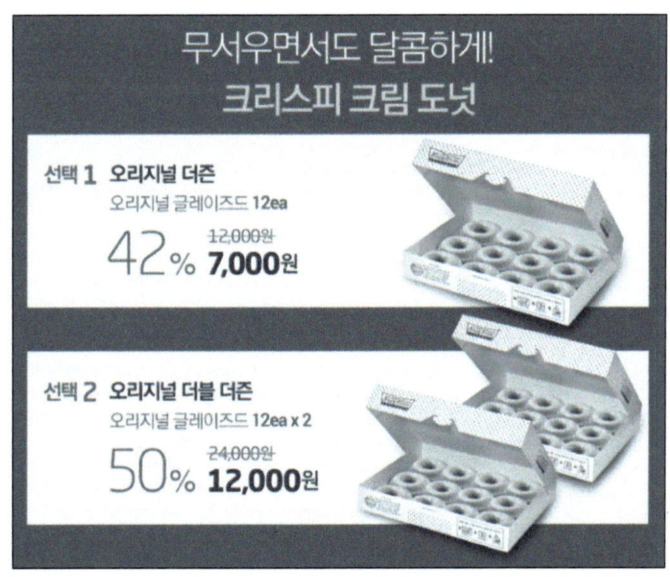

오늘날은 다수판매자들이 모든 구매자에게 동일한 가격을 적용하는 일물일가가 보편적으로 적용되고 있다. 가격결정은 상당부분 제조업자에 의해서 이루어져 왔는데 최근에는 이마트, 홈플러스, 롯데마트 등과 같은 대규모 할인점들이 가격파괴를 주도하면서 가격결정에서 유통업자들의 영향력을 증대시켰다.

가격은 전통적으로 구매에 영향을 미치는 중요한 요인이다. 제품에 별 차이가 없는 상품류(commodity)에서 또는 저소득국가, 저그룹층에서 주로 소비되는 많은 제품들에서 가격은 여전히 중요한 역할을 한다.

그렇지만 소비자의 가처분소득이 증가되면서 최근 많은 구매상황에서 가격요인보다 비가격요인이 더 중요해지기도 한다. 비가격요인은 가격 이외의 독특한 제품의 특징, 서비스, 품질, 촉진, 패키징 또는 경쟁제품과의 차별화요인들을 강조할 때 비로소 비가격요인의 경쟁력이 발생한다. 하지만 비가격요인을 강조하는 마케터일지라도 경쟁자의 가격정책을 무시할 수는 없다. 왜냐하면 소비자들이 가격에 민감하게 반응하기 때문이며 마케터는 항상 경쟁사의 가격변화와 가격에 대한 정책에 따라 전략변화가 필요하기 때문이다.

(3) 유통(Place)

유통은 제품 또는 서비스를 최종 소비자들에게 이전하는 과정에 참여하는 상호 의존적인 제조업체와 상인들의 집합을 말하는 것이다. 제조업체, 도매상, 소매상 그리고 최종소비자에게

그림 3-4 유통경로의 구조

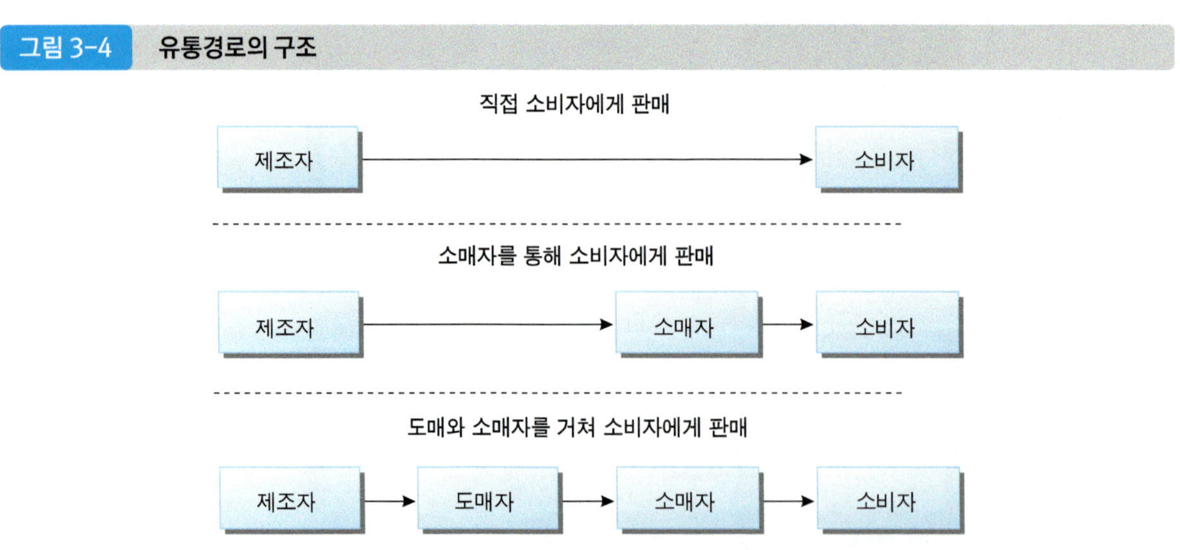

이르는 이 모든 과정의 구성원들이 바로 유통구성원이 된다. 또한 제조업체가 유통경로구성원으로부터 협조를 얻는 것은 경쟁우위확보에 중요한 역할을 하게 된다.

예컨대 세계 최대의 유통업체인 월마트(Wal-Mart)는 제품공급자들과의 협력관계를 통하여 경쟁우위를 강화시킨 좋은 사례이다. 월마트와 공급사의 마케팅, 생산, 유통, 재무 등 여러 부서 사원들이 모여서 공동작업을 한 결과 각 지역의 특성에 잘 맞는 상품구색을 적시에 공급할 수 있도록 해주는 정보시스템을 개발한 것이다.

기업의 유통경로에 관한 의사결정은 장기적 구속력을 가진다. 가격이나 광고는 비효과적이라고 판단될 때 쉽게 변경할 수 있다. 그러나 독립적 중간상(도매상, 소매상)들과 계약을 통해 형성한 판매망은 상황이 바뀌어 자사의 판매지점을 설립하는 것이 더 효과적이라고 판단되는 경우에도 쉽게 바꿀 수 없다.

또한 마케팅에서의 유통경로는 마케팅믹스의 나머지 변수들에 강력한 영향을 준다. 유통경로결정은 제품의 출시와 구매자의 구매결정 가능성에 영향을 주게됨으로 더욱 중요하다. 따라서 효과적인 유통경로에 대한 운영 및 관리가 지원되지 않는다면 최고의 제품과 서비스일지라도 비즈니스는 성공하기 어렵다.

(4) 촉진(Promotion)

기업이 자사의 제품 또는 서비스의 혜택, 속성, 장점을 잠재구매자에게 알리고 설득하는 기능을 총괄하여 촉진이라고 한다. 촉진은 많은 소비자들에게 기업을 더 긍정적으로 알리고, 기업의 제품들을 수용할 수 있도록 설득하고, 호의적 관계구축을 하도록 만드는 커뮤니케이션이다.

불경기에 마트마다 매출증대를 위한 판매촉진에 고민하고 있다

촉진에 사용되는 수단으로는 광고(advertising), 인적 판매(personal selling), 판매촉진(sales promotion), 홍보(publicity)가 있는데, 촉진의 목표를 달성하기 위하여 구성된 이러한 수단들의 결합을 촉진믹스라고 한다.

광고의 주요매체는 신문, TV, 라디오, 잡지 등 대중매체이다. 광고가 대중매체를 통하여 전달되기 때문에 그 공적인 성격에 의하여 광고내용이 합리화되는 경향이 있고, 하나의 메시지를 여러번 반복할 수 있으며, 내용을 극화할 수 있고, 접촉인원당 비용이 싸다는 등의 장점이 있다. 반면 설득력이 낮고 총 광고비가 매우 비싸다는 단점이 있다.

어떤 매체를 통하든 전통적 광고는 미지의 대중을 상대로 한다는 공통점이 있다. 그러나 앞으로는 고객리스트를 작성하고 고객별 정보를 축적하여 개인으로서의 고객을 상대로 하는 광고가 증가될 것이다. 또한 인터넷을 활용한 광고의 형태가 최근 들어 크게 성장하고 있다.

인적 판매는 판매원이 고객과의 대화를 통하여 촉진기능을 수행하는 것을 말한다. 판매원이 고객에게 직접 정보를 제공하고 설득하기 때문에 신축성이 높고, 구매결정의 후반기, 즉 고객이 제품을 평가하고 마음을 정하는 단계에 효과적이다. 그리고 광고에 비하여 청중을 듣게끔 유도할 수 있다는 장점이 있다. 반면에 판매조직을 유지하는 비용이 다른 어떤 촉진수단보다 비싸다는 단점이 있다.

판매촉진은 주로 단기적 판매확대를 위하여 사용되는 방법으로서 가격할인, 쿠폰, 무료견본, 경품, 리베이트, 판매경진 등의 수단이 있다. 쿠폰, 무료견본, 경품 등 주로 최종 소비자를 대상으로 하는 판매촉진과 리베이트, 판매경진 등과 같이 주로 중간상에 대한 동기유발용으로 사용되는 판매촉진으로 분류된다.

홍보는 기업이 대가를 지불하지 않고, 라디오, TV, 신문 등의 대중매체를 통하여 제품이나 서비스 또는 기업체에 관하여 상업적으로 의미 있는 정보를 제공하고, 그러한 정보를 뉴스 또는 기사로서 보도하여 정보를 제공함으로써 수요를 환기시키는 활동을 의미한다.

홍보의 장점은 대중들이 제품에 대한 정보를 뉴스를 통해 얻게됨으로써 신뢰성이 높다는 것이다. 홍보활동의 효율화를 위해서는 먼저 홍보활동의 목적을 설정하고 이에 따라 이용할 메시지와 매체를 선택하여 집행한 후 그 성과를 평가하는 단계가 필요하다.

2. 마케팅과 구전(word of mouth)

(1) 구전의 중요성

요즘같이 네트워크가 강력한 힘을 발휘하는 세상에는 고객들의 입을 통해 전달되는 소문은 기업들에게 매우 중요한 의미가 있다. 입소문이 점점 더 중요해지는 이유에 대해 로젠은 그의 저서에서 세 가지 요인을 제시하였다.

첫째, 고객은 기업이 전하는 이야기를 거의 들을 수 없는 상황이라는 것이다. 소음(noise)이 너무 많기 때문이다. "요즘시대의 하루치 뉴욕타임스에는 17세기 평균적인 영국인들이 평생 접하는 양보다 많은 정보가 들어 있다"고 리처드 솔 워먼은 지적하였다.

소비자들은 매일매일 엄청난 양의 광고에 노출되어 있고 대부분의 광고메시지를 걸러내지만 친구들의 이야기에는 귀를 기울이게 된다.

둘째, 고객들의 회의적인 태도이다. PR회사인 포터노벨리의 조사결과에 따르면 일반대중 가운데 37% 정도만이 소프트웨어나 컴퓨터회사에서 나오는 정보를 '아주 또는 그런대로 믿을 만한'것으로 보고있다고 한다.

제약회사의 경우 그 비율은 더 떨어져 28%에 머물고 있으며, 자동차회사는 18%, 보험회사는 16%에 불과하다고 한다.

셋째, 고객들의 상호연결성이다. 보이지 않는 네트워크가 갈수록 더 중요해지는 가장 큰 이유는 고객들이 정보를 공유할 수 있는 새로운 도구들을 찾았다는 것이다. 고객들은 인터넷의 활성화로 서로 조언을 주고받는 일이 한결 쉬워졌다. 수천 명의 고객들이 웹사이트와 뉴스그룹 등을 통해 자신의 의견을 표현하는 한편 그 결과로 영향력을 행사하게 된 것이다.

(2) 구전의 활용

구전(word of mouth)이 기업의 마케팅 측면에서 매우 중요하기는 하지만 모든 기업에 똑같은 중요성이 있는 것은 아니다. 입소문(구전)전략은 제품의 특성, 기업의 표적소비자, 고객의 연결방식, 마케팅전략 등 네 가지 조건에 따라 다르게 사용되어야 한다. 어떤 제품들은 입소문을 유발하지 않지만 또 어떤 제품들은 입소문을 일으키며 고객의 참여가 높은 제품이 입소문을 유발시키는 제품들이다.

예를 들어 책·음반·영화 등 흥미로운 제품들이나 매우 창의적인 혁신적인 제품들 혹은 호텔·항공사·자동차 등 개인적인 경험제품들도 마찬가지다. 또한 다른 사람과의 대화를 통해 위험부담을 줄이려는 욕구가 큰 의료기기 등 복잡한 제품들, 컴퓨터·가전 등 값비싼 제품들, 옷·휴대폰 등 눈으로 볼 수 있는 제품들이 이른바 '대화형 제품'에 속한다.

기업이 목표로 설정한 소비자 그룹의 성향에 따라서도 입소문의 중요성은 달라진다. 연구결과에 따르면 일본기업들은 미국기업들 보다 광고·은행업·회계 등에 관한 서비스를 필요로 할 때 소개를 통하는 경우가 더 많다고 한다. 젊은 사람들은 연장자들에 비해 동년배들과 더 잘 어울리고 서로 더 많은 영향을 받기 때문에 제품에 대한 이야기도 더 많이 하게 된다.

한 연구결과에 따르면 18~24세의 사람 가운데 58%는 새차를 고를 때 어느 정도 다른 사람의 의견을 존중하는 반면 55세 이상에서는 그 비율이 30% 정도에 그쳤다고 한다. 과학자들도 제품구입 시 입소문에 의존하는 경향이 크다고 한다.

다음은 고객의 연결방식이다. 고객들이 더 많이 연결되어 있을 수록 입소문에 대한 의존도는 높아진다. 인터넷을 아주 많이 사용하는 사람들이 주요 고객인 산업분야의 경우 입소문을 통해 성공적인 마케팅을 할 수 있다.

기업 또는 경쟁사의 마케팅전략에 따라 입소문에 의존하는 정도는 달라질 수 있다. 중앙 구매(central purchase)의 경우 입소문에 대한 의존도는 낮아진다. 특정 지역안에 독점설치계약을 맺었을 때도 입소문에 대한 필요성은 줄어든다. 하지만 입소문에 대한 의존도를 줄이는 데는 한계가 있으며 대화형 제품일 경우 '중앙구매'가 이뤄진다고 해도 입소문의 중요성은 커진다. 그리고 아이들은 여전히 가장 좋은 청량음료가 무엇인지에 대해 대화할 것이다.

결국 입소문(口傳) 마케팅을 성공적으로 펼치기 위해서는 앞에서 제시된 네 가지 조건과 상황에 따라 유연한 전략을 수립해야 한다. 어차피 기업마케팅에서 '하나의 정답'은 없다. 시장이 변하고 소비자가 변하고 따라서 기업의 마케팅전략도 늘 변해야 하기 때문이다. 각각의 정답을 찾아야 하는 것이 우리의 역할이다.

3. 소비자구매행동

(1) 구매결정의 유형

구매는 전형적으로 몇 가지 단계들을 거친다. 첫째로 구매과정은 고객이 자신의 욕구가 충족되지 않았음을 인지할 때부터 시작된다. 그 다음에 그 욕구를 충족시키기 위하여 정보를 수집한다. 어떤 상품이 유용한가, 그리고 어떻게 살 수 있는가 등이 그것이다.

다음으로 고객들은 구매를 위해 일반점포들, 카탈로그 업체나 전자상거래 업체 등과 같은 다양한 대안들을 비교 평가하고 그를 바탕으로 자신이 이용할 점포나 업체를 선택한다. 고객들은 기업과 접하면서 더 많은 정보를 얻게 되고 추가적 욕구가 발생할 수도 있다.

기업이 제공하는 상품이나 서비스를 평가한 후에 이를 바로 구매할 수도 있고, 더 많은 정보를 얻기 위해 다른 소매업체를 찾을 수도 있다. 그런 후에 고객은 구매를 하고 상품을 사용한 다음 그것이 자신의 욕구를 충족시켰는지에 대해 평가한다.

상황에 따라 다르지만 구매결정이 별 생각없이 바로 이루어지기도 한다. 일반적으로 고객 의사결정과정의 유형에는 포괄적 문제해결, 제한적 문제해결, 그리고 습관적 의사결정과정의 세 가지가 있다.

1) 포괄적 문제해결

포괄적 문제해결(extended problem solving)은 고객들이 대안들을 분석하는 데에 많은 시간과 노력을 기울이는 구매결정과정이다.

고객들은 일반적으로 구매결정에 따른 위험과 불확실성이 클때 포괄적 문제해결에 몰두한다. 그렇다면 고객들이 느낄 수 있는 위험은 어떤 것이 있는가? 우선 재무상의 위험은 고객들이 값비싼 상품을 구매할 때 일어난다.

신체적인 위험은 상품이 건강 또는 안전에 영향을 끼칠 가능성이 있을 때 일어난다. 그리고 사회적인 위험은 상품이 자신에 대한 다른 사람들의 인식에 영향을 미칠 것이라고 생각할 때 일어난다.

고객들은 자신의 중요한 욕구를 만족시키기 위한 구매결정을 할 때나 또는 상품이나 서비스에 관한 정보를 거의 가지고 있지 않을 때에 포괄적 문제해결에 몰두한다. 이 경우 관련되는 높은 위험과 불확실성 때문에 고객들은 자신보다 더 많은 정보를 알고 있는 친구, 가족들 또는 전문가와 상담한다.

기업들은 고객들이 쉽게 이해하고 사용할 수 있는 정보를 제공하거나 현금반환과 같은 구매조건을 제공함으로써 그런 결정들에 영향을 미칠 수 있다.

예컨대 포괄적 문제해결을 요하는 상품을 파는 기업들은 상품의 특징을 잘 설명하는 브로슈어(brochure)를 제공하거나 점포내에 정보를 잘 전달할 수 있도록 상품진열을 하기도 한다. 또한 판매원을 두어 상품에 대해 설명해 주기도 하고 질문에 응답하기도 한다.

2) 제한적 문제해결

제한적 문제해결(limited problem solving)은 적당한 시간과 노력을 기울이는 구매의사결정 과정이다. 고객들이 상품이나 서비스와 관련된 경험이 있거나 구매에 따른 위험부담이 크지 않을 때 이 구매과정에 관여한다.

이 상황에서 고객들은 외부의 정보보다는 자신의 지식에 더 의존하는 경향이 있다. 그들은 통상 예전에 거래해 본 기업과 구매해 보았던 상품을 선택한다. 대부분의 구매의사결정은 이러한 제한적 문제해결에 해당된다. 기업은 그들의 고객이 상품을 살 때 이 구매패턴을 강화하려고 할 것이다. 그러나 만약 고객이 다른 곳에서 물건을 사려고한다면, 새로운 정보를 제공하거나 차별화된 상품이나 서비스를 소개함으로써 그러한 구매패턴을 바꿀 필요가 있다.

제한적 문제해결의 한 가지 유형은 충동구매이다. 충동구매는 상품을 보는 즉시 그 장소에서 이루어지는 구매이다. 기업은 고객의 관심을 이끄는 현란한 진열을 통하여 별 생각없이 구매를 결정하도록 유도하기도 한다.

예를 들어 소매업체의 경우 어떤 식료품의 품목이 상품진열대 끝에 진열되어 있거나, 신상품이나 세일의 표시가 되어 있을 때, 또는 눈높이(일반적으로 바닥으로부터 세 번째 선반)에 진열되어 있을 때, 고객이 줄을 기다리면서 볼 수 있는 계산대 위치에 제품이 있을 때 소비가 크게 증가한다.

또한 슈퍼마켓은 고객들의 충동구매를 이끌어 내고 수익이 많은 품목(밀가루, 설탕과 같이 구매가 계획적인 필수품보다는 기호식품같은 것)들의 판매를 위해 이와 같은 방법들(중요한 위치선정과 진열 등)을 사용한다. 전자상거래 업체들은 특별상품을 홈페이지에 올리거나 보조상품을 제안함으로써 충동구매를 자극시킨다.

3) 습관적 의사결정

습관적 의사결정은 의식적인 노력을 거의하지 않는 구매결정이다. 요즈음의 고객들은 시간적으로 많은 제약이 있다. 이러한 시간의 압력에 대처하는 한 가지 방법은 구매에 관련된 의사결정과정을 단순화하는 것이다.

상품구매 시점에 고객들은 "나는 같은 점포에서 지난번에 샀던 것과 같은 상품을 살 거야"라고 자동적으로 반응할 수도 있다. 이러한 습관적 의사결정과정은 결정이 그다지 중요하지 않고 과거에 샀던 익숙한 상품을 구매할 때에 주로 사용된다.

상표충성도(브랜드 충성도, brand loyalty)와 점포충성도(store loyalty)는 습관적 의사결정의 예들이다. 고객들이 어떤 상품 카테고리 내에서 특정상표를 좋아하고 그 상표를 끊임없이 사려고 할 때 상표충성도가 형성된다. 좋아하는 상표를 살 수 없는 경우, 다른 상표로 대체하여 구매하는 것을 싫어한다. 그러므로 기업들은 고객들이 원하는 특정 상표를 제공할 수 있어야만 그들의 욕구를 만족시킬 수 있는 것이다.

상표충성도는 기업에게 기회와 아울러 문제점도 제공한다. 고객들은 인기가 있는 상표를 보유하고 있는 점포들에 이끌린다. 그러나 기업은 비싼로열티의 상표를 구입해야 하므로 상표공급자와 유리한 교섭을 이끌어 내기가 쉽지 않다.

점포충성도는 고객이 어떤 특정 점포를 좋아하고, 원하는 상품을 구매하기 위해 그 점포를 습관적으로 방문하는 것을 의미한다. 모든 소매업체들은 그들 고객들의 점포충성도를 높이려고 노력한다. 점포충성도를 높이기 위해 편리한 입지를 선택할 수도 있고 완전한 구색을 갖추고 결품을 줄일 수도 있으며, 단골고객들에게 일정의 보상을 해주기도 하고, 그리고 보다 좋은 서비스를 고객에게 제공해 줄 수도 있다.

(2) 구매과정

[그림 3-5]는 고객의 구매과정 즉 소매업체를 선택하고 상품을 구매하는 제반단계들을 정

그림 3-5 고객의 구매과정

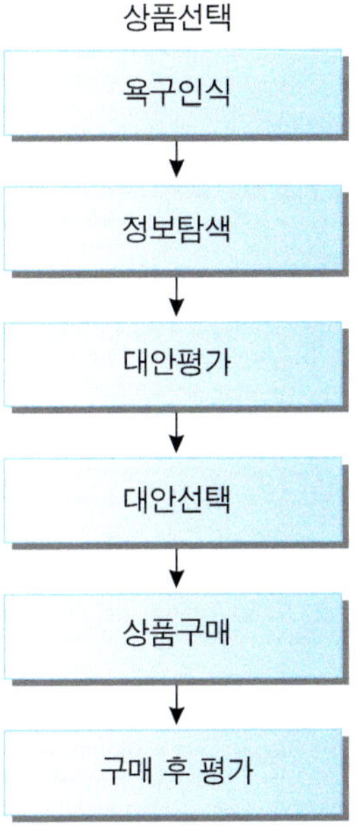

리한 것이다. 구매과정의 단계들을 이해하는 것은 전략을 개발하고 실행하는 데에 많은 도움이 된다.

고객들 모두가 [그림 3-5]에서 보여준 것과 같은 과정을 밟지는 않는다. 예를 들어, 어떤 사람은 A회사의 광고를 보고 오일교환을 위해 가장 가까운 A회사 대리점으로 찾아 갈 것이다. 그런데, 만약 거기에서 고객들의 긴 줄을 보면 그 곳을 떠나 자기 직장에서 가장 가까운 업체로 찾아 갈 수도 있다.

여기에서 이 고객은 자신이 원하는 서비스를 결정했고, 동시에 특정한 소매업체를 선택했다. 나아가 구매과정의 각 단계에서 소비하는 시간의 양은 구매의사결정의 유형에 따라 달라질 것이다. 예컨대 습관적 의사결정을 주로 하는 고객은 구매의사결정에 거의 시간을 소비하지 않는다.

1) 욕구인식

사람들은 자신들의 욕구가 만족치 못하다는 것을 인식하면 그것을 충족시키기 위한 구매과정을 일으킨다. 고객이 바라는 만족의 수준이 현재의 수준과 다를 때 욕구불만족이 발생한다.

욕구인식은 우유가 냉장고에 없다는 것을 발견하는 것처럼 간단할 수도 있고, 기말고사 후에 성적향상의 필요를 느끼는 것처럼 모호할 수도 있다. 점포를 방문하거나 인터넷에서 검색하거나 상품을 구입하는 것은 여러 형태의 욕구를 만족시키기 위한 방안들이다.

① 욕구의 유형

쇼핑하거나 상품을 구매하려고 하는 고객의 욕구는 기능적인 것과 심리적인 것으로 분류될 수 있다. 기능적인 욕구는 상품의 성능과 직접적으로 관련된다. 예를 들어, 헤어스타일에 대한 욕구를 가진 사람들은 헤어드라이어를 구매하려고 한다. 이러한 구매는 헤어스타일을 만드는 데에 헤어드라이어가 도와 줄 것이라는 기대에 의거한다.

심리적 욕구는 쇼핑이나 상품구매 및 소유로부터 얻게 되는 개인적인 만족과 관련된다. 예를 들어 Tommy Hilfiger셔츠는 Kmart의 니트셔츠보다 더 나은 기능을 제공하지는 못하지만, 멋쟁이로서 인식되고자 하는 고객의 욕구는 충족시킬 수 있다. 심리적 욕구를 충족시키기 위하여 상품을 구매했을 때에는 상품의 기능적인 특성들이 상대적으로 덜 중요하게 된다.

많은 상품들이 기능적 욕구와 심리적 욕구를 동시에 만족시켜 준다. 고객들이 Tommy Hilfiger 셔츠를 구매하는 주된 이유는 자신의 이미지를 높일 수 있는 것이지만 옷이 기능적 욕구도 충족시켜주기 때문이다. 대부분의 미국인들은 의식주에 대한 기능적 욕구를 충분히 만족시킬 수 있는 소득을 얻고 있다. 가처분소득이 증가함에 따라 심리적 욕구는 점점 더 중요

TRENDS 망원경

스타벅스, 경동1960점 열고 경동시장과 상생 협약

스타벅스가 오는 16일 경동시장에 위치한 경동극장을 리모델링 한 매장 스타벅스 '경동 1960 점'을 개점한다. 스타벅스코리아 제공.

스타벅스코리아가 서울 동대문구에 있는 경동시장에서 전통시장 상인들과 상생을 위한 매장을 열고 지역 상생 모델을 제시한다.

스타벅스는 오는 16일 경동시장에 위치한 경동극장을 리모델링한 매장 스타벅스 '경동 1960점' 을 개점한다고 15일 밝혔다. 경동극장은 1960년대 지어진 후 현재는 사용되지 않는 폐극장이었으나, 이번 경동 1960점을 통해 새로운 공간으로 탈바꿈한다.

스타벅스는 상생의 가치를 더하기 위해 이날 오후 동반성장위원회와 경동시장상인연합회, 케이디마켓주식회사와 상생 협약을 맺는다. 스타벅스는 협약을 통해 경동 1960점을 이익공유형 매장인 '스타벅스 커뮤니티 스토어'로 운영하고, 매장서 판매하는 모든 품목당 300원씩 적립해 경동시장 상생 기금을 조성키로 했다. 기금은 지역 인프라 개선과 시장 상인 복지 등에 쓰인다.

또 매장 내 공연 공간에서는 지역 예술가들의 문화 공연이 정기적으로 진행돼 다양한 볼거리를 제공할 예정이다. 공연과 전시 등을 통해 새로운 고객의 유입을 유도하고, 고객의 경동시장 내 체류 시간과 편의성을 확장해 상권에도 긍정적인 영향을 줄 수 있도록 노력하겠다고 스타벅스는 밝혔다.

오영교 동반성장위원장은 "이번 협약은 대기업이 지역 상인과 협력을 통해 지역사회 발전에 기여하는 민간차원의 지속가능한 협력모델을 실천하는 사례로 의미가 크다"며 "선순환적 동반성장 문화가 확산할 수 있도록 노력하겠다"고 말했다.

손정현 스타벅스 대표이사는 "지역사회와 상생하며 모든 세대가 가치 있게 즐길 수 있는 스타벅스의 특별한 경험을 제공하겠다"고 말했다.

• 출처 : 경향신문 2022년 12월 15일

하게 되었다. 그러므로 점포의 환경이나 서비스, 그리고 패션상품의 제공 등이 경제가 낙후된 다른 나라에 비해 미국의 고객들에게는 더 중요한 것이 되는 것이다.

기능적 욕구는 흔히 합리적이라고 언급되는 반면 심리적 욕구는 감정적이라고 한다. 이는 심리적인 욕구를 만족시키기 위해 점포를 방문하거나 상품을 사는것이 비합리적이라는 의미를 내포하는 것이다. 그러나 사람들이 디자이너의 옷을 구매함으로써 자신을 더 성공한 사람으로 나타내는 것이 정말 불합리한 일일까?

고객이 기능적 욕구이든 심리적 욕구이든 그것을 만족시키고 개선시키는 일이라면 무엇이든지 합리적이라고 간주되어야 할 것이다. 성공한 기업들은 그들 고객들의 기능적 욕구와 심리적 욕구를 모두 충족시키려고 노력한다. 상품의 쇼핑과 구매를 통하여 충족될 수 있는 심리적 욕구에는 자극, 사회적 경험, 새로운 유행의 습득, 자기보상, 지위와 권력 등이 있다.

② 욕구 간 갈등

대부분의 고객들은 복합적인 욕구를 지닌다. 더욱 이 욕구들은 종종 갈등을 일으킨다. 예컨대, 어떤 젊은 여자가 DKNY의 옷을 입고 싶어한다. 그 옷은 자신의 이미지를 높여주고 대학친구들의 동경을 받게 할 것이다. 그러나 이 욕구는 구입예산은 물론 직업을 구하고 있는 현재의 욕구와 갈등을 일으킬 수 있다. 고용주들은 만일 그녀가 신입사원이 되기 위한 면접장소에 값비싼 옷을 입고 나타난다면 그녀가 책임감이 없을 것이라고 느낄지도 모른다. 일반적으로 고객들은 갈등상태에 있는 욕구들 사이에서 갈등을 서로 상쇄시킨다. 흔히 고객의 욕구는 하나의 점포나 하나의 상품에 의해 만족되어지지 않는다.

③ 욕구인식의 자극

앞에서 언급했듯이 고객들은 욕구를 인식한 후에 점포를 방문하고 상품을 산다. 때때로 이들 욕구는 개인의 일상생활에 의해 자극된다.

예를 들어 회사취직을 앞둔 여학생이 백화점을 방문한 것은 임박한 면접시험이 자극이 된 것이다. 또한 광고는 그녀에게 해당 백화점에 가서 옷을 찾도록 자극시켰다.

기업들은 고객들의 문제인식을 자극하고 점포를 방문하여 상품을 사도록 하기 위하여 다양한 접근방법을 시도한다. 광고, 직접 우편, 상품홍보, 특별이벤트 등은 상품의 구입가능성이나 특별한 가격판매를 고객들에게 알릴 수 있다. 점포내에서는 시각적인 상품전시와 판매원들을 통하여 소비자의 욕구인식을 자극할 수 있다.

2) 정보탐색

고객들이 욕구를 인식하게 되면 그들의 욕구를 충족시키기 위해 기업과 상품에 관한 정보를 얻으려 하게 된다. 더 많은 정보의 수집과 명확한 상품 후기는 올바른 구매선택에 영향을 주기 때문이다.

① 탐색정보의 양

대개 정보탐색의 양은 고객이 느끼는 가치, 즉 탐색으로부터 얻을 수 있는 것과 탐색하는데 소비되는 비용과의 차이에 달려 있다. 또한 탐색의 가치는 그것이 고객의 구매결정을 얼마만큼 개선시킬 수 있느냐에 달려 있다.

과연 탐색이 소비자가 저가격의 상품을 찾거나 보다 월등한 성과를 줄 수 있는 상품을 찾는데 도움을 줄 것인가?

탐색의 비용에는 시간과 돈이 포함된다. 점포에서 점포로의 이동은 기름값과 주차비를 쓰게 한다. 그러나 중요한 비용은 소비자의 시간이다. 전자상거래 사업은 정보탐색비용을 현저하게 줄일 수 있다. 소비자들은 집안의 컴퓨터를 이용하여 세계 곳곳에서 팔리는 상품에 대한 정보를 수집할 수 있다.

정보탐색의 양에 영향을 미치는 요인들로는 현재 구매되어지는 제품의 성향과 용도, 소비자 개개인의 성격, 거래가 이루어지는 시장과 구매상황 등을 들 수 있다.

어떤 사람들은 다른 사람들보다 정보를 더 많이 탐색한다. 예를 들면, 쇼핑을 좋아하는 고객들은 그렇지 않는 고객들보다 더 많이 정보를 탐색한다. 반면 자기자만에 빠져있거나 구매나 사용경험이 있는 소비자들은 정보를 덜 탐색하는 경향이 있다.

정보탐색에 영향을 미치는 시장 및 상황요인으로는 경쟁브랜드와 점포 수, 구매해야 하는 시간상의 압박 등을 들 수 있다. 경쟁이 치열할수록 그리고 고려되어야 할 대안이 많을수록, 탐색해야 할 정보의 양은 증가될 것이다. 또한 구매해야 하는 시간상의 압박이 클수록 정보의 양은 감소될 것이다.

② 정보의 원천

소비자는 두 가지 정보의 원천 즉 내부적 원천과 외부적 원천을 지닌다. 내부적 원천은 브랜드, 이미지, 다른 점포에서의 경험 등과 같이 소비자의 기억속에 있는 정보들이다.

외부적 원천은 광고나 다른 사람들에 의해 제공되는 정보이다. 소비자들은 인쇄물이나 전자매체를 통하여 수많은 광고에 접하고, 매일 많은 점포의 표시물을 읽는다.

또한 친구나 가족들로부터 점포나 상품에 대한 정보를 얻기도 한다. 외부적 정보의 원천은 특히 패션상품의 구입 시 중요하다.

내부적 정보의 중요한 원천은 소비자의 과거 구매경험이다. 비록 소비자들이 노출된 정보의 일부분만을 기억하더라도, 나중에 어떤 점포에 갈지, 무엇을 살지 등을 결정할 때, 하나의 확장된 내부정보 은행이 되는 것이다.

만약 그들의 내부적 정보가 부적절하다고 느끼면 외부적 정보원천을 이용할 것이다.

3) 대안평가

고객들은 상품이나 소매업체의 선택대안들에 대한 정보를 수집하고 그 대안들을 평가하여 그들의 욕구를 가장 잘 충족시키는 대안을 선택하게 된다. 다속성 모델(multi-attribute attitude model)은 고객의 평가과정을 살펴보기 위한 유용한 방법이다.

다속성 모델은 고객들이 점포나 상품을 속성이나 성향들의 집합체로 본다는 사실에 근거한다. 이 모델은 소비자가 상품이나 기업을 평가할 때, 몇몇 속성들에 대한 평가와 소비자에게 있어 그들 속성의 중요성을 고려하여 평가하며 이를 근거로 소비자의 평가결과를 예측해 보고자 하는 것이다.

기업의 구매자들도 구입상품과 벤더(공급자)의 선정에 있어 이 다속성 모델을 이용할 수 있다.

4) 대안의 선택

실제로는 소비자가 점포를 선택할 때, 점포특성을 목록화하고 그러한 특성에 대한 점포의 수행능력을 평가하고, 각 특성의 중요성을 정하고, 각 점포의 종합적 점수를 계산한다. 그 결과 가장 높은 점수를 얻은 점포를 방문하는 등의 과정을 거치지는 않는다.

다속성 모델은 소비자의 실제 의사결정과정을 반영하지는 않지만 그들이 행하는 대안의 평가와 선택에 대한 예측을 가능하게 한다.

기업들은 고객들이 자신의 점포에서 더욱 빈번히 구매하도록 유도하기 위해 다속성 모델을 어떻게 이용할 수 있는가? 고객들을 끌어들이는 프로그램을 개발하기 위해서는 다음과 같은 정보를 수집하는 시장조사를 해야 한다.

- 고객이 고려하는 대체점포들
- 고객이 점포를 평가하고 선택할 때 고려하는 특성과 편익들
- 특성이나 편익에 대한 각 점포의 수행능력(성과)에 대하여 고객들이 내리는 평가
- 특성이나 편익에 대하여 고객들이 느끼는 중요도

이러한 정보들을 가지고 있다면 기업들은 소비자들이 자신의 점포를 선택하도록 영향을 미치는 몇 가지 접근방법을 사용할 수 있다.

5) 상품구매

모든 소비자들이 언제나 최상의 브랜드나 상품을 구입하지는 않는다. 가장 많은 편익을 주는(가장 높은 평가를 받는) 상품이 점포에 없을 수도 있으며 또한 고객이 느끼는 구매에 대한 위험이 잠재적 편익들을 능가할 수도 있는 것이다. 다음은 점포에서 고객의 긍정적인 상품평가를 현금구매로 전환시킬 수 있는 몇 가지 방법들이다.

- 크기와 색상에 따른 상품구색을 완벽하게 갖추기
- 만약 다른 소매업체에서 같은 상품을 더 싸게 판매한다면, 언제든지 상품교환과 환불을 제공함으로써 상품구매에 대한 위험을 줄여주기
- 신용제공하기
- 편리한 계산대를 설치하여 상품구매를 쉽게 하기
- 계산대에서 기다리는 시간을 줄이기

6) 구매 후 평가

구매과정은 고객이 상품을 사는 것으로 끝나는 것이 아니다. 구매 후에 고객은 상품을 소비하거나 사용한 다음에 이 상품이 만족스러운지 혹은 불만족스러운지를 결정하기 위해 소비한 경험을 평가한다. 만족은 점포나 상품이 고객의 기대에 얼마나 잘 부응했는가 혹은 능가했는가에 대한 소비 이후의 평가이다. 이 구매 후 평가는 고객의 내부정보의 한 부분이 되어 장래의 점포나 상품의 결정에 영향을 미치게 된다.

불만족스러운 경험은 고객들로 하여금 소매업체에 대해 불평하게 하고 다른 점포들을 찾도록 하게 할 것이다. 지속적으로 높은 수준의 만족은 점포 간 경쟁력의 중요한 요소인 점포충성도를 높여줄 것이다.

TRENDS 망원경

현대그린푸드, 업계 최초로 복지부 '건강친화기업' 인증

현대백화점그룹 계열 종합식품기업 현대그린푸드가 국내 식품업계 최초로 보건복지부로부터 '건강친화기업' 인증을 받는다고 오늘(21일) 밝혔습니다.

현대그린푸드는 건강친화적인 근무환경과 문화를 조성한 노력을 인정받아 보건복지부로부터 건강친화기업 인증을 획득하고, 우수기업으로 선정돼 보건복지부장관 표창도 함께 수여받을 예정입니다.

'건강친화기업'은 직장 내 근로자들을 대상으로 건강친화제도를 모범적으로 운영해, 근로자들의 건강 증진에 기여하고 지원하는 기업에게 정부가 부여하는 인증입니다. 보건복지부와 한국건강증진개발원은 ESG(환경·사회·지배구조) 경영에 대한 평가 일환으로 '건강친화기업' 제도를 지난해 시범운영을 했고, 올해 처음 인증을 진행합니다.

현대그린푸드 측은 이번 평가에서 ▲건강친화경영 ▲건강친화문화 ▲건강친화활동 ▲직원만족도 등 4개 부문에서 높은 점수를 얻어 건강친화기업에 선정됐다고 설명했습니다. 현대그린푸드 관계자는 "특히, 건강친화활동 부문에서 국민체육진흥공단과 제휴해 체력측정, 영양상담, 운동교실 등 체력증진 프로그램을 배치해 임직원 만족도를 높였다"며 "체력증진 프로그램 운영 결과, 참여자 평균 40.6%가 국가 공인 체력등급이 상승했고, 혈압과 체질량 지수(BMI)가 감소하는 등 유의미한 성과를 얻기도 했다"고 말했습니다.

현대그린푸드는 지난 2020년부터 '건강경영' 문화 정착을 위한 다양한 활동을 전개해 오고 있습니다. 기업 내 전문인력으로 구성한 안전보건관리 조직을 개편하고, 전사 차원의 건강친화제도 예산을 매년 정기편성해 금연, 다이어트, 건강식단 등 임직원 건강 프로그램을 진행하는 등 건강친화적 근무환경을 조성하기 위해 다양한 노력을 전개해 오고 있습니다.

또한, 현대그린푸드는 생활습관 영역에서 식습관 기반 영양상담 서비스를 통해 건강상태를 확인하고, 당뇨·다이어트 등 개인 맞춤형 건강식단을 제공하고 있습니다. 아울러, 임직원을 위한 건강상담프로그램을 운영하고, 전국 약 130개 병원과 협력해 진료비를 지원하는 제도도 운영하고 있습니다.

현대그린푸드 관계자는 "임직원들의 근로환경개선 및 기업의 사회적 책임을 다하기 위해 매년 안전·보건 추진계획을 수립하고 임직원 대상 건강증진 프로그램과 캠페인 등을 진행해 오고 있다"며 "소비자들의 식생활에 긍정적인 영향을 미치는 식품회사라는 목표 아래 그 가치를 올바르게 전달할 수 있도록 노력을 지속해 나가겠다"고 말했습니다.

• 출처 : SBS Biz, 2022년 12월 21일

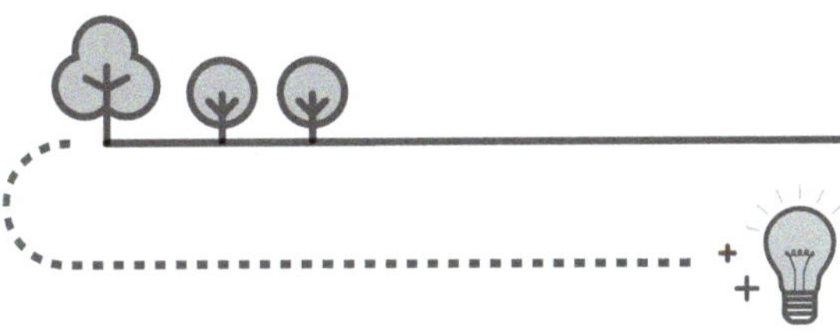

제4장

전략적 마케팅

‘먹통’ 네·카, 개인정보보호 투자 ‘낙제점’

Q : 최근 있었던 네이버와 카카오 먹통사태, 우리 삶이 이렇게까지 대형 플랫폼에 의존하고 있었나 새삼 깨닫게 된 사건이었죠. 의사소통부터 정보제공, 중요한 업무처리까지 생활곳곳에 네이버와 카카오가 녹아있는데요. 그런데 정부 집계결과 두 대기업의 정보보호 투자가 인색했던 것으로 나타났습니다. 네이버와 카카오가 정보보호에 투자하는 돈은 얼마나 됐을까요?

A : 정부가 IT 기업들의 ‘정보보호 공시 현황 분석보고서’를 공개했습니다.
이에 따르면 지난해 네이버와 카카오는 각각 정보보호 투자에 250억원, 141억원을 집행했습니다.

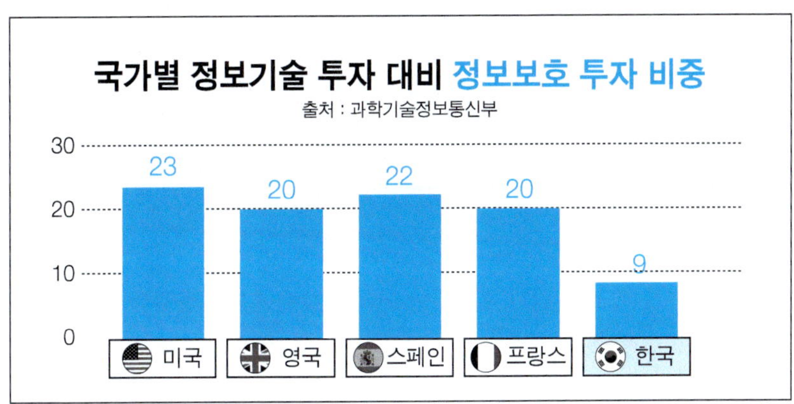

정보보호 투자금액 자체는 적지 않은 편이지만, 전체 투자금 대비 정보보호 투자 비중은 3%대로 낮은 편입니다.

정보보호 투자비중이 상대적으로 높은 금융업의 경우도 상황은 비슷합니다.

토스를 운영하는 비바리퍼블리카의 경우 전체 투자액 중 17%인 90억원을 정보보호에 투자했지만 카카오페이는 정보기술 투자액의 7%에 에 해당하는 34억원을 투자해 큰 차이를 보였습니다.

국민 플랫폼인 두 회사가 정보보호에 상대적으로 신경을 덜 쓰고 있었다는 비판이 따릅니다.

Q : 외국기업들과 비교하면 어느 정도 수준인가요?

A : 외국기업들과 비교해도 현저히 낮습니다.

우리나라 분석 대상 기업 627곳의 정보보호 투자비중의 평균치는 9%에 불과합니다. 이는 미국과 스페인, 영국, 프랑스 등의 절반에도 못 미치는 수치입니다. 또 국내기업 중 정보통신 투자 금액에서 정보보호 투자 비중이 10%가 넘는 기업은 전체의 3분의 1에 불과했습니다.

• 출처: SBS Biz, 2022년 12월 20일

현대차그룹, 주상복합·호텔 자율주행 로봇 배송 서비스

현대자동차그룹이 배달의민족과 손잡고 주상복합 단지와 호텔에서 자율주행 로봇을 이용한 배송 서비스 실증사업을 시작했다고 13일 밝혔다.

주상복합단지 주민이나 호텔 투숙객이 식음료와 물품을 주문하면 로봇이 문앞까지 전달해준다.

현대차그룹이 배송 서비스에 투입한 자율주행 로봇은 '플러그 앤드 드라이브 모듈(PnD 모듈)'을 기반으로 제작했다. 이는 현대차그룹이 지난 1월 세계 최대 가전 전시회 CES에서 공개한 로봇에 적용됐다. 사방으로 자유롭게 이동할 수 있는 데다 자율주행 기능이 탑재돼 있다. 장애물 회피 기능도 갖췄다.

시범운영하는 주상복합단지는 경기 수원 '광교 앨리웨이'다. 주상복합 거주자가 연결된 쇼핑센터에 음식을 주문하면, 로봇이 동호수를 찾아서 현관 앞까지 음식을 배달한다. 로봇이 공동현관문을 열고, 엘리베이터도 호출해서 타고 이동한다.

시범호텔은 경기 화성의 '롤링힐스 호텔'이다. 오후 8~10시 투숙객을 대상으로 운영된다. 투숙객은 별도의 앱을 설치할 필요 없이 카카오톡 챗봇으로 식음료와 물품을 주문할 수 있다. 역시 객실 문앞까지 로봇이

현대차 '호텔리어 로봇' 현대차그룹은 경기 수원시 주상복합 단지 '광교 앨리웨이'와 경기 화성시 '롤링힐스 호텔'에서 로봇을 활용한 자율주행 배송 서비스 실증사업을 시작한다고 13일 밝혔다. 롤링힐스 호텔에서 현대차그룹 배송 로봇이 서비스를 하고 있다. 현대차그룹 제공

배송한다.

이번 실증사업은 지난해 3월 현대차그룹과 애플리케이션 배달의민족을 개발한 우아한형제들이 체결한 업무계약의 일환이다. 당시 두 업체는 배송 물류 로봇연구·개발을 위해 협약을 맺었다.

로봇을 실제 실외 배송현장에서 다양한 방식으로 운영해 서비스를 개선하는 게 목표다. 현동진 현대차그룹 로보틱스랩장(상무)은 "이번 실증사업을 통해 대형 리조트와 같이 배송 서비스가 필요한 다양한 공간으로 사업을 꾸준히 확대할 계획"이라고 밝혔다.

우아한형제들 관계자는 "로봇 배달 서비스는 라스트마일 딜리버리(소비자 최종 배송 단계) 문제로 배차가 잘되지 않는 초근거리 배달이나 주상복합 배달에 활용돼 새로운 주문 수요를 창출할 것"이라고 말했다.

• 출처 : 경향신문. 2022년 12월 13일

경기침체와 불황 등으로 소비절벽 현실화가 눈앞이지만 가성비를 내세운 소셜커머스 업체들은 연일 성장하고 있다. 또한 소비자들에게는 이제 '작은 일에 연연하지 말고 후회없이 즐기며 살아가라'는 의미를 담은 '욜로(YOLO)적 소비방식'이 퍼져나가고 있다. 욜로는 분명 무분별하게 인생을 소비하는 '한탕주의'와는 다른 개념으로 그보단 더욱 합리적이고 긍정적이다.

과거나 주위에 연연하기 보다는 나를 위해 소비하는 것, 보이지 않는 미래를 위한 충실한 저축보다는 내가 오늘을 보내기 위해 맛있는 음식을 즐기고, 해외로 여행을 떠나는 것이 바로 욜로족의 행동방식이다. 이러한 소비자들의 변화에 기업은 소비자가 원하는 가치를 만들어내기 위한 전략과 그들의 만족을 채울 수 있는 충분한 준비를 해야만 비즈니스의 정글에서 살아남을 수 있을 것이다.

제1절 마케팅 응용

전략이란 주어진 목표를 달성하는 가장 효율적인 방법에 관한 계획과 결정을 말한다. 예컨대, 어떤 사람이 한 도시에서 다른 도시로 이동하고자 할 때 선택할 수 있는 전략적 대안들은 도보, 자전거타기, 승용차운전, 고속버스이용, 비행기이용 등 여러 가지가 있다. 전술이란 선택된 전략을 집행하는 데 관한 계획과 결정이다. 승용차를 운전해서 이동하기로 한 경우, 자기차를 운전할 것인지 렌터카로 이용할 것인지, 어떤 길로 갈것인지, 몇 시에 출발할 것인지 등에 관한 것이다.

전략적 마케팅관리는 마케팅목표(시장점유율, 매출액, 상표선호도)를 설정하고, 이를 달성하기 위하여 필요한 활동들을 계획하고 통제하는 것이다. 이 절에서는 전략적 마케팅관리의 과정을 사업기회탐색－소비자그룹별 구매행동－마케팅전략의 실행과 통제 등 세 가지 구성요소에 대한 의사결정으로 설명한다.

1. 사업기회탐색

마케팅전략수립의 첫 단계는 사업기회를 찾아내고 확인하는 것이다. 어떤 기업이든 수많은 사업기회를 찾을 수 있다. 그렇지만 모든 사업들이 동등하게 매력적이지는 않다. 오늘날 많은 기업들이 정보통신업, 유통업, 외식산업에 진출하지만 섬유분야나 석탄사업 분야는 외면당하고 있다. 그 이유는 무엇일까? 바로 사업(또는 산업)매력도의 차이때문이다.

매력적인 사업이란 현재의 수익성이 높고 미래의 성장성이 높은 사업이다. 많은 사람들이 정보통신이나 생명공학 분야를 매력적인 사업분야로 꼽고있는 것도 바로 그 때문이다. 그러나 수익성과 성장성이 좋은 사업이라고 모든 기업이 진출할 수 있는 것은 아니다. 어떤 기업이든 강점이 있고 또한 약점이 있기 마련이다. 따라서 기업은 특정 사업에서 성공하기 위한 필요한 요건들에 대해 자사가 얼마나 강한지 약한지를 평가해야 한다. 이를 통해 사업의 매력도와 자사의 강점이 잘 일치하는 사업을 선정해야 하는 것이다. 그 과정에서 S.T.P(segmentation, targeting, positioning) 전략을 잘 활용해야 한다.

(1) 시장세분화(Segmentation)

한 제품의 전체시장은 여러 다양한 구매자들로 구성되어 있으므로 시장을 복수의 보다 동질적인 하부집단들로 나누는 것을 시장세분화라고 한다. 일반적 원칙은 한 세분시장내 구매자들이 요구하는 제품 및 요건들이 동일하여, 기업이 동질적인 마케팅프로그램을 사용할 수 있게 하자는 것이다.

시장세분화의 기준으로 사용되는 변수는 여러 가지가 있는데, 가장 흔히 사용되는 것이 나이, 성별, 소득, 직업, 교육정도, 종교, 가족규모 등을 포함하는 인구통계변수(demographics)

와 구매자들이 제품구매로부터 얻고자 하는 혜택(benefits)이다. 인구통계변수의 적용사례를 보자면, 고소득층과 중/저소득층은 승용차구매시 욕구가 상이하며, 젊은층과 노년층도 마찬가지이다. 따라서 자동차 회사들은 상이한 소득과 연령층별로 별개의 모델을 제공해야 하는 것이다.

기업이 실제로 시장세분화를 적용할 때는 하나의 변수만을 사용하기보다 여러 인구통계변수와 혜택을 동시에 사용하는 경우가 많다.

시계시장을 예를 보면, 고소득층의 남녀로 대도시에 거주하고 회사에서 업무 시 정장과 함께 착용하는 중후한 시계를 원하는 구매자층이 있고, 중산층의 젊은이로서 평범한 시계에 스포티하고 가벼우며 두 번째로 사용되는 시계를 원하는 구매자층도 있는 것이다.

이처럼 시장을 공급자의 일방적 시각이 아닌 소비자의 세심한 부분까지 고려하여 분류하고 그 나뉜시장의 원하는 바를 찾아가는 과정이 바로 시장세분화의 의미이다.

(2) 표적시장(Targeting) 선정

한 사업분야의 실제 구매자와 잠재구매자의 집합을 시장이라고 한다. 어떤 기업이든 한 제품에 대해 시장전체에서 최고가 되기는 어렵다. 구매자들의 기호, 취향, 구매습관 등이 너무나 다양하기 때문이다. 또한 기업마다 능력을 가장 잘 발휘할 수 있는 세분시장이 다르다. 따라서 한 기업이 시장전체를 범위로 하여 경쟁하기보다는 그 시장에서 자사가 가장 잘 충족시켜 줄 수 있는 부분을 알아내야 한다. 표적시장의 결정에 관하여 세 가지 일반적 접근방법을 생각할 수 있다.

첫째, 대량마케팅으로 모든 구매자들을 대상으로 하나의 제품을 대량생산, 대량유통, 대량촉진하는 방안이다. 대량마케팅의 논거는 최저비용과 가격을 성취하여 최대의 시장규모를 창출한다는 것이다. 과거에 코카콜라사는 하나의 콜라만을 생산하였으며 이 제품이 모든 구매자에게 만족스럽기를 기대하였다.

둘째, 다양화 마케팅으로 품질, 제품속성, 크기, 스타일 등에서 상이한 두 세 가지 제품을 생산하는 것이다. 코카콜라사가 그 다음 단계로 크기와 용기가 상이한 몇 가지 콜라를 내놓은 경우이다. 각 콜라가 특정 구매자층을 지향했다기보다는 불특정 다수의 구매자들에게 다양성을 제공하기 위한 것이다.

셋째, 표적마케팅으로 시장전체를 상이한 세분시장으로 구분하고, 그 중 소수를 선정하고, 선정된 각 세분시장에 맞도록 제품과 기타 기업노력을 개발, 제공하는 것이다.

표적마케팅을 실행하면 기업이 자사의 시장기회를 평가하기가 보다 용이해지고 각 표적에 적절한 제품, 가격, 유통, 촉진을 개발하고 제공할 수 있다. 오늘날 시장전체를 하나의 동질시장으로 볼 수 있는 경우가 거의 없으며 점점 더 작은 시장단위들로 분할되어가는 추세에 있다. 기업들이 이러한 추세에 맞게 변화해야 존속할 수 있는 것이다. 따라서 미시마케팅(micro-marketing)이라 하여 기업이 아주 좁게 규정된 세분시장의 구매자들의 니즈와 욕구에 마케팅프로그램을 맞추고자 노력한다. 또한 보다 극단적인 형태로 맞춤형 마케팅이라 하여 한 기업의 마케팅 프로그램을 맞추는 대상을 집단이 아닌 특정 개인구매자 또는 기관으로 잡는 경우도 있다. 여러 층으로 나누어진 세분시장들 중에서 자사에 가장 적합한 소수의 세분시장을 선정해야 한다. 얼마나 많은 세분시장을 표적으로 할 것인가를 정하는 것이 시장범위(market-coverage)결정이다. 이 결정에는 기업의 자원보유 정도를 고려해야 한다.

예컨대 자금이나 인력이 풍부한 대기업은 여러 세분시장을 범위로 하여 각 세분시장에 별개의 마케팅 프로그램을 사용할 수 있을 것이다. 그러나 중소기업은 경쟁정도가 낮은 한 두 개의 세분시장에 자원을 집중하는 것이 좋을 것이다.

어떤 세분시장을 선정할 것인가를 결정하기 위해서는 세분시장별 규모와 성장전망, 구조적 매력도, 자사의 목표와 자원 등을 평가해야 한다. 시장규모와 성장전망 면에서 보면 어떤 기업은 현재 매출액과 이익이 가장 크고 성장률이 가장 높은 세분시장이 모든 기업에게 최적이지는 않다.

중소기업의 경우에도 시장성과 성장성이 높은 세분시장이 경쟁력이 있고 매력적이지만 이러한 시장에서 경쟁할 기술이나 자원이 부족할 수 있다. 따라서 중소형의 기업은 소규모의, 매력도가 다소 떨어지는 세분시장을 선정하는 것이 유리할 수 있다. 절대규모면에서 덜 매력적이더라도 자사에는 더 높은 수익성을 제공할 수 있기 때문이다.

다음으로 세분시장별 구조적 매력도를 평가한다. 우선 한 세분시장에 많은 수의 강력한 경

쟁사들이 이미 진입해 있으면 이 시장의 장기적 수익성은 좋지 않은 것으로 보아야 한다. 자사제품에 대한 대체품이 존재하는 세분시장은 좋지 못하다. 대체품은 자사제품이 받을 수 있는 가격에 제약을 줄 가능성이 높다. 그리고 한 세분시장 내 구매자들의 교섭력(bargaining power)이 강하면 그 시장의 수익성이 감소될 것이다. 교섭력이 강한 구매자들은 자사에 가격을 인하하도록 또는 더 높은 서비스를 제공하도록 작용할 것이다.

마찬가지 원리로 특정 세분시장에 원자재나 설비, 서비스를 제공하는 공급자들의 교섭력이 강하면 그 시장의 수익성이 감소될 것이다. 이러한 공급자들은 원자재의 공급가격을 인상하거나 품질이나 수량을 감축시키려고 작용할 것이다.

특정 세분시장이 규모와 성장전망 및 구조적 매력도에서 좋은 평가를 받는 경우 자사의 마케팅목표와 합치되는지를 평가해야 한다.

예컨대 고품질과 부의 상징으로서의 이미지를 유지해온 벤츠자동차사가 경제성과 가격이 중요한 구매기준인 소형차시장에 진출할 것인가를 고려한다고 해보자. 소형차시장의 규모나 매력도 뿐만 아니라 자사의 장기적 이미지에 어떤 영향을 줄 것인가도 평가되어야 할 것이다. 또한 이 세분시장이 자사의 마케팅목표와 부합되는 경우 시장에서 성공하는 데 요구되는 기술적 자원, 인적자원, 물적자원을 보유하고 있는지도 객관적으로 평가해야 한다.

(3) 포지셔닝(Positioning)

자사에 적합한 세분시장을 선정한 다음에는 이 시장에서 자사제품이 경쟁사들과 비교하여 뚜렷하게 구분되는 독특한 이미지를 갖도록 하는 방안을 모색해야 한다. 우리에게 잘 알려진 유명상표들은 그 이름만 들으면 떠올리게 되는 독특한 이미지를 구축하고 있다.

예를 들면 벤츠나 캐딜락은 고급차의 대명사로, 볼보는 안전성이 뛰어난 차로, 매킨토시 앰프는 고품질로, 싱가포르항공은 뛰어난 서비스로, 소니는 신뢰성으로, 구찌는 디자인으로 독특한 이미지를 가지고 있다. 구매자들은 대부분 특징없는 평범한 제품을 선택하지 않으며 구매결정시 확실한 이미지를 가지고 있는 제품을 선호하게 된다. 그러기 위해서는 제품의 독특한 이미지 확립이 우선되어야 하며 그것이 바로 고객의 마음속에 특정한 위치를 잡는 것이다.

특정제품의 위치는 그 제품이 소비자들의 마음속에서 경쟁품에 비교하여 차지하는 장소를 말한다. 또한 한 제품의 위치는 소비자들의 주관적 인식과 평가에 의하여 이루어지는 것이다. 주로 소비자들은 한 제품에 대해 경쟁제품과 비교하여 어떻게 지각하고 어떻게 느끼는지의 이미지를 가지게 되는데, 이러한 것들이 결합되어 그 제품의 위치가 결정된다.

마케팅관리자들은 자사제품에 대한 소비자의 위치인식이 계획한 의도대로 자사에 유리하게 이루어지도록 하기 위하여 여러 가지 노력을 한다. 이러한 목적으로 마케팅관리자들이 차별화된 자사의 이미지를 만들어 내기 위해 제품과 서비스, 광고 그리고 홍보를 통해 만들어 내는 소비자 마음속에 위치를 잡는 것을 포지셔닝(positioning)이라고 한다.

고객들의 마음속에 어떻게 포지셔닝하는가에 따라서 기업의 매출과 선호도는 달라지게 마련이다. 예를 들어 고객이 기업에 대한 좋은 이미지를 가지고 있다면 당연히 그 이미지를 배경으로 기업이 생산하는 제품과 서비스에 대해 구매하고자 할 것이며 그 반대의 경우는 그렇지 않을 것이다.

물론 포지셔닝은 하루아침에 만들어지지 않으며 단기적 이벤트를 통해서 생겨나는 것도 아니다. 꾸준한 노력과 지속적인 접촉을 통해서 고객들의 깊은 기억속에 만들어지며 결국 수차례의 경험과 만족여부를 거쳐 또다른 구매의지로 표출된다.

이처럼 포지셔닝을 제대로 하기 위해서는 많은 비용이 필요하며 구체적인 고객의 욕구를 명확하게 찾아가는 기술도 필요하다. 기업의 입장에서는 이렇게 중요한 포지셔닝을 위해 광고의 빈도, 모델선정 등 다양한 부분에도 관심을 기울이고 있다. 이것은 다시 말하면 각각의 과정에서 발생하는 여러 가지 이미지가 결국은 기업의 이미지로 축적되고 그것을 토대로 고객들은 그들의 구매행동을 시작한다 해도 과언이 아니기 때문이다.

일반적으로 알고 있는 소비자들의 구매절차를 기억해보자. 그것은 가장 먼저 주의(attention)단계를 통해 제품 혹은 서비스를 인지하게 되고 관심(interest)의 단계로 이어진다. 관심의 단계에서는 단순한 관심보다는 비슷한 경쟁의 제품과 서비스에 대해 비교하기 시작하며 관심의 근거를 스스로 찾기시작하는 것이다.

왜 이럴까? 특징은 무엇이고 나에게는 어떤 영향을 주게되는가?

또한 관심의 단계 이후에는 욕망(desire)이 생기게 된다. 반드시 이 제품을 가지고 싶다는 스스로의 욕구가 생기는 것이다. 이것은 욕망이기 전에 제품이나 서비스가 표출하고 있는 매력이다. 또한 제품과 서비스로써의 막강한 장점이라고 해도 지나치지 않다. 그리고 마지막 단계로 구매행동(action)으로 이어지는 것이다. 이 과정은 일반적인 소비자들의 구매행동절차이다.

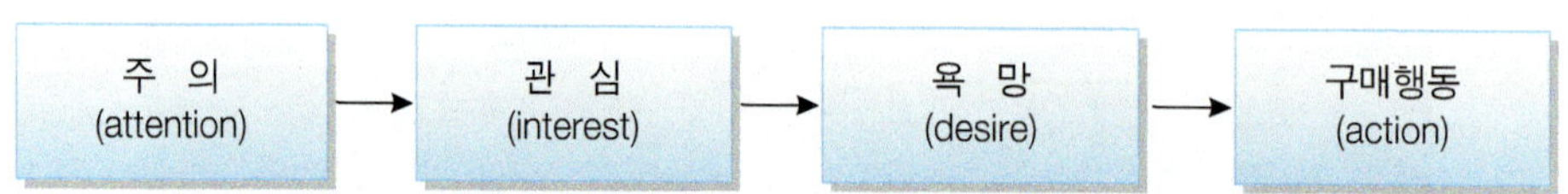

우리는 이 과정의 이전단계에 주목할 필요가 있다. 주의(attention)를 갖도록 하기 위해서 기업의 노력을 상상할 필요가 있다는 것이다. 바로 기업의 브랜드가 갖는 포지셔닝의 경쟁력이다. 제대로 된 포지셔닝만이 주의를 끌 수 있게 되며 결국 그 주의가 마지막 단계인 구매행동까지 연결시키는 것임을 명심해야 한다.

2. 소비자그룹별 구매행동

이미 앞에서도 본 것과 같이 소비자들의 구매행동은 복잡한 미로와도 같다. 그렇기 때문에 예측도 어렵고 나름대로의 사전전략도 필요하다. 그러나 기업의 입장에서는 어렵다고 해서 손 놓고 있을 수는 없다. 소비자의 구매행동이 기업매출과 손익에 영향을 주기 때문이다. 그러나 대부분 기업들은 불황이 닥칠때마다 어찌해야 할지 모른다. 불황마다 제각기 다른 특징이 있기 때문이다. 수십 개 기업이 1970년대 이후 불황을 거치는 동안 마케팅에 성공하거나 실패한 사례를 분석했고, 그 과정에서 성과를 개선하거나 저해하는 고객행동 및 기업전략의 패턴이 나타난다는 사실을 알아냈다.

기업들은 끊임없이 변화하는 소비패턴을 이해하고 그 변화에 맞춰 전략을 수정할 필요가 있다. 물론 불황이 닥치면 소비자들은 철저히 우선순위를 세워 지출을 줄여나간다. 기업들은 매출이 떨어지기 시작하면 대개 비용을 줄이고 가격을 낮추며 신규투자를 미룬다. 불황이 닥치면 기업들은 홍보에서부터 연구에 이르는 다양한 분야에서 마케팅관련 지출을 줄인다. 하지만 이 같은 무차별적 비용절감은 옳지 않은 방법이다.

비용을 줄이기 위한 노력이 현명하기는 하지만, 브랜드가치를 유지하지 못하거나 핵심고객의 변화욕구를 파악하지 못하면 기업의 장기적 성과에 악영향을 끼칠 수 있다. 불황이 진행되는 동안, 그리고 불황이 끝난 후에 번창할 가능성이 높은 기업은 일정한 특징을 보인다. 무엇보다 이런 기업은 고객의 욕구를 하나하나 자세히 살핀다. 고객의 욕구를 현미경처럼 분석하는 기업들은 마케팅예산을 짤때 뭉툭하고 커다란 칼이 아니라 외과용 메스를 손에 쥐고 변화하는 수요에 맞춰 전략과 전술, 제품을 재빠르게 수정한다.

국가경제가 좋을 때 마케터들은 기발한 광고나 매력적인 상품만으로는 매출을 올릴 수 없다는 사실을 잊곤한다. 소비자의 주머니에 들어 있는 넉넉한 가처분소득, 미래에 대한 자신감, 기업과 경제에 대한 신뢰, 소비를 부추기는 라이프스타일과 가치관 등이 모두 소비자의 구매에 영향을 미친다.

모든 측면에서 요즘의 불황은 대공황 이후 최악이라 할만하다. 끊임없이 쏟아져 나오는 우울한 경제뉴스 탓에 고객의 신뢰도와 구매력은 날이 갈수록 떨어지고 있다.

최근에는 소비자들의 구매행동 자체가 근본적으로 바뀌고 있다. 어쩌면 소비자들의 구매패턴이 영원히 달라질지도 모르겠다. 이제 소비자들은 지난 20~30년 동안 유럽과 미국에서 이루어진 소비가운데 상당부분이, 가치가 떨어지고 있는 저축이나 부동산 그리고 부채라는 모래성위에서 이뤄져왔다는 사실을 깨닫고 있다.

기업의 마케터들은 소비자들이 훌륭한 삶의 기준을 물질적 측면에서만 규정하도록 선동했다. 또 소비자들이 수입보다 더 많은 돈을 쓰도록 부추겨왔다. 흥청망청 돈을 써대던 시절이 끝나고 불황이 들이닥치자, 소비자들에게 남은 것이라고는 지불해야 할 청구서 더미뿐이다. 수입은 제자리에 머물거나 줄어들고 있으며, 그동안 축적했던 자산의 가치도 나날이 줄어들고 있는 상황이다. 뿐만 아니라 연이어 터져나오고 있는 여러 기업들에 관한 불미스러운 소식과 납세자들의 혈세로 부실기업에 구제금융을 제공한다는 뉴스탓에, 소비자들의 불신과 기업의 광고문구에 대한 회의감은 나날이 높아져만 가고 있다.

미국의 소비자 신뢰지수가 1967년 데이터수집을 시작한 이후 최저수준으로 떨어졌다는 2009년 1월 발표내용은 전혀 놀랍지 않다. 이런 상황들이 더해져 기업들은 불황기뿐 아니라 불황이 끝난 후 회복기에 접어들더라도 지속될 과제를 떠안게 되었다.

우선 불황기에 등장한 새로운 고객층을 이해하는 것이 중요하다. 물건이나 서비스를 판매하는 기업들은 대부분 '40세 이상' '갓 자녀가 생긴 부부' '중산층' 등과 같은 인구통계나 '전통적 라이프스타일' '친환경 라이프스타일' 등의 라이프스타일을 기준으로 고객을 세분화한다.

하지만 요즘같은 불황기에 인구통계나 라이프스타일을 기준으로 고객을 세분화하는 것은 경제환경에 대한 고객의 감정적 반응을 고려하는 심리적 분류방법보다 그 실효성이 떨어진다. 고객은 다음과 같은 네 그룹으로 나뉜다.

(1) 급브레이크 그룹

급브레이크 그룹에 속하는 고객은 불황이 닥치면 가장 큰 위협을 느끼고, 금전적으로 가장 많은 어려움을 느낀다.

이 그룹은 구매를 하지 않거나, 미루거나, 줄이거나, 대체하는 방식으로 모든 종류의 지출을 줄인다. 저소득층 소비자들이 대개 이 그룹에 속한다. 하지만 고소득층 가운데 심한 불안감을 느끼는 부류, 특히 건강이 악화되고 있거나 수입이 줄어드는 소비자도 이 그룹에 포함된다.

(2) 인내하는 그룹

힘들지만 인내하는 그룹의 구성원들은 불황이 온다고 해서 우울해 하지 않는다. 이들은 장기적 경제상황에 대해서는 긍정적 태도를 갖고 있지만, 단기간 내의 경제회복이나 기존 생활수준을 유지하기 위한 자신의 능력을 신뢰하는 수준은 높지 않다. '급브레이크 그룹'의 소비자들과 마찬가지로 '힘들지만 인내하는 그룹'의 소비자들도 모든 부문에서 지출을 줄여나간다. 물론 '급브레이크 그룹'만큼 과감하게 지출을 줄이지는 않는다.

이 그룹이 전체 네 그룹 가운데 가장 규모가 크다. 또 실직의 영향을 받지 않은 가구가 대부분 이 그룹에 속하므로, 이 그룹에는 다양한 수준의 수입을 벌어들이는 가구가 모두 포함되어 있다. 경제상황이 악화되면 '힘들지만 인내하는 그룹'에 속하는 소비자들이 점차 '급브레이크 그룹'으로 이동하게 된다.

(3) 여유로운 그룹

안락하고 여유로운 그룹의 소비자들은 이번 불황을 이겨낼 수 있을 뿐만 아니라 앞으로 또 다시 불황이 닥치더라도 얼마든지 이겨낼 능력이 있다는 자신감을 갖고 있다. 이들은 물건을 살 때 과시적 소비를 줄이는 등 조금 더 신중을 기하기는 하지만, 불황이전과 거의 같은 소비수준을 유지한다.

이 그룹은 주로 수입이 상위 5%인 소비자들로 구성되어 있다. 충분한 여유자금을 갖고 은퇴했거나 일찍시장에서 빠져나온 투자자, 양도성 예금증서같은 저위험자산에 투자한 사람 등 돈이 그렇게 많지는 않지만 금전적으로 안정된 소비자들도 이 부류에 속한다.

(4) 현재를 즐기는 그룹

현재를 즐기는 그룹의 소비자들은 평소와 다름없이 소비하고, 저축에 대해서는 대개 걱정하지 않는다. 단지 불황이 닥치면 큰 금액을 지출할 때 결정하는 시간이 예전보다 조금 더 걸릴 뿐이다. 주로 도시에 사는 젊은 소비자들이 이 그룹에 속한다. 이들은 직접 소유하기보다 임차를 선호하며, 물건보다는 경험을 얻기 위해 많은 소비를 하는 경향이 있다(가전제품은 예외). 이 부류는 직장에서 해고되지 않는 한 소비행동을 바꾸지 않는다. 어떤 그룹에 속하든 모든 소비자들은 제품 및 서비스를 네 가지로 분류해 소비의 우선순위를 정한다.

① **필수품**(essentials) : 생존을 위해 반드시 필요하거나, 행복한 생활에 중요하다고 여기는 상품이나 서비스
② **만족을 주는 품목**(treats) : 당장 구매하는 것이 합리적이라고 여길 수도 있는 상품이나 서비스
③ **연기할 수 있는 품목**(postponables) : 필요하거나 원하기는 하지만, 합리적으로 생각해 봤을 때 얼마든지 구매를 늦출 수 있는 상품이나 서비스
④ **소모품**(expendables) : 불필요하거나 합리화할 수 없는 상품이나 서비스

모든 소비자들이 기본적인 수준의 음식, 거주지, 피복 등은 필수품이라 생각하며, 대부분의 소비자들은 교통수단 및 건강관리를 이 범주에 넣는다.

그밖의 상품 및 서비스는 고객들의 특성에 따라 다양한 범주로 들어간다. 불황이 진행되면 '현재를 즐기는 그룹'을 제외한 나머지 그룹의 소비자들은 모두 소비의 우선순위를 재점검한다. 과거에 불황이 닥치자 소비자들은 각 개인의 상황에 따라 그동안 필수품으로 여겼던 외식, 여행, 문화생활, 새옷, 자동차, 가정용기기, 가전제품 등을 만족을 주는 품목, 연기할 수 있는 품목, 소모품으로 재빨리 재분류했다.

우선순위가 바뀌면 소비자들은 집청소, 잔디정리, 제설작업 등의 주택관련 서비스를 소모품으로 분류하는 등 특정 범주와 관련있는 지출자체를 없애버릴 수도 있다. 혹은 외식을 하는(만족을 주는 품목) 대신 집에서 요리를 하는(필수품) 등 지출범주를 바꿀 수도 있다.

또한 불황이 시작되면 대부분의 소비자들이 가격에 더욱 민감하게 반응하며 브랜드에 대한 충성도가 낮아진다. 때문에 좀 더 저렴한 가격에 좋아하는 제품 및 브랜드를 구매하거나, 선호도가 떨어지는 대체재를 고르기도 한다. 가령 값이 싼 자체브랜드(PB)를 택하거나, 유기농 제품 대신 일반식품을 선택한다[그림 4-1].

그림 4-1 각 소비자그룹의 행동변화

안정적 시장: 약간의 기회 변화가 있거나 전혀 변화 없음

혼합시장: 경쟁력이 뛰어난 기업에는 주어지는 기회가 약간의 변화가 있거나 전혀 없음. 다른 기업들은 기회가 줄어듦

줄어드는 시장: 기회가 상당히 줄어듦

매출 하락 위험도 (낮음 → 높음) / 행동변화 (높음 → 낮음)

	필수품	만족을 주는 품목	연기할 수 있는 품목	소모품
급브레이크 그룹	저렴한 제품이나 자체브랜드(PB) 상품 등 대체재구입	과감히 줄이거나 지출을 아예 하지 않거나 저렴한 대체재 구입	긴급히 대체해야 하는 상황이 생기지 않는 한 모든 내구재소비연기, 치아 스케일링 같은 개인 건강관련 서비스 및 애프터서비스(AS) 지출 모두 연기	이 범주에 속하는 모든 지출을 일절 하지 않음
힘들지만 인내하는 그룹	좋아하는 브랜드를 싼 가격에 사거나 선호도가 떨어지지만 저렴한 대체브랜드 구매, 원하는 물건이 괜찮은 가격에 나오면 미리 구입	구매빈도나 구매량을 줄이고 가치중시	금연이 크면 구매행위 자체를 연기, 교체하기 보다는 수리를 택하고, 추가 사양을 택하기보다 가치 및 저비용을 중시하며 구매시점을 협의	소모품 관련 지출을 과감히 줄임
안락하고 여유로운 그룹	불황이 닥치기 전과 같은 수준으로 좋아하는 브랜드구입	사치품을 살 때 좀더 신중히 결정	가격대비 높은 품질 추구, 구매 시점을 좀 더 적극적으로 협상	어떤 소비 지출도 정당화될 수 없다고 여기지는 않지만, 가장 과시적인 소비는 줄임
현재를 즐기는 그룹	불황이 닥치기 전과 같은 수준으로 좋아하는 브랜드구입	불황이 각치기 전과 같은 수준으로 좋아하는 브랜드 구입	괜찮은 조건이면 사고 그렇지 않으면 연기	어떤 소비 지출도 정당화될 수 없다고 여기지 않음, 새로운 유형의 구매는 지양

출처 : 동아리뷰

TRENDS 망원경

재활용 활용부터 점자스티커까지 LG전자, CES서 'ESG존' 운영

[LG전자가 내달 5일 美 라스베이거스에서 열리는 세계 최대 가전 · IT 전시회 'CES 2023'에서 ESG 비전과 진정성을 담은 'Better Life for All 존(ESG존)'을 운영한다. (사진=LG전자 제공)]

LG전자가 다음달 5일 미국 라스베이거스에서 열리는 세계 최대 가전 · IT 전시회 'CES 2023'에서 ESG존(모두의 더 나은 삶 존)을 운영한다.

LG전자는 전시관 내 별도로 마련한 ESG존을 △지구를 위한 △사람을 위한 △우리의 약속 등 3가지 테마로 구성해 ESG 경영 성과와 중장기 전략 · 계획을 선보인다.

LG전자는 CES 2023의 전시관 기획단계부터 접근성, 친환경 등 ESG 요소를 반영했다.

전시관 내 각 존의 안내판에 시각장애인을 위해 점자 표기를 적용하고 휠체어 이용 관람객을 고려해 안내판 높이를 낮췄다.

청각장애인을 위해 수어 도슨트와 디지털휴먼 수어 서비스를 제공하는 LG 클로이 가이드봇을 배치한다.

ESG존은 친환경소재를 활용해 꾸밉니다. 또 생산부터 사용, 포장, 회수까지 가전의 전 과정에서 친환경을 실천하는 '지속가능한 사이클'이 소개된다.

LG전자의 칠서리사이클링센터에서 추출한 재활용 소재가 적용된 LG 가전부터 친환경 에너지 설비와 지능형 공정 시스템을 갖춘 'LG 스마트파크' 등 지구를 위한 활동을 보여준다.

LG전자는 ESG 중장기 전략과제 '더 나은 삶의 계획 2030'을 실천하기 위한 구체적인 목표와 실행 계획도 선보인다.

2030년까지 제품 생산단계에서 발생하는 온실가스 배출량을 2017년 대비 50% 감축할 예정이다.

또 TV, 냉장고, 세탁기, 건조기, 에어컨, 모니터 등 주요 제품군의 사용단계에서 발생하는 온실가스 원단위 배출량도 2020년 대비 20% 저감한다는 목표다.

2030년까지 전 제품의 음성 매뉴얼과 수어를 포함한 영상매뉴얼 등을 제작할 계획이다.

이정석 LG전자 글로벌마케팅센터장 전무는 "LG전자가 '모두의 더 나은 삶'을 제공하기 위해 그동안 어떤 가치에 도전해 왔으며, 지구와 사람을 위해 앞으로 어떻게 기여할 계획인지를 전 세계 관람객들이 살펴볼 수 있도록 할 것"이라고 말했다.

• 출처: SBS Biz, 2022년 12월 19일

(5) 마케팅 투자관리

불황이 되면 충성심 강한 고객들이 현금흐름 및 유기적 성장의 핵심원천이라는 점을 그 어느때보다 명심해야 한다. 불황기에는 마케팅이 결코 선택사항이 될 수 없다. 마케팅비용은 이런 핵심고객과 다른 고객들로부터 수익을 창출하기 위해 반드시 필요한 '유용한 비용'이라고 볼 수 있다.

기업의 예산절감정책은 마케팅에 엄청난 영향을 미친다. 마케팅 홍보비용은 생산비용보다 훨씬 짧은 기간 내에 줄일 수 있을 뿐만 아니라, 직원을 해고하지 않고도 얼마든지 절감할 수 있다. 그런데 마케팅비용을 관리할 때에는 반드시 필요한 비용과 낭비요소가 강한 비용을 정확하게 구별하는 것이 중요하다. 고객이 인정하고 신뢰하는 강력한 브랜드를 구축하고 유지하는 것은 비즈니스 위험을 줄이기 위한 최고의 방법이기도 하다. 불황에는 존슨&존슨처럼 강력한 브랜드를 가진 기업의 주가가 상대적으로 덜 알려진 브랜드의 대형소비재 제조업체주가보다 강세를 보인다.

불황기에는 호황기에 비해 예산을 줄이기가 한층 쉽다. 경기가 나빠지면 성과가 나쁜 브랜드를 찾아내고 수익률이 낮은 품목들을 없애버릴 수밖에 없다. 기업의 생존이 걸린 상황에서는 기업전체가 마케팅전략을 수정하고 투자를 재분배하기 위해 애쓰게 된다. 관리자들은 무작정 라인확장전략을 고집하는 것과 같은 고리타분한 과거의 태도를 버린다. 그리고 고객의 욕구를 해결하는 데 도움을 주는 좀 더 뛰어난 해결책을 찾기위해 창의적 방법을 강구한다.

주의할 것이 있다면 어느 부분의 지출을 줄여야 할지, 어느 부분의 지출을 유지할지, 어느 부분에서 오히려 지출을 늘려야 할지에 대한 합리적이면서도 개별상황에 맞는 구체적인 방안을 내놓아야 한다는 점이다.

1) 전략적 기회

기업이 시장에서의 전략적 기회포착을 위해서라면 여러 가지 상황을 파악할 수 있어야 하며 이는 불황기일수록 더욱 그 중요성이 높다할 수 있다. 물론 이 모든 것들의 바탕은 소비자의 행동을 이해하는 데 바탕이있다 해도 과언이 아니다.

① 기회를 평가하라

우선 자사의 브랜드, 상품, 서비스를 분류한 다음 어떤 것이 불황기와 불황이 끝난뒤 생존확률이 가장 낮은지, 어떤 매출이 하향안정세를 보일지, 어떤 것이 뛰어난 성장세를 보일지 판단해야 한다.

불황기의 전략적 기회란 자사의 핵심 고객층이 네 그룹 중 어디에 속하는지, 자사의 고객이 자사의 상품 및 서비스를 어떻게 분류하는지에 따라 달라지기 마련이다. 예를 들어 고급브랜드가 아닌 가격이 저렴한 상품을 택하는 '급브레이크 그룹'에 가격 대비 가치에 초점을 맞춘 필수품을 판다면 전망이 상당히 괜찮다고 볼 수 있다. 가치를 중시하는 브랜드라면, 불황이전에는 고급브랜드를 선호했던 '힘들지만 인내하는 그룹'의 소비자에게 다가갈 수도 있다.

이 전략은 2001년 불황이 닥쳤을 때 월마트가 '날마다 낮은 가격(everyday low prices)' 정책을 도입한 후 적극적으로 밀어 붙였던 방법이기도 하다. 가치중심 브랜드라면 '연기할 수 있는 품목'을 판매하는 시장에서도 얼마든지 기회를 잡을 수 있다.

가령 애프터서비스(AS)는 새 냉장고를 사기보다 집에 있는 냉장고를 더 오래 쓰기를 원하는, '힘들지만 인내하는 그룹'으로부터 큰 호응을 이끌어낼 수 있다. 만약 사업기회가 확실치 않거나 점차 줄고 있는 분야가 있다면, 불황이전부터 문제가 있었거나 현재 간신히 명맥을 이어가고 있는 브랜드 및 제품을 과감히 없앨 때가 된 것일지도 모른다. 불황이 지속되는 동안, 그리고 경제가 회복기에 접어들 때 브랜드를 유지할 수 있도록 불필요한 브랜드를 정리한 후 남아 있는 브랜드나 상품에 마케팅자원을 집중해야 한다.

② 장기적 관점에서 분배하라

매출이 줄어들기 시작할 때 당황하거나, 브랜드의 근본적 제안 혹은 포지셔닝을 수정해서는 안 된다. 가령 '힘들지만 인내하는 그룹' 중에서도 중상위 소득계층을 주고객으로 삼는 기업이라면, 저가시장을 공략하고픈 유혹을 느낄 수도 있다. 하지만 목표시장 자체를 바꿔버리면,

충성도 높은 고객이 혼란을 느껴 다른 브랜드를 선택할 수도 있다.

또 저비용전략을 고수하는 경쟁업체나 비용에 민감한 고객에 대해 많은 정보를 갖고 있는 업체들로부터 완강한 저항에 부딪힐 수 있다. 목표고객층을 바꾸면 단기적으로는 새로운 고객 확보에 도움이 될지 모르지만, 불황이 끝나고 나면 더욱 취약한 입장에 놓일 수도 있다.

결국 가장 좋은 방법은 기존의 브랜드를 안정화하는 것이다. 현금이 부족한 기업이라 해도 핵심 브랜드제안을 강화하는 데 마케팅자원의 상당부분을 할애하는 것이 현명하다. 고객들에게 자사의 브랜드가 얼마나 가치있는지 일깨워준다면, 브랜드를 구축하고 고객의 만족도를 키우기 위해 지금껏 해왔던 투자의 가치를 더욱 높일 수 있다.

세계적 다이아몬드 회사 드비어스는 우울한 경제전망을 바탕으로 2008년 초 미국 내 마케팅예산을 삭감한 후에 이런 사실을 깨달았다. 드비어스는 대부분의 소비자들이 다이아몬드가 변치않는 가치를 상징한다고 생각한다는 연구결과를 접한 뒤, 크리스마스를 겨냥한 광고지출을 지난해 겨울보다 2배로 늘렸다. 브랜드 인지도를 높이기 위해 다양한 매체에 공개된 드비어스의 광고는 특별한 여러분을 위해 마련한 것'이 있다고 고객을 유혹한다. 소비자들에게 '다이아몬드는 영원하니 많이 사지는 못하더라도 더 가치있는 물건을 살 것'을 권한 셈이다. 1년 전에 비해 미국 내 크리스마스 시즌매출은 감소했지만, 가격을 낮추지 않았음에도 다이아몬드를 사고자 하는 고객의 욕구는 줄어들지 않은 것으로 나타났다.

기회가 안정적이거나 불확실하다면(하지만 안정적인 쪽으로 좀 더 기울어져 있을 때), 자사의 우위를 잘 활용해야 한다. 과거의 사례를 보면 불황때 광고지출을 줄이지 않거나 늘리는 방법으로 자사브랜드를 상대적으로 많이 노출했던 소비재 회사들은 취약한 경쟁업체들로부터 시장점유율을 빼앗을 수 있었다.

뿐만 아니라 경기가 좋을때보다 낮은 비용으로 더 많은 시장점유율을 확보할 수 있었다. 평균적으로 불황기에 마케팅 지출을 늘리면, 불황이 끝난 다음 해의 재무성과를 개선하는 데 도움이 된다. 물론 불황기에 마케팅 지출을 늘린다고 모두 성과를 개선할 수 있는 것은 아니다. 따라서 요즘처럼 심각한 불황기에는 불황을 견뎌내고 지속적으로 성장할 수 있는 사업기회에 자원을 집중해야 한다. 현금이 많다면 불황기에 자사의 브랜드 포트폴리오나 고객층을 강화하는 데 도움이 되는 브랜드를 저렴하게 사들일 수도 있다.

불황이 닥쳤던 2001년, 스머커는 P&G로부터 '지프'와 '크리스코'라는 2개 브랜드를 인수했다. P&G의 입장에서는 이 브랜드들이 그리 대단하지도, 핵심 카테고리에 속하지도 않았다. 하지만 스머커는 두 브랜드를 인수한 것이 훌륭한 선택이었음을 증명해 보였다. 스머커는 최

근 P&G로부터 '폴저스'라는 커피브랜드를 사들이기 위해 노력하고 있다. P&G가 이 브랜드로 목표수익률을 얻지는 못했지만, 스머커가 이를 인수해 새로운 마케팅전략을 사용하면 장차 훌륭한 신규 수익원이 될 가능성이 크다.

어떤 마케팅전술을 채택할지 결정할 때에는 고객이 어떤 식으로 우선순위를 재평가하고, 예산을 재분배하고, 브랜드나 제품카테고리를 결정하고, 가치를 다시 정의하는지 파악해야 한다. 다시 말해 무엇보다 시장조사에 꾸준히 투자해야 한다.

불황이 사라지면 소비자들은 구매력을 회복하지만 과거의 구매습관으로 돌아가지 않을 가능성이 크다. 시장조사를 할 때에는 소비자들이 예전에 선호했던 브랜드나 제품을 다시 살지, 불황기에 애용했던 대체상품을 계속구매할지, 혁신적인 새 제품을 택할지 살펴야 한다.

불황이 닥치면 기업들은 오랜 기간 동안 최악의 불황이 지속될 것이라고 가정하고 전략과 전술을 수정하는 등 유연하게 대처해야 한다. 동시에 불황이 끝나고 호황이 시작될 때 재빨리 대처할 수 있도록 대비해야 한다.

예를 들어 언제든 시장에 선보일 수 있도록 혁신적인 상품 및 서비스를 준비해둘 필요가 있다. 소비자들은 대부분 경제상황이 나아지면 혁신적인 신상품을 써보고자 하는 마음을 갖고 있다. 경제가 완전히 회복상태에 접어든 후에야 혁신을 위해 노력하는 기업은 다가올 호황에 잘 대비해온 경쟁업체에 패할 수밖에 없다. 불황기에도 신제품은 중요한 역할을 한다.

'현재를 즐기는 그룹'의 소비자들은 불황이 오더라도 제품 및 경험에 대한 욕구가 줄어들지 않기 때문에 새로운 것을 높이 평가하는 경향이 있다. 다른 그룹의 소비자들도 다른 상품과 비교했을 때 뚜렷한 가치를 제공하는 신상품이라면 얼마든지 받아들인다. 불황기에는 많은 기업들이 신제품출시를 꺼리는 만큼, 이 시기를 노려 신제품을 선보인다면 홍보에 많은 돈을 들이지 않고도 고객의 관심을 끌 수 있다.

예를 들어 P&G는 2001년 '스위퍼 젯'이라는 청소용품을 선보여 고객들이 손쉽게 바닥청소를 할 수 있도록 돕는 새로운 제품카테고리를 만들어냈다. 여기에 매료된 소비자들은 저렴한 대체상품 대신 스위퍼 젯을 선택했다.

③ 홍보예산의 균형을 맞춰라

불황이 닥치면 돈이 궁한 마케팅부서는 적은 자원을 들여 높은 성과를 내고 좀 더 높은 투자 수익률을 올리라는 압력을 받는다. 방송매체에 할당되는 광고예산이 줄어들고, 직접 마케팅이나 온라인광고 등 그 효용을 더 쉽게 측정할 수 있는 부문의 비중이 높아진다. 마찬가지로 불황기에는 POP(point of purchase) 마케팅, 즉 가격을 내리거나 매장내에서 고객의 흥미를 유발할 수 있는 홍보활동을 하는 마케팅이 활발하다.

인터넷광고는 특히 목표고객에 접근하기 쉽고, 상대적으로 비용이 저렴하며, 광고효과를 간단히 측정할 수 있다. 심각한 불황에도 불구하고 2008년 1~3분기에 재화나 서비스를 판매하는 기업들이 온라인광고에 쏟은 비용은 전년동기 대비 14% 늘어났다. 인터넷광고 규모가 커지는 또 다른 이유는 온라인 인맥관리매체로 소비자들이 몰려들기 때문이다. 여기저기서 해고소식이 들려오고 취업시장 상황이 좋지 않으면, 소비자들은 인맥형성에 도움이 되는 마이스페이스, 페이스북, 링크드 인 등과 같은 인맥관리매체를 자주 찾을 수밖에 없다.

지난 한 해 동안 비즈니스 인맥사이트 링크드인의 신규회원 가입률은 2배가 되었다. 하지만 대중시장에서 소비재 브랜드를 키워나갈 때에는 방송매체가 여전히 중요한 역할을 한다. 물론 아주 유명한 브랜드라면 브랜드를 키우기 위해 과거에 쏟아부었던 투자의 덕을 볼 수도 있다. 하지만 예전에 투자했다고 해서 더 이상 방송매체를 통한 홍보활동이 필요없는 브랜드는 없다. 상당수 고객들은 텔레비전 화면에 더 이상 등장하지 않는 브랜드를 곧 잊어버리고 만다. 지난 한해동안 신문, 잡지, 라디오, 지방방송국 등의 광고는 모두 줄었지만, 미국전역에 방송되는 4개방송 채널광고는 줄지 않았다.

펩시콜라가 불황기에 마케팅전략을 어떻게 수정했는지 살펴보자. 펩시콜라 경영진은 과거의 경험을 바탕으로 불황이 각 음료카테고리에 미치는 영향을 평가했다. 그런 다음 모든 음료카테고리의 비용을 줄이는 대신 양적성장의 기회를 붙들기 위해 마케팅자원을 재분배했다.

가령 탄산음료, 특히 다이어트 음료외의 다른 음료들은 불황이 시작되기 전부터 시장점유율이 줄어들고 있었다. 하지만 펩시콜라의 경영진은 청량감을 원할때는 탄산음료가 제격이라는 소비자의 생각에는 변함이 없으므로, 불황이 온다고 해서 탄산음료 매출이 급격히 줄어들지는 않을 것이라고 판단했다.

즉 4개 그룹의 소비자들은 모두 탄산음료를 필수품 혹은 만족을 주는 품목으로 여기기 때문

에, 오랜 기간 동안 소비자의 입맛을 사로잡아온 펩시라는 브랜드는 불황에도 끄떡없을 것으로 생각했다. 펩시콜라의 목표는 펩시와 마운틴 듀 등 탄산음료에 대한 마케팅투자를 상당히 늘려 탄산음료 카테고리를 강화하는 일이다.

이 투자에는 젊은 세대의 심리를 공략하는 광고캠페인, 새로운 포장, 현장에서 실시하는 광고 등이 포함된다. 펩시콜라는 특히 '현재를 즐기는 그룹'의 젊은이들을 공략하기위해 디지털 미디어에서 많은 활동을 펼치고 있다.

2) 불황기 마케팅

경기가 나빠지면 비용을 줄이고 단기적으로 매출을 늘리기 위한 노력과 장기적 브랜드 건전성 간의 균형을 잘 맞출 필요가 있다. 제품포트폴리오를 간결하게 재조정하고, 소비자들이 좀 더 쉽게 지갑을 열 수 있도록 가격을 조정하며, 신뢰도를 강화하는 것이 목표를 달성하는 데 가장 도움이 되는 세 가지 효율적인 방법이다.

① 제품포트폴리오 재조정

이번 불황보다 상대적으로 덜했던 2001년에는 기업들이 생산량을 일시적으로 조금씩 수정했을 뿐 가격 및 제품라인을 대대적으로 수정하지는 않았다. 하지만 불황이 한층 심각한 국면으로 접어들고 있는 요즘에는 어쩔 수없이 변화를 꾀해야 할 때까지 기다리기보다는 일찌감치 주도권을 잡는 편이 낫다.

수요가 줄면 지나치게 다양하지만 별다른 차이가 없는 사이즈와 맛을 선보이는 제품라인이나, 사소한 차이가 있을뿐 비슷한 기능을 가진 제품모델을 줄이는 등 지속적으로 노력해야 한다. 지나치게 광범위한 제품라인을 선보이면 불필요한 마케팅비용을 지출하게 된다.

뿐만 아니라 잘 팔리지 않는 재고를 쌓아 놓기 위해 많은 자원과 운영자본이 필요해진다. 하지만 앞서 설명했듯이 제품포트폴리오를 간소화한다고 해서 혁신을 위한 노력자체를 그만둬서는 안 된다. 핵심상품을 혁신적으로 개선하면 소비자들의 관심을 끌 수 있을뿐 아니라 구매도 자극할 수 있다. 특히 소모성 제품 및 서비스라면 혁신적인 개선활동이 매출을 늘리는데 도움이 된다. 시장상황을 다시 조정하려면 고객의 구매습관이 바뀔때마다 각 제품라인의 개별상품에 대한 수요를 자주 재예측해야 한다.

예를 들어 '급브레이크 그룹'의 소비자들은 필수품이나 만족을 주는 품목을 살 때, 다양성이나 맞춤서비스를 포기하는 대신 단순하고 저렴한 쪽을 택한다. '힘들지만 인내하는 그룹'의 소비자들은 더 이상 내구재구입을 미룰 수없는 형편이 되면 뛰어난 성능의 상품보다는 가격대비 가치가 높은 모델을 택한다. 두 그룹의 소비자들 모두 내구성이 낮거나 유지비용이 높은 상품은 거부한다.

② 가격을 낮춰라

불황기에는 '급브레이크' 소비자들과 '힘들지만 인내하는' 소비자들이 특히 가격 대비 가치가 높은 물건이나 서비스를 원하게 되고, 기업들은 모두 가격경쟁에 돌입한다. 경기가 나빠지면 소비자들은 별다른 노력을 기울이지 않아도 쉽게 할인을 해주는 상품 및 서비스를 선호한다. 또 추첨이나 전단지(DM) 발송 서비스처럼 차후에 가치를 느낄 수 있는 홍보전략보다는 구매를 할 때 즉각 현금할인을 해주는 홍보방법을 선호한다.

따라서 기업들은 더 자주 일시적인 가격인하 전략을 택하고, 더 큰폭으로 가격을 내릴 필요가 있다. 이와 동시에 소비자들이 생각하는 '정상' 가격수준이 무엇인지 세심하게 관찰할 필요가 있다. 불황기에 가격을 너무 많이 내리면 가격인하에 대한 소비자의 기대치 자체가 바뀌어 가격을 다시 '정상'수준으로 높일 경우 가격이 너무 올랐다고 반감을 가지게 되고, 이에 따라 회복기에도 수익성에 문제가 생길 수 있다. 또 지나치게 가격을 내리면 손실이 큰 가격전쟁으로 이어질 수도 있다.

고급브랜드 시장의 선두기업들은 자사의 브랜드가 목표로 하는 시장자체를 저가시장으로 바꾸기보다 '공격형 브랜드(fighter brand)', 즉 기존 브랜드와는 다른 이름을 붙여 최소 광고비를 들여 더 낮은 가격에 파는 브랜드를 도입할 수 있다. 경기가 하강국면에 접어들었던 1991년과 1992년, 맥주회사 앤호이저부시는 버드와이저보다 가격이 싼 '내추럴 필스너'라는 브랜드를 도입했고, 밀러는 가격 대비 가치가 높은 '콜더스 29'라는 브랜드를 선보였다.

1980년대 초 경제상황이 악화되자 P&G는 고가의 휴지 '차민'을 대체할 저렴한 휴지브랜드

표 4-2 전술수정방법

	필수품	만족을 주는 품목	연기할 수 있는 품목	소모품
급브레이크 그룹	· 가격으로 승부, 고객의 지갑을 쉽게 열 수 있을 만한 소매가격 · 제품의 양을 줄여 소매가격 인하 · 유통업체의 자체브랜드(PB) 상품확대 · 비용은 낮지만 가치가 높은 상품홍보 · 공격형 브랜드(fighter brand) 도입	· 제품 크기 축소 · 가격인하 · '이 정도의 작은 사치는 누릴만한다'는 문구로 홍보	· 예약할부 서비스 도입 · 저리융자 · 파격적 혜택 제공 · '소탐대실'이라고 할 수 있는 고객의 행동 지적(예 : 위험한 수준까지 타이어 교체를 미루는 행위)	· 고객이 직접 조립하고 만드는 상품제공 · 지속적 인식광고(예 : 나중에 떠날 휴가에 대한 광고)
힘들지만 인내하는 그룹	· 저가의 대체상품 제공 · 소매가격인하 · 대량구매를 유도하기 위해 보너스상품 끼워팔기 · 브랜드 있는 상품이나 서비스의 신뢰성 강조	· 불황이전보다 소비가 줄었더라도 단골고객에게 합당한 보상제공(예 : 단골고객을 위한 마일리지 서비스) · 해당 제품이 기분전환에 도움이 된다는 점을 강조 · 더 값비싼 제품을 대체할 만한 합리적인 가격대의 상품이라는 점을 강조	· 단순한 사양의 모델을 저가에 제공 · 운영 비용이 낮은 모델 홍보 · 에프터서비스(AS) 홍보	· 지속적 인식광고 · 고객을 다시 시장으로 불러들일만한 핵심적 제품개선을 위해 투자
안락하고 여유로운 그룹	· 지속적 인식광고 (awareness advertising)	· 뛰어난 품질강조 · 지금껏 성공적인 삶을 살아왔으니 자신의 제품을 가질 만한 자격이 있다고 광고	· 지금 당장 구매해 비용을 줄이라고 홍보 · 구매가 늦어질수록 손해임을 강조	· 덜 부유한 친구들에게 과시하는 듯한 인상을 주지않는 신중한 구매행위라는 점을 강조 · 부유한 친구들에게 강한 인상을 남길 수 있다고 광고
현재를 즐기는 그룹	· 지속적 인식광고 · 반드시 필요한 제품임을 강조	· 간편한 신용카드 결재서비스 제공 · 절호의 찬스라는 점을 강조	· 매달 조금씩 갚아나갈 수 있는 할부서비스 제공 · 지금 당장 구매하는 게 삶의 질을 향상시킨다고 홍보	· 환상적인 신제품을 내놓고 반드시 필요한 제품이라고 홍보 · 수입이 늘어나면 갖고 싶어 할 제품이라고 광고

출처: 동아리뷰

'배너'를 개발했다. 불황이 끝나면 공격형 브랜드를 조용히 없애버릴 수도 있고, 가격 대비 가치가 높은 상품으로 남겨둘 수도 있다. 식당 등 다양한 곳에서 99센트짜리 햄버거나 399달러짜리 식기세척기 등 소비자의 관심을 끌기에 충분하다고 증명된 소매가격에 맞춰 상품을 선보이는 사례도 있다.

펩시콜라는 콜라를 사다 쟁여놓을 형편이 되는 '힘들지만 인내하는' 소비자들을 위해 24개들이 콜라묶음을 5.99달러에 판다. 그리고 지갑이 얇은 '급브레이크' 소비자들을 타깃으로 2L짜리 콜라를 99센트에 파는 등 각 고객유형의 구매패턴을 고려한 가격의 상품들을 선보이고 있다. 소비자의 지갑이 좀 더 쉽게 열리도록 하려면, 일시적으로 가격을 깎아주거나 정가자체를 바꾸는 방법 외에도 수량할인기준을 낮추거나, 소비자에게 신용을 더 많이 주거나, 예약할부 서비스를 제공하는 방법도 도움이 된다. 제품의 크기나 용량을 줄인 다음 그에맞게 가격을 조정하는 방법도 효과적이다.

케이블 TV나 이동통신회사와 같은 서비스 기업들은 고객이 선불로 내야 할 비용과 위약금을 낮추면 가격에 민감하고 현금이 넉넉지 않은 고객들을 끌어들일 수 있다. 소비자가 무조건 가장 낮은 가격을 원하는지, 가격 대비 최대의 가치를 원하는지에 따라 각 상품 혹은 서비스를 분리해 가격을 따로 매길 수도 있고, 좀 더 많은 서비스를 하나로 묶어 제공할 수도 있다. 물론 두 가지 방법을 모두 택할 수도 있다.

③ 신뢰를 높여라

불황이 닥치면 소비자들은 근심이 많아져 익숙하고 믿음직한 브랜드 및 상품을 선택하는 것이 안전하다고 생각한다. '안락하고 여유로운' 소비자나 '현재를 즐기는' 소비자도 마찬가지다. 브랜드와 소비자 간의 감정적 유대감을 강화하는 데 도움이 되고, 소비자가 처한 상황에 충분히 공감하고 있음을 보여주는 메시지를 전달하는 것이 중요하다.

예를 들어 '이 어려움을 함께 이겨나갈 수 있다'는 뜻을 전달하면 소비자의 마음을 사로잡

을 수 있다. 델은 지난 몇 년간 잃었던 시장점유율을 되찾기 위해 네 그룹을 각각 공략할 수 있도록 각기 다른 메시지를 담은 다양한 인쇄광고물을 내놓았다. 가령 '급브레이크' 소비자의 관심을 끌기 위해서는 "여러분의 수입을 벗어나지 않는 범위안에서 얼마든지 새로운 세상을 맛볼 수 있습니다"라는 메시지를 전했고, '힘들지만 인내하는' 소비자들에게는 "어려운 때에 간단한 솔루션을 원한다면 델을 찾으세요"라는 메시지를 보여줬다.

'안락하고 여유로운' 소비자들에게는 "어떤 경제상황에서든, 어느 곳에서든, 가장 이상적인 노트북"이라는 메시지를 전했으며, '현재를 즐기는' 소비자들을 공략하기 위해 "경제상황은 나쁘지만 멋진 인생을 즐기는 여러분을 위해"라는 메시지를 내놓고 있다.

지난해 크리스마스 시즌이 다가오기 전, 치약제조회사 크레스트는 "가족과 함께 크리스마스를 보내기 위해 집으로 간다"는 주제로 미백치약 화이트스트립 광고를 내보냈다. 이 광고는 배경음악이 깔리면서 젊은 여성이 새하얀 치아가 드러나게 환한미소를 지으며 작은 고향마을에 도착하는 장면을 내보냈다. 미백치약의 기능을 분명히 전달하면서도 크리스마스를 기념하기 위해 온 가족이 한자리에 모이는 광경을 보여줘 시청자들의 심금을 울렸다.

소비자의 입장에 공감하는 듯한 메시지를 전달할 때에는 자사가 고객의 편에 서있다는 사실을 분명히 나타낼 수 있는 행동으로 그 메시지에 힘을 실어줘야 한다. 매출이 떨어질 때 절대로 해서는 안 되는 행동이 바로 가격은 올리면서 질은 낮춰 고객에게 부담을 전가하는 것이다. 단골고객을 위한 프로그램을 운영할 때는 많은 금액을 지출하는 고객뿐만 아니라, 구매액은 크지 않더라도 자주 구입하는 고객에게도 보답해야 한다. 신용카드 회사들은 고객이 사용한도를 초과할 때 일괄적으로 높은 수수료를 적용하기보다는 신용한도에 근접해갈 때 미리 알려주는 서비스를 제공하는 편이 좋다. 소매업체들은 고객을 위해 현명하게 쇼핑하고 돈을 절약하는 방법을 알려줄 수도 있다.

가령 과거에 불황이 닥쳤을 때 일부 슈퍼마켓에서는 저렴하면서도 영양가 있는 식단을 자세히 적어놓은 전단지를 나눠주기도 했다. 뿐만 아니라 브랜드의 사회복지활동에 고객이 참여하도록 유도할 수도 있다.

아메리칸 익스프레스는 자사가 고객들을 대표해 어떤 자선단체를 후원할지 투표해달라고 회원들에게 요청했다. 감정적인 유대관계를 만드는 것도 중요하지만 해당 브랜드를 구매하는 것이 건설적인 의사결정이라는 사실을 고객들에게 일깨워 주는 것도 역시 매우 중요하다. 이를 위해 알레브는 기존 광고에 "가치있는 선택, 그게 바로 알레브입니다"라는 문구를 추가했다.

3) 회복기를 대비한 포지셔닝

소비자의 욕구 및 핵심 브랜드에 집중해 불황을 이겨낸 기업들은 불황 이후에 펼쳐질 호황에도 철저히 대비한다. 하지만 불황이 끝나면 소비자의 행동이 달라질 수도 있음을 이해하고, 새로운 소비자들의 욕구에 맞는 상품을 제공하고 메시지를 전달해야 한다. 대개 불황이 지나고 나면 소비자들의 태도와 행동은 1~2년 내에 '정상'수준으로 돌아간다.

하지만 심각한 불황을 겪고나면 경제적 어려움에 대해 한층 예민해진 소비자들의 심리상태가 10년 이상 지속되기도 한다. 불황이 길고 심각할수록 소비자의 태도 및 가치관에 상당한 변화가 생길 가능성이 커진다. 대공황을 겪은 미국인들과 1990년대에 10여 년 동안 심각한 정체를 경험한 일본인들이 오랫동안 신중한 소비패턴을 유지한 점을 생각해보면 쉽게 이해될 것이다.

물론 일반적인 불황의 여파는 그 정도로 심각하지는 않다. 미국에서는 전쟁 이후에 발생한 불황이 평균 10~11개월정도 지속되었다. 최악의 불황으로는 소비성장률이 −0.9%를 기록했던 1973~1975년의 16개월간 지속된 불황과1980~1982년 나타났던 18개월의 '이중불황'을 들 수 있다.

소비성장률이 1980년에는 마이너스를 기록한 반면, 1981년부터 1982년까지는 플러스를 기록했다. 이번 불황이 나타나기 전 가장 최근에 경기가 침체국면으로 접어들었던 2001년에는, 많은 소비자들이 지출을 줄이기는 했지만 전체 소비자지출은 줄어들지 않았다.

하지만 앞서 설명한 것처럼 이번 불황은 유례없이 심각한 상황이고 소비자 신뢰지수 및 기업에 대한 신뢰도는 바닥을 치고 있다. 이런 사실들을 종합해 볼 때, 이번 불황기에 형성된 소비자 태도 및 행동은 불황이 끝난 후에도 한 동안 사라지지 않을 가능성이 크다. '안락하고 여유로운' 소비자들과 '현재를 즐기는' 소비자들은 불황 이전의 소비패턴을 회복할 수 있을지도 모른다.

하지만 대다수 '급브레이크' 소비자들과 '힘들지만 인내하는' 소비자들은 불황기에 익힌 소비습관을 버리지 않을 가능성이 크다. 이 두 부류의 소비자들은 불황이 끝나도 최대의 가치를 추구하고, 신뢰성 있는 브랜드를 고집하며, '만족을 주는 품목'을 구입할 때에는 한참을 고민한 끝에 결정을 내리고, '연기할 수 있는 품목'의 구매는 되도록 미룰 것이다.

뿐만 아니라 불황의 원인이기도 한 기업의 잘못된 행동으로 소비자들이 기업에 갖게 된 불신은 사라지지 않을 것으로 보인다. 이러한 내용들을 바탕으로 두 가지 교훈을 얻을 수 있다.

첫째, 불황기에 얻은 마케팅전략 및 연구결과 그리고 수요변화에 민첩하게 대응하기 위한 역량은 경제가 회복된 후에도 큰 도움이 될 것이다.

둘째, 소비자의 가치관 및 태도에 장기적인 변화가 나타날 수도 있음을 깨닫고 이같은 변화에 대비할 필요가 있다. 경기침체에 대한 충격과 함께 소비자들이 불황의 원인이 된 기업의 잘못된 관행에 분노함으로써 불황 이전에 등장한 트렌드가 한층 더 빠른 속도로 발전해나갈 전망이다. 불황 이전에 나타난 트렌드란 물질주의의 약화, 지속가능성 중시, 기업의 사회적 책임에 대한 높은 기대, 소비자를 영혼도 없고 감정도 없는 돈쓰는 기계쯤으로 여기는 냉소적 마케팅에 대한 분노 등을 뜻한다.

뿐만 아니라 기업들이 이익추구와 함께 사회의 이익에도 가장 도움되는 방식으로 행동해 주기를 요구하는 고객의 목소리가 한층 높아질 것으로 보인다. 소비자들은 점차 브랜드를 선택할 때 각 기업의 관행을 더욱 중요하게 여길 것이다. 기업입장에서는 불황이 진행되는 동안, 그리고 불황이 끝난 후에 소비자들의 변화하는 기대치를 무시할 수 없다. 기업들은 고객의 지갑을 열기 위해 고객을 현미경으로 들여다보고 있지만, 고객들 또한 그 어느때보다 기업들을 철저하게 관찰하고 있다.

3. 마케팅전략의 실행과 통제

(1) 실 행

좋은 마케팅전략을 수립하는 것은 성공적 마케팅의 시작에 불과하다. 아무리 좋은 전략이라도 제대로 수행되지 않으면 의미가 없다. 마케팅실행(marketing implementation)은 전략적 마케팅목표를 달성하기 위하여 마케팅전략과 계획을 마케팅행위로 옮기는 과정이다. 즉, 실행이란 마케팅계획이 효과적으로 가능하도록 하는 일별, 주별 그리고 월별활동들을 수행하는 것이다.

마케팅계획이 마케팅활동의 '무엇'과 '왜'에 해당한다면 실행은 '누가, 언제, 어디서, 어떻게'에 해당한다.

성공적 실행을 위해서는 실행계획, 조직구조, 의사결정과 보상시스템, 인적자원, 조직문화 등이 검토되어야 한다.

첫째, 실행계획은 목표달성을 위해서 수행되어야 할 과업들이 무엇이며 그 중 특히 중요한 과업들이 무엇인지를 밝혀야 한다. 그리고 이 과업들을 누가 어떻게 수행할 것인지를 밝히고, 각자의 의사결정과 행동을 어떻게 조정할 것인가에 대한 지침이 정해져야 한다.

둘째, 자사의 공식적 조직구조를 명백히 한다. 부서 간 그리고 부서 내 구성원 간의 권한과 커뮤니케이션 경로가 정해져야 하고, 태스크포스와 위원회 같은 임시조직의 역할을 명백히 해야 한다.

셋째, 자사의 계획수립, 예산책정, 보상 등에 지침이 되는 공식, 비공식 운영절차들을 파악하고 이러한 것들이 마케팅목표와 일관성이 있는지를 검토한다.

넷째, 자사의 모든 조직과 시스템에 필요 기술, 동기, 인적특성을 갖춘 인재들로 채울 수 있도록 인적자원에 대한 계획이 수립되어야 한다.

다섯째, 마케팅전략이 자사의 기업문화와 잘 조화를 이루는지에 대한 검토가 필요하다. 기업문화는 한 기업내 구성원들이 공유하는 가치와 신념의 체계를 말하는데, 조직내 모든 구성원들의 행동에 영향을 주기 때문이다.

(2) 통 제

마케팅통제란 마케팅전략과 계획이 실행결과를 평가하여, 마케팅목표를 달성할 수 있도록 잘못된 부분을 교정하는 것이다. 실행과정에서 예기치 못했던 일들이 많이 발생하기 때문에 마케팅부서는 항상 통제활동을 수행해야 한다. 통제를 위해서는 우선 분명한 마케팅목표가 있어야 한다.

다음으로 시장에서 성과를 측정하고, 기대치와 차이가 있을 때는 그 원인을 평가한다. 최종적으로 목표와 성과 간의 차이를 줄이기 위한 수정조치를 취한다. 이 수정조치는 실행계획의 수정일 수도 있고 목표에 대한 수정일 수도 있다.

제2절 마케팅과 고객관계관리

1. 마케팅과 고객관계

많은 기업들이 CRM을 전사적인 경영전략 기반으로 도입하고 있는 것은 제품수명주기의 단축에 따른 마케팅전략이 변화했기 때문이다. 이는 과거의 불특정 다수를 상대로 진행하던 매스마케팅에서 이제 고객별 정보중심의 특징을 반영한 개인과 직접 접촉, 쌍방 간 정보를 공유하는 관계중심 마케팅으로 전환되어 있기 때문이다.

특히 시장의 규모는 한정되어 있기 때문에 성장기를 지나 성숙기, 쇠퇴기의 단계에서 경쟁은 더욱 치열해지고 신규고객의 확보는 쉬운 일이 아니다. 이러한 비즈니스 환경의 변화로 이제 매스마케팅은 그 한계가 있다. 따라서 기업들은 신규고객의 확보와 함께 기존 고객들의 개인별 정보를 활용한 관계마케팅을 수행하는 것이 마케팅비용을 절감하고, 신규고객창출에 따른 시간과 비용을 동시에 절감할 수도 있다.

(1) 시장의 변화

과거 대량생산방식이나 고비용을 동반하는 매스마케팅을 통한 신규고객확보보다는 기업의 자원과 역량을 고객중심으로 재편함으로써 고객의 니즈에 따라 시장을 세분화하고 고객의 개성과 다양성을 충족시킬 수 있는 맞춤형 마케팅으로 전환되는 등 시장이 변화하고 있다.

첫째, 생산기술이 발달하고 기업의 생산관련 지식에 대한 공유가 점차 용이해지면서 경쟁자 혹은 신규진입자들도 쉽게 모방 혹은 더욱 우수한 품질 등의 제품을 만들 수 있는 등 제품차별화가 어렵게 되었다.

둘째, 전통적인 시장의 지역적 제한이 무너지고, 통신수단의 발달로 세계 어느 시장이라도 접근이 용이해짐에 따라 고객확보경쟁이 점점 증가하고 있다.

셋째, 소득의 증가, 학력수준의 향상은 고객의 필요와 욕구를 점점 다양화시키고 있다. 이에 따른 시장의 세분화 전략이 중요한 과제로 대두되었다.

넷째, 매스마케팅을 통한 신규고객의 확보는 엄청난 비용이 수반되는 비효율적인 측면이 많다. 따라서 고객의 정보를 기초로 CRM을 통한 맞춤형 마케팅이 효율적이라는 점을 기업들이 인식하게 되었다.

다섯째, 고객별 시장의 세분화 및 개성화는 고객의 선택권과 교섭력을 증대시키는 결과를 가져오고 또한 고객들이 경쟁사로 전환하는 비용이 낮아지는 등 소비자의 시대가 열리고 있다.

(2) 고객의 변화

첫째, 과학기술의 발달 및 통신수단의 발달은 고객들의 생활방식에 커다란 영향을 미치고 있으며 또한 고객들의 소비성향은 점점 개성화 및 다양성이 증대되고 있다.

둘째, 인터넷 등 다양한 멀티미디어 채널의 등장으로 고객들은 기업들과 마찬가지로 자사의 제품 및 서비스에 대한 정보를 공유할 수 있게 되었다. 특히 인터넷을 통한 검색엔진의 발달은 고객들에게 제품의 정보를 제공함으로써 특정 기업이나 제품에 대해 고객들을 지식화시키고 있다.

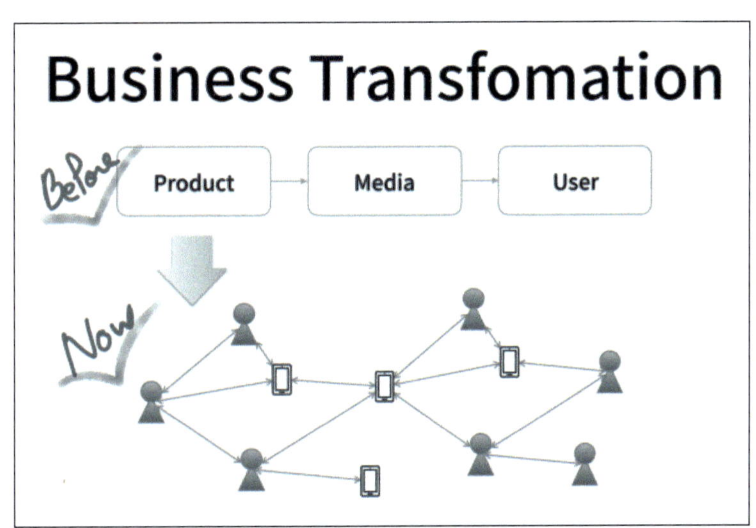

TRENDS 망원경

소상공인 기준 개편…상시 근로자 제외하고 매출로 설정

한산한 서울 중구 명동거리. 연합뉴스

정부가 소상공인 기준을 '매출규모'로 단일화하는 개편 작업에 나선다.

중소벤처기업부는 13일 정부서울청사에서 소상공인정책심의회를 열고 이 같은 내용의 '소상공인 범위 기준 개편 추진계획'을 심의했다.

현재 소상공인 여부는 매출액과 상시 근로자 수를 기준으로 판단하고 있다. 하지만 고용을 통해 회사 규모를 키우게 되면 매출이 적어도 소상공인 분류에서 빠지게 되는 문제가 있다. 이에 정부는 상시 근로자 수를 제외하고, 매출액 기준을 별도로 설정키로 했다.

이는 고용을 통해 회사를 키우고자 하는 '기업가형 소상공인' 육성에도 필요한 개편이라고 중기부는 설명했다. 앞서 중소기업도 상시 근로자 수나 자본금(매출액) 기준 중 한 가지를 충족하도록 했으나, 지난 2015년 지표를 매출액으로 단일화했다.

중기부 관계자는 "이번 개편은 기업가정신과 창의성을 지닌 소상공인을 발굴·육성해 글로벌 기업으로 성장시키려는 기업가형 소상공인 육성정책추진에 발맞춘 것"이라며 "간담회·공청회를 통해 현장 의견을 반영해 소상공인기본법 등을 개정할 예정"이라고 말했다.

아울러 심의회에서는 '도시형 소상공인 지원 종합계획'(2022~2026년)도 다뤘다. 계획에는 소상공인 전용 연구개발(R&D)을 추진하고 스마트공방을 확대해 제조 혁신을 지원한다는 내용이 담겼다. 또 경영지원을 위한 지역별 특화지원센터를 확충하는 등 인프라 조성을 위한 전략과 과제가 포함됐다.

• 출처 : 경향신문 2022년 12월 13일

셋째, 고객들은 제품의 품질만으로 자신들의 만족여부를 결정하는 것이 아니라 그 제품에 대한 정보, 불만처리, 사후서비스 및 구매에 따른 적시성, 가격 등 고객만족의 준거변화가 일어나고 있다.

넷째, 고객의 지식화는 여러 공급업자가 제시하는 제품 및 서비스에 대한 즉각적인 비교능력이 향상됨에 따라 고객의 기대수준이 점점 향상되고 있다.

(3) 정보기술의 변화

CRM은 고객에 대한 정보를 과학적으로 분석하고 고객대응전략을 수립해야 한다. 따라서 효과적이며 효율적인 CRM전략을 수행하는데 있어 하드웨어, 소프트웨어 그리고 네트워크기술 등의 정보기술이 필요하다.

첫째, CRM의 출발은 기업내부에서 고객에 관련된 정보를 수집분석하여 이를 가공하여 효율적으로 활용할 수 있는 하드웨어가 구비되어야 한다.

특히 저장매체, CPU, 메모리 등의 비약적인 발전과 가격하락은 기업들에게 CRM구축을 통한 기회의 요인으로 작용하고 있다. 그리고 디스크 저장기술의 발전으로 인해 단위 저장공간에 따른 비용은 급격하게 하락하고 있으나 CPU의 처리속도와 메모리의 용량은 급속도로 성장발전하고 있다.

둘째, 전사적인 CRM을 수행하기 위해서는 정보의 물리적인 저장뿐만 아니라 정보를 효과적으로 운용, 가공해 줄 수 있는 소프트웨어가 필요하다.

데이터베이스 관리시스템(DBMS : Database Management System)기술의 발전은 데이터웨어하우스(data warehouse)와 같이 초대형 데이터 장소에 포함된 대용량의 데이터를 효과적이며 효율적으로 운용관리할 수 있는 기반이 되었으며 이를 통해 제공되는 모든 데이터 ERP (enterprise resource planning: 기업자원관리)와 같은 조직내부의 전사적인 통합애플리케이션을 통해 각 부서에서 전략적으로 활용할 수 있게 되었다.

특히 수많은 데이터들 간에 일정한 패턴을 발견하여 새로운 지식을 찾아내고자 하는 데이터 마이닝(data mining)기법과 다양한 관점의 데이터분석을 효과적으로 제시해 주는 OLAP (online analytical processing)과 같은 분석도구들은 기업으로 하여금 막연한 기대와 직감에 의한 전략을 탈피하여 과학적 분석에 근거한 비즈니스 규칙을 수립하고 이를 통해 발생하는 상황에 따라 지능적으로 대처할 수 있게 하는 비즈니스 인텔리전스(business intelligence)의 실현이 가능하게 되었다.

셋째, 네트워크 기술의 발전은 기업의 외부 즉, 기업과 고객, 그리고 고객간의 관계형성과 발전형태에 커다란 변화를 일으키는 요인이 되고 있다. 인터넷의 보급은 고객들이 24시간 원하는 기업에 접속하여 제품에 대한 탐색, 비교, 주문, 결제, 배송확인, 문의, 불만접수, A/S접수 및 처리 등의 모든 상거래활동을 가능하게 만들었다.

넷째, PC, Interactive TV, 휴대폰, PDA 등 개인 정보화기기의 보급이다. 이것은 기업과 고객과의 직접적인 커뮤니케이션이 더욱 용이해지고 고객들 간의 상호교류가 편리해졌다.

2. 마케팅역할의 변화

이처럼 정보기술의 발달과 시장 및 고객의 변화는 기업에 있어 마케팅역할의 변화를 크게 촉진시키고 있다. 20세기 라디오나 TV와 같은 대중매체의 등장과 함께 조립라인의 표준화가 실현되고 대량 생산체제가 확립되면서 기업들이 불특정 다수를 상대로 한 대중마케팅이 중요한 과제였다. 그리고 대중매체를 통한 광고의 초점은 불특정 다수에게 브랜드의 가치를 인식시키고자 하는 목표를 가지고 있었으며 고객의 니즈보다는 제품을 알리는 데 초점을 두고 있었다.

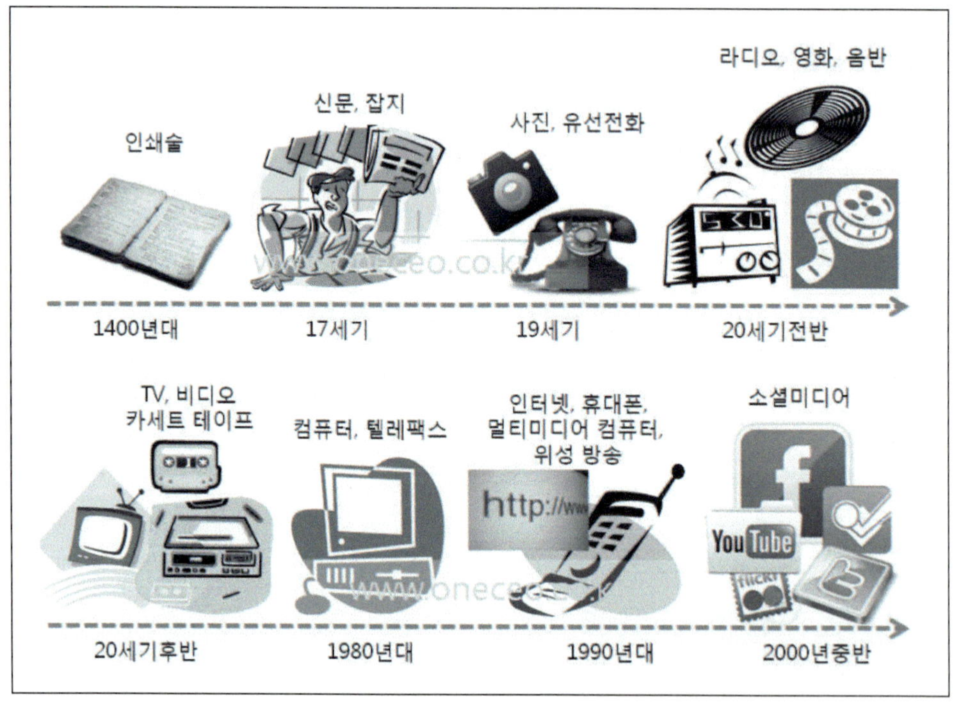

따라서 전달되는 메시지는 주로 제품자체의 설명이나 가격 등의 장점을 가능한 많은 사람들에게 메시지가 전달되는 것이 목표였다. 그러나 기업 간 경쟁력이 치열해지면서 경쟁사 제품 간의 차별화가 약해지는 반면에 고객의 욕구(needs)는 개성화 및 다양화됨에 따라 기업은 더 이상 규모의 경제가 아닌 범위의 경제체제로 전환해야 하는 시기가 도래되었다. 이러한 과정에서 대중마케팅의 효과는 점차 약해지고 있다. 이것은 변화하는 시장과 고객의 개성화 및 니즈의 다양화를 간과하였기 때문이다.

첫째, 대중마케팅은 모든 잠재고객인 불특정 다수를 상대로 동일한 방법으로 광고 및 홍보를 함으로써 모든 고객의 니즈는 모두 같다는 것을 전제로 하고 있다.

둘째, 대중매체를 이용한 마케팅이 고객을 위한 부가가치나 효용성을 전달하는 것이 아니라 대체로 품질이나 가격이 중심내용이었다.

셋째, 대중마케팅은 단기적으로 수익성을 극대화하기 위해 불특정 다수를 상대로 하는 신규고객의 창출이 주목적이지 신규고객의 창출과 함께 기존 고객의 유지관리가 아니었다.

따라서 대중마케팅의 비효율성 및 그 한계점이 제기되면서 기업은 자사의 마케팅전략이 시장, 고객 그리고 정보기술의 변화에 따라 재정립되어야 한다는 것을 인식하게 되었다. 이제 기업은 불특정 다수를 상대로 하는 제품중심적 마케팅철학에서 개개인의 고객지향적 마케팅 철학으로 전환됨에 따라 그 어느 때 보다 더 CRM이 마케팅의 핵심과제로 대두되고 있다.

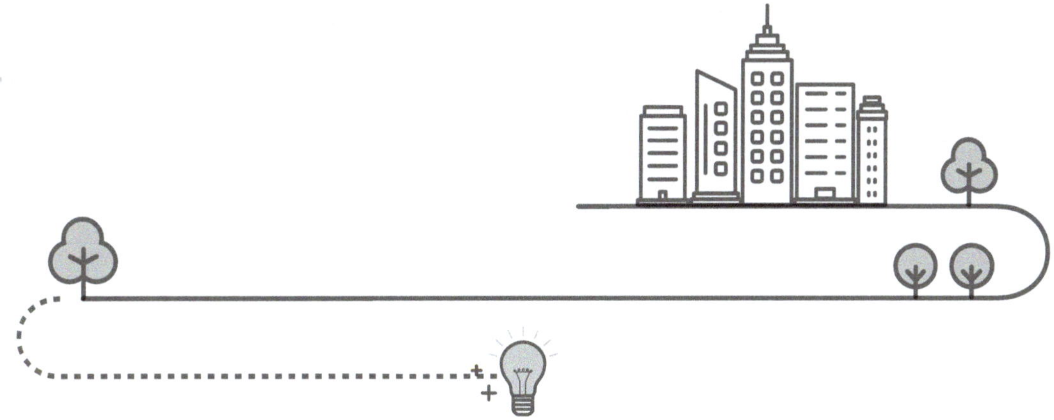

제3부
고객관계관리(CRM)와 세일즈경영

제5장 고객관계관리의 실천

제6장 고객유형과 고객관계관리

제7장 고객응대와 고객관계관리

제8장 전략적 고객관계관리

제9장 고객만족과 고객관계관리

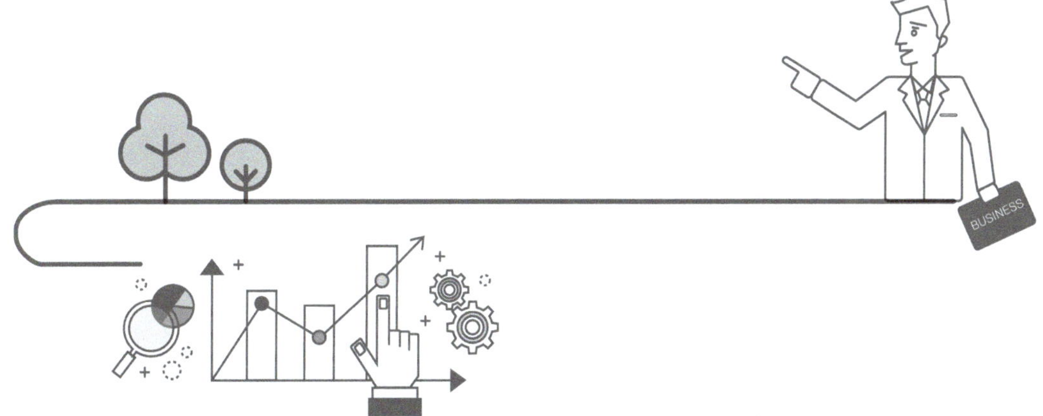

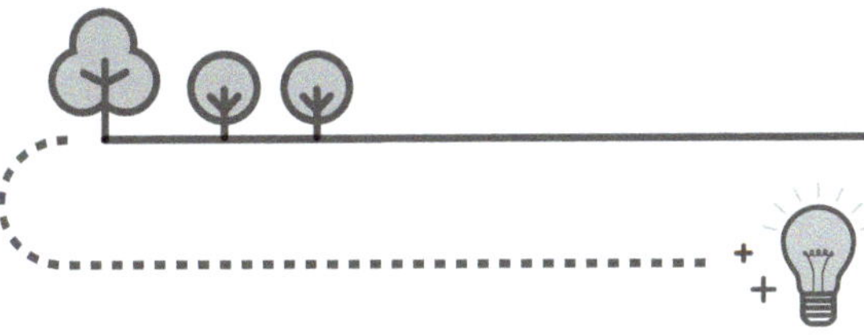

제5장

고객관계관리의 실천

대학 내 편의점은 달라…가성비는 기본, 'MZ 맞춤' 공간 특화

■ **부담 없는 '한 끼' 위한 가격 할인**
■ **빅데이터 기반한 맞춤 인테리어**
■ **일반 편의점과 차별화된 서비스**

대학교 내 편의점들이 학생들의 취향에 맞춘 서비스를 적극 내놓고 있다. 부담없이 한 끼를 해결할 수 있도록 가격할인은 물론, 빅데이터에 기반해 대학별 특성에 맞춘 인테리어로 단골확보에 공을 들이고 있다.

12일 업계에 따르면 서울대와 고려대 등 전국 대학에 40여개 점포를 운영하고 있는 GS25는 1+1, 2+1 행사를 일반 점포에 비해 20~30% 이상 확대하고 있다. 특히 모임과 여유있는 취식을 위한 시식대 공간을 일반 매장에 비해 2~3배 이상 넓힌 곳도 늘고 있다. 한강공원 편의점처럼 봉지라면을 직접 끓여먹을 수 있는 전문조리기는 기본이고, 전자레인지는 평균 3대 이상 많다.

교내 편의점의 경우 중간·기말 시험기간에 매출이 크게 늘어나는데, 다양한 샌드위치와 유제품으로 대학생들을 공략하고 있다. 도서관에서 시험공부를 할 때 상대적으로 음식냄새가 덜 나는 대신 간단하게 요기를 할 수 있기 때문이다.

GS25 관계자는 "대학가 주변 음식점 가격이 크게 오른 만큼 가성비 좋은 신선식품은 물론 단백질과 탄수화물 제품 등 한끼 식사로 손색이 없는 상품을 다채롭게 선보이고 있다"면서 "식사 대용 셰이크와 단백질 음료, 닭가슴살 핫바 등 취급 품목 수를 늘리고 '덤' 행사도 지속적으로 확대하고 있다"고 말했다.

대학 내 GS25는 시식공간이 일반매장보다 2~3배 넓다. GS25 제공

CU는 '1인 시식공간' 등 대학마다 특화된 인테리어를 선보이고 있다. CU 제공

서울대와 고려대, 연세대 등 10개 대학에 총 30여개 점포를 운영 중인 CU는 학생들이 가장 붐비는 시간대에 단백질 식품 · 과일음료와 가공란 · 줄김밥 등 간편식, 과일류 등 식사 대용 상품을 30% 싼 가격에 내놓는다. 인테리어도 대학 특성에 맞게 차별화하고 있다. 덕성여대점의 경우 매장의 60%를 휴게공간으로 꾸며 화장을 고치거나 옷을 편하게 갈아입을 수 있도록 했다. 성균관대 명륜점은 취식시간이 짧고 혼밥족이 많다는 점에 착안해 1인 테이블에 칸막이를 설치했다. CU 관계자는 "올해 1월 선보인 '연세우유 크림빵'이 출시 10개월 만에 누적 판매량 1800만 개를 돌파했고 지난달 30일 첫선을 보인 '고려대 페스츄리빵'은 하루 평균 1만 8000개가 팔리며 히트상품 반열에 올랐다"며 "편의점으로 '고연전'이 옮겨붙으면서 사회관계망서비스(SNS)에 시식 후기와 비교평이 속속 올라오는 등 선두다툼이 치열하다"고 말했다.

이마트24는 경희대와 국민대, 외국어대 글로벌캠퍼스 등 전국 18개 대학 내 매장을 76개점 운영하고 있다. 대학생활조합연합회는 자체 편의점 브랜드인 'COOPSKET(쿱스켓)'을 통해 이마트24 상품을 판다. 여기서는 도시락과 김밥에 주먹밥, 샌드위치와 햄버거 등의 판매량이 일반 점포에 비해 28% 많이 나가는 점을 고려해 해당 제품으로 학생들을 집중 공략하고 있다. 이마트24 관계자는 "서울 273번 버스 노선 대학가 맛집 5곳과 협업해 도시락 · 버거 등을 내놨는데 반응이 뜨겁다"면서 "공부에 지친 학생들의 든든한 식사가 될 수 있도록 특화된 상품을 지속적으로 개발할 계획"이라고 말했다.

• 출처 : 경향신문 2022년 12월 12일

노키아는 역사상 가장 많은 휴대전화를 팔아치운 기업이었다. 판매량 기준으로 판매휴대전화 10대를 뽑으면 6대가 노키아 제품이었다. 그런데 순식간에 무너졌다. 왜 그랬을까. 소비자의 변화에 무관심했기 때문이며 사용자 경험을 무시하고 제조업 중심관점으로 일관하는 기업문화가 파국을 불렀다.

소비자는 이제 가격보다도 만족을 추구하고 있다. 이러한 상황에서 기업은 이제 소비자 관점에서 시장구조를 파악해야 한다. 가볍게, 쉽게, 재밌게 그리고 함께 UX를 만들고 품는 자가 세상을 가지는 시대가 왔다.

제1절 고객관계관리(CRM)의 활용

고객관계관리(CRM)의 기본은 '목표설정 → 고객분석 → 전략수립 → 행동'을 얼마나 잘 하는가'의 것이며 곰곰이 생각해 보면 우리의 모든 생활도 CRM의 연속이라 할 수 있다.

아무리 좋은 CRM전략이 있다 해도 직접 실행하지 않으면 소용이 없다. 구체적인 연습과 노력이 고객만족을 위해서 필요하다. 많은 기업들은 지금도 사소한 일이든 큰 프로젝트든 내용을 정리하고 분석한다.

예를 들면 '목표(비전)설정 → 정보분석 → 계획(전략)수립 → 행동'과정을 정리하고 업무를 시작하는 것처럼 수많은 업무에 있어 중요한 의사결정을 위해 이러한 과정을 반드시 거치게 된다.

고객관계관리(CRM)는 주지하는 바와 같이 'Customer Relationship Management'이다. 따라서 고객을 설정하고 관계유지를 위해서는 목표설정, 분석, 전략수립, 행동 등이 매우 중요하다. CRM 성공을 위해서는 지속적인 자신의 실천이 중요하다.

1. CRM의 구축과 활용

CRM은 목표를 달성하기 위해 고객에 대해 분석하고 고객만족을 이끌어 내기 위해서 계획과 전략을 세워 실제행동으로 표출하는 것이다. 그러므로 CRM 환경의 최적화란 바로 이 네 가지 환경의 최적화를 말한다. 최적화의 대상은 고객이며 고객이 만족하고 계속 관계를 유지해 준다면 그것이 바로 CRM의 최적화이다.

그렇기 때문에 CRM을 구성하는 위 네 가지 요소(목표, 분석, 전략, 행동)의 최적화를 위한 기업의 지속적인 노력은 필요하다. CRM 구성과 관련된 많은 부분이 정보기술에 관련된 내용이며 대부분의 기업이 CRM환경을 IT기반 위에서 구축하는 이유는 정확한 고객접근, 신속한 서비스 실행으로 기회손실을 최소화할 수 있기 때문이다.

또한 기업의 고객관계관리의 구축 필요성에 대한 논의는 무성하지만, 그 구축방법은 누구도 명쾌하게 제시하지 못하고 있다.

2000년대부터 불어온 CRM열풍은 아직까지도 e-비즈니스 기업들과 오프라인 기업들을 달구고 있다. 그런데 CRM에 대한 관심은 매우 크지만 CRM의 구축과 실행에 관한 명확한 해답은 없다. CRM과 관련된 벤더들은 모두 자신의 솔루션이 정답이라고 주장하고 있지만 CRM을 구축해야 하는 기업들 입장에서는 매우 혼란스럽다. 그렇다면 CRM구축시 반드시 검토해야 할 포인트는 무엇인지를 살펴보자.

(1) CRM구축 단계별 포인트

CRM의 토대를 구축하고 이를 바탕으로 CRM을 실행하는 전체 CRM 프로세스는 크게 전략수립, 시스템구축, 실행으로 요약할 수 있다. 이 중 전략수립단계 및 시스템 구축단계를 CRM 구축단계로 볼 수 있다.

한편, 시스템 구축단계에서 데이터 수집/적재단계를 분리시킬 수도 있다. 데이터수집/적재는 시스템 구축단계에 포함된다고 볼 수 있으나, 그 중요성을 감안해 볼 때 독립시켜서 생각하는 것도 가능하다.

이렇게 볼 때 CRM시스템의 구축단계는 크게 전략수립, 시스템구축, 데이터수집/적재로 요약할 수 있다. 이러한 CRM 구축단계에서 가장 중요한 것은 CRM이라는 기법을 어떻게 활용해서 고객에게 경쟁사에 비해 더 많은 가치를 줄 것인가에 대한 해답을 찾는 일이다. 이것이 바로 CRM 전략이다.

그렇다면 CRM구축의 각 단계별로는 어떤 과업이 수행되어야 하는지 좀 더 구체적으로 알아보자.

1) CRM 전략수립단계

CRM 전략수립은 크게 6가지 단계로 나누어 볼 수 있다. 즉, CRM전략은 환경분석, 고객분석, CRM전략 방향설정, 고객에 대한 오퍼(offer)결정, 개인화 설계, 커뮤니케이션 설계로 이루어진다.

CRM전략에 대한 이와 같은 접근은 CRM전략을 실행계획이 포함된 넓은 의미로 이해할 때 가능하다. CRM전략을 좁은 의미로 이해할 경우, 위의 6가지 단계 중에서 두 번째 단계인 CRM전략 방향설정만이 CRM전략에 속한다고 볼 수도 있다.

전략수립단계에서는 구체적으로 어떤 부분을 점검해야 하는가?

① CRM 개념정립

CRM 전략은 넓은 의미든 좁은 의미든 CRM 전략수립에서 가장 중요한 것은 CRM이 무엇인가에 대한 회사내부의 관심을 확보하는 것이다.

마케팅팀이 생각하는 CRM과 영업팀, IT팀이 생각하는 CRM이 각각 다르다면 이는 심각한 문제다. 그러나 실제는 다른 경우가 많다. CRM에 대해 워낙 다양한 견해들이 있기 때문이다. 따라서 CRM에 대한 다양한 견해를 정리해서 자사만의 CRM 개념을 정립하는 노력이 반드시 필요하다.

② 오퍼(Offer) vs 개인화

CRM개념의 정립에 이어 CRM전략수립 단계의 이슈로 볼 수 있는 것은 오퍼와 개인화 중 무엇에 초점을 맞출 것이냐의 문제다. 고객의 특성에 적합한 오퍼는 CRM의 핵심이다.

예를 들어 배고픈 사람에게 무엇인가를 제공하려고 할 때 이 사람에게 음식을 줄 것인가 옷을 줄 것인가 책을 줄 것인가를 결정하는 것이 오퍼결정이다.

반면 개인화는 음식을 준다고 가정할 때 양식, 한식, 일식 중 무엇을 줄 것인가에 대한 논의다. 따라서 배고픈 사람에 대한 오퍼가 옷이나 책으로 잘못 결정된다면 개인화는 아무런 의미가 없어진다. 그럼에도 불구하고 현실에서는 오퍼는 주어진 것으로 가정하고 개인화에만 초점을 맞추는 경우가 종종 있다.

③ CRM시스템 구축단계

IT시스템이 CRM전략을 완벽하게 지원하기 위해서는 CRM전략이 완전히 수립되고 난 후에 IT시스템을 차근차근 구축하는 것이 바람직하다. 그러나 경쟁사에 비해 더 빨리 CRM을 실행하기 위해서는 CRM시스템의 구축을 앞당겨야만 한다.

이를 위해서는 전략에 대한 개략적인 그림이 그려지면 전략의 구체화 작업과 함께 CRM시스템 구축작업을 병행하는 방법이 활용될 수 있다.

환경/고객분석과 CRM에 대한 전략방향이 설정되고 고객에게 어떤 오퍼를 줄 것인가가 결정되면 어느 정도 CRM계획의 가닥이 잡혔다고 볼 수 있다. 이때부터는 고객에 대한 오퍼를 어떻게 개인화할 것인가 커뮤니케이션을 어떻게 할 것인가 등과 같은 세부적인 사항들을 설계해야 하는데 이러한 활동들은 IT시스템 구축과 병행할 수 있다.

CRM시스템을 구축할 때는 '과연 어떤 시스템이 필요한가?'라는 의문에 봉착하게 된다. 그 다음 단계로 '얼마나 많은 비용이 소요되는가?' 등의 의문이 생기게 된다. 그렇다면 과연 어떤 시스템이 필요한가?

④ 프론트 엔드시스템 vs 백 엔드시스템

CRM의 핵심을 크게 두 가지로 나누어 본다면 '고객에 대한 이해'와 '고객에 대한 대응'으로 나눌 수 있다. 이 중 고객에 대한 이해를 위한 시스템이 백 엔드(back-end)시스템이고 고객에 대한 대응을 위한 시스템이 프론트 엔드(front-end)시스템이다.

프론트 엔드와 백 엔드 중 CRM 시장에 먼저 등장했던 것은 백 엔드시스템이다. 1990년대 중반 데이터 웨어하우스가 본격화되면서 이를 활용한 CRM 백 엔드시스템이 가능하게 되었다. 데이터 웨어하우스에 많은 고객데이터를 저장해 놓고 그 데이터를 분석(data mining)하면 정말 가치있는 정보를 얻을 수 있다는 것이 데이터 웨어하우스의 도입 필요성에 대한 논리다.

고객에 대한 이해없이 고객에게 대응한다는 것은 무모한 일이다. 이렇게 볼 때 백 엔드 시스템없는 프론트 엔드 시스템을 도입하겠다는 것은 상당히 위험한 발상이다. 하지만 우리나라 실정에는 백 엔드보다는 프론트 엔드가 더 적합하다는 식으로 이야기하는 CRM업체들이 있다. 특히 그렇게 주장하는 업체 중에는 몇 년 전까지 데이터 웨어하우스의 필요성을 강력하게 주장하던 업체도 있다.

왜 이런 모순된 주장이 나오게 되는가? 그 이유는 두 가지 측면에서 찾아볼 수 있다.

먼저 CRM업체 입장에서는 프론트 엔드 솔루션이 신제품이면서 더 비싼 경우가 많다는 점을 들 수 있다. 오랫동안 판매했고, 시장의 경쟁이 심한 백 엔드 솔루션(데이터 웨어하우스 솔루션)보다 새롭게 떠오르는 프론트 엔드 솔루션을 선점하는 것이 더 중요하다는 판단이 있을 수 있다.

또 프론트 엔드 솔루션은 영업에 직결되는 시스템이기 때문에 구축의 규모가 백 엔드에 비해서 훨씬 크다. 따라서 그만큼 수주금액도 높아지게 된다.

TRENDS 망원경

산타마을부터 트리까지…호텔업계 '인증샷'에 목숨 걸었다

프리미엄 트렁크 브랜드 '리모와'와 호텔 반얀트리 서울이 함께 만든 야외 아이스링크.
사진 리모와

인스타그램 등의 SNS를 통한 사진공유가 늘어나면서 호텔업계의 크리스마스트리 경쟁이 치열해지고 있다.

인천 영종도의 파라다이스시티 호텔은 지난 16일부터 진행하고 있는 크리스마스 마켓이 나흘 만에 누적 방문객 약 10만 명을 기록했다고 20일 밝혔다.

마켓은 1층 플라자 광장에서 2700평 규모로 조성됐다. 북유럽 산타마을을 떠올리게 하는 산타 빌리지 중심으로 리테일존, 푸드존, 크리스마스 포토존을 만들었다. 크리스마스이브부터는 호텔 곳곳에서 가스펠과 캐럴 음악공연을 하고 산타와 포토 타임을 여는 등 분위기를 고조시킬 계획이다. 미디어파사드 쇼도 열릴 예정이다.

그랜드하얏트 서울은 로비에 6m 대형 크리스마스트리를 설치했다. 시그니엘 서울은 79~81층까지 이어지는 트리를 만들었다.

브랜드와 협업을 통한 크리스마스 장식도 눈길을 끈다.

포시즌스 서울은 프랑스 크리스털 브랜드 바카라와 협업했다. '타임 투 셀레브레이트(Time to Celebrate)'라는 주제 아래 크리스털 샹들리에와 테이블웨어, 오브제 등을 1층 로비에 설치했다.

소피텔 앰배서더 서울은 골프웨어 '캘러웨이 어패럴'과 협업해 호텔 6층에 위치한 쟈뎅디베르 야외 정원을 윈터 빌리지 컨셉으로 꾸몄다.

인천 영종국제도시 파라다이스시티가 지난 16일부터 진행한 '크리스마스 마켓'이 나흘 만에 누적 방문객 약 10만 명을 기록했다고 20일 밝혔다. 사진은 파라다이스시티에서 열린 크리스마스 마켓. 연합뉴스

반얀트리 클럽 앤 스파 서울은 캐리어 브랜드 리모와와 협업해 아이스링크 중심에 스노우 글로브 모양의 조형물과 알루미늄 트리 등을 설치했다.

• 출처 : 중앙일보 2022년 12월 20일

TRENDS 망원경

매출 상위 100곳 중 18곳 '잠재적 부실'

경총 '100대 기업, 영업실적·주요 지출항목 분석보고서'

매출 기준 국내 상위 100대 기업 중 18곳이 올해 3분기에 이자 낼 돈도 못 번 것으로 조사됐다. 이들 기업은 영업이익으로 이자비용도 감당하지 못하는 수준이란 의미다. 100대 기업의 매출은 지난해 3분기보다 18% 늘었지만 원재료비, 이자비용, 인건비 등이 상승해 영업이익이 약 25% 줄었다. 경기 둔화가 이어지고, 미국의 기준금리 인상에 따른 여파도 계속되고 있기 때문에 부실기업은 더 늘어날 수 있다는 전망도 나온다.

한국경영자총협회가 11일 발표한 '매출 100대 기업 영업실적 및 주요 지출항목 특징 분석' 보고서를 보면 올해 3분기 기준으로 '이자보상배율 1 미만' 기업은 18곳으로 나타났다. 이자보상배율이란 영업

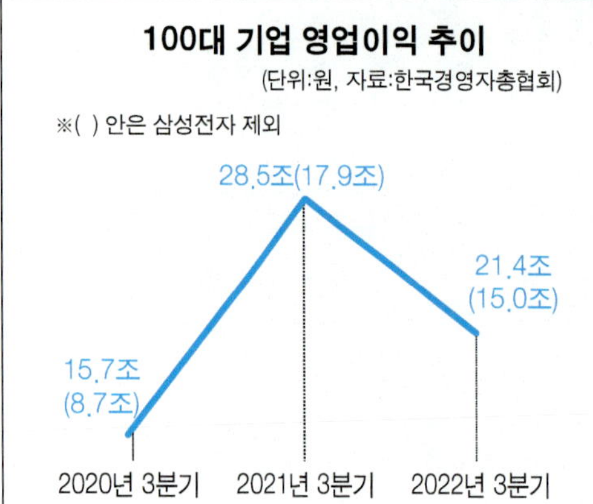

100대 기업 중 영업이익으로 이자도 못 갚는 곳

이자보상배율	2021년 3분기	2022년 3분기
1 미만	13개	18개
0 미만	11개	13개

※1 미만은 영업이익으로 이자비용 감당 안 됨
0 미만은 영업적자

이익을 이자비용으로 나눠서 산출한다. 1보다 낮으면 영업이익으로 이자를 감당하지 못한다는 뜻이다. 1 미만이면 잠재적인 부실기업으로 분류된다. 18개 기업 중에는 영업적자를 뜻하는 '이자보상배율 0 미만'인 기업도 13곳이나 포함됐다.

이자보상배율 1 미만 기업은 코로나19가 확산한 2020년 늘었다가 지난해에는 줄었지만 올해 다시 늘고 있다. 3분기 기준으로 보면 2019년 14개에서 2020년 23개로 늘었다. 지난해 13개로 줄었다가 올해 18개로 다시 늘었다. 최근 경기가 나빠지면서 늘어난 것으로 해석된다. 올해 3분기 이자보상배율 1 미만 기업은 대우조선해양, 현대중공업, 현대미포조선, 롯데케미칼 등이다.

이런 기업이 늘어나는 배경으론 고금리에 따른 이자 비용증가, 원재료비 상승, 인건비 상승 등이 꼽힌다. 가장 큰 영향을 준 건 원재료비다. 경총 보고서에 따르면 100대 기업 중 원재료비 항목을 공시한 72개 기업의 올해 3분기 원재료비는 170조 9167억원으로 지난해 같은 기간(130조 1613억원) 대비 31.3% 늘었다.

이자비용 증가도 부담을 줬다. 100대 기업이 올해 1~3분기 지불한 이자는 5조 3267억원이다. 지난해 같은 기간(4조 5446억원) 대비 17.2% 늘었다. 미국의 금리인상에서 시작된 고금리 여파가 영향을 줬다. 인건비 항목을 공시한 97개 기업을 분석한 결과, 올해 3분기 10.6% 증가했다. 지난해 56조 5791억원에서 올해 62조 6030억원으로 인건비 총액이 늘었다.

이런 요인들로 100대 기업의 올 3분기 매출은 지난해 같은 기간 대비 늘었지만, 영업이익은 크게 줄었다. 매출액 상위 100대 기업의 올 3분기 총매출은 337조 3245억원으로 전년 동기 대비 18.0% 증가했다. 반면 영업이익은 21조 4493억원으로 같은 기간보다 24.7% 감소했다. 매출은 늘었는데, 영업이익은 줄어든 것이다.

업종별로 보면 조선업, 화학업 등 7개 업종의 영업이익이 줄었고 가스업, 자동차업 등 8개 업종은 늘었다.

하상우 경총 경제조사본부장은 "내년에도 1%대 낮은 성장세와 고물가, 높은 임금상승 같은 아킬레스건들이 기업경영 악화의 뇌관으로 작용할 우려가 크다"며 "규제완화, 세제개선, 노동개혁 같은 과제들이 보다 속도감 있게 추진돼야 한다"고 말했다.

• 출처: 경향신문 2022년 12월 11일

또 다른 이유는 프론트 엔드 시스템은 단기적인 효과를 내기 쉽다는 점이다. 예를 들어 콜센터 솔루션같은 것을 도입하면 콜센터의 효율성은 쉽게 올라간다. 따라서 CRM 시스템의 도입에 대해 고객을 설득하기도 쉽다. 그러나 이와 같은 효과를 CRM의 효과라고 보기는 어렵다.

이렇게 볼 때 프론트 엔드시스템의 많은 부분은 CRM이라기보다는 고객관리 솔루션이라고 볼 수 있다. 특히 백 엔드 시스템이 없는 프론트 엔드시스템일 때는 더더욱 그렇다. CRM은 지능형 마케팅/영업이라고 볼 수 있는데 머리없는 손발이 어떻게 지능형 마케팅/영업을 할 수 있겠는가? 단순한 고객관리가 아닌 CRM을 실행하기 위해서는 먼저 백 엔드시스템을 갖춰야 한다.

또 프론트 엔드시스템은 분석시스템에 비해 더 비싸고 자칫 잘못하면 기존의 업무 프로세스를 혼란에 빠뜨릴 우려가 있기 때문에 도입결정에 보다 신중을 기해야 한다.

백 엔드시스템은 대규모 투자가 실패할 경우 돈의 낭비에 그치고 말지만 프론트 엔드시스템에서 대규모 투자가 실패한다면 돈의 낭비를 넘어서는 부작용이 있을 수도 있다.

⑤ 대규모 투자 vs 소규모 투자

그렇다면 CRM 시스템은 어떤 규모로 구축하는 것이 좋을까? 물론 대규모 투자를 해서 훌륭한 시스템을 구축하는 대안은 시스템자체로만 봐서는 나쁠 것이 없다. 그러나 그 투자를 다른 곳에 한다면 기업의 경쟁력이 훨씬 더 높아질 수도 있다. 즉 기회비용을 고려하면 모든 IT 투자는 적정한 수준에서 결정되어야 한다.

먼저 백 엔드시스템에 대해서 생각해보자. 백 엔드 분석시스템은 너무 많은 데이터를 저장, 분석하려고 욕심을 부리지 않는다면 그다지 많은 돈을 들이지 않고도 구축할 수 있다.

그러나 현실적으로 데이터 웨어하우스나 데이터마트를 구축하다보면 용량이 커진다. 어떤 데이터가 필요한지 알지 못해서 무조건 몽땅 적재한다는 식으로 가다보니 데이터(data) 양이 많아질 수밖에 없게 된다.

따라서 전략과 활동을 먼저 분명히 하고 어떤 데이터가 중요한 것인지? 어떤 데이터는 필요없는지? 먼저 파악하는 것이 중요하다.

⑥ 데이터 수집/적재단계

CRM의 구축에서 종종 나타나는 문제점 중 하나는 마케팅에 관련된 모든 데이터를 시스템에 적재하겠다는 시도다. 흔히들 수백 개의 변수를 써서 고객행동을 예측했다는 등의 이야기가 나온다. 많은 사람들이 다양한 종류의 데이터가 있으면 정확한 CRM이 될 것으로 생각한다.

물론 데이터가 많으면 없는 것보다 좋다. 그러나 실상 CRM에 필수적인 데이터가 아닌 필요 없는 데이터가 많아봐야 별 소용이 없다 중요한 데이터 1개가 부수적인 데이터 10개보다 더 중요할 수 있기 때문이다.

따라서 CRM시스템도 고객에 관한 모든 데이터를 저장할 필요는 없다. 핵심적인 사항위주로 조그맣게 시스템을 만드는 것이 비용측면에서 효율적일 뿐만 아니라 사용하기에도 편리하다.

또 수집가능한 모든 데이터를 다 저장할 생각을 하지 말고, 핵심적인 데이터에 초점을 맞추는 노력이 필요하다. 고객데이터는 공짜로 모을 수 있는 것도, 공짜로 저장할 수 있는 것도 아니다. 데이터를 모으기 전에 그것으로 무엇을 할 것인지를 먼저 생각해야 한다.

2. 사회변화와 CRM

생활필수품의 절대량이 부족하던 시절에는 단순기능으로 규격화된 상품을 대량으로 생산하여 매스 미디어를 통해 홍보만하면 불티나게 팔려나갔다. 그 때문에 기업은 공급의 부족을 해소하기 위해 생산시설을 확장하고, 확장에 따른 초과분은 다시 광고를 통해 얼마든지 소화할 수 있었다.

시간이 지나면서 필수품의 수요와 공급이 균형을 이루기 시작하였고 품질의 차이도 거의 없어지자 사람들은 상품에 '취향'을 요구하게 되었다. 기업도 고객욕구가 다양화해 가는 것을 눈치채고, 고객을 세대별 · 성별 · 지역별 등 비교적 단순한 속성으로 분류하여 관찰하고 고객 속성별 욕구에 맞는 상품을 기획 · 생산하기 시작하였다.

더 나아가서는 시장에 공급되는 상품이 다양화되었기 때문에 기업은 주요 타깃으로 설정한 고객을 대상으로 홍보를 집중할 필요성을 느끼게 되었다.

시장에 공급되는 상품이 종류를 알 수 없을 만큼 다양해지고 봇물을 이루어감에 따라 고객의 욕구는 이제 모든 상품을 하나의 '기호품'으로 바라보게 되었다. 기업도 그 욕구에 대응하여 다양한 아이디어(idea)와 디자인, 그리고 다양한 기능으로 무장한 상품을 쏟아내기 시작했다.

델(Dell) 컴퓨터 등 몇몇 컴퓨터 메이커가 고객 한 사람 한 사람의 욕구에 맞춰 CPU나 메모리 등을 별도 조립한 특별 사양의 상품을 내놓은 것도 그 좋은 예다(대량맞춤 고객화: mass customization, 일대일 마케팅: one to one marketing). 그러나 한 사람 한 사람의 고객욕구에 충실히 대응한다는 기업의 철저한 다품종화는 고객의 입장에서 욕구에 맞는 상품이 스스로 자신있게 선택하기 힘들어질 정도로 다양화·복잡화되는 양상을 띠고 있다.

(1) 산업사회에서 지식사회로 전환

우리가 살고 있는 사회는 정보를 바탕으로 하는 지식중심 사회다. 이것은 고객을 이해하기 위한 고객관계관리(CRM)의 열쇠이기도 하다.

여기서 말하는 지식은 "머리속에 들어있는 유용한 정보"라기 보다는 "그 정보를 이용해 뭔가 이득을 얻는 것"을 말한다. 예를 들어, 공장라인을 혁신적으로 개선(지식)하여 불량률을 줄인다든지 마케팅전략(지식)으로 매출을 증가시키는 것 등이 해당된다.

그렇다면 지식은 어떻게 얻어지는 것일까? 신문이나 잡지, 인터넷, 친구 등과 같은 데이터의 주체로부터 자료를 입수하고, 그 자료를 자기 관심사에 연관시켜 정보화한 다음 이를 실행하여 이득을 얻을 수 있는 과정을 거친다.

지식의 원천은 데이터(data)와 정보(information)다. 그런데 이 데이터를 가지고 열심히 생각만 하면 지식으로 만들 수 있을까?

데이터를 지식으로 만들려면 여러 단계를 거쳐야 하며 그 단계를 정확하게 이해하고 원하는 방향으로 이끌어가야 한다. 먼저 무수히 많은 데이터를 분류하여 필요없는 부분은 과감히 버려야 한다. 또 중요한 자료는 분실되지 않도록 잘 저장해야 하며 저장된 자료를 기반으로 수익화 할 수 있는 전략적 활용방안을 만들어야 한다. 활용방안이 만들어지면 실천계획을 구상하고 이를 전문가에게 보여 최종검증을 마친다. 그리고 고객에게 실행하는 것이다.

하지만 지식은 여기서 끝나는 것이 아니라 실행 후 고객의 의견이나 평가를 정보화하여 향후 지식에 반영해야 한다. 이렇게 하나의 지식을 만들기 위해선 많은 절차가 진행되고 이에 따른 환경도 필수적으로 요구된다. 이러한 절차와 환경의 최적화는 우리가 항상 고민해야 할 부분이다.

(2) CRM 요소의 중요성 확대

공급이 부족하던 시절에는 모든 것이 질보다는 양으로 통했다. 뭐든 싸게 많이만 살 수 있으면 최고였고, 대량생산으로 많이만 팔면 그만이었다. 그만큼 산업전반이 양적인 팽창을 지향하면서 내적인 성숙에는 소홀해왔다. 더구나 고객 개개인의 입맛에 맞추는 차별화된 서비스는 생각조차 할 수 없었다. 사실 고객들 자체도 그것까지는 바라지도 않았다. 그러나 상황은 완전히 달라졌다.

기업 간의 경쟁이 치열해지면서 고객들의 욕구도 그만큼 다양해지고 입맛도 까다로워진 것이다. 그야말로 "싼게 비지떡"이라는 인식이 널리퍼져 더 이상 "싸고 양많은 당근"이 통하지 않게 된 것이다.

이러한 시대적 요청에 따라 선진시스템이 과감하게 도입되고 모든 기업활동은 데이터에 따른 철저한 고객분석과 예측을 통해 이루어지고 있다. 고객의 욕구를 모르고서는 상품개발이나 생산활동을 수행할 수 없게 되었으며, 고객의 취향을 모르고서는 일체의 마케팅활동이 불가능하게 되었다. 이를 극복하기 위해서 CRM은 비전·분석·전략·실행요인의 최적화를 찾아야 한다.

최적화라는 것은 어려운 일임에 틀림없다. 비전을 설정하고, 분석하고, 전략을 세우고, 실행하는 과정은 아주 오랜 옛날부터 누구나 반복해 온 행위이므로 그리 새삼스러울 것이 없다. 하지만 그런 행위나 최적화에는 아주 특별한 노력이 요구된다.

전통적인 조직에서 기업의 비전·분석·전략·실행과정은 사장을 비롯한 몇몇 경영진이 경험과 직관에 따라 주먹구구식으로 결정하고 진행해왔다. 이 상황에서는 현재의 환경만이 고려되었으며, 인맥이나 개인적 노하우만이 전략수립의 근거로 작용했다. 따라서 실행단계의 행동규칙은 보통 일상적 업무처리 정도였다. 실행 후의 피드백(feedback)도 기대할 수 없었다. 또한 행여 일이 잘못되면 모든 게 '조상 탓'으로 돌려졌다. 그러니 '정보화와 지식화'라는 개념이 생기기는 어려운 상황이었다.

그러나 아직도 이러한 경영방식으로 운영하는 기업은 수없이 존재한다. 물론 그것이 좋고 나쁘고의 문제를 떠나 이러한 방식의 경영은 결코 오래가지 못할 것이다. 다행히도 요즘들어 많은 기업들이 CRM에 높은 관심을 가지고 그 환경구축에 과감한 투자를 아끼지 않고 있다.

TRENDS 망원경

고객의 터치포인터를 찾아라 - 홀리스틱 마케팅

현대인들이 하루동안 마주치는 기업의 마케팅활동은 상상을 초월할 만큼 많다. 미국의 경우 시민들이 신문, 방송, 인터넷, 길거리에서 하루 평균 3000건 가량의 마케팅에 노출된다고 할 정도다. 물론 우리의 경우도 크게 다르지 않다. 이 때문에 소비자들은 제품을 선택하는 과정에서, 그리고 기업들은 보다 효과적인 마케팅방법을 찾아내는데 골머리를 앓고 있다.

'홀리스틱 마케팅'은 이처럼 복잡한 정보화 시대를 헤쳐나갈 묘안 중 하나가 될 수 있을 것이다.

■ 터치 포인트 파악이 우선

'홀리스틱 마케팅'은 마케팅의 대가인 필립 코틀러(Philip Kotler)가 제시한 개념이다. 홀리스틱(holistic)이라는 말은 그리스어 홀로스(holos)에서 유래했다. 홀로스는 전체(whole), 건강(health), 치유(heal) 그리고 신선함(holy)의 의미를 담고 있다. 홀리스틱 마케팅은 개별고객의 요구사항을 출발점으로 해서 다양한 '터치 포인트'를 통해서 고객의 개별적 니즈를 충족시킬 수 있는 제품, 서비스, 경험 등을 전달하는 것을 말한다. '터치 포인트'란 고객과 접촉하는 모든 접점을 말하는 것으로 전통적인 광고를 비롯해서 PR, 프로모션활동, 다이렉트 마케팅, 스폰서십, 제품패키지, 이벤트, 전시회, POS(Point of Sale), 전략적 제휴에 의한 공동마케팅, 게릴라 마케팅 등 다양한 활동들이 포함된다. 더 나아가 고객이 공장을 방문하거나 영업사원과 접촉함으로써 기업과 직접적인 커뮤니케이션을 하는 것이나 기업의 로고를 부착하고 거리를 달리는 차량도 고객에게 간접적으로 브랜드를 경험시키고 있는 터치포인트라고 할 수 있다. 각각의 다양한 터치포인트를 통해 기업은 고객에게 메시지를 전달하고 있으며, 이러한 메시지는 고객에게 좋은 인상을 줄 수도, 나쁜 인상을 줄 수도 있다. 또 어떤 메시지는 소비자가 전혀 관심없어 하기도 한다. 효과적이고 효율적인 마케팅활동을 지향하는 기업 입장에서는 모든 터치포인트에서의 메시지를 일관성 있게 유지하고 고객에게 긍정적인 인상을 줄 수 있도록 최선을 다해야 한다.

미국에서 고양이 사료를 생산하는 '미아우 믹스(Meow Mix)'는 효과적인 마케팅방법에 대해 고민하던 중 소비자 조사를 실시했는데 아주 재미있는 결과가 나왔다. 고양이가 TV를 즐겨본다는 사실이었다. 그래서 고양이들을 위한 TV 프로그램을 개발해 방영했다. 고양이가 좋아하는 소리를 들려주고 고양이의 관심을 끌 수 있는 새, 쥐, 공 등을 담은 30분짜리 프로그램을 제작, 방영한 것이다. 고양이 주인을 위해서도 고양이에 관한 재미있고 다양한 정보를 제공했다. 동시에 소비자와의 쌍방향 활동의 일

환으로 미아우 징글을 가장 잘 따라하는 고객을 찾는 이벤트 '미아우TV투어'를 전개하여 큰 호응을 얻었다. 이러한 일련의 활동을 통해 그동안 빛을 못 보고 있던, 35년도 넘은 미아우 징글이 다시 새롭게 런칭하는 데 성공했고 이 징글이 TV광고에도 그대로 사용되었으며 미국에서 97%의 높은 인지도를 자랑하고 있다.

고양이 울음소리를 광고에 활용해 이 회사가 성공할 수 있었던 것은 고객이 구매결정을 할 때 가장 큰 영향을 미치는 요소가 '애완동물이 잘 먹는 제품'이라는 사실, 그리고 '고양이도 시각적, 청각적 효과에 대해 반응한다'는 사실 등을 정확히 파악하고, 이를 소비자와의 터치 포인트에 적절히 활용했다는 데 있다.

타겟고객에게 어필하기 위한 방법으로 전통적인 광고방식을 벗어나 TV프로그램이나 그들이 선호하는 이벤트를 통해 쌍방향 커뮤니케이션을 유도한 것이다. 이렇듯 홀리스틱 마케팅은 다수대중을 상대로 한 융단폭격식 홍보와 마케팅에서 벗어나, 마케팅의 초점을 '개별고객'에 맞춘 후 그들과의 다양한 접점을 통해 홍보 활동을 벌이는 새로운 마케팅 방식이다.

이러한 방식의 마케팅이 가능해진 것은 2000년대 이후 급격한 정보화와 IT산업의 발달덕분이다. 정보의 취합과 분석이 손쉬워졌고 그에 들어가는 비용도 저렴해졌기 때문에 표적시장의 구성원들이 지닌 각기 다른 욕구들까지 배려할 수 있게 된 것이다.

■ 쌍방향 커뮤니케이션 유도

'미아우 믹스'의 홀리스틱 마케팅을 담당한 대행사 KBP는 신선하고 혁신적인 홀리스틱 마케팅을 위한 필수조건으로 다섯 가지 항목을 들고 있다.

첫째, 브랜드와 제품에 대한 가치를 명확히 찾아야 하며, 둘째, 그 가치가 가장 효과적으로 수용될 수 있는 소비자 집단을 찾아야 한다. 셋째, 고객중심에서 생각하여 광고를 넘어선 새로운 터치 포인트를 찾아야 하며, 넷째, 파급효과를 창출해낼 수 있는 큰 아이디어를 발명한다. 마지막으로, 다양한 전달수단을 통해서 아이디어를 확산시켜야 한다.

당신은 자사가 생산하고 있는 제품이나 서비스에 대해 잠들어 있는 고객을 깨울 수 있을 만큼 효과적인 마케팅 수단을 활용하고 있는가? 아무리 우수한 제품이라도 고객들에게 알려지지 않는다면 그것을 살 사람은 아무도 없다. 홀리스틱 마케팅을 활용해서 소비자들에게 좀 더 가까이 다가가자. 그리하여 잠들어 있는 고객을 깨워보자.

■ 고객의 생애가치에서 수익성 추구

기업은 고객관계 마케팅을 통해 자사의 고객은 누구인지, 그들이 어떻게 행동하는지, 그들이 무엇을 원하는지를 발견해 다양한 고객기회들에 적절하고 신속하게 반응할 수 있다. 이렇게 효과적으로 반응하기 위해 기업은 비즈니스 프로세스들을 하나의 소프트웨어 모듈체제 내에서 통합할 수 있는 내부자원 관리를 필요로 한다. 비즈니스 파트너십 관리는 기업이 부품조달과 생산, 제품전달 등을 수행하기 위해 파트너들과의 복잡한 관계를 잘 다룰 수 있게 한다. 그래서 효과적인 홀리스틱 마케팅을 수행하기 위해서 금호타이어의 경우는 고객차원(타이어마스터판매원, 제품설명서, P.O.P, poster 등), 기업차원,(광고, 금호타이어MU코리아투어 등 스폰서십 및 프로모션 활동, 금호타이어 웹사이트, 사외보 등), 그리고 협력업자 차원(모터사이클 및 자동차 동호회 , 자동차 제조회사, 정비업소 등)간 상호연계 및 상호작용을 바탕으로 개별고객의 요구사항에 부응하는 고객화된 제품을 제공함으로써 일시적인 매출 증대보다는 고객의 생애가치에 근거한 수익성 증대에 주안점을 두어야 한다.

• 출처 : SERI 경영전략실

기업들은 이제 유능한 컨설팅업체나 전문가들 집단에 의뢰하여 경쟁력 있는 비전을 세우고 있으며 분석의 효율화를 위해 많은 양의 데이터를 저장하고 관리하는 고가의 시스템을 구비하고 통계전문가에게 최고의 부가가치 자료를 의뢰하고 있다. 또한 효과적인 전략을 세우기 위해 의사결정 솔루션을 도입하는가 하면 가상 시뮬레이션 그 결과를 확신하는 단계까지 진행하고 있다. 과거에는 고객이 찾아왔을 경우를 대비한 행동전략을 구사했지만 지금은 고객에게 적극적으로 다가서기 위한 행동전략(예를 들어 콜센터, 인터넷 등)을 구사하고 있다.

시대는 끊임없이 급변하고 있다. 이러한 시대에 기업이나 개인이 살아남기 위해서는 변화의 요소들을 정확히 인식하고 적절하게 대처해야 한다. 이것은 바로 생존의 원칙이다.

제2절 고객관계관리(CRM)의 변화 요소

1. 고객관계관리의 변화 요소

이제 현대를 살아가는 기업생존의 원칙을 구체적으로 이해하기 위해 CRM의 변화된 요소를 각 단계별로 짚어보고자 한다.

(1) 비전설정의 변화

과거에는 주로 데이터의 치밀한 분석보다는 경영진의 경험이나 직관에 따라, 고객의 욕구보다는 기업내부의 필요에 따라 비전이 설정되었다. 또한 선진시스템의 도입이나 활용에도 배타적이었다.

하지만 오늘날에는 해외의 유수한 컨설팅 전문업체에 기업의 비전설정을 의뢰하고 있고, 내부의 필요보다는 고객의 관점에서 비전을 설정하고 있으며, 막대한 교체비용을 부담하고서라도 선진시스템을 과감하게 도입하고 있다. 이제 비로소 우리 기업들도 '고객의 환심'을 사는 일이라면 뭐든 실행할 마인드를 갖춰가고 있는 것이다.

(2) 분석의 변화

과거의 분석은 거의 수작업에 의존하였다. 시스템자체는 현재의 데이터밖에는 처리할 수 없어서 분석자가 먼저 분석내용을 생각한 후에 시스템 담당자와 협의하여 새로운 시스템을 만든다. 그런 시스템에서 나온 데이터를 다시 PC에 입력시켜 분석을 실행한다. 이로 인해 분석에 많은 시간이 소요되었으며 그 정확도 또한 현저히 떨어져 신속하고 정밀한 분석을 기대할 수 없었다.

현재는 과거의 데이터를 모두 시스템화시켜 저장(데이터웨어하우징)하고 있으며 선진기술의 분석솔루션으로 분석하고 있다. 그러므로 분석가는 시스템을 고민할 필요없이 분석에만 열중할 수 있으며 그들의 역량을 충분히 발휘할 수 있다. 따라서 빠른 시간내에 정밀한 분석이 가능하게 된 것이다.

(3) 전략의 변화

전략도 분석과 마찬가지로 과거에는 시스템에 많이 의존하였다. 경영환경의 변화에 따라 전략을 수정하려 해도 기존의 시스템으로는 해결할 수 없었다. 그래서 그때마다 시스템의 대부분을 새로 개발해야 했고 작업의 대부분을 시스템 담당자에게 의존할 수밖에 없었다. 시스템의 빈번한 재개발에 상당한 시간을 소모함으로써 막대한 기회손실이 발생하였으며, 기획자나 경영진의 의견이 시스템 담당자에 의해 왜곡되는 일이 많았다.

오늘날에는 선진기술로 만들어진 의사결정시스템(캠페인 매니지먼트)을 사용함으로써 경영전략이 바뀌어도 시스템담당자에게 의뢰할 필요없이 담당자가 바로 코드값만 변경시키면 기존의 시스템을 그대로 사용할 수 있을 정도로 유연성이 생겼다. 이로 인해 신속하게 전략을 수정할 수 있게 되었으며 시뮬레이션 활용으로 정확도 또한 배가 되었다.

이러한 전략의 변화는 기업이 전략을 수시로 바꿀 수 있는 여유를 가지게 하였으며 스스로의 경쟁우위를 다질 수 있게 하였다.

(4) 실행의 변화

과거환경에서 기업이 고객과 만날 수 있는 접점은 직접 만남, 우편, 전화 등 세 가지로 압축된다. 그 중에서도 직접 만남과 우편접촉에는 비교적 적극적이었지만 전화접촉에는 지극히 소

TRENDS 망원경

대기업도 손 떼는데…구독 확장한 클래스101의 자신감은?

[인터뷰] 김지훈 클래스101 CBO
"개별 구매 성과 있지만, 콘텐츠 확산 걸림돌"
4000개 이상 클래스 '무제한 제공'으로 글로벌 공략
기술로 편의 서비스 마련…크리에이터 선순환 구축

김지훈 클래스101 글로벌 비즈니스 총괄(CBO). [사진 클래스101]

굴지의 대기업들도 구독경제에 손을 떼는 와중에 되레 시장에 뛰어든 기업이 있다. 이미 시장에 '레드오션'이란 단어가 등장했음에도, 이 기업은 자사 주력상품을 구독모델로 전면 전환했다. 사업축소는커녕 최근에는 국가별로 운영하던 플랫폼을 하나로 통합하는 결단을 내렸다. 잘 나가던 '소유'의 옷을 벗고 '경험'으로 전환한 클래스101에 대한 얘기다.

김지훈 클래스101 글로벌 비즈니스 총괄(CBO)과 얘기를 나눴다. 구독 서비스에 뛰어든 자신감의 원천은 '콘텐츠와 크리에이터에 대한 확신'이다.

"국내 온라인 클래스 업계에서 구독 서비스로 전환하고 더 나아가 글로벌 통합 플랫폼을 선보인 일은 클래스101에서 최초로 이룬 성과다. 구독모델로의 전환은 다채로운 콘텐츠를 확보했기 때문에 가능했다. 드로잉·공예·요리·음악 등 '취미'부터 금융·재테크와 같은 '수익창출'까지, 25개 영역 내 약 140개 하위 카테고리를 운영하며 가입자가 자유롭게 라이프스타일을 설계하도록 지원하고 있다는 점이 가장 큰 구독의 경쟁력이다."

■ "새로운 배움에 끝이 없는 곳 = 클래스101"

클래스101은 현재 세계 약 13만 크리에이터가 제공하는 4000개 이상의 콘텐츠를 확보했다. 이를 월 1만 9000원에 무제한으로 이용할 수 있는 클래스101+를 지난 8월 출시하고 사업을 재편했다. 11월에는 한국·미국·일본 등에서 각각 서비스하던 플랫폼을 하나로 통합했다. 인공지능(AI) 자동번역기능을 통해 언어의 장벽을 최소화하며 글로벌 시장을 공략하고 있다.

클래스101이 구독모델로 전환한 이유가 기존 '개별 구매'방식에서 더 이상 성과가 나타나지 않아서였을까. 실적이 좋지 못해 등 떠밀리듯 구독을 선택한 게 아니느냐는 질문에 김 CBO는 단호하게 "그렇지 않다"고 답했다. 그는 "클래스101은 4년간 차별화된 콘텐츠로 출시 이후 2021년까지 거래액이 약 1530% 증가하는 성과를 냈다"고 강조했다.

김 CBO는 그런데도 '잘 나가던' 소유형 모델을 고집하지 않은 이유를 "2018년 서비스 시작과 함께 도입한 개별 구매방식은 당시엔 적합한 모델이었으나, 4년이 지난 지금에 이르러선 콘텐츠 확산을 고민하게 된 배경이 됐다"라며 "'양질의 콘텐츠를 어떻게 하면 더 많은 이들이 경험할 수 있도록 할까'부터 '크리에이터들과 더 오래 더 멀리 갈 방법은 뭐지' 등을 치열하게 논의했고, 구독 모델이라는 답을 찾아냈다"고 강조했다.

김 CBO는 구독모델이 크리에이터와의 상생에도 적합한 모델이라고 설명했다. 클래스101+가 온라인 강의에 특화된 플랫폼이지만, 경쟁력은 유튜브·넷플릭스·티빙과 마찬가지로 '콘텐츠'에서 나온다. 좋은 클래스의 지속적인 공급이 이뤄져야 플랫폼의 매력을 끌어올릴 수 있다. 플랫폼 지속성은 이 때문에 크리에이터와의 수익분배에 달려있다고 해도 과언이 아니다.

김 CBO는 "개별 클래스 방식은 경제불황으로 인해 가격 허들이 생겨났고, 이는 이용자 이탈로 이어

클래스101+ 글로벌 통합 플랫폼 이미지. [사진 클래스101]

졌다"며 "구독모델은 크리에이터 입장에서도 어쩌면 콘텐츠를 세계에 선보일 수 있는 유일한 방안이라고 판단됐다. 이 지점을 온·오프라인 채널을 통해 크리에이터에게 전달하며 이해를 구했다"고 말했다. 그 결과 한·미·일 크리에이터 구독 동의율 평균 97%를 달성해 순조로운 전환이 이뤄지고 있다.

수익분배와 관련해선 "구독 서비스로 전환된 지금도 같은 질문을 받고 있는데 벌써 정산액 증가가 이뤄지며 긍정적 신호가 나타나고 있다. 물론 구독자 확보에 시간이 조금 더 필요하지만, 개별 구매처럼 클래스101+ 역시 서비스로 입증해낼 것"이라고 했다.

클래스101은 구독모델 도입과 글로벌 통합 플랫폼 구축과정에서 크리에이터가 더 편안하게 콘텐츠를 제작할 수 있도록 기능을 꾸렸다. 무료자막 제공·추천인(레퍼럴) 링크·크리에이터 센터 개선 등 시스템 고도화는 물론 내부 스튜디오 운영과 오프라인 강의장 제공 등을 통해 제작자 입장에서도 구독 모델이 안착할 수 있도록 사업을 운영하고 있다.

■ 구독전환 4개월, 시장 반응 '긍정적'

클래스101의 결단은 시장에서 긍정적 반응으로 나타나고 있다. 1인당 수강하는 클래스 수는 전환 후 10배 수준으로 증가했고, 수강 카테고리 역시 4배 가까이 늘어났다. 김 CBO는 월간활성이용자수(MAU)·체류시간 등 다양한 지표에서도 성장성을 확인할 수 있다고 했다.

그는 "서비스 초기 구독에 상대적으로 익숙한 미국에서 성과가 두드러지는데, 특히 한국 콘텐츠에 대한 관심이 높은 편"이라며 "약 120개 국가에서 서비스하며 축적된 데이터와 K콘텐츠에 대한 인기, 그리고 지속해 고도화 중인 기술력을 결합한다면 충분히 세계 플랫폼으로 거듭날 수 있을 것"이라고 했다.

김 CBO는 세계화를 위한 요소로 '기술을 통한 편의 서비스 구축'과 '콘텐츠 경쟁력'을 꼽았다. "약 4000개의 클래스는 국내 최다 클래스 숫자이고, 매달 100개 이상의 새로운 콘텐츠를 선보이고 있다. 양도 중요하지만, 클래스 품질에 무게를 두고 있다"며 "각국 크리에이터 모집을 활발하게 진행하면서, 생산된 클래스를 가입자가 원활하게 수강할 수 있는 시스템도 구축했다"며 웃었다.

클래스101+의 자막 번역은 아마존웹서비스(AWS)가 기업 간 거래(B2B) 솔루션에 기반해 구축됐다. 또 문맥을 이해해 번역하는 신경망 기계번역(Neural Machine Translation) 개발을 통해 품질도 지속 향상하고 있다. 그간 400만명에 달하는 가입자 데이터를 통해 클래스를 맞춤형으로 추천하는 '클래스101+의 개인화 로직'도 구축 중이다.

김 CBO는 "기술력을 통해 언어의 장벽을 최소화하자 한국 실시간 인기 클래스 톱(TOP)10에 평균 2~3개가 미국·일본에서 제작된 콘텐츠가 오르고 있다"며 "세계의 다양한 배움을 무제한으로 경험할 수 있는 매력이 치열한 경쟁에서 우위를 점할 수 있는 분명한 차별점이 되리라고 생각한다"고 말했다.

클래스101의 서비스 전환은 외부에서도 긍정적 평가를 받고 있다. 구글 플레이가 선정한 '2022 올해를 빛낸 자기계발 앱' 부문 최우수상을 받았고, 글로벌 시장조사 기관 홀론아이큐(Holon IQ)에서 발표하는 '2022 동아시아 에듀테크 150' 온라인 러닝 부문에 국내 기업으로는 유일하게 이름을 올렸다.

다만 코로나19가 엔데믹(풍토병화)으로 전환되면서 활황을 보였던 비대면 문화가 축소되고 있다는 점은 해결해야 할 숙제로 꼽힌다. 클래스101은 서비스 축소 우려에 오프라인 채널 강화란 대응책을 내놨다.

김 CBO에게 현재 구독 서비스 도입을 고민하는 기업들에 전할 조언을 묻자 "구독 서비스의 난이도는 '상'이라, 시장에 필요한 비즈니스인지가 기본적으로 검토되어야 하고 단기·중기·장기의 계획을 세우고 실행할 수 있는 능력이 존재해야 한다"며 "충분한 규모의 시장이 있고 가입자 역시 뚜렷하다면 구독 서비스는 데이터적으로는 긍정적"이라고 답했다.

• 출처 : 이코노미스트 2022년 12월 22일

극적이었다. 다시말해, 전화접촉은 고객의 문의에 대응하는 수준에 그쳤다는 것이다.

또한 고객접점을 통합적으로 관리하지 못한 나머지 여러 직원이 중복으로 접촉하거나 서로 담당이 아니라며 고객과의 접촉을 회피하는 경우가 허다했고, 그로 인해 고객과의 신뢰가 무너지는 경우도 있었다.

그런데 오늘날에는 인터넷이라는 아주 편리하고 저렴한 비용의 새로운 고객접촉 채널이 생겼다. 이제 기업은 주로 저렴한 비용의 전화와 인터넷으로 더 많은 고객을 만나려고 한다. 또한 고객접점을 통합적으로 관리하게 되어 고객에 대한 모든 채널에 대해 회사는 더욱 적극적으로 대응할 수 있게 되었다. 그리고 모든 채널의 통합관리는 원 스톱 서비스(one stop service)를 가능하게 만들어 고객과의 신뢰를 더욱 두텁게 만들었다.

(5) 시스템의 변화

과거에는 시스템을 구축하는 데 막대한 비용이 소요되었고 기술력도 떨어져 기업의 완벽한 환경을 구축하기까지는 많은 무리가 따랐다. 또한 분석을 위한 과거 데이터나 전략을 위한 부가가치 생성시스템의 중요성은 그다지 부각되지 않았으며, 현재의 데이터관리를 위한 시스템만이 존재하였다. 그래서 분석이나 전략, 행동의 변경시에는 시스템을 처음부터 다시 만들어야 하는 어려움이 있었다.

하지만 오늘날에는 하드웨어 구축비용이 현저히 저렴해졌고 기술 또한 고도로 발전했기 때문에 시스템도 해당 업무분야별로 각기 최적화된 시스템을 갖출 수 있게 되었다. 그래서 회사의 일부 경영환경이 바뀌면 그 해당 업무의 시스템 수정만으로 해결할 수 있는 유연성을 갖게 되었다.

(6) 조직의 변화

기업의 생존 조건이 과거와는 크게 바뀌고 있다. 이제 적당히 잘하면 그런대로 잘나가던 시대는 가고 업계 '최고'가 아니면 아예 살아남기 힘든 분위기가 시장을 압도하고 있다. 그만큼 최고가 아닌 상품과 기업은 고객들에게 철저히 외면당하고 있다는 것이다. 그런데 기업이 최고가 되려면 그 구성원들이 최고여야 한다. 그러니 기업의 조직도 근본적으로 바뀔 수밖에 없게 되었다.

이제 팔방미인을 선호하던 추세에서 벗어나 한 분야의 최고를 선호하게 되었다. 이런 변화된 인재를 수용하기 위해 조직자체도 관리위주의 조직에서 고객위주의 기능적인 조직으로 전환하고 있다.

예를 들어 과거에는 분석·기획·운영 등의 제반업무를 모두 무난하게 수행할 수 있는 다재다능한 사람을 여러 명 채용하여 조직을 꾸렸다. 그러나 지금은 다른 분야는 전혀 모르더라도 어느 한 분야에만 최고의 능력을 지닌 인재를 분야별로 뽑아 조직을 운영한다는 것이다. 즉 제너럴리스트(general list)에서 스페셜리스트(special list)를 원하는 시대가 되었다.

그림 5-1 고객관계관리(CRM)의 변화요인

과 거	현 재
• 경험, 직관에 따른 경영자 중심의 비전(VISON)설정 • 수작업에 의존한 데이터 처리 • 시스템담당자에게 의존하며 빈번한 시스템 재개발 필요 • 통합관리 미흡, 중복접촉으로 인한 신뢰감소 • 시스템구축 비용 막대하며 기술력 다소 부족 • 재너럴리스트 선호	• 전문시스템 도입과 고객중심의 비전설정 • 데이터의 시스템화, 분석솔루션 활용 • 전략변경시 시스템수정 수월 (담당자 직접 수정가능) • 통합관리, One Stop Service 기능 • 구축비용 저렴 및 최적화 기능 • 스페셜리스트 선호

출처 : 동아리뷰

예전에는 각 부서마다 개별적으로 분석 · 기획 · 운영에 관한 제반업무를 별도로 수행하였으나 이제는 부서별로 산재해 있던 분석 · 전략 · 실행업무를 각 업무단위별로 분리통합하여 전문화하는 추세다. 실제 이러한 방식의 업무전문화가 기업에서 많은 시너지 효과를 창출하고 있다.

2. 고객관계관리의 접근

고객의 생활양식변화와 욕구다양화는 CRM의 접근방식을 변화시키고 있고 욕구파악이 힘들어지고 고객을 구분하기 힘들어지면서 CRM과정은 더욱 필요해졌다.

이러한 이유로 기업에서도 신규로 고객을 획득하는 것보다 기존 고객을 유지하는 방법에 더 관심을 쏟고 있다. 또한 정보기술을 활용한 고객과의 쌍방향 커뮤니케이션을 추구하는 접근도 모두 CRM 접근을 위한 다양한 시도가 이루어지는 것이다.

(1) CRM은 고객파악으로부터 시작된다

CRM은 고객의 구매패턴, 연령, 성별, 취미 등의 개인정보를 수집하여 그 정보를 기초로 기업이 취해야 할 행동을 결정하는 마케팅 기법이다. 따라서 CRM의 기본은 고객을 이해하는 데서 시작된다.

상품이 홍수를 이루고 있는 오늘날의 소비자 구매패턴은 엄청나게 다양화하고 있다. 이러한 상황에서는 소비자를 남녀별, 연령별, 주거지별 등의 커다란 범주로 분류하는 것은 더 이상 의미가 없다.

좀 더 정밀하게 소비자의 행동을 관찰하고 소비자 개개인에게 맞는 마케팅을 생각지 않고서는 시장에서 살아남기 어렵게 되었다.

고객획득을 위해서는 마케팅 담당자에 의한 유인영업, 점포, 우편, 전화나 팩시밀리, 인터넷 등이다. 인터넷 채널(e채널)이 등장하기까지는 전화에 의한 콜센터가 CRM의 근간이 되었다. 종래 비즈니스의 경우 이들 채널을 믹스시킴으로써 시너지효과를 노렸다. 그러나 인터넷의 급격한 보급에 의한 e채널의 인지가 일반 소비자에게 높아짐에 따라 e채널을 중심으로 한 CRM 방식이 널리 퍼지고 있다.

(2) 매스 커스터마이제이션(customization) 활용

매스 커스터마이제이션은 몇 가지의 규격화된 부품이나 소재를 준비하여 그것을 조합할 수 있는 범위내에서 고객 한 사람 한 사람의 요구에 맞는 상품을 만들어 판다고 하는 상품생산·판매방식이다.

이 방법은 특히 기술진보가 빠른 컴퓨터메이커 등과 같이 재고를 안고 있으면 상품이 진부하게 될 위험이 높은 업종, 운전자 또는 차종 등에 의해 사고율이 크게 달라지는 자동차를 취급하는 자동차 보험회사처럼 고객에 따라 수익성이 크게 달라지는 직종, 패션업체나 정보·출판·서비스 회사 등과 같이 개인의 취미나 취향에 크게 영향을 받는 직종에서 선진적으로 도입하고 있다.

(3) 고객중심의 접근

상품의 다양화는 동시에 상품자체를 고도화·복잡화시켜 전문지식 없이는 제대로 이해할 수도 없게 만들었다.

예를 들면 PC 한 대를 사는데도 CPU나 메모리는 어느 정도가 좋은지? 소프트웨어는 어떤 것이 좋은지? 등 대개 초보자로서는 이해하기 힘든 부분을 선택해야 하는 고생을 한다. 그 때문에 전문지식이 없는 고객은 컴퓨터 분야에 밝은 사람의 조언에 의지하거나 '초보용'이라는 딱지가 붙은 상품을 골라 구입하게 된다. 이와 같이 고객은 상품을 구입할 때 고도의 전문지식이 요구된다. 상품을 파는 기업이 바로 이 부분을 해결해 준다면 고객에 대한 만족도는 올라갈 것이다.

상품을 판다고 하는 이제까지의 'Sales Agent'적인 입장에서 고객이 처한 상황이나 고객이

고객중심경영 전사원 교육실시의 예

원하는 바를 충분히 듣고 고도의 전문적인 지식에 기초하여 고객 대신 "다양한 상품 중에서 최적의 상품을 선택하여 제안한다"고 하는 입장으로 사고를 바꾸어 마케팅활동을 전개하는 것이다.

고객의 욕구를 해결해 주는 조언자가 되거나 때로는 작업을 대행해 주기도 하고 또는 필요한 것을 기억하고 있다가 상기(remind)시켜 준다. 이것은 고객만족도를 향상시키고 기업에 대한 고객의 충성도를 높이는 것이다. 이러한 서비스를 가능한 한 적은 비용으로 제공하는 것이 바로 CRM 성공의 포인트다.

(4) 시장점유율 보다는 고객점유율 중심

CRM성공을 위해서는 시장점유율(market share)보다 고객점유율(customer share)을 중시해야 한다. 시장점유율은 일정 기간 전체시장의 매출 가운데 자사매출이 차지하는 비율이며 자사상품이 고객에게 어느 정도 선택받는지가 나타난다. 즉 어느 정도 많은 사람들이 자사 제품을 사고있는지를 알 수 있는 지표다.

한편 고객점유율은 일정 기간 동안 고객이 소비한 금액 가운데 자사상품이 차지하는 비율이며 한 사람의 고객에게 자사상품이 어느 정도 선택받았는지를 나타낸다. 즉 그 고객이 어느 정도 자사(상품)의 팬이 되었는가를 알 수 있는 지표다. 또한 당연히 자사상품을 구입한 고객이 많으면 기업의 안정적인 이익은 보장될 것이다.

시장점유율을 중시한 나머지 고객점유율을 소홀히 여기게 되면 자칫 이익이 별로 안 되는 고객을 확보하기 위해 과다한 홍보비를 지출하거나 이익이 되는 고객의 질을 떨어뜨려 장래에 기대할 수 있는 판매기회를 잃어버릴 수 있다.

따라서 고객점유율에 눈을 돌려 이익이 되는 고객과 그렇지 못한 고객을 구별하여 합리적인 마케팅전략을 수행하는 것이 필요하다.

(5) 이익이 되는 고객과 이익이 안 되는 고객

대개 기업이익의 80%는 상위20%의 고객이 창출한다고 한다. 이것을 '2080의 법칙' 또는 '파레토의 법칙'이라고 한다. 기업은 로열티가 높은 일부 고객덕분에 먹고 산다고 할 수 있다. 이 20%의 고객이 기업에 있어서는 '이익이 되는 고객'인 셈이다. 바로 그런 고객의 확보와 유지여부가 기업의 수익구조를 결정한다.

그렇다면 나머지 80%의 고객은 이익이 안 되는 고객일까? 결코 그렇지 않다. 이익이 안 되는 고객이란 없다. 다만 지금 당장 이익이 안 된다는 것일뿐 장차 이익이 될 수도 있는 잠재이익고객이다.

이 잠재고객을 가능한 한 빨리 적은 비용으로 이익이 되는 고객으로 육성하는 것이 기업의 중요한 과제다. 그렇다면 기업은 어떻게 하면 잠재고객을 잠재이익고객으로 육성할 수 있을까? 고객이 기업에 상품이나 서비스문의를 하는 것 자체가 절호의 판매기회다. 이 판매기회를 활용하여 잠재이익고객을 이익고객으로 이끌 수 있는 CRM이 필요하다.

(6) 기존 고객과 신규고객에 대한 접근

일반적으로 신규 고객획득에 드는 비용은 기존 고객유지에 드는 비용의 5배라고 말한다. 그러므로 신규고객을 창출하기 전에 먼저 기존 고객을 안정적으로 확보하고 반복구입을 촉진하는 마케팅이 비용면에서 훨씬 효과적이다.

기존 고객의 경우 로열티가 충분히 높아져 있으면 기업쪽에서 특별히 접근하지 않더라도 구입의사가 있을 때는 항상 그 기업을 후보에 넣을 것이다.

또한 기업이 고객접촉을 위한 정보를 갖고 있으면 고객에 대한 DM이나 전화, 전자메일 등 경제적인 수단을 이용하여 고객에게 접근할 수 있다. 또한 고객의 라이프플랜이나 취향에 대한 정보 등이 있으면 그 고객에게 잘 받아들여질 수요시기와 제안상품에 대한 메시지를 고려하여 접근하면 구매로 이어질 확률을 높일 수 있다.

한편 새롭게 예상고객을 찾을 경우는 TV나 잡지·신문 등의 광고매체를 이용하여 고객에게 그 기업이나 상품의 존재를 알릴 필요가 있다. 이 경우 어느 정도의 비용지출은 감수해야 한다. 이때 광고를 접하고 연락해오는 사람들에게 좀 더 직접적으로 편리하게 접근할 수 있는 연락처를 가르쳐 주면 이상적이다.

그러나 현실적으로 광고의 홍수 속에서 새로운 고객의 눈을 끌고 높은 반응을 획득하는 것은 대단히 어렵다. 그러므로 CRM에서는 기존 고객을 우선 고려하고 다음으로 신규고객을 확보한다는 것이 요점이다.

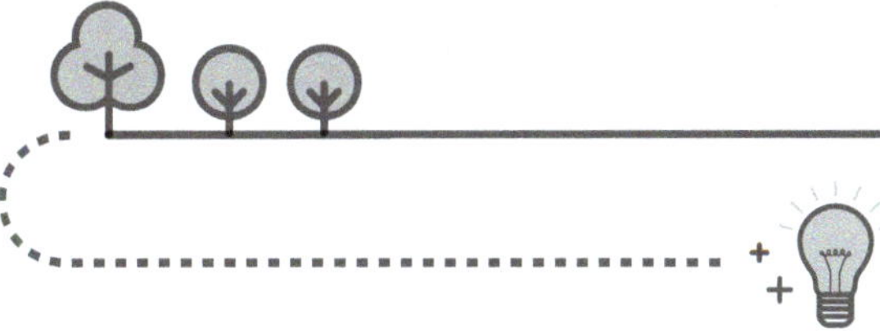

제6장

고객유형과 고객관계관리

제1절 고객접촉 및 고객유지(retention)

제2절 유형별 고객관리 및 CRM 역할

“일회용품 대체재 찾는 사람들”…다회용품 매출 50% 껑충

휴대용 장바구니 등 다회용품 매출 50%↑
대나무 칫솔, 샴푸바 등 폐기물 줄이는 상품도 인기

최근 일회용품 사용을 줄이고 다회용품을 찾는 사람들이 는 것으로 나타났다. 온라인 쇼핑 플랫폼 위메프가 지난 9월 20일부터 이달 19일까지 3달간의 판매 데이터를 분석한 결과, 지난해 동기 대비 다회용품 매출이 50% 이상 증가했다고 22일 밝혔다.

특히 일회용 비닐봉지를 대체하는 에코백(78%)과 휴대용 장바구니(76%) 증가세가 눈에 띄었다. 플라스틱 빨대 대체재로 떠오른 스테인레스 빨대(34%)와 음료를 저을 수 있는 머들러(22%) 판매도 늘었다.

이 외에도 플라스틱 폐기물을 줄일 수 있는 대나무 칫솔(133%)과 샴푸바(122%), 무라벨 생수(25%)의 매출 증가도 두드러졌다.

이는 코로나19로 인한 팬데믹 기간 일회용품 사용이 잦아지면서 이에 문제 의식을 느낀 사람들이 많아진 점이 소비에 영향을 미친 것으로 풀이된다.

실제 지난 13일 통계청이 발표한 ‘한국의 사회동향 2022’ 보고서 내 환경 관련 설문조사에 따르면 응답자 절반 이상이 ‘코로나19 이후 쓰레기 및 일회용품 사용이 증가했다’고 답했다. 이어 코로나19 기간 친환경 행동 변화 수준 관련해서는 응답자의 약 56%가 ‘일회용품 소비 자제’를 꼽으며 전체 항목 중 세 번째로 높은 선택을 받았다.

일회용품 대신 다회용품을 구입하는 사람이 늘었다.
[사진 게티이미지뱅크]

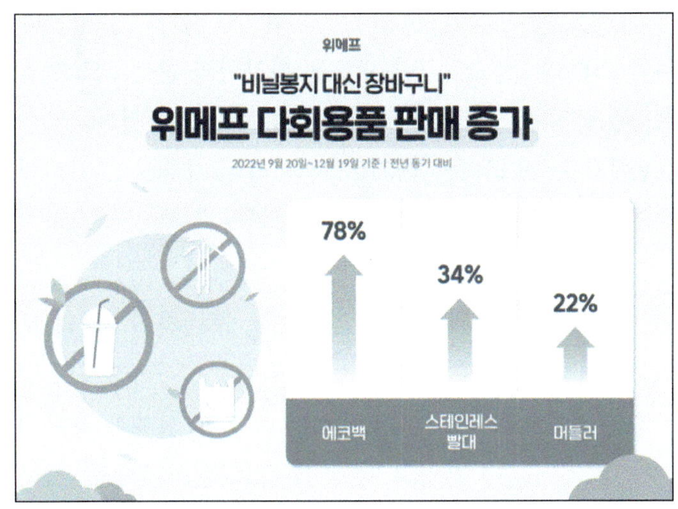

위메프의 다회용품 매출이 전년대비 50% 이상 증가했다. [사진 위메프]

위메프 관계자는 "코로나19 이후 '일회용품 제로'에 대한 사회적 인식이 퍼지며사회용품인 친환경 빨대와 장바구니 판매가 늘었다"라며 "제도적인 이슈가 더해지며 관련 상품의 판매는 꾸준히 증가할 것"이라고 말했다.

• 출처: 이코노미스트 2022년 12월 22일

국내 커피전문점 시장에서 보는 것처럼 스타벅스는 2017년 새로운 디자인과 콘셉트로 차별화·고급화 전략을 가속화한 지역적 특성을 반영한 드라이브 스루매장을 늘려가고 있다.

반면에 투썸플레이스는 커피전문점 중에서도 '프리미엄 디저트 카페'라는 브랜드 포지셔닝으로 경쟁사와의 차별화에 성공했으며 모두 커피에 전념할 때 커피 이외의 상품으로 소비자 인지도를 높이고 있다.

아울러 저가커피로 새로운 시장을 연 이디야는 지난해 다양한 저가커피 프랜차이즈들의 도전에 맞서며 지역매장 오픈과 함께 기업의 핵심철학인 가맹점과의 상생전략도 지속적으로 강화하고 있다. 이처럼 커피시장뿐만 아니라 전체 비즈니스 시장에서는 고객의 성향과 욕구에 따라서 기업의 전략과 경영철학이 변화하고 그 가운데 기업과 어울리는 고객의 유형들을 찾아내는 작업을 지속적으로 추진하고 있다.

또한 그들이 찾아낸 고객의 유형에 맞도록 기업은 마케팅전략을 수립하고 고객관계관리를 위한 철저한 실행방안을 추진할 때 비로소 고객만족과 기업이 원하는 성과를 이끌어 낼 수 있는 것이다.

제1절 고객접촉 및 고객유지(retention)

세일즈에서 가장 중요한 것은 무엇일까? 상품 혹은 서비스 그리고 유통과 물류 등 공급자로부터 사용자에게까지 전달되는 모든 과정이 중요한 것이 사실이다. 그러나 가장 중요한 것은 바로 고객이다. 이는 시대를 막론하고 어떤 상황에서도 모두들 공감하는 부분이다.

상품을 만들고 판매하여 고객의 만족을 이끌어 내는 일반적인 세일즈 과정에서 종종 기업은 자사의 이익과 경쟁에서의 생존만을 고려하기도 한다. 그러나 이것은 단기간의 목표에 지나지 않으며 영속적인 경영을 위해서는 바람직하지 않은 접근이다. 아울러 세일즈에서 고객과의 관계유지를 얼마나 잘 하느냐에 따라 그 이후의 신뢰와 만족에 지대한 영향을 끼치게 되는 것이 현실이다.

그래서 고객관계관리가 세일즈의 성과에 중요한 요소가 되고 있다.

1. 고객접촉의 자세

세일즈의 시작은 고객을 만나는 것이다. 즉 고객접촉이 세일즈의 출발이다. 고객을 접촉하면서 기업은 기업의 정책과 기업이 가고자 하는 방향을 고객에게 제시한다. 물론 고객에게 원하는 여러 가지 것들을 순차적으로 제시하는 경우도 있다. 이것은 고객과의 접촉이 그만큼 어렵다는 반증일 수도 있으며 세일즈를 진행하는 담당자의 스킬(skill)일 수도 있다.

고객과의 접촉은 예상보다는 어려운 것이 사실이다. 처음 만난다는 두려움과 전혀 알지 못하는 고객의 욕구를 찾아가는 것은 참으로 어려운 일이다. 하지만 고객과의 접촉을 통해 세일즈 담당자는 숨겨진 고객의 욕구를 찾아내게 된다. 예를 들면 대화를 진행하지 않으면 고객의 원하는 바를 찾아내기 힘든 것처럼 고객접촉의 단계에서 질문과 대화를 통해 비로소 고객의 숨은 욕구를 찾게 된다.

그렇다면 고객과의 접촉단계에서는 어떤 자세가 필요할까? 많은 분야와 상황에 따라 조금씩은 다를 수 있지만 가장 중요한 것은 고객존중의 자세이다.

(1) 고객존중의 자세가 필요하다

'고객은 왕이다'라는 명구가 있다. 이것은 고객에게 그저 숙이고 쩔쩔매라는 것이 아니다. 고객이 왕이라는 해석은 다르게 접근하면 고객은 원하는 상품과 서비스를 거침없이 직언할 수 있는 상품의 개발자인 것이다.

무엇이 불편한지? 혹은 경쟁제품에 비해 무엇이 단점인지 장점인지를 정확하고 예리하게

지적해 주는 상품개발자의 한 사람인 것이다.

그러나 기업 중에는 이러한 고객의 직언을 무시하는 경우가 있다. 단순한 무시의 차원이 아닌 상품개발자의 조언을 묵살하는 것과 같은 것이다. 이는 고객의 가치를 존중하지 못하는 것이며 결국 상품과 서비스에 반영되어야 할 고객의 편의를 무시하는 결과를 초래하는 것이다.

(2) 사전준비가 필요하다

고객접촉 단계에서 중요한 것은 사전준비다. 고객이 어떤 유형인지를 사전에 파악한다든지 혹은 고객이 중요하게 생각하는 요인이 무엇인지를 철저하게 분석하고 정리하여 고객과 접촉한다면 고객만족과 신뢰를 유도할 수 있다.

과거의 세일즈는 직관과 경험이 아주 중요했다. 그러나 이제는 그것 이외에 고객정보에 대한 분석과 예측이 반드시 필요한 상황이 되었다. 고객의 욕구가 다양해지고 매우 파악하기 어려워지면서 과학적 접근에 대한 요구는 더욱 절실해지고 있다.

(3) 고객접촉의 우선순위를 정한다

CRM의 가장 큰 목적은 예상고객을 다른 회사에 뺏기지 않는다는 것이다. 특히 이익이 되는 고객은 절대로 놓쳐서는 안 된다. 그러기 위해서는 다음 다섯 가지를 염두에 두어야 한다.

- '이익이 되는 고객'과 '이익이 안 되는 고객'을 식별한다.
- 고객의 욕구를 파악한다.
- 고객을 일대일로 상대한다.
- IT(정보기술)를 최대한 활용한다.
- 고객의 편의를 고려한 수입구조를 갖춘다.

TRENDS 망원경

"평범함을 거부하는 MZ세대"…'뉴니스 마케팅' 선보이는 유통업계

브랜드 지향점·가치 등 체험 요소로 구성
미디어 아트 공간, 이색 팝업스토어 열어

농심은 지난 10월 메타버스 플랫폼 '제페토' 내 신라면 분식점을 개설하고 소비자와 함께 신제품 결정 이벤트를 진행했다. [사진 농심]

유통업계가 '뉴니스 마케팅'을 잇따라 선보이고 있다. '뉴니스(newness)'는 '새로움'이라는 뜻의 영단어로, 평범함보다는 색다른 경험을 중시하는 MZ세대(1980년대 초~2000년대 초 출생자)의 트렌드를 반영한 것이다. 브랜드 지향점이나 가치 등을 전시 · 게임 · 굿즈 등 다양한 체험 요소로 구성한 이색 공간을 구성하고 있다.

코카-콜라는 한정판 제품 '코카-콜라 제로 드림월드' 출시를 기념해 아르떼뮤지엄으로 잘 알려진 디스트릭트와 협업한 코카-콜라 크리에디션 X 아르떼뮤지엄 '드림월드' 팝업을 오픈했다. '코카-콜라 제로 드림월드'의 '꿈의 세계'와 디스트릭트의 '영원한 자연'이라는 테마를 접목한 초현실적인 미디어 아트 공간으로 구성해 많은 소비자들의 발길을 이끌었단 설명이다.

GS리테일은 서울 동대문디자인플라자(DDP) 디자인스토어에 '갓생기획' 팝업스토어를 열었다. MZ세대와 공감대를 형성하고 소통하기 위해 20 · 30 젊은 세대 구성원들이 직접 상품을 개발하는 '갓생기획' 프로젝트의 일환이다. GS리테일은 취지에 맞게 DDP 디자인스토어에 입점한 청년 기업 5곳을 선정해 협업 상품 제작을 지원했다.

오뚜기는 오는 29일까지 서울 성수동에 위치한 복합문화공간 LCDC SEOUL에서 타바스코 팝업스토어 'DIVE INTO TABASCO BRAND'를 선보인다. 타바스코 팝업에서는 20여 종의 타바스코 굿즈와 이색 포토존, 선착순 기념품 증정 이벤트 등을 통해 타바스코를 경험할 수 있다.

동원F&B는 지난 11일까지 더현대 서울에서 '양반' 팝업스토어를 운영했다. 양반 팝업은 '풍미일류 양반 대잔치'라는 콘셉트로 MZ세대가 새로운 시선으로 '양반'의 브랜드 가치와 철학을 직간접적으로 체험할 수 있도록 기획됐다. 이를 위해 양반김 대형 조형물 등으로 꾸며진 포토존과 캘리그라피 달력을 제작할 수 있는 체험 공간, SNS 인증 이벤트 등이 마련됐다.

SSG닷컴은 오는 25일까지 테라사이클, 환경재단과 협업하여 친환경 캠페인 '캡틴 쓱: 게임체인저'를 진행 중이다. 영웅 캐릭터 '캡틴 쓱'과 함께 환경위기 시간을 늦추는 미션, 보물 찾기 등 다양한 미션이 마련됐단 설명이다.

농심은 지난 10월 메타버스 플랫폼 '제페토' 내 신라면 분식점을 개설하고 신제품 결정 이벤트를 진행했다. 가상현실에서 라면 조리 및 다른 소비자들이 만든 라면과 비교해 볼 수 있는 이벤트가 마련됐다. 제페토에서 '천하제일 라면 끓이기 대회' 이벤트와 조리 과정에서 소비자들이 가장 많이 선택한 옵션을 실제 제품에 적용한 신라면 큰사발 한정판도 출시할 예정이다.

• 출처 : 이코노미스트 2022년 12월 22일

2. 고객접촉 채널

(1) 판매채널의 효율적 활용

일반적인 기업의 판매활동은 거리의 점포 혹은 영업사원 등 면대면(face to face) 채널에 의존해 왔다. 고객과 직접 대화할 수 있는 기회는 영업사원이 고객을 방문할 때 또는 고객이 매장을 찾아왔을 때 잠시뿐이었다. 그밖의 많은 시간 고객을 접촉하지 못해 놓치고 있는 판매기회를 확대하기 위해 기업은 영업시간을 연장한다든지 비교적 비용이 적게드는 카탈로그 통판이나 전화에 의한 영업활동 등을 시작하였다.

그림 6-1 고객접촉 채널유형

판촉매체 (TV, 라디오, 신문, 잡지, 간판, 전단지)	인적판매 (일반점포, 대리점, 영업사원)	인터넷과 우편 (이메일, 웹, DM)	컨택센터 (콜센터, 팩시밀리, 전화주문)

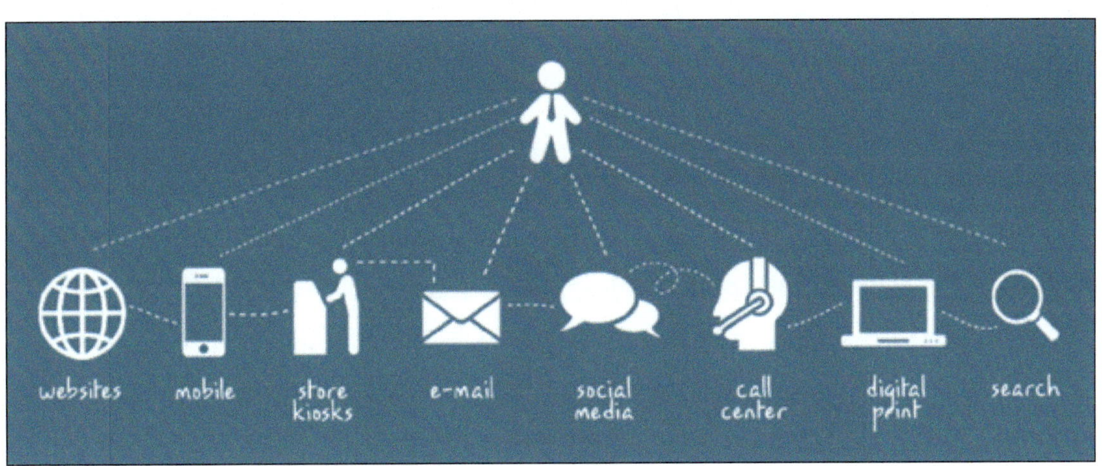

최근에는 정보기술(IT)의 눈부신 발전으로 콜센터의 개설 등 전화업무를 통해 비용절감을 꾀한다든지 더욱 낮은 비용으로 24시간 영업이 가능한 인터넷통판 등의 판매채널을 구축하게 되었다. [그림 6-1]은 다양한 고객접촉 채널(channel)의 유형들이다.

이처럼 판매채널이 다양화됨으로써 기업은 고객과 접촉할 기회가 많아지는 동시에 다양한 과제를 처리해 나가야 할 필요성이 발생하였다.

첫째, 다양화된 채널을 효율적으로 사용해야 한다. 둘째, 채널마다 분산된 고객정보를 회사 전체에서 공유하는 것이다. 바로 이 두 가지 과제를 해결하는 것이 CRM의 성공조건이다. 셋째, 전 과정에서의 고객과의 커뮤니케이션이 필요하다. 기업은 대부분 상품을 판매할 때만 고객과 커뮤니케이션하려고 한다.

그러나 고객과의 커뮤니케이션은 판매시점으로 한정짓지 말고 광고·판촉·문의대응 등의 마케팅 단계에서부터 주문·대금회수·상품전달 등의 판매단계, 그리고 구매이후 발생하는 애프터서비스, 불만접수 등의 애프터 마케팅에 이르기까지 전 단계를 통해 시도해야 한다.

(2) 편리한 상품구입

판매채널의 다양화는 기업과 고객의 접점을 늘림과 동시에 고객에게도 구입의 편의성을 제공한다. 24시간 편의점이나 통신판매 등은 시간이 없는 사람들에게는 다소 가격이 높더라도 충분히 가치가 있다.

상품구입은 주문 → 대금지불 → 상품인도라는 세 가지 단계로 나뉜다. 점포를 직접 찾는 경우에는 직접 주문하고 그 자리에서 상품을 받는다.

통신판매의 경우에는 사전에 주문하고 나중에 받는 형식이다. 어떤 형식이든 그 사이에 다양한 방식의 대금지불이 있다. 이때 고객서비스를 차별화하는 요인은 주문의 편리성, 지급방법의 다양성, 상품수취의 편리성과 주문에서부터 걸리는 소요시간 등이다. 주문의 편리성은 실제 점포라면 접근성 또는 영업시간 등이 좌우하고 가상점포라면 카탈로그, 전화, 팩스, e-메일, 웹사이트 등 얼마나 다양하고 편리한 주문채널이 있는가 하는 점이 좌우한다.

지불방법의 다양성, 상품수취의 편리성, 주문에서부터의 소요시간은 특히 통신판매의 경우 중요한 차별화 요인이다. 또한 신용카드 결제가 가능한지, 지로납부나 대납(배달시 대금회수)이 가능한지, 수취시간 지정은 가능한지, 다음날 수취는 가능한지 등이 중요한 차별화 요인이다.

위와 같이 비용효율이 높은 CRM 비즈니스 모델의 구축여부가 기업의 경쟁력을 크게 좌우한다. 그렇다면 어떻게 접근해야 하는가?

첫째, 기존 우량고객의 지속적인 구입을 유지하고 촉진하는 작업부터 시작해야 할 것이다. 미래 예상치를 고려하여 이익공헌도가 높은 고객순으로 '이익이 되는 고객'을 찾아내고 공헌도에 맞는 부가서비스와 인센티브 등을 제공함으로써 고객 충성도를 향상시키고 새로운 고객을 몰고 올 수 있도록 독려한다.

둘째, 일반고객을 우량고객으로 육성하는 것이다. 고객에 관한 구매이력 등의 데이터가 있으면 그것을 활용하여 재접근할 기회를 만들고 고객에 대한 철저한 분석으로 우량고객의 수를 늘려나간다.

셋째로 눈앞에 있는 '잠재고객'을 고객으로 만드는 것이다. 광고나 전단지 등을 보고 문의해오는 사람, 아무 생각없이 상점을 찾는 사람이 있을 것이다. 그런 고객들을 대상으로 차별화 된 커뮤니케이션을 시도하여 한 사람이라도 만족스런 고객을 만들어 내는 것이다.

넷째, 매스컴 광고 등 다양한 마케팅 프로그램을 통해 시장에 접근하고 잠재고객을 늘린다. 적잖은 비용이 들겠지만 지속적인 성장을 유지하기 위해서는 반드시 필요한 과정이다.

3. 고객유지

고객이 유지되고 지속적으로 자사의 고객으로 남아있다는 것은 기업입장에서는 경쟁력 그 자체다. 또한 고객유지(customer retention)는 기업수익성에 중요한 영향을 미친다.

새로운 고객을 획득하는 것은 기존 고객을 유지하는 것보다 5~10배 정도 더 많은 비용이

들어가고 더 많은 문제점을 발생시킨다. 이것은 고객획득과 고객유지의 상대적 중요성을 의미한다. 이러한 상황에서 정보기술을 제대로 활용한다면 고객획득과 고객유지는 더욱 탄력을 받을 수 있게 된다. 정보기술의 효과적인 활용은 고객유지율을 향상시키고 고객가치를 극대화시키는데 중요한 역할을 한다.

이제 고객관리는 기업의 규모에 상관없이 시장에서 생존하기 위한 중요한 생존수단이다. 사업분야 혹은 규모에 상관없이 수익성이 높은 고객을 유지하는 것은 그 기업의 생존 그 자체이며 그러한 고객들이 기업의 경쟁력을 높일 수밖에 없다. 이는 바로 고객관리를 위한 마케팅의 핵심이 되는 것이다.

고객관리시스템은 시스템에 저장된 여러 정보를 통합, 분석하여 고객만족을 증대하고 유지한다. 또한 고객을 잘 이해하고 고객만족을 극대화 시킴으로써 고객별로 더 많은 수익을 올릴 수 있게 된다. 정보관리를 자동화하고 효율적 분석능력을 활용하게 되면 고객확보 뿐만 아니라 고객을 만족시키는 비용조차도 낮추게 된다.

따라서 고객관리시스템 구축업체는 확장이 가능하고 안정적이며, 비용이 경제적인 효과적 고객관리시스템을 활용하여 이익창출, 수익성 향상 등을 실현할 수 있는 영업특화전략을 구현할 수 있게 된다.

고객확보와 서비스 및 유지관리 등 고객과의 관계유지시스템을 구성함으로 기업은 이익을 창출하며 결국 경쟁에서 우위를 차지하게 된다. 이러한 과정에서 고객의 신뢰를 위한 상호작용을 하기 위해서는 몇 가지 요소가 필요하다.

- 개별 고객정보가 관리되는 고객관리시스템을 구축해야 한다.
- 교육, 훈련, 서비스 모두가 어우러지는 최상의 맞춤이 이루어져야 한다.

- 분명한 차별화가 이루어져야 한다.
- 관계마케팅을 실현해야 한다.

결국 이 과정을 거쳐 고객과의 양방향 체계형성으로 고객과의 신뢰감을 구축하고, 원활한 커뮤니케이션을 만들어 기업경쟁력을 향상시키는 것이다. 이는 기업의 안정화와 성장을 모두 이루는 고객관리시스템 도입이 필요한 이유다.

제2절 유형별 고객관리 및 CRM 역할

1. 유형별 고객관리

세일즈에서 중요한 부분은 고객을 미리 파악하고 접근하는 것이다. 그것은 세일즈를 성공시킬 수 있는 단서가 될 수 있으며 고객의 유형별로 접근방법이 차별화된다면 그들의 마음을 예측할 수 있을 것이다. 물론 항상 고객이 동일한 방법으로 그들의 행동을 보이지는 않으나 통계적으로는 일정한 경향(trends)을 보이기 때문에 의미가 있다.

그렇다면 고객의 행동유형은 어떻게 나타나는지 알아보자. 인간의 행동유형은 많은 유형이 있으나 가장 기본적으로는 환경에 따라 그들의 행동을 표출하여 4개 요소로 구분하는 DISC 유형으로 나눌 수 있다.

(1) 행동유형별 접근

1) 주도형(dominance)

주도형의 인간유형은 결과를 성취하기 위해 장애를 극복함으로써 스스로 환경을 조성하는 유형이다. 구체적으로 그들의 행동은 다음과 같은 특징이 있다.

- 빠르게 결과를 얻는다.
- 다른 사람의 행동을 유발시킨다.
- 도전을 받아들인다.

- 의사결정을 빠르게 내린다.
- 기존의 상태에 문제를 제기한다.
- 지도력을 발휘한다.
- 어려운 문제를 처리한다.
- 문제를 해결한다.

주도형의 인간유형인 사람들은 어떻게 응대해야 긍정적인 파트너로 만들 수 있을까?

사람을 자기편으로 만드는 것은 매우 어려운 일이지만 이러한 유형의 패턴파악을 통해 좀 더 용이하게 접근할 수 있을 것이다. 그것은 어쩌면 비즈니스를 준비하는 사람으로서 기본적으로 갖추어야 할 덕목인지도 모른다. 먼저 주도형 유형은 결과를 중요시 여기는 사람이므로 다른 유형에 비해 성격이 급한 사람들임에 틀림없다. 또한 그들의 주장도 강한 카리스마가 있는 리더의 유형으로 분류할 수 있다.

이런 사람들에게는 결과를 먼저 이야기해 주는 접근이 필요하다. 본론이 늦어지면 이들은 기다리거나 더 이상 듣고 있기를 싫어하는 것이 대부분이다.

또한 그들의 직급이 있다면 미팅(meeting)시 직급을 불러줌으로 인해 좀 더 친근한 감정을 주고받는 것이 이들에게는 필요하다.

2) 사교형(influence)

사교형의 인간유형은 다른 사람을 설득하거나 영향을 줌으로써 스스로의 환경을 조성하는 유형이다. 구체적인 그들의 행동은 다음과 같은 특징이 있다.

- 사람들과 접촉하기를 좋아한다.
- 호의적인 인상을 준다.
- 말솜씨가 있다.
- 다른 사람을 동기유발시킨다.
- 열정적이다.
- 사람들을 즐겁게 한다.
- 사람과 상황에 대해 낙관적이다.
- 그룹활동을 좋아한다.

이러한 특징들을 소유하고 있는 사교형 사람들은 어떻게 응대하며 파트너십을 만들어 가야 하는가? 사교형의 인간유형은 그들 스스로가 남과 이야기하고 남에게 영향을 주는 것을 좋아하므로 친해지기에는 다른 유형에 비해 좀 더 용이하다. 이들은 다양한 표정과 제스처를 통해 고객들과의 상호작용에도 늘 편안하게 이루어 나가기 때문에 가능하면 딱딱하고 경직된 업무 이야기로 접근하기보다는 편안한 일상의 이야기로 그들의 이야기를 시작하기를 바란다.

예를 들어, 그가 요즘 관심을 가지고 있는 골프이야기라든지, 한참 재미를 보는 주식이야기라든지 등 생활이야기로 그와 이야기를 시작한다면 크게 무리없는 대화를 진행할 수 있을 것이다.

물론 대화의 장소도 사무실, 회의실보다는 사교형 유형은 음악이 있는 커피숍이나 야외편안한 장소가 오히려 좋은 장소가 될 수 있다. 또한 이들은 계약도 좋지만 감성적인 부분에 호소하는 것을 원하는 유형이다. 친한 사람끼리의 정(情)적인 부분을 다루어 주는 것이 그들에게는 더욱 호소할 수 있는 부분일 수 있다.

3) 신중형(conscientiousness)

신중형의 인간유형은 업무의 품질과 정확성을 높이기 위해 기존의 환경안에서 신중하게 일하는 유형이다. 좀 더 구체적인 그들의 행동특징은 다음과 같다.

- 중요한 지시나 기준에 관심을 둔다.
- 세부사항에 신경을 쓴다.
- 분석적으로 사고하고 옳고 그름, 장점과 단점을 신중히 고려한다.
- 외교적 수완이 있다.
- 갈등에 대해 간접적 혹은 우회적으로 접근한다.
- 정확성을 점검한다.
- 업무수행에 대해 비평적으로 분석한다.

이런 특징을 소유하고 있는 신중형 사람들은 우리 주위에도 많이 볼 수 있다. 특히 관료형의 스타일로 공공기관이나 혹은 전통적인 금융권 부분에서 일하는 유형중에 신중형 스타일의 유형들을 자주 볼 수 있게 된다. 이러한 신중형 사람들은 정확하고 명확한 것을 선호하기 때문에 알고 있는 사실도 물어서 확인하는 사람들이다. 결과도 중요하지만 실수하지 않아야 한다는 생각이 더 지배적이다. '아는 길도 물어가는' 유형의 사람들이다. 이런 유형의 사람들과 비즈니스를 하기 위해서는 정확한 자료와 데이터가 필요하다. 구두로 내용을 전달하기보다는 이미 검증된 사실과 결과를 보여줌으로 인해 신뢰를 증진시키는 방법이 좋은 접근방법이 될 수 있다. 또한, 새로운 시스템의 도입으로 인한 결과 개선을 눈으로 보여줌으로써 의심이나 의혹을 깨끗이 정리할 수 있는 유형의 사람들이다.

4) 안정형(steadiness)

안정형 유형의 사람들은 과업을 수행하기 위해서 다른 사람과 잘 협력하는 특징을 가지고 있다. 구체적인 그들의 행동특징은 다음과 같다.

- 예측가능하고 일관성 있게 일을 수행한다.
- 참을성을 보인다.
- 전문적인 기술을 개발한다.
- 다른 사람들을 돕고 지원한다.
- 충성심을 보인다.
- 남의 말을 잘 듣는다.
- 흥분한 사람을 진정시킨다.
- 안정되고, 조화로운 업무환경을 만든다.

주로 연구직이나 개발직에서 많이 보여지는 유형의 스타일이다. 잦은 변화에 적응하기를 별로 선호하지 않고 주로 안정적인 것에 투자하는 편이다. 물론 새로운 것이 안정된 가능성을 보장한다면 관심을 갖기도 한다.

주로 안정형 사람들은 여러 가지 기업의 제품 중에서도 계절적인 요소에 유행을 타는 제품은 별로 선호하지 않는 경향이 있다. 말하자면 스테디셀러(steady seller)를 선호하는 경향이다. 꾸준하게 지역에 상관없이, 계절에 상관없이 지속적인 판매가 이루어지는 것을 좋아하는 유형이다.

이런 유형의 사람들과 잘 대응하기 위해서는 주력상품 위주로 소개하며 그들이 의사결정 시 편안하고 안전하게 할 수 있도록 만들어 주어야 한다. 물론 기업에 대한 로열티가 있으므로 기업도 개인도 모두 혜택을 얻을 수 있다는 강한 메시지를 전달해야만 그들은 선택하고 결정하게 될 것이다.

2. 프로세스별 CRM 역할

기업경영에 있어 제공해 줄 수 있는 CRM의 역할은 신규고객을 창출·확보하여 이들과의 관계를 유지 및 강화시키고자 하는 고객관계관리의 프로세스를 효과적으로 지원하는 것이다. 기업 CRM의 원활한 운영을 위한 전략적 활동은 신규고객을 확보하는 활동, 기존 고객을 유지하는 활동 그리고 상호 신뢰가 형성되어 있는 고객들을 바탕으로 관계를 강화 및 확장해 나가는 활동이다.

(1) 관계획득을 위한 CRM의 역할

1) 잠재고객의 확보

CRM은 기업의 해당 비즈니스 영역에 적합한 고객들의 특성을 파악하여 잠재고객을 확보할 수 있는 역할을 제공한다. 기업으로 접촉해 오는 고객들에 대한 인바운드(inbound) 고객분석을 수행하거나 현존하는 고객들의 프로파일을 분석하여 연계되는 잠재고객 층을 얻을 수 있고 기타 전략적 제휴를 통해 유입되는 고객들 중 특정 고객층을 확보할 수 있다.

2) 구매고객으로의 전환

확보된 잠재고객을 중심으로 구매를 유도하여 실질적인 관계형성의 기능을 제공한다. CRM에서 구매행위는 향후 고객관계관리의 출발점이다.

따라서 신규고객의 확보를 위한 잠재고객의 특성(소득, 성별, 연령, 거주지, 직업, 학력 등)에 따라 제품과 서비스의 품질·기능·성능·디자인·색상 등의 특징 그리고 가격, 구매채널, 부가적인 혜택 등 다양한 요소들을 차별화하여 접근해야 한다.

3) 고객확보 비용의 감소

CRM을 통한 신규고객의 확보는 불특정 다수를 상대로 하는 대중마케팅과는 달리 그 비용을 절감할 수 있다. 대중마케팅에서는 고비용의 대중매체 광고를 통해 신규고객을 확보하려고 하였기 때문에 대부분의 마케팅비용이 신규 고객창출에 소요되었다. 또한 신규고객이 구매고객으로 이어진다고 하더라도 상표인지도 및 애호도(loyalty)를 높여 반복구매를 위해서는 계속 많은 비용이 소요되는 대중매체 광고를 할 수밖에 없었다.

4) 이탈고객 재획득

CRM은 조직내에 축적되어 있는 이탈고객별 정보를 활용하여 이들에게 보다 효과적으로 접근할 수 있다. 이를 위해 먼저 이탈고객의 가치를 평가하여 재획득의 실효성을 판단해야 하고 재획득 대상의 이탈고객에 대한 구체적인 이탈원인을 분석한 뒤 이탈고객에게 접근해야 한다.

(2) 관계유지를 위한 CRM의 역할

1) 고객니즈의 분석

CRM은 확보된 고객들을 대상으로 지속적으로 고객들의 거래 및 행동에 대한 정보를 축적함으로써 그들의 니즈를 명확하게 파악할 수 있는 역할을 제공한다. 고객의 니즈분석은 현존고객 및 잠재고객들의 욕구(needs)를 충족시킴으로써 관계의 유지를 위한 기반이 될 뿐만 아니라 기업의 다양한 부서 및 기능에 고객통찰력(insight)을 제공해 줌으로써 신제품개발 및 사후 서비스의 개선에도 활용할 수 있다.

2) 고객평가 및 세분화

조직내부에 축적된 고객정보를 바탕으로 고객의 실질적인 수익성을 평가하여 계층화하거나 다양한 변수에 의한 세분화 작업을 수행함으로써 각 고객군에 대한 차별화된 대응전략을 수립할 수 있다.

3) 개인화 및 맞춤화

CRM은 고객분석 및 고객들의 특성을 반영한 시장의 세분화를 통해 각 고객에 대한 제품, 콘텐츠(contents), 채널 등에 대한 개인화(personalization) 또는 맞춤화(customization)를 제공한다. 즉 기업들은 고객의 특성에 따라 다양한 형태의 제품 및 서비스를 제공할 수 있게 되었다.

4) 이탈방지

고객의 관계유지는 곧 고객의 이탈을 방지하는 것을 의미한다. CRM에서는 구체적으로 로열티 프로그램(loyalty program)을 운영함으로써 고객스스로 심리적인 이탈장벽을 형성할 수 있고 이벤트 기반마케팅(event-based marketing)의 수행을 통해 고객의 변화되는 상황에 즉각적인 대응을 제공해 줌으로써 고객과의 관계를 지속적으로 유지하도록 도움을 주고 있다.

TRENDS 망원경

한경연 "고용 인센티브 등 '적극적' 노동정책, 실업률 감소에 긍정적"

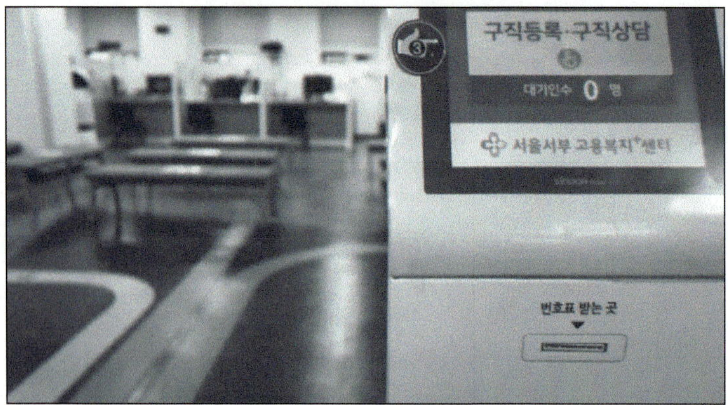

서울 마포구 서울서부고용복지플러스센터의 취업 · 구직 상담실. 연합뉴스

고용서비스, 직업훈련, 고용 인센티브 같은 적극적 노동시장 정책이 실업급여 지급 등 소극적 노동시장 정책보다 실업률 감소에 더 기여한다는 연구결과가 나왔다.

전국경제인연합회 산하 한국경제연구원은 21일 발표한 '적극적 노동시장정책이 실업률에 미치는 영향 분석' 보고서를 통해 이같이 밝혔다.

보고서가 2019년 기준 경제협력개발기구(OECD) 33개 국가들의 적극적 노동시장 정책에 대한 지출을 국내총생산(GDP) 대비 예산비중을 토대로 비교한 결과, 한국은 OECD 평균(0.72%)의 약 절반 수준인 0.37%를 기록하고 있었다.

국가별 순위에서도 OECD 33개국 가운데 20위를 기록하고 있어 적극적 노동시장정책의 지출규모가 상대적으로 작았다. 전체 노동시장 정책의 지출규모 대비 적극적 노동시장 정책지출 비중은 OECD 국가들은 평균 52.55%를 기록한 반면, 한국은 44.05%였다.

적극적 노동시장 정책지출을 세부적으로 살펴보면, 고용 인센티브 정책의 경우 GDP 대비 지출 비중(0.09%)이 OECD 평균(0.33%)보다 0.24%포인트 낮았다. 반면 직접 일자리 창출 관련 지출비중은 GDP 대비 0.10%로, OECD 평균(0.05%)보다 높았다.

보고서가 OECD 국가들의 2000~2019년 패널데이터를 참조해 분석한 결과, 적극적 노동시장 정책은 실업률과 장기실업률에 긍정적인 영향을 미치는 것으로 나타났다. 적극적 노동시장 정책의 지출이 GDP 대비 0.1%포인트 증가하면 실업률은 약 0.24%포인트 감소했다. 장기실업률도 약 0.17%포인트

〈OECD국가 노동시장정책의 GDP 대비 지출 비중 0.1%p 증가시 실업률에 미치는 영향〉

구 분	실업률에 미치는 영향	장기실업률에 미치는 영향
적극적 노동시장정책	−0.24%p	−0.17%p
고용 인센티브	−0.76%p	−0.59%p
직업훈련	−0.43%p	−0.21%p
직접일자리 창출	+0.13%p[비유의 적]	+0.10%p[비유의 적]
실업급여나 실업부조 등 실직자 소득지원 [소극적 노동시장정책]	+0.44~0.48%p	+0.27~0.29%p

줄었다.

정책을 세부적으로 살펴보면 고용 인센티브와 직업훈련이 실업률 감소에 유의미한 영향을 미쳤다. 고용 인센티브 규모가 GDP 대비 0.1%포인트 증가하면 실업률은 약 0.76%포인트, 장기실업률은 약 0.59%포인트 감소했다. 직업훈련 규모가 GDP 대비 0.1%포인트 증가하면 실업률은 약 0.43%포인트, 장기실업률은 약 0.21%포인트 줄어드는 것으로 분석됐다.

반면 정부가 재정을 투입해 일자리를 만드는 직접 일자리 창출은 적극적 노동시장 정책 가운데 유일하게 실업률을 늘리는 쪽으로 작용하는 것으로 나타났다. 다만 보고서는 이에 대해 "유의미한 수치는 아니다"라고 덧붙였다.

실업급여·실업부조 등으로 실직자의 소득을 지원하는 방식의 소극적 노동시장 정책도 오히려 실업률을 증가시키는 것으로 나타났다. 실직자 소득지원 지출규모가 GDP 대비 0.1%포인트 증가하면 실업률은 약 0.44~0.48%포인트, 장기실업률은 약 0.27~0.29%포인트 증가했다.

유진성 한경연 선임연구위원은 "적극적 노동시장 정책의 세부항목 가운데에서 고용 인센티브나 직업훈련 프로그램은 실업률 감소에 유의적인 영향을 미칠 뿐만 아니라 지출규모도 OECD 평균보다 낮은 것으로 나타난 만큼, 해당 분야에 대한 정책을 확대·강화할 필요가 있다"고 말했다.

• 출처 : 경향신문 2022년 12월 21일

(3) 관계강화를 위한 CRM의 역할

1) 핵심고객의 발굴

CRM은 기업이 평생고객으로 발전시켜 나가야 할 핵심고객을 확보할 수 있는 다양한 방법론을 제공한다. CRM의 관점에서 핵심고객은 단순히 기업에 대한 재무적 기여도가 높은 고객뿐만 아니라 입소문(words of mouth)이나 타인에 대한 추천(recommendation) 등 긍정적인 영향력을 행사할 수 있는 고객을 의미한다.

2) 관계확대

저가격(low price) 제품위주로 형성되어 있는 관계는 고객의 인지적 이탈장벽이 약하게 형성되어 있기 때문에 언제든지 단절이 예상될 수 있다. 또한 단일품목의 제품이나 서비스로 연결되어 있는 고객관계 역시 해당 제품에 문제가 발생하거나 경쟁사가 더 좋은 조건을 제시한다면 그 관계가 단절될 수 있다. 이러한 상황에서 고객과의 관계깊이와 폭을 확대할 수 있는 방법이 필요하며 이는 CRM에서 제공하는 교차판매(crossing selling)와 상승판매(up-selling) 방법론이 제공해 줄 수 있다.

3) 고객네트워크의 전략적 활용

최근 CRM은 기업과 고객과의 관계뿐만 아니라 고객간의 관계 역시 관리의 대상에 포함시키고 있다. 긍정적인 구전과 입소문을 전파하는 고객의 경우, 그렇지 않은 고객보다 4배 이상의 재무적 기여를 한다는 것이 밝혀졌기 때문이다. CRM에서는 하우스홀딩(housing-holding) 분석기법이나 고객참조(customer referrals) 분석과 같은 고객의 네트워크 분석을 위한 기반을 제공한다.

3. 마케팅 관점에서의 CRM 역할

CRM과 같은 과학적 마케팅전략은 분석 및 기획, 전략의 실행, 그리고 학습 및 피드백이라는 폐쇄형 순환고리(closed-loop)형태의 순환적 기능구조를 가지고 있다.

(1) 분석 및 기획

1) 고객프로필 분석

고객프로필 분석은 CRM분석에서 가장 기본적인 고객분석단위로 고객의 인구통계적 데이터를 기준으로 고객이 구매 또는 사용한 제품 및 서비스에 대한 정보를 함께 분석함으로써 개별고객에 대한 입체적 분석을 가능하게 해준다.

2) 하우스홀딩 분석

하우스홀딩 분석(house-holding)은 개별고객에 대한 분석뿐만 아니라 고객이 속한 가족이나 조직 기타 공동체를 함께 포함하여 분석함으로써 해당 고객에 대한 부가적인 니즈를 발견할 수 있고 그 고객과 관련된 인적 연결망에 대한 비즈니스 기회를 창출할 수 있다.

3) 고객수익성 모델링

CRM은 매출액 기준이 아닌 개별고객의 실질적인 재무적 기여를 파악할 수 있는 다양한 수학적 모형을 제공한다.

4) 행동예측

데이터마이닝과 같은 분석기법을 통해 고객들의 향후 행동이나 상태의 변화를 예측함으로써 이에 대한 대응방안을 미리 결정할 수 있다.

그림 6-2 순환적 기능구조

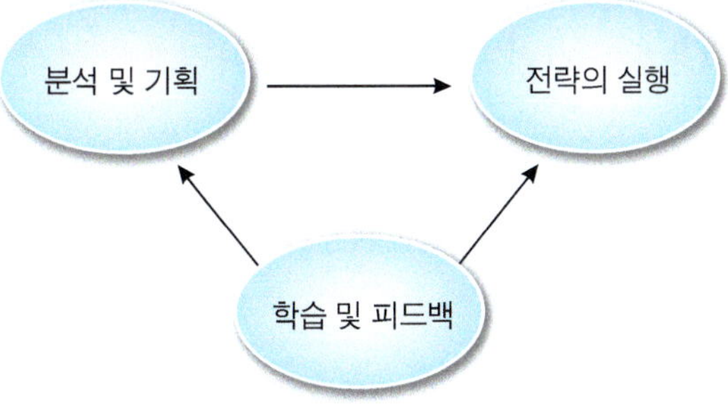

자료: 한국표준협회(2009)

5) 캠페인 기획

고객과 하우스홀딩, 그리고 관련제품 및 서비스에 대한 다차원 분석을 통해 목표고객군에 대한 최적의 마케팅 캠페인을 기획한다. 마케팅 캠페인은 기존의 제품촉진뿐만 아니라 휴면고객의 활성화, 고객등급의 상향조정, 행사참여를 통한 로열티의 증가 등 다양한 목적에 맞게 기획된다.

(2) 전략의 실행

1) 마케팅 프로세스의 최적화

CRM의 실행은 부분최적화에 의해 발생할 수 있는 중복마케팅을 현저하게 감소시킴으로써 전체적인 마케팅비용을 절감할 수 있을 뿐만 아니라 개별고객의 반응을 효과적으로 증가시킬 수 있는 체계를 제공한다.

2) 효과적인 현장직원

CRM기반에서 진행되는 마케팅 캠페인이나 영업 그리고 고객과의 대면이나 제품 및 서비스에 대한 경험의 과정이야말로 진실의 순간(moment of truth)으로 간주하여 이를 매우 중요하게 관리하고자 한다. 이때 대응하는 고객에 대한 상세한 지식과 통찰력을 고객접점 직원에게 효과적으로 제공하여 유능한 역량을 갖춘 마케팅 능력자를 육성할 수 있어야 한다.

3) 채널의 통합적 운용

CRM의 전체 최적화라는 전제는 마케팅활동의 실행채널에 대해서도 적용된다. 동일한 마케팅 캠페인이라도 고객의 선호 또는 우선 채널에 따라 다르게 진행될 수 있으며 비용 효과적인 캠페인 진행을 위해 적용채널 간의 단계적 진행 시나리오를 미리 수립하기도 한다.

TRENDS 망원경

"대구 대형마트는 주말 환영"…의무휴업 규제완화, 물꼬트나

대구시, 지난 19일 상생발전 업무협약 체결
대형마트 주말휴업을 평일로 변경토록 해
대구시 이어 정부차원에서도 규제완화 움직임

대형마트 의무휴업 규제 완화 움직임이 나타나고 있다. [연합뉴스]

2012년부터 시작해 10년간 이어진 '대형마트 의무휴업 규제' 완화 움직임이 본격적으로 나타나기 시작했다. 가장 먼저 시작한 곳은 대구다.

업계에 따르면 지난 19일 대구시는 한국체인스토어협회, 전국상인연합회 대구지회, 대구지역 수퍼마켓협동조합 등과 함께 '상생발전 업무협약'을 체결했다. 이번 협약을 통해 대구는 월 2회 실시하는 대형마트 주말휴업을 평일로 변경하도록 했다. 현행 유통산업발전법으로는 대형마트가 매달 두 번의 일요일을 의무적으로 휴업하도록 규제하고 있다.

의무휴업일 지정 권한을 가진 지방자치단체 중 대구가 먼저 변화의 움직임을 나타낸 것이다. 이번 협약은 상인연합회와 슈퍼마켓협동조합에서 먼저 요청해 고안된 것으로 알려졌다. 대구시 측은 "주말 휴무로 시민들이 겪는 불편이 커 의무휴업일을 평일로 변경하기로 했다"고 설명했다.

이번 협약으로 대구에서 영업하는 대형마트는 이르면 내년 1월 중부터 평일 휴업으로 변경하게 된다. 대구시 관계자는 "관련 이해당사자들이 상생안을 마련한 뒤 곧바로 시행할 것"이라며 "실행은 내년 1월, 늦어도 3월 전으로 목표하고 있다"고 설명했다.

■ 주말에서 평일 휴업바꿔 매출증대

대형마트 의무휴업이 평일로 변경되면 대형마트를 포함한 오프라인 시장 전체의 낙수효과로 이어질 것으로 전망된다. 대형마트 의무휴업은 골목상권 보호를 위한다는 목적으로 2012년에 처음 도입했지만, 최근 신종 코로나바이러스 감염증 사태 이후 온라인 플랫폼 시장규모가 커지면서 오히려 대형과 소형 등 모든 오프라인 매장이 경쟁하기 보다 '상생'구조를 갖춰야 한다는 목소리가 커졌다.

대형마트가 문을 닫으면 오히려 주변 소형 오프라인 매장 점포 역시 매출이 급감한다는 분석도 나왔다. 실제 한국유통학회 조사에 따르면 한 대형마트가 문을 닫을 시, 반경 0~1㎞ 상권은 매출 4.8%가 감소하고 반경 1~2㎞ 상권은 2.8%가 하락하는 것으로 나타났다. 대형마트가 활발하게 운영될 때 경제적 낙수효과가 생기고, 지역 일자리 창출에도 도움이 된다는 설명이다.

평일휴업은 대형마트 매출 이익 증대에도 큰 영향을 미칠 것으로 보인다. 정소연 교보증권 애널리스트는 "이마트의 경우 할인점 137개점에서 창출되는 총매출 12조3000억원을 하루 매출로 계산하면 일평균은 약 360억원, 통상 평일매출 300억원, 주말매출은 500억원 수준인 것으로 계산된다"며 "주말과 평일의 매출차인 200억원 수준으로, 의무휴업일이 평일로 바뀌면 3840억원의 연 매출 상승세가 나타날 것으로 분석된다"고 설명했다.

롯데마트 마찬가지다. 롯데마트는 국내 전체 매장에서 창출되는 총매출이 4조9000억원으로 추정되는데 이를 하루 매출로 계산하면 일평균 매출은 약 145억원이고, 의무휴업이 없는 일요일 매출은 210억원 수준으로 분석된다. 즉 주말과 평일 매출차이가 90억원 수준으로, 의무휴업일이 평일로 변동하면 1728억원이 증가할 수 있다.

대형마트 의무휴업 규제 완화 움직임이 나타나고 있다. [연합뉴스]

유통업계 관계자는 "지역에 위치한 대형마트에 근무하는 직원들은 대부분 해당 지역의 주민들"이라며 "마트의 매출이 증대하면 결국 지역 일자리는 더욱 늘고, 지역경제 활성화에도 순기능을 할 것"이라고 말했다.

한편 대형마트 의무휴업 규제완화는 점차 전국적으로 뻗어 나갈 전망이다. 지방자치단체 외에도 정부차원의 변화 움직임이 일고 있기 때문이다. 규제개혁위원회는 대형마트 의무휴업 규제완화를 위한 상생안을 이달 중으로 발표할 예정이다.

완화방안으로는 기존 월 2회 일요일마다 운영하던 의무휴업일을 평일로 변경하고, 규제로 막혀있던 새벽 시간 영업에 대한 완화 등이 논의되고 있는 것으로 전해진다. 휴업 평일 변경 외에도 심야 운영완화가 진행되면 대형마트의 온라인 매출을 확대하는 데 영향을 미칠 수 있다. 현행법상으로는 영업시간이 지나면, 온라인 주문 상품에 대한 분류, 포장 작업 등도 할 수 없었지만, 영업시간 규제가 완화하면 새벽에 온라인 주문 상품 배송 작업을 진행할 수 있게 된다. 정 애널리스트는 "시간 규제 완화는 온라인 매출을 확대하고 비용절감이 가능해지는 중요한 요인"이라고 설명했다.

• 출처 : 이코노미스트 2022년 12월 21일

(3) 학습 및 피드백

학습 및 피드백단계에서 핵심적인 CRM의 기능 중 하나는 모든 마케팅활동에 대한 구체적인 결과를 체계적으로 수집 및 분석할 수 있다는 점이다.

1) 실행결과의 과학적 분석

캠페인의 종류, 기간, 대상에 따른 다차원적 결과를 측정하고 다시 이것을 고객별로 관찰함으로써 캠페인에 대한 투자수익률(ROI) 뿐만 아니라 고객군에 대한 투자수익률 분석을 가능하게 함으로써 향후 캠페인 기획과 목표고객군 선정에 직접적인 수정을 가할 수 있다.

2) VOC의 전환

기업이나 제품, 서비스 등에 대한 문의, 불만, 제안, 칭찬 등의 목적으로 접수되는 고객의 소리(VOC : voice of customer)는 기업이 놓쳐서는 안 될 중요한 고객정보의 원천이다.

CRM은 인바운드(in-bound) 접촉에 대한 단순대응이라는 기존 콜센터개념의 차원을 넘어서 접수되는 고객의 소리를 효과적으로 분류, 관리, 분석하여 조직의 내부로 전달함으로써 실

질적인 조직학습(organizational learning)이 가능하도록 할 수 있다.

3) 신규 비즈니스로의 전환

목표 고객군에 대한 다양한 마케팅실험은 대상시장과 고객에 대한 면밀한 학습을 가능하게 한다. 이것은 곧 그 고객이 시장의 또 다른 잠재니즈를 파악할 수 있음을 의미한다.

CRM은 이렇게 목표시장 및 고객에 대한 새로운 기회의 탐색을 가능하게 함으로써 신규비즈니스를 착수할 수 있게 하는 기반을 마련해 줄 수 있다.

따라서 CRM은 적절한 고객에게 적절한 제품 및 서비스를 적절한 채널을 통해, 적절한 시기에 제공해 주고자 하는 이른바 4R(right customer, right product, right channel, right time)전략을 기반으로 신규고객의 창출, 기존고객의 유지, 고객관계의 강화를 목적으로 다양한 분석, 기획, 실행, 학습을 반복하는 과정이라 할 수 있다.

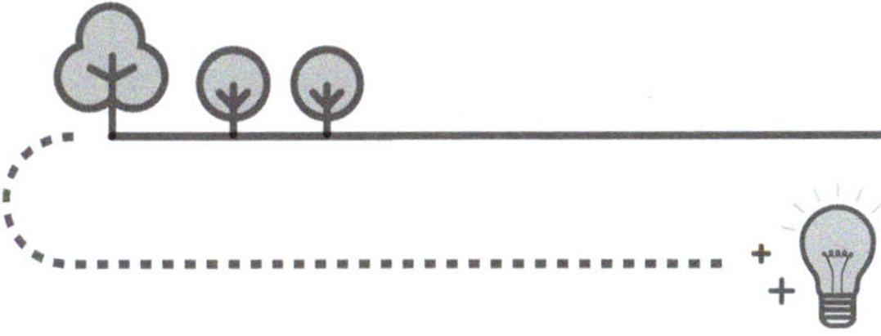

제7장

고객응대와 고객관계관리

로켓배송·도착보장 격돌…
쿠팡·네이버 물류경쟁 본격화

강한승 쿠팡대표와 최수연 네이버 대표. 각사 제공.

쿠팡과 네이버가 e커머스 왕좌자리를 놓고 격돌한다. 소비자 편익을 앞세운 쿠팡과 판매자와의 협업에 방점을 찍은 네이버가 물류경쟁에 나선다. 네이버가 쿠팡이 강점을 보였던 생활소비재를 시작으로 로켓배송(익일배송)과 유사한 '도착보장' 서비스를 시작해 소비자 선택에 관심이 쏠린다.

8일 업계에 따르면 네이버는 최근 스마트스토어 판매자들에게 오는 14일부터 정확한 상품 도착일을 보장하는 도착보장 서비스를 추가한다고 공지했다. 네이버 도착보장은 소비자가 안내받은 상품 도착일에 정확히 배송받게 돕는 D2C(Direct to Consumer · 고객 직접 판매) 솔루션이다. 소비자가 추가로 낼 비용은 없고, 목표한 날짜에 배송되지 않으면 네이버가 일정 금액을 보상한다.

이번 서비스는 물류 업계 1위 업체인 CJ대한통운과 협업한 것으로, 배송과정에서 발생한 데이터를 판매자에게 제공해 동반성장하는 생태계가 만들어질 것으로 네이버는 기대했다. 네이버는 협업을 통해 2025년까지 생활소비재 절반에 도착보장을 적용하고, 1시간 배송 등 다양한 서비스를 선보일 예정이다.

쿠팡도 움직이기 시작했다. 로켓배송 개시 후 8년만인 올해 3분기 첫 흑자를 낸 쿠팡은 향후 물류 사업과 투자를 더 늘릴 예정이다. 쿠팡은 전날 2010년 창립 후 전국 물류망 구축에 6조2000억원을 들였다며 정확한 투자금액을 공개하며 흑자전환의 비결이라고 밝혔다. 또 지난해 한국에 투자한 전체 외국인 직접투자의 절반에 달하는 12억 2000만 달러(1조 4530억원)를 조달해 앞으로도 차별화된 고객 서비스를 확대할 것이라고 했다. 신사업도 한다. 택배사업 진출로 향후 소비자들은 쿠팡의 오픈마켓 상품도 로켓배송으로 받아볼 수 있게 된다.

쿠팡은 전국 자체 물류센터를 활용한 직매입 · 배송구조를 통해 기사들이 주문에 맞춰 로켓배송을 한다.

경험해 보지 못한 빠른 배송과 무료반품·교환에 익숙해진 소비자들은 충성고객으로 이어졌다. 올해 상반기 기준 쿠팡 유료멤버십 회원 수는 900만명에 달한다. 네이버 유료멤버십 회원수는 700만명이다.

작년 물류센터 화재와 열악한 노동환경 등의 기업윤리 문제로 불매운동이 일고, 올해는 유료멤버십 가격이 72% 올랐지만 이용 고객수는 늘었다. 올 3분기 쿠팡의 활성고객(1799만 2000명)은 전년 동기 대비 7%, 1인당 매출(38만원)은 19% 늘었다. e커머스 업계 관계자는 "저가를 찾아 쇼핑몰을 옮겨다니는 경우가 많아 충성고객을 만들기 어려운 구조인데 배송 혁신으로 '락인(고객 붙잡기)'에 성공해 흑자전환에 기여하고 있다"고 말했다. 유통 대기업들도 쿠팡을 따라 로켓배송과 유사한 새벽배송 등의 서비스를 내놨지만, 결국 버티지 못하고 서비스를 줄이거나 중단했다. 현재 전국 단위로 익일배송이 가능한 곳은 쿠팡이 유일하다.

다만 양사모델은 모두 한계가 있다. 모든 물류과정을 통제해 서비스가 균질한 쿠팡과 달리 네이버는 서비스 질을 예측할 수가 없다. 또 물량이 많은 대기업 브랜드사가 아닌 소규모 업체까지 물류 서비스에 참여하려면 상당한 시간이 걸릴 것으로 보인다. 쿠팡은 가격결정과 발주 등을 전부결정하는 구조여서 최근 CJ제일제당처럼 제조사와의 갈등을 피할 수 없고, 물류 효율화를 극대화하기 위한 투자도 당분간 이어가야 한다.

유통업계 관계자는 "e커머스 시장이 양강구도로 재편돼 쿠팡과 네이버를 쓰는 소비자의 패턴과 카테고리가 나눠져 있다"며 "장기적으로 보면 소비자를 끌어들이는 콘텐츠이자 파트너인 판매사의 선택을 받는 곳이 신규 고객을 유치하는 데 주도권을 갖게 될 것"이라고 말했다.

• 출처: 경향신문 2022년 12월 8일

시시각각 변화하고 다양한 욕구를 추구하는 소비자와의 비즈니스를 성공시키기 위해서는 반드시 준비된 전략이 필요하다. 세일즈에 있어서 가장 중요한 전략은 바로 고객을 제대로 응대하는 일이다. 기업이 고객만족과 감동, 고객 우선주의 등이 중요한 현재의 상황에서 고객을 어떻게 응대하고 그들에게 기업을 어떤 방식으로 신뢰하도록 만드는가의 문제는 비즈니스 성패를 좌우하는 중요한 일이다. 따라서 고객응대에도 나름대로의 영업전략을 만들 필요가 있다.

제1절 고객응대와 고객경험

1. 고객응대전략

영업에는 전략이 필요하다. 새로운 신규고객에 집중할 것인지 아니면, 기존 고객에게 더 많이 파는 데 집중할 것인지, 대면(對面) 세일즈에 집중할 것인지, 전화나 카탈로그 같은 간접세일즈에 집중할 것인지, 영업사원을 내부정규직으로 가져갈 것인지 전문계약직으로 가져갈 것인지, 영업조직과 일반 관리조직의 역할은 어떻게 규정할 것인지 등에 대해 전략적으로 접근해야 하는 것이다.

이것은 바꾸어 말하면 고객에게 어떤 응대의 전략을 펼 것인지를 결정하는 것이다. 따라서 영업전략을 세우기 위해서는 무엇보다 고객을 깊이 이해하고 각 고객별 경제성과 수익성 등을 분석해 목표고객군을 세분화하는 작업이 우선되어야 한다.

미국 신용카드 업계에서 차별화된 비즈니스 모델로 주목받는 캐피털원은 무려 2만개 항목으로 고객을 구분한다. 연령과 성별·직업·기혼여부 등 기본적인 인구통계적 변수뿐 아니라, 고객의 태도·성향 등 계량화하기 힘든 항목도 포함된다. 캐피털원은 회원가입 신청을 받을 때 “당신이 앞으로 돈을 더 많이 벌 것이라고 생각하느냐 아니면 지금보다 못 벌 것이라 생각하느냐”, “한 달에 저축은 얼마나 하는가”, “주말에는 주로 무엇을 하며 시간을 보내느냐”, “주로 구독하는 잡지는 무엇인가” 등을 묻는다.

캐피털원은 분석결과 당장은 소득이 높지 않지만 앞으로 발전가능성이 있다고 판단되는 고객에게는 다소 리스크(risk)가 있더라도 대출액을 늘려준다.

이처럼 고객별 세분화를 통해서 고객응대전략이 달라져야 한다는 것이다. 차별화된 고객응대 전략은 고객의 감동과 기업의 성과로 반드시 연결될 것이며 그것은 기업 경쟁력이 되는 것이다. 그러나 기업은 한 가지만 우수하다고 해서 고객에게 만족스런 결과를 제공할 수 없으며 제품, 가격, 유통, 촉진 등 조직전체의 시스템이 만족스런 결과를 만들어 낼 수 있다.

(1) 고객응대 원칙

1) 신속성의 원칙

고객응대시 중요한 점은 고객이 기다리지 않도록 응대시간을 줄이는 것이다. 이것은 점포뿐만 아니라 전화문의 혹은 배달서비스 등 고객이 의사결정을 하고 답변을 제공할 때까지의 그 시간을 신속하게 진행한다는 것이다. 이는 고객의 감동과 만족에 영향을 주게된다.

어느 피자전문점의 경우, 주문 후 정해진 시간내에 피자가 배달되지 않으면 가격을 환불해주는 시스템을 광고메시지로 살려 고객들로 하여금 신속한 서비스를 제공하는 기업 혹은 약속을 당당하게 지키는 브랜드로 기억되었다.

이처럼 고객들은 신속한 서비스에 높은 점수를 주고 있으며 기업입장에서는 이를 적극활용할 필요가 있다.

2) 공평성의 원칙

이는 고객응대에서 중요한 부분이다. 고객이 느끼는 차별대우는 다시는 재구매하고 싶지 않도록 만들정도다. 많은 사람들은 구매시 '내가 다른 사람들처럼 제대로 대우를 받고 있는가?'를 기억하게 된다.

이는 직업, 얼굴 생김새, 착용한 옷 등의 여러 가지 감성적인 부분에 따라 고객이 차별받게 되는 경우가 실제 나타나기 때문이다. 그러나 기업의 입장에서는 신뢰를 위해서 차별응대는 해서는 안 된다. 또한 고객은 차별대우를 인지하는 순간 지금까지의 신뢰를 잊게 된다. 어렵게 쌓은 신뢰를 차별응대로 인해 무너뜨리는 어리석음은 발생하지 않아야 한다.

3) 고객중심의 원칙

마케팅중심의 시대가 되면서 고객은 이제 기업경영의 중심을 차지하고 있다. 아무리 좋고 훌륭한 고객응대도 고객이 원치 않으면 가치가 없으며 이는 상품구매로 연결되지 못한다.

따라서 고객이 원하는 것이 무엇인지, 어떻게 요구하는지를 정확하게 파악하여 기본욕구를 충족시켜야만 감동으로 연결된다.

- 사용자가 구매자 자신인가? 선물을 할 것인가?
- 일반적 가격대를 원하는가? 고가격의 특별함을 원하는가?
- 구매상품을 사전에 결정했는가? 아니면 적당한 상품을 찾고 있는가?
- 당장 구매할 것인가? 아니면 다음에 구매할 것인가?

고객응대에 있어서 이러한 부분들이 파악되지 않는다면 고객을 만족시킬 수 없으며 결국 상품구매로 연결하는데 실패할 확률이 높을 것이다.

(2) 고객응대 행동절차

1) 준비단계

언제든 고객이 다가와도 당황하지 않고 응대할 수 있도록 몸과 마음의 준비를 철저히 하는 단계이다. 그러나 가만히 고객을 기다린다는 차원보다는 고객서비스 응대를 위한 정적 혹은 동적인 절차를 이야기 한다.

예를 들어 고객을 기다리는 행동도 준비단계이며 고객을 분석하고 파악하기 위한 일련의 행동 또한 준비단계이다. 점포의 경우 판매원이 우두커니 서있기보다는 바른 자세와 대화를 이끌어 갈 수 있는 편안함으로 준비하는 것이 중요하다.

2) 상품제시의 단계

이 단계는 상품을 설명하기 전 고객의 흥미를 유발시키는 중요한 단계이다. 고객들의 구매심리 중에는 가장 중요한 주의의 단계가 있다. 물론 이 단계에서 고객의 흥미가 유발되지 않으면 구매로 연결되기 어렵기 때문이다. 고객이 쉽게 상품을 접할 수 있도록 하거나 직접 시현해 보는 것이 좋은 예이다. 할인점에 가면 자유롭게 고객들이 먹어보고 만져보고 할 수 있는 것은 바로 고객에게 정확한 상품제시를 하기 위한 방법을 활용하는 것이다.

3) 구체적 설명

설득을 위해 아주 중요한 단계이다. 고객이 상품에 대해 알고 있는 정보가 적으면 적을수록 더 중요한 구매동기를 유발하게 하는 단계이다. 설명을 하는 경우 고객의 입장에서 쉽게 설명이 이루어져야 한다.

많은 경우 세일즈맨들은 어려운 용어로 기술적인 부분까지 언급하는 경우가 있기도 하다.

그러나 고객은 어려운 부분을 알고 싶지 않다. 왜냐하면 사용하면서 얻을 수 있는 혜택에 관심이 있기 때문이다.

이는 바로 고객입장보다는 기업의 입장에서 상품을 설득하고 있는 것이다. 상품이 가지고 있는 기능부분과 특징을 소개하고 그것으로 인해 고객이 얻게 되는 이익이 무엇인지 명확하게 짚어주어야 한다. 이 경우 좀 더 주의해야 할 점은 다음과 같다.

- 명확하게 확인하고 올바르게 설명한다.
- 쌍방향의 의사소통이 이루어져야 한다.
- 정보와 일상적 접근으로 쉽게 설명한다.
- 특징보다는 이점에 초점을 두어 고객의 입장에서 설명한다.

4) 구매결정

앞서 이루어진 여러 단계가 지나면 고객이 직접 구매의사결정을 하게 된다. 이 경우 너무 서두르지 않아야 한다. 의사결정을 하기 위해 고객은 다양한 것들을 문의하며 그것에 대한 궁금증을 풀어주어야만 구매를 결정할 수 있다.

대부분 세일즈맨들은 서둘러 구매결정을 하도록 유도한다. 그러나 그것은 자칫 고객이 구매결정을 철회할 수 있도록 만드는 경우가 있다.

차분히 다른 상황과 비교할 수 있도록 해주며 결국 구매결정이 올바르게 이루어졌음을 확신시키는 행동들이 필요하다. 이는 구매 이후 인지부조화의 상황을 위해서도 반드시 필요한 과정이다.

(3) 고객응대 서비스

1) 고객이 선택하도록 하라

상품에 관한 정보와 지식이 충분하지 않은 경우라도 고객스스로가 선택하고 의사결정했다고 느끼지 않으면 구매 이후 만족도는 떨어질 수밖에 없다. 고객이 원하는 상품을 찾아주고 객관적 시각으로 평가해 주는 서비스 응대정신이 필요한 상황에서 고객의 의사결정을 번복하도록 만드는 지원과 간섭은 오히려 구매후 만족도에 도움이 되지 못한다.

따라서 서비스제공을 목적으로 하는 혹은 고객응대를 제대로 하고자 한다면 고객의 취향과 스타일, 성향 등을 먼저 파악하는 것이 중요하다. 이러한 배경에서 접근하면 구매결정은 스스로 고객이 내리는 것이 가장 바람직하다.

TRENDS 망원경

쿠팡 vs CJ제일제당 '10원 전쟁'의 진짜 이유

CJ제일제당과 쿠팡이 혈투를 벌이고 있다. 글로벌 공급망 위기, 좀처럼 잡히지 않는 인플레이션으로 인해 원가구조가 악화하는 등 파이가 작아진 상황에서 상품제조(製)와 유통(販) 중 누가 좀 더 몫을 가져갈 것이냐가 분쟁의 내막이다. 좀 더 깊게, 멀리 조망한다면 각각 식품제조와 e커머스 업계 국내 1위라는 점에서 양사의 전쟁은 한국 소비재 산업의 미래를 결정지을 중대사건이다. 이 싸움이 왜 중요한지는 유럽과 미국의 제·판 힘의 균형이 어떤 지를 통해 가늠해볼 수 있다.

대형식품사 많은 미국 VS 유통이 강한 유럽

작년 말 매출을 기준으로 집계한 세계 100대 식품기업과 세계 100대 리테일러(유통업체)의 순위를 보면 미국과 유럽의 제판(製販) 지형은 정반대다. 우선 식품기업 30위안에 유럽 기업은 5개뿐이다. 이 중 스위스 기업이 1위인 네슬레를 포함해 초콜릿 업체인 린트, 바리칼리바우트 등 3개 사다. 3위가 영국의 유니레버이긴 하지만, 식품보다는 '도브' 등 생활용품에 특화된 기업이다. 프랑스 다농은 13위다.

글로벌 식품업계를 주무르는 기업들은 대부분 미국에서 나왔다. 맥도날드(2위), 몬델레즈(4위), ADM(5위), 크래프트 하인즈(8위), 치폴레 멕시칸 그릴(10위) 등 30위에 포진한 미국 식품회사는 17개에 달한다. 켈러그, 도미노 피자 등 우리에게도 친숙한 이름의 기업이 수두룩하다.

유통업계는 사정이 좀 다르다. 글로벌 초강대국인 미국의 비중이 높은 것은 마찬가지지만, 유럽 리테일러의 위세도 만만치 않다. 10위 안에 독일의 슈왈츠 그룹(4위)과 알디(8위)가 포진해 있다. 독일 국적의 글로벌 식품기업이 전무하다시피 한 것과 대조적이다. 순위를 250개로 넓히면 독일 유통업체가 18개에 달하고, 테스코 등 영국 리테일러도 15개, 까르푸의 나라 프랑스도 14개가 100위권에 포함됐다. 독·프·영 3국의 숫자를 합하면 47개로 미국 70개에 크게 뒤처지지 않는다.

소비재 산업에 관한 한 유럽은 확실히 유통이 강한 나라다. 유럽 최대 공업국인 독일조차 식품제조업에선 이렇다 할 대형기업을 배출하지 못했다. 유럽연합(EU)이란 공동체 외양을 갖고 있지만, 국가별, 지역별로 로컬 소비가 워낙 강해 글로벌 시장을 지배하는 대형 식품회사가 나오기 어려운 구조를 갖고 있다는 것이 주요 이유로 거론된다.

PB 비중이 80%인 초저가 할인슈퍼 알디의 공습

유통이 강한 유럽의 또 다른 현상은 소비자들이 PB를 선호한다는 것이다. 한국체인스토어협회 관계자는 "테스코, 세인즈베리, 아스다, 모리슨즈 등 영국계 유럽 대형 소매업체들의 PB(자체 브랜드) 비중이 40~50%에 달한다"며 "이것저것 끌어모아야 PB 비중이 20%에 채 못 미치는 한국은 물론이고, 전국구 브랜드(NB) 판매 비중이 훨씬 높은 미국의 유통업계와도 차이가 뚜렷하다"고 설명했다.

PB 판매 비중이 80%에 육박하는 알디의 약진은 유럽 내 제·판 힘의 균형이 어떤지를 짐작게 한다. 하드 디스카운트 스토어(HDS, 초저가 슈퍼마켓)라는 영역을 개척한 알디는 올해 11월 기준으로 모리슨을 제치고 영국 유통업계 점유율에서 4위에 올라섰다. 영국 유통업계에서 전통의 4강 구도가 깨진 것은 처음이다. 'Discount ist die Kunst des Weglassens(할인은 곧 예술)'이란 구호 아래 테스코보다 평균 22% 싼 가격에 제품을 파는 알디의 전 세계 매출은 2020년 회계연도 기준 1170억달러에 달했다.

현재 유럽의 상황은 CJ제일제당을 비롯해 한국의 식품기업에 최악의 시나리오다. 자칫 유통업체의 PB를 만드는 하청으로 전락할 수 있어서다. 이재현 CJ그룹 회장은 시대를 앞선 투자로 글로벌 식품경영, '한식의 세계화'를 천명한 바 있다. e커머스라는 신(新)유통과의 기 싸움에서 밀리면 K푸드의 글로벌 시장진출에도 차질이 빚어질 수 있다.

CJ제일제당 입장에서 쿠팡은 기존 질서의 파괴자다. 이마트 등 기존 대형마트와는 공존할 수 있었다. 원가구조의 변화에 따라 마진율을 서로 양보하고 조정하면서 힘의 균형을 유지하고 있다. CJ제일제당이 신제품을 만들면, 이마트는 매대에 적극적으로 진열해줬다. 이마트가 노브랜드와 피코크라는 PB를 키우고는 있지만, 20%의 벽에 머물러 있는 것은 '능력부족'만으로는 설명하기 어렵다.

CJ제일제당, "K푸드 세계화 위해 힘 길러야" VS 쿠팡, "물가 방어가 지상과제"

글로벌 공급망 위기와 인플레이션 전쟁이전만 해도 쿠팡과의 공존도 어느 정도 가능했다. 식품업계 맏형격인 CJ제일제당은 햇반, 비비고 만두 등 자사 1등 브랜드를 쿠팡에 공급했다. 회사측이 정보를 공개하고 있지만 않지만, CJ제일제당 주요 제품의 e커머스 판매비중은 20~30% 수준인 것으로 알려졌다. 농심이 신라면을 쿠팡에 아예 공급하지 않거나 공급하더라도 이마트보다 높은 가격에 납품하는 것과 대조적이다. LG생활건강은 쿠팡과 소송전까지 불사했다.

하지만 원가구조 악화는 하루아침에 동지를 적으로 바꿔놨다. '소비자를 위한 물가방어'를 내세우고 있는 쿠팡은 자고 나면 치솟는 상품가격을 잡아야 했다. 쿠팡은 빅데이터와 인공지능(AI) 기술을 동원해 자신들만의 '적정 가격'을 찾는데 엄청난 돈을 쏟아붓고 있다. 쿠팡의 잣대로 봤을 때 CJ제일제당은 마진율을 줄여야 했다. 이에 대해 CJ제일제당은 "흑자 기조를 유지해야 하는 쿠팡이 제조에만 일방 희생을 강요한다"며 강하게 반발하고 있다.

이재현 CJ그룹 회장의 꿈은 '한식의 세계화'와 글로벌 식품기업으로의 성장이지만, 김범석 쿠팡 창업자는 첫째도 소비자, 둘째도 소비자를 부르짖는다. 쿠팡과 같은 대형 e커머스는 소비자에게 다른 어떤 채널보다 싼 가격(동일 상품이라면)에, 최상품질의 상품(신선 등 그로서리)을 가장 빠르게(앞으로는 고객이 원하는 시간에) 배송해주는 것이 지상 최대과제로 삼고 있다.

중국처럼 내수만으로도 충분히 먹고 살 수 있거나, 미국의 아마존, 월마트처럼 세계 시장을 무대로 활약할 수 있으면 상관없겠지만, 쿠팡은 업력이 이제 갓 10년을 넘긴 한국의 '스타트업(이렇게 말하기엔 쿠팡의 덩치가 너무 큰 것은 사실이다)'이다. 대형 제조사의 NB 제품에만 의존한다는 것은 스스로 존재 가치를 부정하는 것이나 다름없다.

유통은 PB 강화, 식품제조는 DTC가 '비장의 무기'

현재로선 양사가 타협점을 찾는 게 최선일 것이다. 쿠팡을 찾는 소비자가 햇반과 비비고 만두를 구매할 수 없다면 이 또한 소비자에 대한 예의가 아니다. CJ제일제당 역시 쿠팡과의 전쟁이 지속되면 매출 감소는 물론이고, 경쟁사들에 시장 점유율을 추격당할 수 있다.

한 가지 분명한 건 불확실성의 시대에 제조와 유통은 더 이상 친구가 아니라는 점이다. 언제든 똑같은 상황이 재현될 수 있는 만큼 상대방을 굴복시킬 수 있는 무기를 미리 비축해두는 것이 상책이다. 쿠팡 등 유통업체들이 가질 수 있는 가장 강력한 한방은 압도적인 품질의 PB다. 미국의 대형 소매업체인 크로거만 해도 PB 판매비중을 늘리면서 올 3분기 매출이 전년 동기 대비 7.3% 증가하는 등 깜짝 실적을 기록했다.

8%에 육박하는 물가상승은 유통업체의 PB 전략에 훌륭한 자양분이다. 한국체인스토어협회가 광고에이전시 NC솔루션의 조사를 인용해 작성한 콘텐츠에 따르면 미국 소비자들은 동일 카테고리에서 보다 저렴하고 가성비 좋다고 생각하는 품목으로 교체(전체 응답자의 45%)하려는 것으로 나타났다. 제품을 구매할 때 제1의 기준이 가격이 됐다는 얘기다.

CJ제일제당 등 제조사들은 압도적인 품질과 브랜드 파워를 가진 상품을 계속해서 내놓아야 하고, 이와 함께 DTC(다이렉트 투 컨슈머) 전략에도 힘을 기울여야 한다는 지적이 나온다. e커머스 플랫폼을 거치지 않고, 온라인 공간에서 소비자와 직접 대면할 필요가 있다는 것이다. DTC 전략의 대가(大家)는 나이키다. 국내에선 유한킴벌리가 e커머스의 등에 올라타면서 동시에 DTC 채널을 키운 대표 사례로 꼽힌다. 진짜 전쟁은 이제 시작이다.

• 출처 : 한국경제 2022년 12월 22일

2) 상품지식 습득은 확실하게 하라

자신이 다루고 있는 상품에 대한 지식과 정보는 완벽하게 파악해야 한다. 상품에 관한 지식과 정보를 제대로 파악하지 못한다면 고객이 먼저 알 것이며 또한 올바른 고객응대 서비스에도 문제가 발생하게 된다. 따라서 상품에 대한 설명서 파악 및 기본매뉴얼 정도는 이미 잘 이해하고 있어야 한다. 물론 부족한 부분에 대해서는 전문가들의 도움을 받아 담당자로서의 역할을 향상시킬 필요가 있다.

실제 현장에서는 제대로 된 상담진행을 위해 주간단위, 월간단위로 상품에 대한 테스트를 실시하며 직접 고객응대 서비스를 시연해 보이기도 한다. 이는 고객이 원하는 바를 얼마나 정확하고 만족스럽게 전달하는가에 따라 성과에 긍정적 영향을 주게 된다는 사실을 기업입장에서도 너무나 잘 알기 때문이다.

3) 고객의 이야기에 귀 기울이라

고객은 구매자인 동시에 상품을 기획하는 디자이너라 해도 틀리지 않다. 그것은 고객이 상품구매 후 사용하면서 파악했던 사항들을 개선점으로 기업에 전달하기 때문이다. 이는 상품을 기획하는 디자이너들이 진행하는 작업과도 다르지 않다. 이렇게 중요한 일을 하는 고객의 이야기를 듣지 않고 기업이 마음대로 상품을 만들어 낸다면 그것은 시장에서 인기를 얻을 수 없다.

이는 고객의 실생활 아이디어로부터 좋은 상품이 만들어지게 되는 기본적 출발이다. 하지만 많은 기업들은 아직도 고객의 이야기를 경청하지 않고 있다. 그것은 고객이 단지 구매하는 역할만 하고 있다고 기억하는 것이다. 좋은 고객응대가 되려면 고객이 원하는 이야기를 들어야 함을 잊지말아야 한다.

2. 고객경험

(1) 고객경험의 개념

고객경험(customer experience)은 일반적으로 고객이 기업과 상호작용하는 과정에서 일어나는 모든 자극에 대해 고객이 느끼는 지각 그리고 해석을 말한다.

예를 들어 화장품 숍(shop)을 방문한 고객이 경험하는 제품에 대한 반응과 느낌뿐만 아니라 점포의 환경, 분위기, 흘러나오는 음악, 점포를 방문한 또 다른 고객들까지도 포함된다.

고객경험은 화장품 숍이 고객에게 전달하려했던 의도한 것은 물론 의도하지 않았던 모든 것들까지도 포함한다. 물론 고객자신이 만들어 낸 활동들도 이것에 속한다. 그러므로 고객이 느끼는 모든 것들을 광범위하게 포함하는 개념이다. 그러나 이러한 고객경험에 대해서는 아직 일치하는 정의는 정립되어 있지 않은 것이 현실이다. 하지만 고객경험에 대한 중요성은 많은 분야에서 점점 확대되고 있다. 그것은 고객경험이 기업의 수익과 연결되며 고객들의 충성심을 실현하는 중요한 요인이기 때문이다.

고객경험의 단계에서 가장 중요한 것은 접점관리이다. 처음 접하는 접점에서의 의미가 매우 중요하며 고객이 지닌 정서적인 부분과 비경제적인 부분으로의 전환도 필요하다. 이것은 고객이 느끼는 스스로의 여러 가지 느낌들을 정서적 접근을 통해 개인적으로 개발해 나가야 함을 의미한다.

고객경험을 위해 면대면(face to face)의 상황에서 어떻게 상호작용하고 관계를 만들어 갈 것인지 또한 그 과정에서 어떻게 신뢰하는 관계로 발전시킬 것인지를 고민해야 한다.

이 과정에서 기업은 일관성 있는 명확한 신뢰관계구축을 위해 노력해야 하고 고객의 충성심 유발을 위해 노력해야 한다.

(2) 구성요인

고객경험을 구성하는 일곱 가지의 주요 유형은 다음과 같다.

1) 객관적 경험

객관적 고객경험은 고객들이 지적하는 문제점들을 의미한다. 또한 대부분 고객의 클레임(claim)과도 연결될 수 있는 문제들이다.

2) 지각된 경험

고객의 경험은 사람마다 다르다. 객관적 고객경험이 핵심 기능성의 부재에 초점을 두고 있다면 지각된 경험은 기업과의 접점에 대한 개인의 지각과 관련되어 있다.

예를 들어 고객들이 점포의 상황을 전혀 고려하지 않고 스스로 원하는 쇼핑만족을 경험한다면 고객은 그 점포에 대해 나름대로 높은 점수를 주게 된다. 이것은 바로 고객 스스로가 점포와의 상호작용을 어떻게 느끼고 있는가가 중요한 것이고 해석의 정도에 따라 모든 경험이 달라진다는 것이다.

3) 접점경험

고객경험 중 가장 중요한 부분이 접점경험이다. 따라서 고객경험은 전반적인 접점에 대한 요소가 모두 고려되어야 한다. 특히 면대면 진행될 수 없는 온라인의 경우 인터넷거래를 통한 마케팅 성과측정을 위해 온라인사이트의 고객방문이라든지 페이지뷰(page-view) 등의 접점이 더욱 중요하다.

4) 자극경험

고객의 반응을 유도하기 위한 대표적인 경험요소이다. 소매점의 경우 점포의 분위기, 간판, 음악 등 나름대로의 고객자극을 통해 고객의 반응을 측정하고 평가하게 된다.

5) 감각경험

모든 감각기관으로부터 입력되는 정보에 대한 경험으로 오감에 의한 경험을 포함하기도 한다.

6) 인지적, 감정적 경험

사고를 중심으로 한 인지적 경험과 감정적 반응에 의한 분위기, 태도 등을 느끼는 감정적 경험을 의미한다.

7) 상대적 경험

소비자들은 경험을 통해 사전경험을 가지고 있다. 이러한 상대적 경험이 구매행위를 진행하는 동안 다양한 자극에 대해 반응하기도 한다. 또한 소비자의 사전경험은 현재의 판단과 평가에 많은 영향을 미치기도 한다. 따라서 모든 소비자경험은 경쟁기업에 대한 경험도 평가해야 한다.

제2절 고객관계관리와 고객행동

1. CRM과 고객행동

최근 불황과 맞물려 고객관계관리(CRM)에 대한 관심이 커지고 있다. P&G와 코카콜라 등 미국의 소비재 기업들은 최근 앞다투어 CRM시스템을 대대적으로 개편했다. 국내 최고경영자(CEO)들의 관심도 크다. 지난해 말 SERI CEO가 진행한 설문에서 영업 및 마케팅능력의 획기적 증대는 응답자들이 가장 중요하다고 지적한 중점경영전략이었다.

이는 CRM이 불경기에 매우 중요한 생존도구이기 때문이다. 불황에는 지출을 줄이는 동시에 수익이 날 수 있는 부분을 적극적으로 발굴해 집중투자해야 한다. 수익성이 높은 고객을 찾아 한정된 자원을 집중투자하기 위해서는 고객에 대한 과학적 분석, 즉 CRM이 꼭 필요하다. 불황기의 고객행동 패턴변화 CRM은 고객에 대한 이해에서 출발한다. 먼저 현재 소비자들이 어떤 행동패턴을 보이고 있는지 살펴보자.

현재 소비시장의 화두는 불황과 소비심리위축이다. 하지만 그 속에서는 소비다양화라는 트렌드가 동시에 나타나고 있다. 특히 현재의 고객들은 과거 불황기와 달리 무조건 값싼 제품을 선호하는 등의 천편일률적 소비행태를 보이지 않는다. 소비자의 욕구와 기호는 불황기에도 끊임없이 진화한다는 말이다. 즉 소비여건 악화로 인해 지출을 줄이는 경향이 나타나고 있으나, 소비자들은 기존의 높아진 소비수준을 앞으로도 일정기간 유지할 전망이다. 이것이 바로 불황에도 소비지출이 한꺼번에 줄어들지 않는 이유다.

CRM은 기업이 이런 트렌드를 통해 발생하는 새로운 사업기회를 적시에 인식하고 선제적으로 대응하기 위해 반드시 필요하다. 이런 맥락에서 기업은 고객을 단순한 집단으로 인식하지 말고 전보다 더 세분화하여 다뤄야 한다.

(1) 스마트기업의 고객관리

글로벌기업 IBM은 '스마트기업(smart company)'이라는 개념을 강조하고 있다. 스마트기업은 환경변화에 빠르게 적응하는 똑똑한 회사를 말한다.

스마트기업 관점에서의 고객관리는 불황기의 한정된 자원을 기반으로(operating leanly) 고객의 가치를 확인하고, 이를 비즈니스 기회로 연결시켜 실질적인 회사의 성장과 수익향상에 도움이 되는 체제를 만들자는 것이다. 이를 위한 활동으로는 가치집중, 기회활용, 신속한 행동의 세 가지를 들 수 있다. 이 세 가지 행동을 CRM에 접목하면 다음과 같은 시사점을 얻을 수 있다.

그림 7-1 스마트기업의 고객관리

가치에 집중	기회 활용	신속한 행동
고부가가치 고객의 영역설정 · 가치 중심의 세분고객 재분류 · 신흥/성숙시장 구분해 고객 재분류 **핵심역량에 집중** · 차별화 재검토 · 고비용 저효과 프로세스 및 고객대응 최소화 · 매스 마케팅 최소화 · 고객을 정확히 이해해 복잡성 제거	**공격적이며 세분화된 시장공략** · 고객이 원하는 채널탐색 · 교차판매 가능성 검토 **미래 역량구축** · 고객 세분화 전문가 양성 · 고객자사 개발	**리더십과 유연성을 갖춘 조직** · 빠른 실행을 할 수 있는 조직구축 **고객 이탈 리스크를 고려한 의사결정** · 리스크 최소화를 위한 고객 프로그램 개발

1) 가치에 집중하라

불황기 CRM 활동에서의 가치집중은 고객의 행동을 철저히 분석해 가치있는 그룹을 선별하고 이들에게 집중하는 것을 말한다. IBM 연구결과에 따르면, 불황기에는 전체고객의 50%를 차지하는 옹호자와 이동자에 관심을 집중해야 한다.

옹호자는 기존 상품이나 점포를 지속적으로 이용하면서 다른 고객을 데려오는 사람이며, 이동자는 가격이나 서비스 등에 따라 쉽게 이용상품을 바꾸는 사람들이다. 옹호자는 불황기에 상대적으로 이동자보다 중요도가 더 높은 고객들이다. 충성도가 높은 이들은 값이 싼 PB(private brand)상품보다는 브랜드제품을 선호하며, 기존의 고객세분화 및 고객가치 분석결과에 따른 고객들 행태를 유지하는 특징이 있다.

불황기의 기업은 옹호자 고객들이 다른 고객을 끌어들이는 효과(word of mouth) 등을 발 빠르게 가치로 환산해 즉시 의미있는 고객만을 선별할 수 있어야 한다. 또 고객관계관리 프로세스가 선별된 고객만을 대상으로 흘러가게 해야 한다.

콜센터에서 프로모션 이벤트 고객리스트를 선정할 때 자동으로 가치있는 고객만을 선별하는 절차를 넣는 것이 대표적이다.

한편 이동자 고객은 충성도는 떨어지지만 항상 관찰을 게을리 하지 말아야 할 그룹이다. 이들은 다른 고객들보다 소비성향이 높아 많은 지출을 가져다주기 때문이다. 이동자고객은 특히

그림 7-2 고객가치 집중과 효과

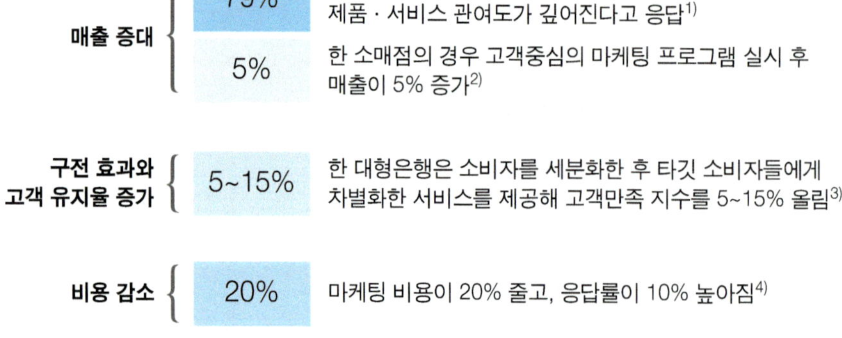

· 자료 : 1) LaValle, Steve and Brian Scheld, "CRM Done Right: Executive handbook for realizing the value of CRM", IBM Global Business Services, June 2004, http://www.1.ibm.com/services/us/index.wss/summary/bcs/a1002689; 2) Peppers, Don and martha Rogers, "Best Buy Counts Customers", CIO Magazine, July 1, 2005; 3) IBM client experience; 4) "Big Glue's Big Bet : Less tech, more touch", Summary ofn New York Times article, January 25, 2004, http://www-1.ibm.com/services/au/index.wss/summary/igs/a1005951?cntxt=al005069

불황 이후를 대비해 집중적인 관리가 필요하다.

기업은 이동자고객을 충성도가 높은 옹호자고객군으로 만들기 위해 세심한 접근방법을 사용하고, 이들이 중요하게 생각하는 요소들(품질, 가격, 매장 경험, 편의, 제품구색 등)을 선별적으로 제공해야 한다. 요소별 중요성은 개별기업이 처한 상황에 따라 달라질 수 있다.

2) 기회를 활용하라

가치있는 대상을 찾았으면 대상 고객이 어떤 방식의 접촉채널을 선호하는지 그리고 어떤 채널이 효과적인지를 찾아 적극적인 프로모션을 시행해야 한다. 이를 위해서는 소비자의 니즈와 그들이 중요하게 생각하는 제품·서비스 속성을 알아봐야 한다.

채널을 설정했다면 그 전략이 현장에서 올바르게 시행될 수 있도록 전사적인 조치를 취해야 한다. 이러한 조치에는 판매채널에 대한 전략적 지원과 타깃 고객리스트, 캠페인 실행가이드, 평가방법제공이 포함된다.

온라인과 오프라인 매장을 동시에 운영하는 노트북대리점이 있다고 하자. 대부분의 노트북 고객은 오프라인에서 제품을 실제로 살펴보고 구입하는 것을 선호한다. 그런데 본사쪽과 마진 조율이 되지 않아 온라인보다 오프라인의 대리점 마진이 적다면 대리점주는 오프라인 고객을 소홀히 대하거나 가격을 올릴 가능성이 커진다.

이럴 경우 회사 전체적으로는 개별판매기회를 놓칠뿐만 아니라 매장을 찾을 만큼 관여도가 큰 고객에게 나쁜 이미지를 주게 된다. 즉 자발적으로 광고해 줄 옹호자를 놓칠 수도 있다.

이와 관련해 기업은 고객이 다른 고객에게 미칠 영향도 미리 시뮬레이션해 보는 것이 좋다. 옹호자의 경우 해당 제품·서비스에 자부심을 갖고 있으며 다른 고객을 데려올 수 있는 아주 중요한 고객이다. 따라서 기업은 이들이 데려올 고객에게 무엇을 제공하고 판매할 수 있는지(cross-selling) 가능성도 미리 검토하는 것이 좋다.

3) 신속한 행동으로 실천하라

전략의 신속한 이행은 기업의 생존에 꼭 필요하다. 일반적으로 기업의 평가체계나 혁신을 수행하는 과정은 통상 3년 이상이 걸린다는 통계가 있다. 하지만 실제로는 대다수 기업에서 6개월 정도 혁신활동을 진행하다가 포기하고 새로운 혁신전략을 찾는 경우도 허다하다.

변화에 빨리 적응하지 못하는 기업은 살아남을 수 없다. 이것은 호황기와 불황기 모두 마찬가지다. 외환위기나 카드대란 때의 일을 돌이켜보면 위기가 갑자기 찾아왔을 뿐만 아니라 경기가 저점을 통과해 회복하는 기간도 무척 빨랐다. 즉 U자가 아니라 가파른 V자형 경기흐름이 있었다. 당시 갑작스러운 경기하강에 적응하지 못한 기업은 물론, 갑자기 찾아온 기회를 잡지 못한 기업들도 큰 어려움을 겪었다. 지금의 경제위기도 마찬가지다.

기업은 CRM전략을 신속하게 수립할 뿐만 아니라, 이를 빨리 실행하는 데에도 노력해야 한다. 이를 위해서는 분명한 목표를 설정해 그 결과를 측정하고 채널통합관점에서 고객중심으로 목표를 재설계하며 기업전체의 평가와 프로세스 체계를 고객중심으로 바꿔야 한다.

한편 글로벌기업들은 개별시장을 벗어나 전 세계적으로 CRM전략을 개편하려고 노력중이다. 이들은 미국, 유럽, 일본 등 성숙한 시장에서의 투자를 최소화하고 동유럽, 아시아 등 신흥시장 중심의 과감한 투자전략을 세우고 있다. 고객을 관리하는 기법과 검증된 표준프로세스를 신흥시장에 빨리 전파할수록 시장선점 및 고객자산 확보에 유리하기 때문이다. 다만 이런 빠른 실행에는 위험을 최소화할 수 있는 변화관리와 리스크관리 그리고 투명한 프로세스의 정리가 우선되어야 한다. 또 조직구성도 상황에 유연하게 대처할 수 있도록 해야 한다.

(2) 스마트기업 CRM의 활동

1) 가치집중의 주요 활동

- 고객 세분화를 통해 옹호자를 분류
- 옹호자의 소비자 가치(customer value 또는 life time value_LTV) 확인
- 상위 20%의 가치있는 옹호자 리스트 추출
- 옹호자 중 금번 프로모션에 적합한 대상 추출(인구 통계학적 기준활용)
- 옹호자가 영향을 끼쳤거나 영향력 있는 고객선별 추출
- 캠페인 성공여부 확인위한 목표설정
- 연속적 캠페인 프로그램 설계(지속적이고 연계적 프로그램 활용)

2) 기회활용의 주요 활동

- 고객의 선호와 제품특성에 맞는 판매채널 선택
- 전사차원의 판매전략조율
- 고객이 영향을 미칠 다른 고객에 대한 교차판매 가능성 검토
- 고객의 실제 구매활동을 일으킬 이벤트 설계
- 각 채널에 타깃고객 리스트 및 캠페인 실행가이드, 평가방법송부

3) 신속한 행동의 주요 활동

- 분명한 목표를 설정하고 결과측정
- 채널통합 관점의 고객중심 목표재설계
- 고객중심 기업으로의 전사평가 및 프로세스체계 재검토

2. 고객불평행동

기업은 응대서비스를 제공한 후 고객불평행동에도 관심이 있으며 어떻게 발생하느냐에 따라 만족과 불만족, 그리고 기업의 성과에 어떤 영향을 미치게 되는지 고민하게 된다. 따라서 기업은 만족하게 된 고객의 수를 늘리는 전략이 필요하지만 불만족한 고객의 수를 줄여나가는 전략이 더욱 필요하다.

또한 기업은 고객의 주머니 사정, 하루일과, 고객의 관심사 등에서 그들의 니즈를 파악하고자 한다. 아울러 고객들의 불평을 통해서 고객의 숨어있는 니즈를 알아내기도 한다. 이처럼 고객불평을 체계적으로 수집하고 이를 해결하고자 노력하는 활동을 고객불평관리(Customer Complaints Management)라고 부른다.

고객이 가지고 있는 불평사항을 해결해 주려는 목적으로 시작한 고객불평관리는 최근에는 고객불평이 적극적으로 수집·분석하여 제품, 서비스개선의 기회로 활용되고 있다. 고객불평관리는 소비자조사에 비해 비용은 적게 들이면서 정교한 시장조사만큼의 가치를 가질 수도 있어 마케팅 비용삭감이 예상되는 불황기에 더욱 주목받고 있다.

한편 기존 고객들의 불평관리에서도 정확하게 파악되지 않는 불평이 존재하는 경우가 있으며, 그것은 고객이 표현하지 않는 불평이다. 오히려 기업에게 자신의 불만족 정도를 이야기해 주는 고객은 해당기업에게 아직은 애정이 있다는 방증일 것이다. 그러나 자신의 불만을 표현하지 않는 고객들은 기업에 대한 문제의 단서를 제공하지도 않고, 제품과 서비스개선을 어렵게 하며 주변 지인들에게는 부정적 구전을 전달하기도 하고 마침내는 기업을 떠난다. 그러나 대다수의 기업들은 표출되지 않은 고객불평에 대한 중요성을 이해하지 못하고 오히려 불평이유를 파악하는데 어려움을 겪기도 한다.

(1) 불만족 고객의 반응

서비스 불만족을 경험한 고객은 다양한 반응을 나타낸다. 조사에 의하면 우리나라 소비자들

은 대체로 서비스 업종에서 불만족을 많이 경험한다고 한다. 불만족이 생겼을 경우 고객의 반응은 무반응 혹은 불평행동으로 나뉜다. 말 그대로 불만족에 대한 아무런 반응을 보이지 않는 고객이 있는가 하면, 가까운 사람들에게 불만족을 전달하거나 서비스 이용을 중단하는 등의 사적 불평행동을 표출하는 고객도 있다. 또한 기업에게 보상을 요구하거나 소비자보호단체에 신고하여 소송을 제기하는 공적불평행동을 보이는 고객들도 있다.

(2) 고객불만처리 유형

고객불만처리의 유형은 크게 소극형, 표현형, 분노형, 적극형으로 나눌 수 있다. 소극형은 불만족이 발생해도 침묵하는 유형이다. 이런 유형은 부정적 구전을 할 가능성이 있고 표현하지는 않지만 구매중단 가능성이 높다.

표현형은 직접 불만족을 표현하며 필요할 경우 보상도 요구하게 된다. 분노형은 그 상황에서 분노하고 서비스 종업원에게 직접 화를 내기도 한다. 적극형은 불만족 요인을 찾아 문제로 삼으며 불매운동 혹은 법적행동을 취할 수 있다.

(3) 불평행동 결정요인

서비스 고객의 불평행동을 결정하는 결정요인은 다음과 같다.

- 불만족의 정도(문제의 심각성)

그림 7-3 고객불평 관리활동 및 활용

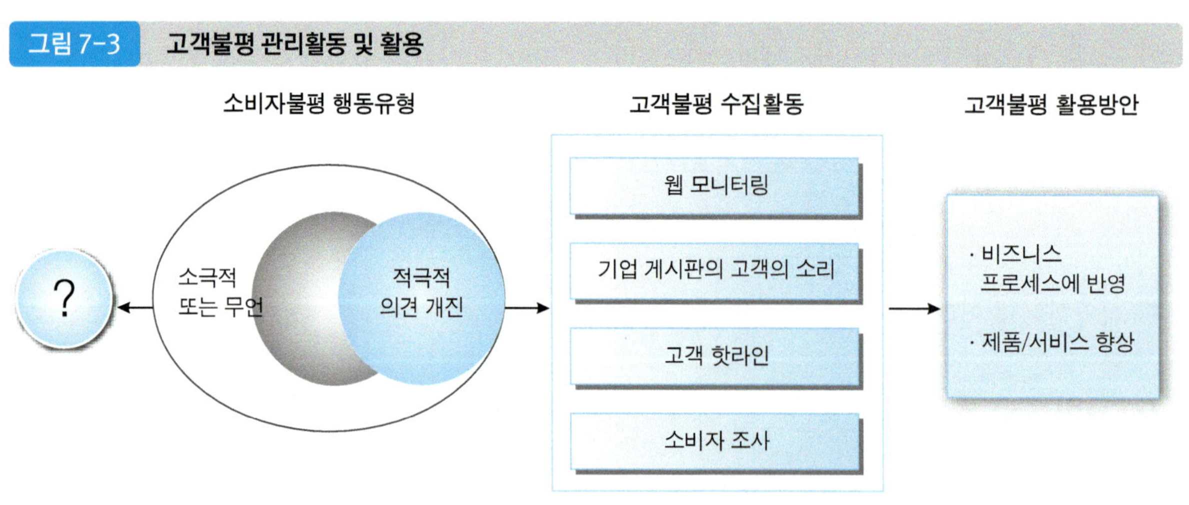

- 제품과 서비스의 중요성(관여정도)
- 불평행동의 효익(불평행동을 했을 때 얻을 수 있는 혜택)
- 불평행동의 비용(시간, 노력 등)

3. 고객불평행동의 중요성

대부분의 불만족 고객의 10% 미만이 불평행동을 통해 불만족을 표시한다고 조사되었다. 이는 대부분 불만족한 고객이 행동으로 옮기지 않는다는 것으로 기업의 입장에서는 오히려 개선의 기회를 잃고 있는 것이다.

고객의 입장에서는 표현하지 않는 대신 경쟁자에게 이동구매 할 가능성이 높다. 그러므로 기업은 고객이탈이 발생할 것이며 매출감소 현상이 나타나게 된다. 그렇다면 고객불평행동의 중요성은 어떻게 정리할 수 있는가?

(1) 문제점 파악 및 해결

고객이 불평행동을 하면 그것은 한사람의 문제로 인식해서는 안된다. 많은 사람들이 느끼는 것을 전달한다고 생각하고 대처해야 한다.

기업의 입장에서는 고객불평을 접수하면서 현장에서의 미충족욕구와 문제점이 무엇인지를 파악할 수 있음을 인식해야 한다. 현장에서의 고객불평 사항들은 서비스 개선의 근거와 아이디어로 활용할 필요가 있다. 즉 새로운 전략을 만들어 내는 중요한 출발점이 바로 고객불평행동이라는 것을 명심해야 한다.

또한 고객의 불평행동 때문에 문제점이 파악된다면 손해배상이나 향후 매출감소와 고객이탈로 인한 피해들을 충분히 막을 수 있게 된다. 특히 기업입장에서는 이미지에 대한 관리차원에서 아주 작은 불평행동이라도 그냥 넘겨서는 안 된다. 또한 고객들의 신뢰와도 연결되므로 불평행동에 대한 대처는 신중해야 한다.

(2) 부정적 구전의 예방

고객의 불만을 제대로 대응해 준다면 고객은 오히려 더 많은 감동을 받게 된다. 긍정적 구전보다는 부정적 구전이 5배 정도 빨리 파급된다는 조사결과도 있다. 이것은 고객의 구전을 기업이 중요하게 관리해야 하는 중요한 근거가 된다. 기업의 이미지와 브랜드를 구축하는 시간과 비용은 만만찮다. 하지만 불평행동으로 인한 부정적 구전행동은 갑자기 기업을 무너뜨릴 수 있다. 더 이상 고객은 한 기업에게 의존하지 않는다. 언제든지 전환할 수 있는 경쟁사가 주위에 있으며 또한 그로인한 준비도 되어있다.

이러한 고객의 행동을 만족행동으로 전환하여 기업목표에 부응할 수 있도록 하기 위해 기업은 지속적이고 긍정적 구전을 위한 프로그램을 실행해야 한다.

(3) 고객이탈방지

고객불만에 대해 기업이 적절한 조치를 취하는 경우, 기업에 대한 고객의 신뢰와 만족도는 그 이전보다 높아질 수 있다. 서비스기업의 효율적인 불평사항 처리는 고객유지(retention)에 중요한 역할을 한다. 흥미로운 사실은 고객이 불평사항을 표현했으나 별다른 조치가 이루어지지 않으면 불만이 있으나 불평하지 않은 경우보다 오히려 재구매 의도가 두 배 이상 높아진다는 것이다. 이것은 고객의 불평행동이 충성도(loyalty)와 관련이 있고 불평행동만으로 고객의 심리적 긴장이 완화될 수 있다는 것을 의미한다.

기업은 문제에 대해 알게 되는 가장 최후의 사람이라는 말을 증명하듯이 기업에 불평등을 제기하는 비율은 개인적이거나 소극적인 반응을 보이는 비율보다 월등히 작다.

Liu and McClure(2001)의 한국소비자를 대상으로 한 불평행동에 관한 연구(그림7-4 참조)에 따르면 불평을 가지고 있는 소비자 중 이를 기업에 알리는 비율은 고작 31%에 불과하다. 반면, 불평을 가진 소비자 중 제품 및 서비스를 전환하겠다는 고객은 74%, 이후 해당회사의 제품 혹은 서비스를 피하겠다는 응답은 80%에 이른다. 즉 불평이 효과적으로 관리되지 않는

그림 7-4 소비자불평 행동유형

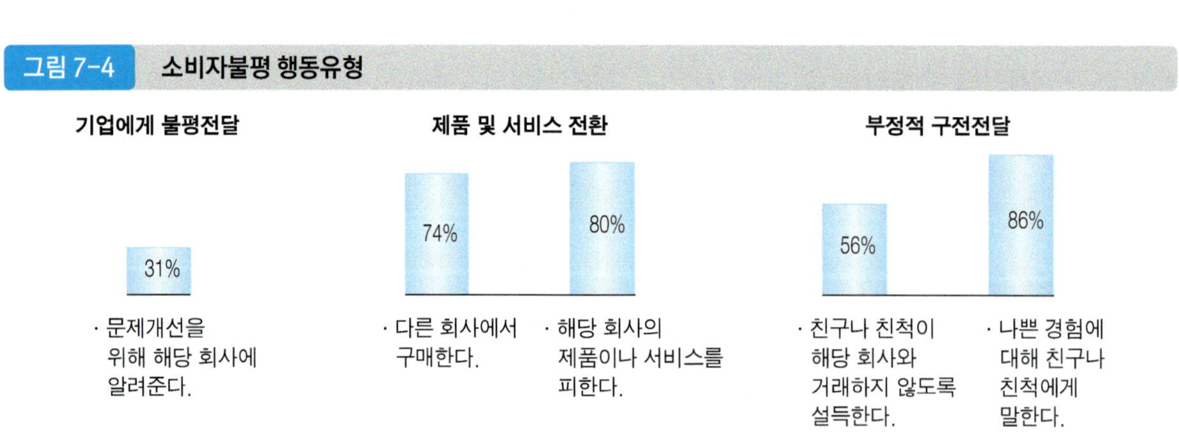

자료 : Liu and McClure(2001)

다면 불평을 가진 고객은 제품이나 서비스를 과감하게 전환하려고 함을 알 수 있다. 또한 해결되지 않은 불평은 부정적 구전을 양산한다.

또한 동일한 연구에서 불평을 가진 소비자들 중에서 56%는 친구나 친척이 해당기업과 거래하지 않도록 설득하며, 86%의 소비자는 친구나 친척에게 나쁜 경험을 이야기 하겠다고 응답했다. 이처럼 개인적인 네트워크를 이용해 확산되는 부정적 구전을 통제할 수 있는 방법은 없다. 나아가 확산된 부정적 구전은 신규고객확보에 악영향을 미치게 된다. 이런 이유로 볼 때 불평을 해주는 고객에게 기업은 얼마나 고마워해야 하는지 알 수 있을 것이다.

4. 고객불만족 연구

(1) 고객 불만족에 대한 정의

고객 불만족은 사전적 기대나 신념의 유무에 따라 조금씩 다르게 정의되지만 대체적으로 고객이 만족을 느끼지 못하거나 비호의적 감정을 느끼는 경우를 말한다.

고객 불만족에 대한 정의는 다양하다. Oliver는 사전의 기대와 경험의 차이로 인해 고객만족과 불만족이 발생한다는 기대불일치 이론에 따라 불일치된 기대와 소비자가 소비경험에 대해 사전적으로 가지고 있던 감정이 복합적으로 결합하여 발생된 종합적 심리상태를 불만족이라고 하였다. 비슷한 맥락으로 Engel and Blackwell은 선택된 대안이 사전적 신념과 불일치되었을 때의 감정을 불만족이라고 하였으며, Hunt 등은 역시 유사한 관점에서 소비경험이 기대이상일 때 고객이 만족하게 된다고 말했다.

Fornell 등은 고객 불만족이란 구매 및 소비과정에서 고객들이 소비하는 돈, 시간, 에너지에 대한 불충분한 보상에 따라 나타나는 인지적·감정적 불일치 상태라고 하였다. 또한 Howard 등은 소비자가 치른 대가에 대해 부적절한 보상을 받았을 때를 고객 불만족이라 정의하였다. 하지만 블로머 등은 고객이 만족하지 못한 상태를 고객 불만족이라고 정의하는 것은 문제가 있다고 언급하였다.

그들은 연구에서 잠재적 불만족 고객(latently dissatisfied customers)의 개념을 소개하고 잠재적 불만족 고객이란 대체적으로 만족했다고 응답한 고객이지만 실제로는 불만족과 관련된 특성들을 일부 가지고 있는 고객이라고 말했다.

이들은 연구를 통해 고객을 만족고객, 잠재적 만족고객, 불만족 고객으로 나누어 은행을 대상으로 불평행동이 어떻게 나타나는지를 분석하기도 했다.

2) 고객 불만족 연구접근

서비스분야 중 고객 불만족 사례가 이따금 등장하는 항공사 분야를 살펴보자.

항공사를 대상으로 한 고객 불만족 선행연구는 많지 않으나 서면·인터넷·전화 등으로 항공사에 고객불만을 접수한 자료를 바탕으로 한 연구와 현장직원의 의견을 바탕으로 불만품질 요인을 분석한 연구, 선행문헌 연구를 기반으로 불만유형을 추출해낸 연구로 나뉜다.

래프리 등은 1987년부터 1998년 사이에 미국 10개 주요 항공사에 서면(writing), 전화, 대면(in person)을 통해 접수된 고객불만 자료를 이용하고 고객불만이 러닝곡선 패턴(Learning-curve pattern)을 따르는지 분석하였고, 고객 불만족은 경험에 따라 U자 모양의 그래프를 보였고 대면사실과 운영습득 곡선(Organizational Learning curve)은 항공사마다 다르게 나타난다는 것을 보여주었다.

하이네케 등은 미국운송협회(The U.S Department of Transportation)에서 제공한 미국 10개 주요 항공사의 지연도착과 탑승거부에 대한 자료를 이용해 프로세스와 관련된 품질이 고객 불만족(complaint)에 미치는 영향에 대해 연구하였는데 해당연구에서는 고객 불만족의 조작적 정의를 고객불평(complain)과 동의어로 설정하였다.

또한 국내연구에서 김영주는 2004년 한 해 동안 K항공사과 O항공사에 접수된 항공서비스 불만내용 중 불만건수가 많은 순으로 14개 변수를 추출하여 설문조사를 통해 불만행동의 특성을 분석하였는데 항공 서비스에 대해 가장 많은 불만요소가 표출되는 서비스부문은 항공운임, 보너스 항공권 예약, 문제발생 시 대응능력, 예약전화연결, 수하물처리 서비스, 마일리지 카드순이라고 말했다.

또한 고객들은 이러한 불만발생시 상황에 따라 대처할 것이라는 의견이 59.2%, 대체로 참겠다는 승객이 27.5%로 집계되었고 미해결시에는 대부분이 항공사에 보상, 시정요구, 불매운동 등을 통해 요구를 관철할 것이라고 했다.

또한 여행횟수가 늘어날수록 항공 서비스에 대한 불만족도는 높아지는 것으로 나타났으며 업무경험과 고객불만 접수내용을 바탕으로 항공사 서비스 실패유형을 지상서비스와 기내서비스로 분리했으며, 기내서비스의 실패유형을 기내시설불량, 기내식불량, 승무원들의 태도, 기타의 4개 영역으로 나누어 정의하였다.

양현주는 항공사에 근무중인 선임승무원들의 의견을 바탕으로 요인분석을 통해 기내서비스 품질을 인적 전문성, 물적 다양성, 공간적 편리성, 환경적 쾌적성의 네 가지 차원으로 분리해냈고, 기내서비스 품질에 대한 이용 전 기대와 이용 후 불만족의 차이검증결과 불만족 속성

중 승무원의 단정한 용모와 복장, 승무원의 친절성, 약속한 서비스의 제공순으로 불만족하고 있다는 것을 밝혀내 인적 서비스관리의 중요성을 시사했다.

이처럼 수많은 연구들은 불만족을 불평행동과 연결하여 연구접근하였고, 이는 고객입장에서 불만이 발생하고 그것이 행동으로 이어져 서비스의 품질과 직·간접적으로 영향을 주고 있음을 확인하는 것이다.

따라서 기업입장에서는 고객응대 차원에서 더 편안하고 더 만족스러운 고객서비스를 제공해야만 다양한 고객욕구를 충족시킬 수 있을 것이다.

제8장

전략적 고객관계관리

제1절 협상과 고객관리

제2절 상담과 고객관리

제3절 문제해결과 고객관리

제4절 솔루션 비즈니스와 고객관리

대기업 공세에 설 자리 잃어가는 지역 소비자들의 '가치구매'

지역 업체 소주 1병 팔 때마다 5원 적립해 장학금 기부… 매출 감소로 장학금도 줄어

조웅래 맥키스컴퍼니 회장(왼쪽에서 2번째)이 소주 1명을 팔 때마다 5원씩 적립한 돈으로 마련한 장학금을 최근 대전 서구 인재육성장학재단에 기부한 뒤 기념촬영을 하고 있다.
맥키스컴퍼니 제공

◈ '5원'

대전·충남·세종지역 주민이 지역 소주인 '이제우린' 1병을 마실 때마다 쌓이는 장학금 액수다. 이 지역 소주업체 (주)맥키스컴퍼니는 소주 1병을 판매할 때마다 5원씩을 적립해 지역 저소득층 성적 우수 학생들을 위한 장학금으로 내놓는 '지역사랑 장학캠페인'을 2019년부터 전개하고 있다.

이 캠페인은 지역민들의 '가치소비(본인의 가치판단을 토대로 제품을 구매하는 합리적인 소비방식)' 심리를 자극하면서 큰 호응을 얻었다. 첫해인 2019년 3억 798만 7450원의 장학금이 모였다. 회사 측은 이 돈을 전액 지역의 공공장학재단에 기부했다.

◈ 대기업 공세에 지역 소주시장 점유율 '뚝뚝'

이 회사 관계자는 "지역에서 생산하는 제품을 지역민이 구매하고 이를 사회적 가치에 투자하는 지역소비 운동의 하나로 이 운동을 시작했다"고 설명했다. 이 회사는 또 매년 10억원의 예산을 들여 대전외곽에 있는 계족산에 황톳길을 가꿔 산을 찾는 사람들이 맨발걷기를 할 수 있도록 하고 있다. 봄부터 가을까지 매주 주말에 숲속 연주회도 열어왔다.

맥키스컴퍼니가 봄부터 가을까지 계족산에서 개최하는 숲속 음악회 장면. (윤희일 선임기자)

회사 측은 이런 활동이 지역민의 가치소비로 이어지고, 결과적으로 장학금 액수를 늘리는데 이바지할 것으로 기대했다. 그래서 10년 동안 40억원의 장학금을 모아 기부하겠다는 목표도 세웠다.

하지만, 결과는 반대였다. 첫해 3억원이 조금 넘는 장학금이 마련됐지만, 이듬해에는 모인 장학금이 2억 1399만 100원으로 뚝 떨어졌고, 2021년에는 2억 293만 6900원으로 더 내려갔다. 2022년 통계는 아직 나오지 않았지만, 전년에 비해 더 줄 것으로 예상된다.

2019년부터 2021년까지 이 회사가 병당 5원씩 적립해 만든 장학금은 7억 2491만 4450원에 이른다. 회사 측이 당초 내세운 '장학금 40억원 모금' 목표는 사실상 실현하기 어려울 것으로 전망된다.

◈ 지역 소비자 이탈 속에 장학금 목표액 수정 불가피

이런 상황이 벌어진 이유는 하나다. 서울에 기반을 둔 대기업의 소주에 밀려 지역 소주가 팔리지 않기 때문이다. 맥키스컴퍼니 관계자는 "대기업의 광고 및 물량공세로 지역 소주의 점유율이 계속 떨어지고 있는 상황"이라면서 "우리 지역 소주의 시장점유율은 2015년까지만 해도 51%에 이르렀으나, 이후 계속 떨어져서 2021년에는 36%대를 기록했다"고 아쉬워했다.

김규식 맥키스컴퍼니 사장은 "지역에 대한 사랑을 바탕으로 한 지역민들의 가치소비가 대기업의 광고 및 물량공세로 힘을 잃어가는 것이 안타깝다"면서 "지역사회와 함께하는 기업에 대한 지역민들의 응원을 기대한다"고 말했다.

• 출처 : 경향신문 2022년 12월 22일

300만원 넘게 지불하고 사는 색연필상자를 소비자들은 과연 왜 구매하는 것일까? 대부분의 소비자라면 그 비싼 색연필을 막상 열어서 꺼내 쓰기가 쉽지 않을 것 같다. 그러나 파버카스텔 CEO의 의견은 전혀 달랐다.

"쓰려고 사는 게 아니에요(웃음). 다들 그 색연필상자를 바라보는 순간의 즐거움을 누리려고 사는 것이죠."

그렇다. 소비자들은 이제 그들 나름의 구매목적을 가지고 구매를 한다. 사용의 목적 혹은 소장의 목적 등 개인의 취향과 상황에 맞는 소비의 모습을 우리는 볼 수 있다. 기업은 이제 일반적인 소비자를 대상으로 추진하던 비즈니스는 지양해야 한다. 이는 소비자들이 변화에 대응하는 그들의 가치를 읽어주기를 어쩌면 바라고 있을지도 모른다. 아울러 좀 더 고객가치에 부합하기 위해 기업은 이제 목표고객에 대한 명확한 전략적 접근이 필요한 시점이다.

제1절 협상과 고객관리

고객(파트너)과의 관계를 전략적으로 만들고자 한다면 비즈니스를 하는 경우 무엇이 중요할까? 아마도 고객이 요구하는 바를 해결해주고 또한 동시에 자사가 원하는 것을 차지한다면 그야말로 서로가 전략적 관계로 유지 발전될 수 있을 것이다.

그러기 위해 기업은 준비해야 하며 고객이 원하는 혹은 파트너가 원하는 바를 정확하게 알고 있어야 한다. 정확하게 파악한 지식을 바탕으로 서로의 욕심을 양보해 가며 최상의 대안을 찾아가는 것은 지속적 거래를 만들어 가는 중요한 열쇠가 된다.

우리는 그것을 협상이라는 방법으로 연결하여 그들의 감추어진 욕구를 찾아내고자 한다.

1. 협상이란?

협상이란 비즈니스와 관련된 당사자들 간에 이해와 욕구를 절충하여 합의점을 찾아내는 과정이다. 나(자사)와 상대방(파트너)의 이익이 똑같이 추구되는 것으로 상대방과 함께 내리는 공동의 의사결정을 말한다.

세일즈에서의 협상능력은 그 시점도 중요하며 결국 협상이 얼마나 잘 이루어졌는가는 성과의 크기와도 연결된다.

(1) 협상의 기본요소

1) 목표의 동일성과 상반성 공존

협상 당사자 상호 간 목표의 동일성만이 내재한다면 협상의 여지가 없는 것이다. 또한 상반성만이 존재한다면 협상은 불가능하게 된다.

2) 공동의 만족

협상의 기본요소로 비즈니스 양 당사자는 똑같이 서로가 무엇을 얻었다는 만족감을 느껴야 한다. 그런 와중에 서로의 이익이 불균형을 잃게 되면 협상은 그 순간 깨지게 된다. 실제 협상에서는 양쪽이 만족감을 얻도록 유도하는 것은 참으로 어려운 일이다. 그러나 실제적인 만족과 명목적(명분) 만족을 서로 나눌 수 있도록 유도하는 것도 좋은 방법이다.

3) 정보의 불충분성

상대방에게 관련 정보를 모두 노출시키지 않으므로 당사자가 상대방보다 더 많은 정보를 갖고 있다는 것은 협상력의 균형에 변화를 가져오게 한다. 협상력이라고 할 수 있는 정보는 결국 서로가 숨기고 있는 경쟁력을 바탕으로 상대에게 유효한 정보를 활용하는 순간 최고의 협상을 이루어 낼 수 있게 된다.

(2) 협상의 유형

1) 이기고 지는 상황(win-lose)

협상의 당사가 간 어느 한쪽만이 이득을 보는 상태를 말한다. 이러한 협상은 한 번으로 끝나거나 단기간의 관계만을 생각하는 협상으로 마무리되기 쉽다. 한쪽의 힘이 상대적으로 매우 강하여 다른 쪽에서 아예 협상을 포기하는 경우도 발생한다. 한쪽이 탐욕스럽거나 우둔한 경우 일어나기 쉬운 형태의 협상이다.

이 상황은 주로 수요와 공급의 법칙을 따르게 된다. 수요가 많고 공급이 적으면 강경한 입장에 서게 되고 수요가 적고 공급이 많으면 유연한 입장에 서게 된다.

한편이 이기는 이 경우, 주로 자기 입장만을 염두에 두게 되면 그 배후에 있는 당사자의 관

한-중미 FTA 제5차 협상모습

심사는 소홀히 하게 되어 합의가 어렵게 된다. 단 한번의 거래관계로 끝날 여지가 매우 높으며 현대 경쟁체계에서 권고하고 싶은 협상은 아니다.

2) 모두 이기는 상황(win-win)

양쪽 당사자가 모두 이기는 경우이다. 현대경영에서 이야기하는 대다수의 win-win전략이다. 나누어야 할 몫을 위해 문제해결과 협조관계를 서로 도모하는 방법이다. 현안의 문제가 복합적으로 얽혀 있으므로 장기적인 관점에서 공동의 이익을 추구하기도 한다.

그러나 서로가 이겼다는 생각을 갖도록 하기 위해서는 매우 높은 수준의 협상기술이 요구된다. 다음은 협상기술의 여러 가지를 알아보고자 한다.

① 필요조건

- 공동의 목적 또는 목표
- 자신감
- 협력하려는 동기와 집착
- 상호신뢰
- 명확한 대화
- 상대방의 입장인정

② 필수 절차

- 상대방의 실제 필요와 목적을 알려는 노력을 한다.
- 자유로운 정보교환의 협조분위기를 만든다.

- 공통점을 강조하고 차이점을 극소화한다.
- 공동이익이 되는 해결방안을 모색한다.

③ 협상전술

- 사람과 문제를 분리한다 ; 사람에게는 관대하게, 문제는 냉철하게
- 상대방의 입장이 아니라 이해관계(관심사)를 찾는다.
- 상호이익이 되는 대안을 찾는다.
- 객관적 기준을 주장한다.

④ 협상준비

비즈니스에서의 좋은 성과를 유도하기 위해서 협상전에 체계적인 준비가 반드시 요구된다.

⑤ 준비사항

- 나의 이해관계(관심사) / 상대방의 이해관계(관심사)
- 선택사항 ; 상호만족 가능한 합의점
- 모두를 확신시킬 수 있는 외형적인 기준, 선례
- 대안의 모색
- 상호관계의 검토

3) 협상의 시기

그렇다면 협상은 언제 시작하는 것이 좋은가? 상대방이 협상을 원하는 경우가 언제인지 스스로 파악할 수 있다면 좋겠지만 그것을 알아차리는 것은 여간 어려운 일이 아니다. 협상의 시기는 왜 중요하며 언제 협상하는 것이 좋은 것일까?

현대자동차 노사 간 임금협상 모습

① 상대방이 조건부 약속을 나타낸 후
② 당신에게 무엇인가(가격, 계약 등)를 제안하였다.
③ 현재 제공하는 것으로는 문제해결이 되지 않는 것이 있다.
④ 상대방이 이야기하는 문제점이 더 이상 없는 것을 알았다.

이러한 경우 더 이상의 문제없이 우리는 협상이라는 절차를 밟게 된다. 물론, 협상 중간중간 또 다른 문제가 발생할 수도 있다. 그러나 가장 중요한 것은 상대방 입장에서 이해하고 문제를 해결한다는 마음자세이다.

2. 협상을 해결하는 대안

비즈니스 관련 당사자들 간에 이해와 욕구를 절충하여 합의점을 찾아내는 과정이 협상이라고 했다. 서로의 의견을 존중하고 좀 더 옳은 의사결정을 이끌어 내기 위해 우리는 어떤 협상의 대안을 만들어 낼 것인가?

바로 그 해결의 카드를 찾아내는 것이 서로에게 만족을 이끌어내는 대안발굴작업이다. 그럼 어느 경우에 어떤 협상카드를 활용할 것인가?

크게 협상의 문제에서 우리가 사용할 수 있는 카드는 네 가지 정도로 구분된다. 네 가지의 협상카드는 교환, 대체, 절충, 양보로 나눈다.

(1) 교 환

첫 번째 카드는 고객과 내가 서로 상응하는 가치에 대해 주고받는 것을 의미한다. 비즈니스에서는 '주고받기'(give and take)라고 부르기도 한다. 고객과 내가 얻을 수 있는 최선의 해결책이라고 생각되어진다. 거의 모든 경우에 이 방법을 활용하게 된다.

(2) 대 체

두 번째 카드는 상대가 원하는 것을 주지는 않으나 그에 상응하는 비용이 적게 드는 것으로 대체하여 주는 방법이다. 물론, 고객의 니즈에 전적으로 만족시킬 수는 없으나 나름대로의 만족을 통해 협상을 이끌어내는 방법이다.

(3) 절 충

세 번째 카드는 상대방과 내가 모두 원하는 것의 일부만을 나누어 가지는 것이다. 물론 어느 하나가 양보하는 것이 아니라 둘 다 서로 덜 갖고 이해하는 것이다. 이 방법은 서로의 경쟁적인 협상에서 물러나 서둘러 결론을 맺고자 할 때 주로 사용되는 방법이다.

(4) 양 보

마지막으로 거의 마무리 단계에서 사소한 것을 해결하고 신속하게 결론짓기를 희망할 때 사용하는 카드로 고객에게 원하는 것을 주고 나는 원하는 것을 포기하는 경우를 말한다. 물론, 내가 포기하는 것이 대세에 지장이 없을 만큼 사소한 것이라야 한다. 이 경우 내가 확실하게 상대에게 양보했음을 인지시킬 필요가 있으며 상대는 그것에 대해 속마음으로라도 고마워 할 것이며 나름대로 자기가 승리했다고 느낄 것이다.

이 외에도 더 많은 협상의 카드들이 있을 것이다. 그러나 상황마다의 차이와 견해가 다를 수 있는 바, 어느 것이 정답이라고 이야기하기에는 좀 무리가 있을 수 있다. 또한 이러한 협상을 통해서 고객과의 관계가 어떻게 유지되느냐가 중요한 것이다. 단 한 번의 일방적 승리는 자칫 고객을 잃을 수 있게 되며 충분한 파트너유지를 할 수 없도록 만든다.

제2절 상담과 고객관리

1. 상담의 필요성

비즈니스에서 가장 필요한 능력은 어떤 것일까? 기업에서 수많은 직원들에게 교육을 시키고 훈련을 통해 능력을 개발해 주기도 한다. 그러나 가장 중요한 것은 교육훈련을 통해 궁극적으로 무엇을 얻고자 하는 문제를 이해하는 것이다. 결국 기업의 이윤과 매출을 창출하는 것이 궁극적인 목표라면 그 전제에는 고객의 만족이라는 것이 선행되어야 한다.

그렇다면 비즈니스에서 상담은 왜 필요할까?

한-인도 비즈니스 상담모습

충분한 정보의 교환을 통해서 상담 당사자들이 서로에게 최선의 이익이 되는 의사결정을 이루어 내도록 하기 때문에 결국 고객에게는 상담이 필요한 것이다. 결국 서로가 win-win 할 수 있는 만족스런 상담으로 어떻게 유도할 것이냐 하는 것이 상담의 과제인 것이다. 그렇다면 만족스런 상담은 어떤 상담인가? 또한 만족을 주기 위해서 어떻게 상담을 이끌어 갈 수 있을까?

(1) 상담절차

1) 상담시작

비즈니스에서 상담의 시작은 아주 중요하다. 상담에 임하는 사람은 언제나 시작하는 처음을 중요하게 생각한다. 우리는 첫인상을 기억하듯이 상담에서의 시작은 매우 중요한 실마리이다. 처음부터 어려운 이야기를 하면 듣는 사람이 경직될 수 있으므로 시작은 부드럽게 하도록 한다.

일상적인 이야기, 여가에 관한 이야기 등 서로가 편하게 느끼고 공감할 수 있는 이야기들을 주고 받는다. 그러나 이 단계에서 간과해서는 안 되는 부분이 있다. 왜 상담을 하려고 하는지에 대한 상담자의 의지표명이다.

또한 나와의 상담이 얼마나 중요한지에 대해 명확하게 인지시켜야 하는 것이 이 단계에서 반드시 할 일이다. 상담시작의 단계에서 얼마나 잘 그 의지를 가치있게 전달하느냐에 따라 상담이 성공할지 실패할지 예견할 수 있게 된다.

2) 니즈파악을 위한 질문

상대의 마음속을 헤아리고 상담하는 것은 이미 상담이 성공적이라 해도 과언이 아니다. 그러나 고객의 욕구(needs)를 단숨에 알아차리는 일은 매우 어려운 일이다. 고객의 니즈를 이야기할 때 우리는 주로 '블랙박스(black box)'로 표현한다.

블랙박스는 비행기의 모든 상황을 기록하는 기록장치이다. 그것을 찾아 해결책을 찾아가는 것처럼 고객의 속마음을 알기란 어렵기 때문에 고객의 니즈를 파악하기 위해 우리는 하나하나 고객에게 질문을 던지게 된다. 바로 질문을 통해 우리는 해결의 실마리를 찾으려는 정보를 수집하는 과정인 것이다.

상담을 위한 모든 과정에서 이 과정은 가장 중요한 단계이다. 결국 고객의 정보를 수집해야만 정확한 답을 줄 수 있기 때문이다. 질문의 목표는 고객의 숨겨진 니즈를 확실하게 파악하는데 있다. 물론, 고객에게 정보를 얻어내고자 할 때 여러 가지 질문을 통해 숨겨진 니즈를 우리는 얻어낼 수 있다.

그렇다면 질문방법은 일상의 질문방법을 통해서 얻어내는 것인가?

일반적으로 질문의 종류는 크게 두 가지로 구분된다. 하나는 오픈질문(open question) 또 다른 하나는 클로즈드 질문(closed question)이다. 이 두 가지의 질문방법은 적절한 상황에 맞도록 섞어서 사용이 가능하고 각각의 의미를 생각하며 활용해야 한다.

① 오픈질문(open question)

이 방법은 상대에게 자유롭게 이야기 하도록 유도하는 질문의 방법이다. 예를 들어, 그 그림에 대해 어떻게 생각하느냐? 혹은 그 그림의 의미가 무엇이라고 생각하느냐? 등의 'How' 혹은 'What'으로 묻는 방식이다.

이러한 물음에 우리가 답을 한다고 생각해 보자. 어떻게, 무엇이라고 생각하느냐에 대한 질문에 '예', '아니오' 등으로 답을 할 수는 없다. 즉 속내를 담아 줄줄이 이야기하도록 유도하는 질문의 형식이므로 서슴없이 자신의 의지와 의견을 쏟아낼 것이다. 그것이 바로 오픈질문의 장점이라고 할 수 있다.

그렇다면 무조건 오픈질문을 사용하면 좋을까? 그렇지만은 않다. 그것은 상황이 서로 다르므로 개인의 판단에 맡길 수밖에 없다.

② 클로즈드 질문(closed question)

이 방법은 고객에게 한정적인 답변을 하도록 유도하는 것이다. '예' 혹은 '아니오'라는 두 가지 답으로 선택하도록 하는 것이다. 일명 형사질문법이다. 상담의 대상에게 제시한 것 중 하나를 고르게 하는 질문으로 좀 더 깊은 마음속의 속내를 파악하기에는 한계가 있다. 물론, 광범위한 답변을 잘게 구체적으로 몰고 가는 데에는 효과적이다. 그러나 이 방식의 질문은 원하는 바를 찾아가기란 너무 오랜 시간동안 질문을 던져야 하는 단점이 있다.

결국 고객의 숨겨진 니즈를 하나하나 캐내기 위해서는 두 가지 방법 모두를 활용하여 얻고자 하는 것을 찾아내는 스킬이 필요하다. 고객들은 자신의 속내를 표현하면서 은연중에 스스로의 니즈를 나타내는 표현들을 하게 된다. 즉 '나는 무엇이 필요하다' '무엇이 중요한 것 같다.' '이런 것이 가장 좋다.' 등 개인이 소유하고 있는 니즈를 표현하는 경우 우리는 놓치지 말아야 한다. 결국 질문을 통해서 우리가 얻고자 하는 것은 그가 갖고 있는 숨겨진 요구라는 것을 언제나 인식하고 있어야 한다.

또한 질문을 통해서 정보를 얻어 내는 과정에서 간단하게 묻고 답변을 정리하는 것도 중요하지만 더욱 중요한 것은 왜 그렇게 생각하는지에 대한 이유이며 표현된 것의 행간의 의미, 즉 숨겨진 의미는 무엇인지 파악하는 것이 문제를 해결하는 가장 중요한 단서가 될 수 있다.

이런 이유로 질문의 깊이와 수준에 따라 상담의 수준은 달라질 수 있다.

③ 질문 주고받기의 주의점

- 고객의 말을 들은 후에 자기 멋대로 판단하지 않는다.
- 각각의 니즈에 대하여 보다 심도 있는 정보를 입수할 필요가 있다.
- 오픈질문을 너무 많이 사용하지 않는다.
- 확인을 통해 인식의 차이를 없앤다.
- 정보수집에는 체계적인 접근이 필요하다.
- 해결책을 미리 생각해 두지 않는다.

3) 설득상담

질문을 통해 얻은 정보와 여러 정황들을 중심으로 상대가 어떤 생각을 하는지를 파악한다. 그런 후 명확하게 원하는 것을 제공함으로써 상담하는 고객이 설득당하도록 유도하는 과정이다. 이 과정에서는 니즈를 파악한 후 어떻게 하면 고객에게 확실하게 다가 서는가를 고민하는 과정이다.

또한 우리가 제공하는 것을 더욱 신뢰하도록 만들고 그것에 자부심을 느끼도록 만드는 과정이다. 결국 이러한 과정은 최종 의사결정을 우리에게 내릴 것이며 그 결정이 더 이상 흔들리

TRENDS 망원경

현대오일뱅크, 게임 테마 주유소 '파츠 오일뱅크' 선보여

현대오일뱅크는 국내 최초로 게임테마를 적용한 주유소를 선보인다고 22일 밝혔다.

현대오일뱅크 · 넥슨 · 피치스는 서울 소재 직영 한남동 주유소에 카트라이더 지식재산권(IP)을 활용한 '파츠 오일뱅크'를 열었다.

여러 부분의 결합이라는 뜻을 담은 파츠는 3사가 새롭게 출시한 브랜드다.

이번 협업으로 현대오일뱅크 주유소는 기존 주유공간에 게임 조형물, 그래피티 아트, 팝업 스토어가 어우러진 복합 문화공간으로 재탄생했다.

카트라이더 인기 캐릭터 '배찌'와 조형물, 모형차 등을 설치했으며 주유소 지붕에는 반응형 LED를 설치해 차량진입 시 다양한 홍보영상이 나온다.

또 기존 사무공간을 새로 단장해 의류, 헬멧, 손난로, 에코백 등을 파는 굿즈샵과 라운지를 마련했다.

현대오일뱅크는 "향후 넥슨과 지속적인 제휴를 통해 '파츠 오일뱅크' 2호점, 드라이브 스루, 세차 등 연계 사업을 확대해나갈 계획"이라고 밝혔다.

• 출처 : 한국경제 2022년 12월 22일

표 8-1 특징과 이점

특 징	이 점
· 제품이 가지고 있는 고유한 속성 · 객관적 수치로 표현 · 증빙이나 자료필요 · 신뢰성 제공	· 특징 때문에 얻게 되는 혜택 · 고객이 관심을 갖는 부분 · 구매와 결정의 직접적인 요인

지 않도록 확정해 주는 단계이다.

의사결정이 확실하다는 증거를 만들어 주는 것이 이 단계에서는 아주 중요하다. 예를 들어 구두로 이야기할 것을 객관적 데이터와 자료를 제공함으로써 더욱 확실한 결정을 유도하도록 한다면 그것은 결정자의 자신감까지 유도할 수 있을 것이다.

특히 제품이나 서비스를 위한 상담을 진행한다면 그것에 대한 특징과 이점이라는 부분을 부각시키는 작업이 필요하다. 일반적으로 많은 비즈니스맨들은 상담을 진행할 때 특징을 부각시킨다. 그러나 그것은 기업의 입장을 대변할 뿐이다. 상담을 받는 고객은 이점이 더욱 중요하다. 그렇다면 특징과 이점은 어떻게 구별되는가?

특징은 제품(혹은 서비스)의 고유한 속성을 말한다. 예를 들어 스마트폰의 경우를 생각해 보자. 제품의 특징은 무엇일까?

가볍다, 작고 슬림하다, 기능이 다양하다, 디자인이 예쁘다 등이 스마트폰의 고유한 특징들이 될 것이다.

그렇다면 이 특징들을 고객은 100% 신뢰할까? '가볍다'는 의미는 과연 얼마나 가볍다는 것인가를 생각하게 한다. 그렇다 고객의 기준과 우리의 기준은 서로 다르다. 물론 그 기준을 언제나 동일하게 만들어야 하는 것은 아니나 명명백백하다면 고객은 더욱더 신뢰할 수 있을 것이다.

예를 들어 가볍다는 표현을 수치화 혹은 계량화하여 370g으로 매우 가벼운 스마트폰이라고 고객에게 소구(appeal)한다면 고객은 명확하게 인지할 것이다. 이처럼 특징은 계량화와 수치화하는 습관이 필요하다. 그것은 단지 고객의 명쾌한 신뢰를 확보하기 위해서이다.

또한 수치화 혹은 계량화 작업 이외에도 관련된 증빙서류 혹은 참고자료(reference)를 준비하여 상담에 활용하는 방법도 신뢰를 증진시키는 좋은 방안이다. 이처럼 객관화시키는 작업이 상담의 여기저기에 적용된다면 고객은 그야말로 믿을만하다는 평가를 하게 될 것이다.

4) 마무리 상담

고객의 만족을 이끌어 내는 궁극적인 상담이 이제 마무리로 접어들고 있다. 상담을 진행하며 지금까지 이야기 되었던 많은 문제들이 이제는 하나씩 마무리해야 하는 단계이다. 마무리를 하기 위해 상담자는 고객이 상담에 호의적이거나 나름의 이점에 동의를 한다든지 하는 신호를 받아야 이제 마무리로 갈 수가 있는 것이다. 상담을 마무리하는 단계에서 다시 한 번 해야 하는 일은 설득상담에서 이야기했던 이점을 다시 한 번 강조해 주는 일이다.

물론 이점을 반복하여 강조함으로써 상대가 의사결정을 잘했다는 것을 다시 한 번 확인해 주는 것이다. 마무리 상담에서는 이전에 나온 여러 가지들을 정리하며 다음 회의에서 구체적으로 누가 어떤 일을 정리할 것인지를 서로 확인하는 단계이다.

2. 관심유도

고객과의 상담을 원활하게 유지하기 위해서는 상대가 언제나 호의적이어야 한다. 그러나 상대는 긍정적이지 못한 경우가 더 많다. 상담을 위한 관심을 유도하기 위해서 필요한 것은 고객의 의견을 먼저 경청하는 것이다. 그 경청의 내용 중 반드시 우리에게 기회가 있다는 것을 알아야 한다. 그렇다면 그 고객은 왜 우리와의 상담을 원하지 않는 것일까?

그것은 아마도 기존의 상황들이 만족스럽거나 혹은 그로 인해 다른 필요한 것들을 느끼지 못하는 상황이라면 별 관심이 없을 것이다. 그러나 이런 상황에서도 상담을 이루어 내기 위해서는 지속적으로 명확한 기회요인을 찾아내야만 한다.

또한 원하든 그렇지 않든 지속적인 접근이 새로운 기회를 만들 수 있는 것이다. 혹은 지금의 만족을 좀 더 개선할 수 있는 여지를 찾아 권고해 준다면 그것은 또 다른 관심의 시작이 될 수 있을 것이다. 아무리 만족한다고 해도 어딘가에는 섭섭함이나 개선의 사항들이 존재하고 있을 것이기 때문이다.

이런 과정에서의 새로운 기회를 만들기 위해서 기업이 가진 특징과 이점에 대한 전반적인 제공은 더욱 필요하다. 물론 고객의 입장에서 말이다.

기회란 고객이 안고 있는 문제나 상태를 비즈니스맨이 그것을 개선하는데 도움을 줄 수 있는 상황을 말하는 것으로 고객의 상황에서 기회가 있는가 없는가를 판단하는 주체는 바로 비즈니스맨 당사자이다. 그러나 결국 니즈가 있다고 이야기할 수 있는 사람은 고객일 뿐이다. 비즈니스맨은 고객이 니즈를 나타내는 표현을 참고로 숨겨진 니즈를 알아내야만 한다. 결국, 기회가 있는지를 판단하기 위해서는 평소에 어떻게 하고 있는지 혹은 어떤 효과가 있는지 파

TRENDS 망원경

90년을 잇는 동아제약의 힘 '소비자 중심경영'

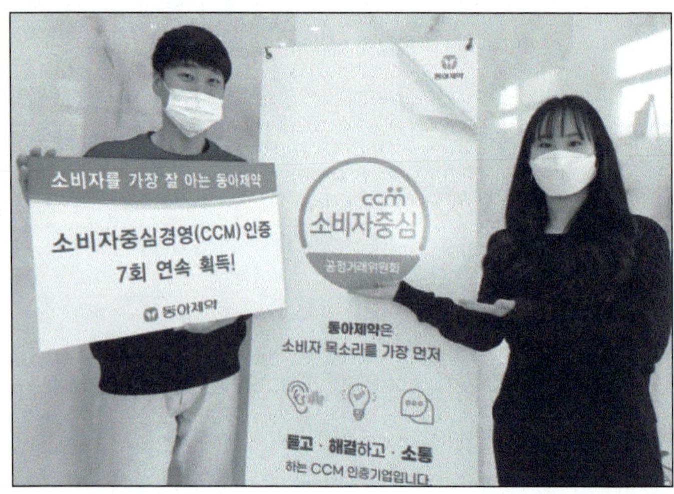

올해 창립 90주년을 맞이한 의약품 사업회사 동아제약은 기업 성장의 원동력은 고객에게 있음을 인지하고 '소비자 중심경영'을 실천하고 있다고 26일 밝혔다.

소비자 중심경영을 위해 동아제약은 정기적으로 고객의 소리(VOC)를 분석해 개선하고 있다. 또 분기별 소비자만족도 조사를 실시해 다양한 의견을 청취한다. 소비자의 건의와 제안에 대한 내용은 유관부서와 실시간으로 공유해 제품과 서비스에 적용할 수 있도록 노력하고 있다고 했다.

'CCM 운영위원회', '클레임제로화 회의' 등 소비자중심경영(CCM) 실현을 위한 현안을 공유하고 의사결정을 하는 회의체도 운영하고 있다. 임직원 교육과정에는 CCM 교육을 포함해 소비자 중심경영을 조직문화에 내재화하기 위해 노력 중이다.

이같은 노력을 바탕으로 동아제약은 최근 공정거래위원회가 인증하는 CCM인증을 7회 연속 획득했다. CCM인증은 기업이 수행하는 활동을 소비자 중심으로 구성하고, 경영활동을 지속적으로 개선하고 있는지 평가하는 제도다. 한국소비자원이 평가한다. 2011년 첫 CCM인증 획득을 시작으로 2년 주기로 실시되는 재평가를 모두 통과했다.

소비자 편의를 고려한 제품설계

소비자 중심경영은 제품설계에도 반영되고 있다. 어린이 해열 · 감기치료제 '챔프'는 기존 병 포장에서 안정성 휴대성 경제성 등을 고려해 2012년 사각형 파우치 형태로 발매됐다. 병 포장의 경우, 개봉 시 1개월 내 사용 및 폐기해야 한다. 이후 1회 권장 복용량을 감안한 스틱형 파우치로 변경하며 소비자들의 편의성을 더욱 높였다고 했다.

액상캡슐 감기약 '판텍큐 플러스'도 소비자중심의 디자인을 적용해 다시 출시했다. 흩어져 있던 중요 복약정보들을 한 눈에 볼 수 있도록 제품 앞면 하단에 복약지도 정보를 배치했다. 이는 환자들은 물론 약사들의 복약지도도 용이하게 했다는 평가다. 어린이 구강청결제 '어린이 가그린'은 라벨을 쉽게 제거할 수 있는 인몰드 라벨을 적용했다. '뜯는 곳'을 표기해 소비자들이 분리배출을 쉽게 할 수 있도록 했다.

동아제약은 '함께 성장'이라는 사회공헌 철학을 바탕으로 다양한 활동을 벌이고 있다. 취약계층 여성들의 위생용품을 후원하는 '한 템포 더 따뜻하게' 캠페인을 펼치고, 소아암 어린이 치료를 위해 '한국백혈병 어린이재단'을 지속적으로 후원하고 있다. 또 울진, 삼척 산불피해 등 국가적 재난상황에서 피해 지역 주민들에게 구호물품을 지원했다.

동아제약 관계자는 "소비자 중심경영을 실천하기 위해 실무 조직의 체계적인 운영과 고객중심의 제품·서비스 제공, 소외된 이웃을 위한 사회공헌 활동 등 다양한 노력을 하고 있다"며 "90년 동안 국민들의 건강을 지켜온 동아제약은 앞으로도 '소비자를 가장 잘 아는' 제약사가 될 수 있도록 노력하겠다"고 말했다.

● 출처 : 한국경제TV 2022년 12월 26일

악하는 것이 중요하다.

3. 고객확신 유도

상담을 진행해서 마무리 하는 동안 고객의 마음을 확신시키는 것은 아주 중요한 과정이다. 그러기 위해서는 고객 마음속에 남아있는 상담에 관한 의심꺼리를 해결해야 한다. 의심은 상담과정에서 비즈니스맨이 계속해서 소개했던 특징과 이점에 대해서 확신을 갖지 못하고 믿지 못하면서 발생하게 되는 것이다.

또한 이러한 의심을 해결하고도 또 다른 문제들이 존재한다. 오해라든지, 혹은 불평과 같은 것들이 결국 해소되지 않으면 고객의 자기확신은 만들어지지 않을 것이다. 이러한 여러 가지 문제들이 해결되는 순간 상담의 궁극적인 목적인 상담고객에 대한 만족의 극대화가 이루어지는 것이다.

여러 가지 우려사항들을 확신의 요인으로 전환시키는 작업이 고객의 확신유도에 반드시 필요한 것처럼 비즈니스맨은 상담에 대한 성공을 문제해결의 과정으로 받아들여도 좋을 것이다.

이처럼 고객들이 숨기고 있는 여러 가지 문제의 상황들을 해결하고 좀 더 일치하는 공감을 만들기 위해서는 상담의 기존 과정에서 일어났던 절차를 다시 한 번 되짚어 가기를 권고한다. 숨은 니즈에 대한 파악이 완벽하지 못한 것은 그만큼 준비가 철저하지 못하였다는 것이다. 결국은 고객의 블랙박스를 찾아내지 못했다는 것으로 고객확신을 유도하는데 상담스킬 활용이 여전히 부족하다는 반증이라 할 수 있다.

문제해결과 고객관리

1. 솔루션 비즈니스

고객과 회사가 함께 이익을 얻는 win-win 파트너십을 구축하기 위해서는 비즈니스 스타일도 win-win 파트너십 만들기를 목표로 해야 한다. 종래의 비즈니스에 혁신을 일으키는 것은 "솔루션 비즈니스"이외에는 없다고 해도 과언이 아니다.

솔루션 비즈니스란 고객이 비즈니스 과제에 대해서 복합적이고 창조적인 접근을 통해 자사의 총력을 기울이고, 필요하다면 제휴기업 또는 경쟁기업과 함께 빠르게 고객을 만족시켜 고객의 충성심(loyalty)을 장기간으로 유지하려는 비즈니스를 말한다.

(1) 숨겨진 니즈

win-win 파트너십은 상호간에 이익을 주는 관계이다. 고객이 바라는 것은 비즈니스 성공이다. 성공하는 비즈니스는 단순히 상품영업에 연연하는 것이 아니고 고객의 전략적 니즈를 충족시켜 주는 비즈니스이다.

예를 들어 노트북 도입을 희망하고 있는 고객기업이 있다고 하자. 그 고객은 처리속도가 빠른 제품을 필요로 하고 있다. 과거의 일반적인 비즈니스맨은 "그럼 저희 회사의 새로운 기종은 어떠십니까?"라고 CPU성능이 높은 상품의 특징을 설명해 상담을 성공시켜왔다.

이것은 어디까지나 표면화된 기본니즈에만 대응한 상품제시일 뿐, 고객의 비즈니스를 성공시킨다는 관점이나 파트너십 구축의 요소는 희박하다. 솔루션 비즈니스는 "노트북을 도입하고 싶다"라는 상품상의 기본니즈를 만들어 낸 전략적 니즈를 파악하는 것이 대전제이다. 이러한 생각이 "니즈 이면의 니즈"이고 가장 중요시되는 니즈이다.

즉 '노트북을 도입하고 싶다'는 기본니즈의 이면에는 '영업활동의 질을 향상시키고 싶다'고 하는 보다 상위의 니즈가 있다. 나아가 이 니즈의 이면에는 '경쟁사와의 차별화'라는 고객의 전략적 니즈가 존재한다. 이 고객의 진짜 니즈는 '노트북을 도입하는 것이 아니라 시장에서 경쟁우위에 선다'는 전략적 니즈인 것이다.

이에 비해 어떤 해결책을 제공할 것인가를 생각하는 것이 솔루션 비즈니스이다. 이 경우 비즈니스맨의 행동은, 첫째 고객기업의 영업활동을 원점으로 되돌려 다시 검토해서 과제를 발견하고 둘째 그것에 근거해서 인트라넷과 현업의 영업활동을 링크시킨 데이터베이스의 구축을 제안하고 셋째 적절한 소프트웨어(software)를 탑재한 노트북을 납품한다는 흐름이 된다. 경우에 따라서는 타사와 제휴하거나, 필요하다면 경쟁제품을 사다가 시스템의 재구축이나 확장을 제안하는 경우도 있을 것이다.

전략적 니즈에 있어서 솔루션 비즈니스는 기본니즈에 있어서 상품영업과 비교하면 다음과 같은 점이 다르다.

- 고객의 경영전략상의 과제나 니즈에 초점을 맞추기 위해서 고객의 비즈니스 성공을 이끌어내기 위한 어프로치를 한다.

그림 8-1 **이면(behind)니즈 파악과 솔루션 비즈니스**

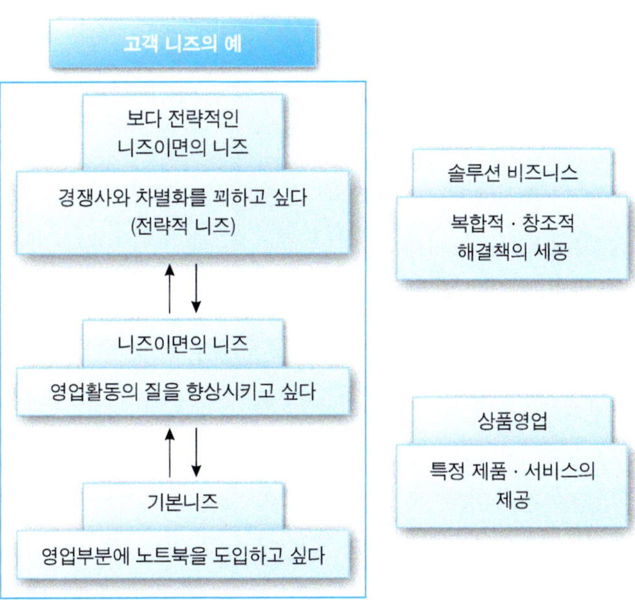

- 제안하는 해결책은 단순한 상품이 아니라 복합적、창조적인 해결책이다.
- 그 결과 고객에게 단순한 업자로서가 아니라 비즈니스 파트너로서의 평가를 얻을 수 있다.

[그림 8-1]에 나타난 솔루션 비즈니스를 실현하기 위해서 비즈니스맨은 "고객의 고객"이 누구인지, "고객의 경쟁자"는 누구인지를 파악함과 동시에, 고객의 실적추이나 타사의 움직임, 업계 동향 등도 알아 두어야 한다. 또한 사내 타부문과 제휴하여 조직전체가 고객의 과제 해결에 임할 필요도 있다.

나아가 고객의 진짜 니즈를 찾아내기 위해서는 고객의 시스템 경제성을 파악하는 것도 유효한 방법이다. 시스템 경제성에는 제품이나 서비스를 위해서 지불되는 총액에 덧붙여 그것들을 이용·보관·처분하기 위한 비용, 나아가 전 프로세스를 통해서 필요한 수고에 대한 비용 등이 포함된다. 이것들을 파악함으로써 새로운 비즈니스 방법을 전개할 수 있는 가능성이 확대된다.

이와 같은 비즈니스 방법이 바로 솔루션 비즈니스이다. 상품구입은 고객에게 있어 가장 기본적인 니즈에 지나지 않는다.

고객은 비즈니스상의 과제를 안고 있고 진짜 니즈는 그런 과제안에 있다. 그것을 만족시키기 위해서는 다양한 방향에서의 어프로치로 자사의 지식이나 기술·노하우를 활용하고 시의적절하게 행동할 것이 요구된다.

2. 해결책의 제안

오늘날 고객들은 어떤 거래기업도 동일한 제안을 한다고 느끼고 있다. 제안형 비즈니스를 주장하고는 있지만 고객의 입장에서 보면 같은 제안을 여러번 듣고 있는 상황인 것이다.

고객은 비즈니스 상의 복잡한 과제에 대한 최적의 제안, 게다가 자신도 알아 차리지 못하는 오리지널 제안을 거래처로부터 바라고 있다. 어디에나 널려있는 것이 아니라, 경쟁사는 모방할 수 없는 창조적인 제안에 고객을 끌어 들여 경쟁우위를 확립해야 한다. 이러한 창조적인 제안은 비즈니스맨 혼자서 만들어 낼 수 있는 것이 아니다. 조직전체가 여기에 역량을 집중해야 한다.

솔루션 비즈니스란 고객의 과제에 대해 복합적이고 창조적인 해결책(솔루션)을 자사가 총력을 기울여 스피디하게 제공하는 비즈니스이다. 고객의 전략적인 과제에 대한 해결책을 제시하고 고객의 비즈니스를 성공으로 이끌고, 결과로서 자사도 이익을 올린다. 그것이 장기간에 걸쳐 고객 충성심을 유지하는 것이 되고 win-win 파트너십으로 이어지는 것이다.

3. 컨설팅 비즈니스와 솔루션 비즈니스

컨설팅 비즈니스라는 말이 사용된 지는 오래되었지만 근본적으로는 솔루션 비즈니스도 제안형이라는 의미로는 같은 카테고리에 들어간다. 그러나 솔루션 비즈니스는 막연히 컨설팅을 한다기보다는 오히려 명확한 과제에 대한 명확한 해결책의 제시라는 의미로 보다 정밀한 개념이다. 고객의 비즈니스를 성공시키기 위해서 컨설팅의 자세로 솔루션을 제공하는 비즈니스라고 말할 수 있을 것이다.

지금 IT업계에서는 솔루션 비즈니스를 당연시 여기고 있는데 그 외의 업종에서 솔루션 비즈니스로의 전환에 성공한 기업 중 하나로 A식품회사가 있다.

A사의 주력제품인 포테이토는 기름을 사용한 상품이다. 그렇기 때문에 메이커로서는 신선도 관리가 중요했다. 한편 고객인 소매점 측에서는 '적절한 납품으로 점포재고를 확보하여 영업기회 손실을 최소한으로 억제하고 싶다'는 니즈가 있었다. 이러한 니즈에 부응하기 위해서 A사는 지역대응의 조직체제를 갖추고, 고객정보 전달의 스피드 극대화를 목표로 했다. 또한 팀체제에 의한 정보제공과 고객대응으로 비즈니스맨 전체의 능력 업그레이드를 도모함과 동시에 의식개혁을 실시했다.

지역담당 비즈니스맨은 담당 소매점에서의 상품진열이나 회전상황, 촉진효과 등의 데이터를 수집해 고객니즈를 살폈다. 그것을 근거로 비즈니스맨이 고객기업(가게 · 체인점 본부)에게 소비자 · 지역환경의 구매분석결과를 근거로 해서 전략적인 비즈니스 촉진책을 제안했다. 팀에 의한 비즈니스 활동실천은 신속한 고객대응으로 이어졌고 고객의 과제에 대한 해결책의 입안 · 실행도 고객과 협동해서 실행할 수 있게 되었다. 이렇게 해서 고객기업과 상호정보를 제공 · 공유하고, '고객의 고객'에 해당하는 소비자까지 간파한 문제해결을 함으로써 파트너로서 강력한 신뢰관계를 구축할 수 있었다. 물론 그곳에 생산 · 물류 · 영업이 종합된 유통시스템이 구축되어 있는 것은 말할 필요도 없다.

이 사례는 종래의 비즈니스 활동에서 고객의 명확한 과제를 해결하는 솔루션 비즈니스로 전환한 좋은 예라고 할 수 있다. 고객과 자사가 목표를 공유하고, 쌍방의 업적을 향상시킨다고 하는 파트너십을 중시한 비즈니스 활동이다.

TRENDS 망원경

'드론·로봇 택배' 상용화…한국형 '아마존' 추진한다

기존 배송방식→AI등 첨단기술 접목 주력
택배운송 수단 드론·로봇까지 확대 법개정추진
아파트 단지 내 로봇 배달 기술 상용화도 추진
배달노동자 보험가입률↑방안 마련키로
대규토택지개발시 '생활물류시설' 설치 의무화

택배와 같은 생활물류 운송수단이 기존의 화물차·이륜차에서 로봇·드론 등 첨단 모빌리티 영역까지 확대된다. 택배사와 택배기사의 전속 운송계약을 완화하는 방안도 본격적인 논의에 들어간다.

배달대행 종사자의 보험료 부담완화 및 보험가입률 제고를 위해 '소화물공제조합' 설립인가도 서두른다. 배달대행 종사자 전용 보험상품 개발도 본격적으로 이뤄진다. 복잡한 도심 내 배송을 위한 지하배송 기술개발도 본격 추진된다.

정부는 이 같은 내용의 '제1차 생활물류서비스 산업발전 기본계획'을 마련했다고 23일 밝혔다.

코로나19로 비대면 사회가 본격화되고, 1인·맞벌이 가구확대로 택배·배달 등 생활물류서비스 이용률은 매년 증가추세다. 통계청 자료에 따르면 국내 택배시장 매출액은 코로나19 발생 전 2018년 5조 4360억 5600만원에서 2020년 8조 5848만 4200만원으로 57.9% 이상 증가했다. 배달업의 매출액도 2018년 5290억원에서 2020년 1조 2680억원으로 139.6% 늘었다.

서울 종각 젊음의 거리에서 배달 노동자들이 일하고 있다. 한수빈 기자

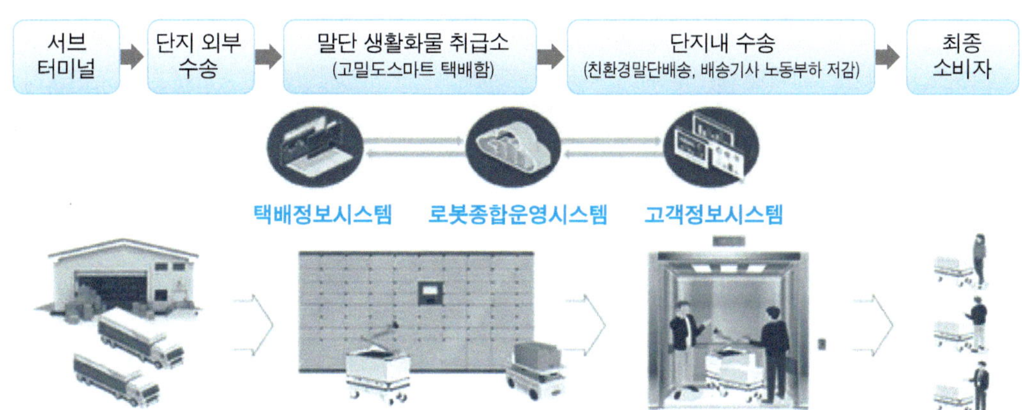

라스트마일 로봇배송 프로세스. 국토부 제공

택배·배달로 대표되는 생활물류 시장은 높은 성장 잠재력과 고용창출 효과가 높아 산업육성을 통한 양질의 일자리 창출이 가능하다는 것이 정부의 판단이다.

국토부는 우선 2023년 상반기까지 생활물류법을 개정해 화물차·이륜차로 제한된 생활물류 운송수단을 첨단모빌리티까지 확대하고, 고객맞춤형 배송(플필먼트) 등 신규물류서비스 수요에 대응해 새벽·당일 배송용 소형화물차 공급방안도 검토하기로 했다. 친환경 배송수단 보급촉진을 위해 2026년까지 115억원을 투입해 전기이륜차, 교체용 배터리 충전시스템 개발을 추진한다.

또 2027년까지 86억 3000만원을 투입해 공동주택 등 복합단지 내를 운행하는 '자율주행기반 로봇배송 시스템' 및 AI기반 운용기술 개발을 추진한다. 즉 아파트 단지밖에 택배보관 시설을 마련하고 택배가 쌓이면 자율주행 로봇이 단지를 돌아다니며 각 가정에 전달하는 로봇기반 배송기술을 상용화하겠다는 것이다. 오는 2025년까지 총 161억 6000만원을 투입해 복잡한 도심을 피해 지하로 물류를 수송할 수 있는 도심 내 지하배송 기술개발 및 실증도 추진한다.

택배 운송수단 드론·로봇까지 확대

이와함께 택지개발사업, 공공주택지구조성사업 등 생활물류 수요를 유발하는 대규모 개발사업을 추진할 경우 개발사업자(건설사)가 의무적으로 개발지 내에 생활물류시설을 확보하고, 이를 사업계획에도 반영하도록 하기로 했다.

또 아마존과 같이 '주문-입고-피킹-포장-적재' 등 전 과정을 단절없이 무인·자동화하는 기술과 수요예측·재고관리 기술 등 핵심기술이 적용된 '스마트 플필먼트 센터' 개발에 본격 착수한다. 소규모의 '마이크로 풀필먼트센터'는 주택가 등 근린생활시설에 입주할 수 있도록 허용하는 방안도 추진하기로 했다.

정부는 물류시장의 인력난 해소를 위해 '택배사-택배기사' 간 전속계약을 완화하는 방안도 검토하기로 했다. 전속계약을 완화해 배송물량이 적은 지역의 배송기사를 배송물량이 몰리는 지역에 투입해 일할 수 있도록 한다는 것이다. 다만 물류배송 과정에서 발생할 수 있는 각종 인적·물적 피해발생시 책임분배 등 사전에 해결해야 할 법적문제가 많아 전속계약 완화방안이 마련되기까지는 상당한 시간이 걸릴 것으로 보인다.

각종 근골계질환과 교통사고 위험에 항상 노출돼 있는 배송노동자들의 근로여건을 개선하기 위한 방안도 마련된다. 정부는 배달대행 종사자의 보험료 부담을 덜어주고, 보험가입률을 높이기 위해 2023년까지 소화물공제조합 설립 인가를 완료하고, 전용 보험상품 개발도 지원하기로 했다. 국토부는 "소화물공제조합 설립 이후 운행정보기록장치와 결합해 보험료를 할인해주는 상품 등을 개발해 교통법규 준수도 유도해나갈 계획"이라고 밝혔다.

또 연 1회 이상 생활물류 실태조사를 정례화하고, 생활물류 종사자의 업무특성을 고려한 쉼터설치·운영요건 등 세부기준도 신설한다. 명절연휴 택배 특별관리기간 운영, 택배없는 날 등 시행을 강화해 택배종사자의 휴식권도 지속적으로 보장하기로 했다.

택배 운송장을 통한 개인정보 노출을 최소화하 하기 위한 보호방안도 오는 2024년까지 마련한다. 생활물류 종사자의 범죄경력 등 신원확인과 자격관리도 강화한다. 또 2027년까지 73억원을 투입해 다량의 택배를 비대면으로 발송·수취할 수 있는 '고밀도 스마트 무인보관함'을 개발한다.

택배를 받기 어려운 도서산간지역 주민들을 위해 도서지역 인근에 거점택배보관소를 설치하고 지방자치단체가 각 섬의 주민들에게 전달하는 방식의 '거점택배서비스 지원체계'도 마련한다는 계획이다.

구헌상 국토부 물류정책관은 "생활물류산업이 국민생활과 우리 경제의 한 축으로 성장한 만큼 앞으로도 정부는 생활물류산업의 발전을 위해 규제혁신, 첨단기술 개발, 소비자 권리보호 강화 등을 위한 정책을 지속적으로 추진해 나갈 것"이라고 밝혔다.

• 출처 : 경향신문 2022년 12월 23일

제4절 솔루션 비즈니스와 고객관리

그럼 왜 솔루션 비즈니스가 필요한가? 이전부터 특정 업계에서는 필요성이 주장되어 왔지만 다시 주목된 이유를 고객의 관점에서 생각해 보자.

1. 고객의 변화

고객은 변화하고 있다. 고객의 변화를 정리해 보면 다음 네 가지로 분류할 수 있다.

첫째, 고객은 지식이 풍부해졌다.

지금은 고객이 아주 손쉽게 상품이나 서비스 및 그 주변 정보를 입수할 수 있는 시대이다. 또한 다운사이징이나 수평 조직화에 의해서 권한 이양이 이루어지고 전문성을 지닌 인재도 늘어나고 있다. 이에 따라 고객들은 갈수록 지식이 풍부해지고, 상품의 선택 안목도 높아지게 된 것이다.

둘째, 고객은 보다 분석적이 되었다.

최근 들어 기업의 방침·전략과 상품·서비스의 구입에 관한 의사결정이 상호연동되고 있다. 고객기업은 자기 회사의 자원을 최대한으로 활용하기 위해 갈수록 신중한 선택을 하고 있다. 특히 고액의 복잡한 상품을 구입할 때의 의사결정은 영업하는 기업의 강점·약점 등을 철저하게 분석한 뒤에 이루어진다.

셋째, 고객은 보다 엄격한 요구를 하고 있다.

고객도 우리들과 마찬가지로 갈수록 치열한 시장경쟁 속에서 보다 적은 자원으로 보다 효율적·효과적인 경영을 요구받고 있다. 당연히 가치있는 투자를 하기 위해 진지하다. 그 결과 고객은 지금까지보다 더 가격·품질·서비스 등의 면에서 엄격한 요구를 하게 된 것이다.

넷째, 고객은 정보를 보다 많이 제공해 준다.

고객은 비즈니스하는 기업에 엄한 요구를 원함과 동시에 많은 정보도 제공해 주게 되었다. 왜냐하면 최고의 의사결정을 하기 위해서 비즈니스하는 기업도 많은 것을 알고 전략이나 니즈에 적합한 제안을 해주었으면 하고 바라기 때문이다.

2. 경쟁우위를 위한 솔루션 비즈니스

오늘날 비즈니스맨에게는 다음과 같은 고도의 지식이 요구되고 있다.

- 고객의 업계, 회사 및 경영전략에 관한 종합적인 지식
- 비즈니스맨 자신의 회사 및 경쟁상품이나 서비스에 관한 깊은 지식
- 경쟁, 매니지먼트 일반에 관한 이해

고객의 비즈니스에 대한 전체 바람을 이해하고 솔루션 비즈니스를 전개하기 위해서는 이와 같은 요구에 부응해야 한다. 오늘날의 고객은 스스로가 전략적인 과제를 잘 이해하고 있고 그 해결을 거래처 비즈니스맨이 도와 주길 바라고 있다. 그러나 기초가 될 정보가 없으면 해결책은 도출될 수 없다. 그래서 고객기업은 스스로가 정보를 거래처의 비즈니스맨에게 많이 제공하고 있다.

상품이나 서비스를 제공하는 기업과 고객기업이 상호 간의 정보를 충분히 지니고 있다면 보다 좋은 해결책을 산출해 낼 수 있고, 장기적인 신뢰관계가 성립된다. 어떤 이유로든 이 관계가 끊어지면 기업의 매출이 떨어지게 되지만, 동시에 이는 고객에게도 큰 단점이 된다. 다른 기업의 비즈니스맨에게 상황을 처음부터 설명하지 않으면 안 되기 때문이다.

훌륭한 win-win 파트너십 아래에서는 One to One을 전제로 하는 상호 학습관계가 구축되고 그것은 라이벌을 저지하는 강력한 벽으로 작용한다. win- win 파트너십의 붕괴가 고객에게도 리스크가 되는 이상, 상호 간에 깊은 신뢰감을 갖고 강한 파트너십을 맺는다면 고객은 비즈니스 기업과의 관계를 그렇게 간단히 끊지는 않을 것이다.

또한 과제라고 하는 것이 한번 해결되었다고 해서 또 다시 발생하지 않는 것은 아니며 단계에 걸쳐 지속적으로 발생한다. 보다 전략적인 과제에 대해 그때그때 최적의 해결책을 제공해 간다면 고객과의 관계는 더욱 강화된다. 과제가 복잡하게 되면 될수록 제공된 해결책의 의의는 커지고 기대에 부응함으로써 얻어지는 만족도도 높아진다. 고도의 니즈, 고도의 기대에 대한 만족의 축적은 필연적으로 비즈니스 규모를 확대하고, 비즈니스 기업의 이익도 증대시킨다. 그리고 경쟁사가 비집고 들어올 여지가 없는 절대적인 우위성의 구축으로 이어질 것이다.

3. 솔루션 비즈니스의 진행

(1) 추진 4단계

제1단계는 신뢰관계의 기반만들기 단계이다.

여기에서는 우선고객의 비즈니스의 전체를 이해하고, 고객의 과제를 추출한다. 환경은 늘 변화하고 있어 고객 자신이 알지 못했던 과제도 있을 것이다. 다양한 정보를 통해 고객에게 무엇이 과제인가를 생각해 활동을 하게 된다.

제2단계는 신뢰관계의 구축단계이다.

제 1단계에서 세운가설을 바탕으로 고객과 함께 과제를 검토하고 그 의향을 확인한다. 즉, 비즈니스의 기회를 검증하는 것이다. 또한 과제를 공유해서 비즈니스 기회의 명확화를 통해 합의를 얻는다.

제3단계는 신뢰관계의 강화단계이다.

자기 조직의 능력을 충분히 분석하고 고객의 과제에 어떤 해결책을 제안할 수 있는지 검토한다. 또한 창조적이고 복합적인 해결책을 제안할 수 있다면 신뢰관계는 강해질 것이다.

제4단계는 장기적인 신뢰관계의 구축이다.

여기에서 중요한 것은 중장기의 전략 시나리오를 입안하는 것이다. 그리고 사내·외의 자원을 충분히 활용해 조직 모두가 고객과의 win-win 파트너십 확립을 향해서 그 시나리오를 실행한다.

(2) 솔루션 비즈니스 활동을 위한 네 가지 요소

실제로 솔루션 비즈니스를 추진해 가기 위해서는 종래의 활동을 대폭적으로 변혁할 필요가 있다. 솔루션 비즈니스 4단계를 제대로 추진하기 위해서는 다음의 네 가지가 필수적이다.

1) 비즈니스맨의 의식개혁

한 사람 한 사람의 비즈니스맨은 자기부문을 둘러싼 환경변화와 그에 대응한 새로운 비즈니스활동의 방향성을 깊게 인식해야 한다. 그리고 새로운 비즈니스 활동을 실행하기 위해서 스스로가 어떤 역할을 수행해야 하는가를 이해해야 한다. 왜 지금 솔루션 비즈니스 인가를 비즈니스맨이 이해하고 있지 않는 한, 아무리 방법론을 열거해도 변화는 기대할 수 없다.

2) 가설입안 · 검증형 활동의 도입

고객을 이해하는 것은 솔루션 비즈니스의 출발점이다. "고객의 고객"은 어떤 요구를 지니고 있는가, "고객의 경쟁상황"의 움직임은 어떠한가, 또는 고객의 경영전략과 미션은 무엇인가 등을 파악함으로써 우선 고객의 비즈니스의 전체를 이해해야 한다.

다음은 고객이 지향하는 자세와 그에 동반될 중요과제에 대해서 가설을 세워 고객에게 확인해서 공유화를 도모한다. 여기에서는 자사의 상황으로 판단하는 것이 아니라 고객이 처한 상황을 고객의 시점에서 파악하고 이해하는 것이 중요하다.

그렇게 함에 따라서 "고객의 시장은 현재 어떻게 변화하고 있는가" "그 중에서 고객은 왜 이런 경영목표를 갖게 되었는가" "고객목표와 현상과의 갭(gap)에서 보여지는 비즈니스의 과제는 무엇인가" "그 과제를 해결하면 고객의 비즈니스는 어떤 효과를 가져오는가?" 등을 알 수 있다.

3) 고객가치 창조형 활동으로의 변혁

가설로 세워진 고객의 중요과제를 해결하기 위해서는 그 과제를 다양한 분야로 구체적 분류를 한다.

예를 들어, 어떤 고객이 지향하는 모습이 가치 창조형 기업으로의 변신, 그에 대한 중요과제를 철저한 고객지향체질로의 변혁이라고 정했다고 하자.

이 과제를 고객기업의 조직구조나 서비스 체계, 인재육성 등의 개별분야의 과제로 세분화하는 것이다. 이때 조직구조에서 '수평조직으로의 변혁'이라는 과제가 도출되었다면 '수평조직으로의 변혁'을 위해서 필요한 과제는 무엇인지를 하부차원으로 분류해 나간다. 그리고 각각의 항목에 우선순위를 매긴다.

다음은 세분화된 각각의 과제에 대해 자사의 조직역량, 상품, 서비스를 분류하고 고객에게 제안할 수 있는 가치를 체계화한다. 나아가 자사의 강점 · 약점을 분석한 뒤 고객이 안고 있는 과제에 대해서 제안할 수 있는 복합적 · 창조적인 해결책을 이끌어 낸다.

4) 종합적인 전략 시나리오의 구축

전략 시나리오의 작성은 고객과 자사의 상황이나 자사의 경쟁분석과 같은 현상을 이해한 뒤에 우선목표를 작성한다. 이것은 예를 들어 자사가 지닌 종합적인 고객만족(CS) 향상 지원의 노하우를 통해 ㅇㅇ사가 지향하는 가치 창조형 기업으로의 변혁에 공헌함으로써 파트너십 관계를 구축한다는 최종 도달목표를 말로 표현한 것이다.

이 목표를 향해서 고객과의 관계만들기의 시점에서 중장기 매출목표를 설정해 기본방침을 정한다. 그리고 단계별로 설정한 실시내용과 방법을 명확화해서 상세한 계획을 세워 진도관리 포인트를 정해 리뷰하면서 실행한다.

이것은 단기실적 중심의 고객공략발상이 아니라 장기적인 관점에서 고객과의 관계만들기를 지향해야 한다는 것을 의미한다.

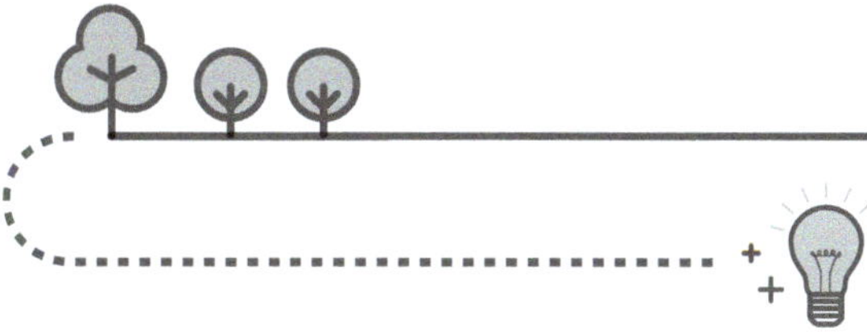

제9장

고객만족과 고객관계관리

'정크푸드'는 잊어라…'제대로 된 한 끼' 햄버거의 반전 매력

뜨거워지는 '햄버거 전쟁'

◈ '해외 버거 vs 토종 버거', '한 끼 때우기용 vs 폼나는 외식 메뉴'.

국내 햄버거 시장에서 해외파와 토종파가 본격적으로 맞붙었다. 최근 미국의 파이브가이즈를 비롯해 유명 버거 브랜드들이 한국에 속속 상륙하자 이에 뒤질세라 토종 버거 브랜드들이 공격적인 마케팅에 나섰다.

18일 시장조사기관 유로모니터에 따르면 국내 햄버거 시장은 2015년 2조 3038억원에서 2020년 2조 9636억원으로 28.6% 성장했다. 색다른 맛과 남다른 경험을 추구하고 일찍이 해외경험이 많은 MZ세대(1980년대~2000년대 초 출생)들이 주소비층으로 떠오르면서 국내 버거시장은 갈수록 커지는 추세다. '노브랜드 버거'처럼 가격 대비 만족도가 높은 햄버거가 인기를 끄는 반면, '고든 램지 버거'처럼 수만원짜리 고급 수제버거 또한 속속 늘어나고 있다. 바쁜 직장인이나 학생들의 '한 끼 때우기'용이던 버거가 다른 한편으론 '든든한 한 끼' '폼나는 양식'으로 자리매김하는 모습이다.

미 '파이브가이즈' 내년 국내 상륙
빵 국내 생산 '쉐이크쉑' 인기 여전
'고든 램지 버거'는 고가에도 호평

서울 송파구 잠실 롯데월드몰에 문을 연 '고든 램지 버거' 매장 내부. 롯데백화점 제공

◈ 해외 유명 버거 속속 상륙

국내 버거시장 경쟁에 불을 지핀 것은 내년 상반기 한국에 첫선을 보이는 미국의 '파이브가이즈'다. 쉐이크쉑, 인앤아웃과 더불어 일명 '미국의 3대 버거'로 꼽히는 파이브가이즈는 버락 오바마 전 대통령을 비롯해 미국인들이 가장 사랑하는 버거로 통한다. 1986년 미국 버지니아 알링턴에 첫 매장을 연 뒤 캐나다, 영국, 프랑스, 독일 등 23개국에서 1700여개 매장을 운영 중이다. 아시아에서는 홍콩, 싱가포르, 중국, 말레이시아에 이어 한국이 5번째다. 파이브가이즈의 강점은 주문이 들어오는 즉시 신선한 재료로 조리하기 때문에 매장주방에 냉동고, 타이머, 전자레인지가 없다는 데 있다. 또 최대 25만가지 방법으로 '자신만의 버거'를 맞춤형으로 설계하는 재미를 준다는 특징도 있다. 특히 박스째 내놓고 무한리필 해주는 땅콩 또한 빼놓을 수 없는데 국내도 할지 주목된다. 갤러리아백화점 관계자는 "김승연 한화그룹 회장의 3남 김동선 신사업전략 실장의 주도로 파이브가이즈 국내 사업권을 따냈다"며 "향후 5년간 국내에 15개 이상 매장을 선보일 계획"이라고 말했다.

'쉑쉑버거'로 불리며 미국 뉴욕에 가면 반드시 먹고 와야 한다던 '쉐이크쉑'은 2016년 서울 강남역 쪽에 들어와 초반에는 소비자들에게 긴 줄을 세웠다.

영국, 터키, 두바이, 일본, 중국 등 16개국에서 382개 매장을 운영한다. 한국에서는 올해 잠실점까지 3개 점을 추가로 열며 매장 수를 23개까지 늘렸다. 주목할 점은 쉐이크쉑 파트너사 중 유일하게 번(bun · 햄버거빵)을 한국 내에서 직접 생산해 공급한다는 데 있다.

해당 업체 관계자는 "서울과 부산 등 지역을 상징하는 아트워크를 매장마다 특색있게 꾸며 온라인에서 인증을 즐기는 젊은이들에게 각광받고 있다"며 "해당 매장에서만 맛볼 수 있는 아이스크림과 당일 직접 제조한 셰이크 등을 내놓는 것도 경쟁사와 다른 점"이라고 말했다.

올해 1월 잠실 롯데월드타워에 아시아 최초이자 세계에서 4번째로 문을 연 '고든 램지 버거'(100평 규모)는 개점한 지 반년이 넘었지만 아직까지 평일에도 줄을 서야 할 정도로 호응을 얻고 있다. 14만원짜리 버거(1966버거)로 유명한 고든 램지 버거는 영국 출신 셰프 고든 램지가 2012년 시작한 브랜드다. 대표 메

미국 뉴욕의 유명 버거 '쉐이크쉑' 부산 서면점 앞에 고객들이 줄 지어선 모습. SPC그룹 제공

뉴는 헬스키친 버거(3만원대)로 리얼 트러플·방사유정란 등 고급 식자재에 직접 제조한 소스를 더해 고든 램지만의 특별한 맛을 즐길 수 있다. 롯데백화점 관계자는 "MZ세대를 잠실월드몰로 끌어오는 데 고든 램지 버거의 역할이 크다"면서 "SNS에서 '프리미엄 버거' '명품 버거'로 불리며 월 매출 10억원을 돌파한 맛집으로 소문이 자자하다"고 말했다. 미국 3대 버거 중 하나인 '인앤아웃'은 아직 정식 매장은 없지만 2012년부터 3차례 팝업스토어 형태로 선보이며 한국 진출을 타진한 바 있다.

또 미국 수제버거 브랜드 '굿 스터프 이터리(GSE)'가 서울 신논현에 들어왔고, 미 서부의 고급 햄버거 '슈퍼두퍼' 1호점도 신논현에 조만간 들어올 예정이다.

토종 햄버거의 대명사 '롯데리아'
'서른살' 불고기버거 앞세워 응전
신세계 '노브랜드 버거'도 상승세

◈ 토종 버거와 한판 승부

1979년부터 43년간 한국인의 입맛을 사로잡고 있는 토종 롯데리아는 해외 브랜드의 도전에 맞서 변화와 혁신을 꾀하고 있다. 특히 1992년부터 30년째 부동의 1위를 차지하고 있는 '불고기버거'는 토종 브랜드의 간판이나 마찬가지다. 올 들어 신제품 '불고기 4DX'로 재탄생한 불고기버거는 지난 6월 기준 누적판매량 10억개를 돌파했고 6월 18년 만에 라인업을 확대한 한우 불고기버거(2004년)는 한 달 만에 100만개 이상을

신세계푸드의 '노브랜드 버거'는 프로야구팀 SSG 랜더스를 내세운 마케팅으로 인기를 끌고 있다. 신세계푸드 제공

팔아치웠다.

롯데리아는 이에 힘입어 최근 창사 이래 처음으로 '불고기버거 팝업스토어'를 여는 등 파격행보에 나섰다. '서른살 불고기버거'의 특별한 추억과 체험공간을 마련해 2주간 10만명 이상이 다녀가는 등 호응을 얻었다. 롯데리아 관계자는 "올해 1분기 버거 매출액이 전년 대비 8%, 2분기에도 11%가량 증가하는 등 코로나19 장기화에도 성장세를 이어가고 있다"면서 "40년간 한국인의 자존심을 지켜온 버거인 만큼 해외 브랜드와의 싸움도 자신 있다"고 말했다.

2019년 8월 가성비를 내세우며 등장한 신세계푸드의 '노브랜드 버거'의 성장세는 놀랍다. MZ세대에게 폭발적인 인기를 얻은 노브랜드 버거는 업계 최단기간인 1년 8개월 만에 100호점을 돌파하는 등 200호점 오픈을 눈앞에 두고 있다. 수도권을 중심으로 매장을 확대하고 젊은층을 겨냥해 SNS 마케팅에 주력한 점이 주효했다. 신세계 야구단 SSG 랜더스 마케팅 효과 역시 톡톡히 봤다. 지난 7월 노브랜드 버거데이 당시 특별 제작한 랜더스 유니폼 300벌이 판매시작 1시간 만에 완판됐고, 한정판으로 내놓은 버거는 전국매장의 정식메뉴로 등극하기도 했다. 신세계푸드 관계자는 "올 시즌 인천 SSG랜더스필드점 홈경기가 열리는 날 하루 1100여개를 판매해 누적 판매량 8만개를 거뜬히 돌파했다"면서 "한국야구위원회(KBO)와 손잡고 KBO리그 40주년을 기념하는 베이스볼 버거팩을 출시하는 등 젊은층 공략에 박차를 가하고 있다"고 말했다. 이 밖에 '크라제버거' 같은 국산 수제버거 전문점들도 속속 생겨나며 국내외 브랜드들과 힘겨루기를 하고 있다.

이은희 인하대 소비자학과 교수는 "코로나19 장기화로 맥도날드와 버거킹 등이 매물로 나와있고 고환율·고물가 등으로 경기침체가 우려되는데도 해외 유명 버거들이 시장성을 보는 데는 이유가 있다"면서 "한국 MZ세대에게 버거는 가격을 떠나 패스트푸드 이상의 즐거움을 주는 문화이기 때문"이라고 말했다.

• 출처 : 경향신문 2022년 10월 18일

전문가들은 쉐이크쉑 버거의 인기원인을 '맛'이 아닌 '멋'이라 말한다. 이는 젊은 세대의 소비성향과 분명 관련이 있을 것이다. 쉐이크쉑이 미국 뉴욕의 명물이라는 입소문이 돌자, 유행에 민감하고 자신들의 경험을 SNS를 통해 공유하기 좋아하는 20~30대가 몰려갔다는 것이다.

아울러 미국 뉴욕의 수제(手製)햄버거 매장인 쉐이크쉑(Shake Shack · 일명 쉑쉑버거)은 뉴욕을 찾는 전 세계 관광객이 반드시 맛봐야 하는(must eat) 대표음식이 되었다.

이런 현상은 과연 기업에게 어떤 메시지를 던지고 있는가? 아마도 고객의 변화와 그들의 추구가치, 만족요인 등이 끊임없이 살아 움직이고 있음을 계속해서 알려주는 신호다. 그러나 기업은 얼마나 빠르게 눈치채고 대응하는지 여부에 따라 고객이 몰려오기도 하고 경쟁자에게 이탈하기도 하는 현상이 발생할 것이다.

제1절 고객만족경영의 이해

1. 고객만족경영의 구성요소

기업이 진행하는 고객과의 접촉과 활동은 대부분 고객만족이라는 궁극적 목표에 집중되어 있을 것이다. 기업이 제공하는 제품이나 서비스가 고객의 기대를 최대한 충족하는 것을 고객만족(customer satisfaction : CS)이라고 한다.

고객만족은 고객에게 신뢰감을 주는 중요한 요소로서 제품과 서비스에 대한 연속적인 구매로 인하여 제품 및 서비스 제공자는 매출을 증가시키고 그 제품과 서비스가 존속하게 되는 계기가 된다.

고객만족은 1970년대 시장을 잃기 시작한 기업들이 그 손실을 회복하고 만회하기 위하여 이러한 기본원리의 사용에서 시작되었다. 고객만족은 기업의 이익과 직결되어 있으므로 고객만족의 수준을 높이면 기업의 이익은 증가한다.

고객서비스 환경은 고객, 조직문화, 종사원, 제품, 전달, 서비스가 그 핵심요소이며, 고객을 만족시키기 위한 요소는 직접적 요소와 간접적 요소로 구분할 수 있다. 직접적 요소는 일반적으로 상품 및 서비스로 구분할 수 있고 여기서 다시 세분화된 요소가 작용하여 고객의 만족 또는 불만족의 결과를 나타낸다. 간접적 요소로는 기업이미지가 있는데, 이것은 기업이 고객

표 9-1 고객만족경영의 3요소

종 류		요 소	내 용
직접 요소	하드웨어 (hardware)	고객이 직접 접하는 물리적 요소	시설, 장비, 진료환경, 주차장, 부대시설
	소프트웨어 (software)	고객과 직 · 간접으로 접하는 무형의 요소	서비스 내용, 대기시간, 면담시간, 이용편리성, 불만처리, 홍보, 예약시스템
간접 요소	휴먼웨어 (human ware)	서비스를 제공받으면서 느끼는 요소	태도, 복장, 말투, 친절, 절차, 전화응대

을 통해 이익을 창출하는 조직체이므로 고객이 직면하고 있는 사회적 문제를 공동으로 해결하는 등 사회적 마케팅을 실시하고 있다.

고객만족경영의 핵심은 고객이라는 단어에 있다. 고객만족경영 전략은 그 의미나 체계의 측면에서 총체적 경영전략의 축소라고 할 수 있을 만큼 특정 과정을 따라야 한다.

기업의 목표인 이익을 달성하기 위해서는 마케팅이 중요한 요인이 되고 있는데, 기업의 수익구조는 신규고객의 창조와 기존 고객의 확보라는 두 가지에 의해서 성립한다. 기존 고객을 확보하기 위해서는 그들이 애호하는 것이 무엇인지를 파악하고 이에 대한 대응을 하는 것이다.

고객들은 그들의 욕구를 충족시킨다고 믿는 제품이나 서비스, 회사에 대한 애호도(loyalty)를 유지한다. 고객들은 구매를 한 후 더 좋은 대안이 없다고 생각하면 그 제품에 대한 지속적인 관계를 형성하기 시작한다.

신규고객은 제품을 구매할 때마다 여러 장애에 부딪친다. 제품을 찾기에 불편하다든지, 제품의 장점에 대해 아는 것이 없다든지, 경쟁제품에 대한 좋은 사용경험을 갖고 있다든지 하는 것들이다. 따라서 장애가 무엇인지를 예측하고 제거하며 또한 장애를 최소한 감소시켜야 한다.

2. 고객만족경영의 전략

고객만족 서비스를 성공적으로 실천하는 기업은 경쟁기업보다 고객을 더욱 만족시킬 수 있기 때문에 경쟁우위확보 효과를 기대할 수 있다. 고객만족 서비스의 효과는 크게 세 가지로 볼 수 있는데 첫째는 재구매 고객창출이고, 둘째는 비용절감, 그리고 셋째는 최대의 광고효과이다.

(1) 재구매 고객창출

성숙된 시장에서는 신규고객의 확보보다는 기존 고객이 반복구매할 때 이익 극대화가 가능하다. 만족한 고객은 반복구매시에도 같은 상표를 찾게 됨으로써 상표 충성도(brand loyalty)를 갖게 되므로 한번 이루어진 고객과의 관계를 평생의 고객으로 유지할 수 있는 가능성이 커지는 것이다. 따라서 고객에게 만족을 주고 나아가 고객이 반복구매할 수 있도록 만들어야 한다.

반복구매 고객을 확보하기 위해서는 고객의 기업에 대한 의존도를 제고시키는 것이 필요하다. 즉 전환비용을 극대화시키는 것이 매우 중요한 작업이 되며 이것이 관계마케팅의 출발점이 된다. 그리고 고객에게 최대의 만족을 제공함으로써 고객이 타제품을 선택하지 않도록 제품에 대한 의존도를 높이도록 해야 한다.

일반적으로 서비스에 만족한 고객의 충성도는 그렇지 않은 고객보다 충성도가 높게 나타나고 있으며 서비스에 완전히 만족한 경우에는 제품에 대해 80%의 신뢰감을 보이고 있다.

(2) 비용절감

신규고객 확보는 많은 노력이 필요하지만 고객이 처음 소비한 제품에 만족하여 재구매나 반복구매를 하게되면 그 제품을 구매하도록 설득할 필요가 없기 때문에 판매비, 광고비가 크게 절감된다. 또한 고객설득에 투여되는 시간을 애프터서비스(A/S)나 고객의 불만해결에 사용할 수 있다.

뿐만 아니라 고객의 욕구와 기대치를 예측하여 불필요한 지출을 감소시킬 수 있는 장점이 있으며 이미 만족한 고객은 가격에 민감하지 않으므로 더 많은 이익을 창출할 수 있게 된다.

(3) 광고효과

제품에 만족한 고객은 구전을 통해 자사제품의 광고효과를 극대화시켜 준다. 구매행동에 가장 중요한 영향을 미치는 것이 마케터의 촉진보다 소비자들 간에 자연스럽게 이루어지는 긍정적 커뮤니케이션이 더 큰 영향력을 지닐 수 있다. 조사에 의하면 친구, 친척, 전문가들의 말을 듣고 상품을 구입한 비율이 80%까지 이르렀다고 한다.

이와 같이 고객만족은 구전효과로 인해 어떤 대중매체 홍보보다도 뛰어난 효과를 발휘하며 적은 노력으로 최대의 홍보효과를 추구할 수 있게 해준다.

고객만족경영의 이러한 효과를 기준으로 거시적 경영환경 분석과 경쟁기업 분석, 고객에 대한 분석, 고객만족 구성요소의 분석 및 평가, MOT(moments of truth_진실의 순간)분석 등이 이루어진다.

다음으로 고객만족 목표의 설정, 고객만족도 조사와 산출을 진행하고 끝으로 고객만족 포트폴리오와 고객만족 개선방안 등이 제시되는데 이는 다양한 부문의 조사와 분석을 통해서 이루어진다.

MOT(Moments of Truth_진실의 순간)

고객만족을 위한 경영전략을 수립하고 실천하기 위해서 관심을 가져야 할 중요한 개념이 진실의 순간(MOT : Moments of Truth)이다. 서비스접점이라고 말하며 혹은 진실의 순간으로 표현하기도 한다.

이는 고객이 서비스기업, 종사원, 커뮤니케이션, 기술, 그리고 제공되는 서비스 등과 접촉을 시작하는 시점을 말한다.

모든 기업들에게 MOT는 중요하겠지만 서비스기업에서 고객접점 관리는 더 중요하다. 그러므로 고객이 기업을 방문하여 해당 업무 및 서비스를 보고 기업을 떠날 때까지의 모든 일련과정을 고객접점으로 파악하고 이들 각각의 접점에 대한 조사, 평가 및 관리를 하여야 한다.

3. 고객만족의 요건

(1) 고객 서비스의 원칙

행동(actions), 외양(appearance), 의사소통기술(communication skills)

(2) 최고의 서비스 제공

판매상품에 서비스 제공, 편리함, 상담, 특별한 요구예견, 부가서비스

(3) 판매후속

의사소통, 감사표현, 고객으로부터의 피드백정보, 불평처리와 연락유지, 보상제공, 기업회계업무 서비스 등

(4) 전문가적 서비스 수준유지

지속적인 교육 및 훈련, 법적 책임, 윤리적 행동 등

제2절 고객만족 향상을 위한 새로운 접근

1. 고객만족 향상을 위한 접근

마케팅의 패러다임은 기존 상품위주의 판매나 마케팅활동에서 고객이 중심이 되는 개념으로 전환되어 가고 있다. 이는 모든 기업의 시스템이 유연성 있는 전문화로 진행되어 가고 있는 상황이다.

고객이 기대하는 서비스 수준도 고급화·다양화해야 하기 때문에 모든 기업은 고객의 욕구를 파악하고 고객을 만족시키기 위하여 서비스의 중요성을 한층 증대시키고 있으며 고객과 소비자가 중심인 경영전략으로 바뀌어 가고 있다.

이제 경영전략 중에서 서비스를 제외한 전략은 상상할 수 없게 되었다. 따라서 최근에 새로운 패러다임으로 떠오르는 서비스 마케팅에 관련된 개념들과 새로운 기법의 마케팅들을 살펴보도록 한다.

(1) CRM(customer relationship management)

CRM(고객관계관리)은 기업과 고객의 관계에 초점을 두고 기업의 경영방향과 경영전략을 진행하는 것이다. 이것과 관련된 마케팅은 광범위하지만 그 중에서도 CRM을 위한 관계마케팅, 관계마케팅의 실천수단인 데이터베이스 마케팅(DB Marketing) 그리고 일대일(one to one) 마케팅 등이 있다.

이러한 마케팅이 추구하는 최종목표는 신규고객 유치뿐만 아니라 기존 고객유지를 통한 고객만족경영에 있으며 고객 개개인의 요구와 성향에 맞춘 차별화된 서비스를 제공함으로써 고객의 기대수준에 부응하여 고객 충성도(customer loyalty)를 창출하기 위한 마케팅전략이다.

점점 그 중요성이 대두되고 있는 CRM은 추진의 절차와 방식에 따라서도 결과가 달라질 수 있으며 CRM을 원활하게 추진하기 위한 전략단계는 다음과 같다.

① 1단계 : 고객의 데이터베이스를 구축한다.
② 2단계 : CRM을 기업시스템 내에 적용하여 업무 프로세스를 전환한다.
③ 3단계 : 전직원이 실제로 고객이 원하는 맞춤형이 되도록 모든 기업조직을 체질개선하여 최고경영자로부터 중간관리자, 고객접점 종업원까지 모두 인식되도록 해야 한다.
④ 4단계 : 고객에 맞는 맞춤식 서비스를 제공하여 고객감동으로 표출될 수 있어야 한다.

이러한 CRM전략을 가장 효율적으로 활용하는 기업이 고객에게 인정받을 수 있으며 고객들의 머리속에 오랫동안 기억된다.

CRM의 진정한 목표는 두 가지로 요약할 수 있는데 고객유지와 비용절감이다. 즉 파레토의 2080법칙은 마케팅에서 가장 빈번하게 거론되는 전략이다. 기업의 상위 20%의 고객이 80%의 수익을 창출하므로 CRM의 첫 번째 목표는 고객유지(customer retention)이다.

CRM의 두 번째 목표는 비용절감(cost reduction)이다. 신규고객 창출보다 기존 고객유지가 비용절감뿐 아니라 기업의 경영성과에 더욱 중요한 요소로 인식되고 있다.

기업의 상황에서 CRM을 적용하기 위해서는 고객의 요구를 정확하게 파악하고 있어야 하고 고객의 가치가 계층과 집단별로 다르다는 것을 인식해야 한다. 또한 고객의 가치가 기업에 긍정적인 영향을 줄 것인지를 판단해야 한다. 이렇게 복잡하고 기업의 경쟁력에 영향력을 발휘하는 CRM실행을 위해서 기업이 어떤 자세가 필요한가를 살펴보자.

첫째, 최고경영자의 확고한 신념이 반드시 필요하다. 최고경영자의 CRM실행을 위한 지속적인 관심과 의지가 있어야만 진정한 CRM이 조직 내에서 실현될 수 있다.

둘째, 기업 내부의 커뮤니케이션이 원활해야 한다. CRM은 모든 부서에서 상호작용으로 구현되어야 하기 때문에 특히 마케팅부서와 영업부서의 원활한 역할분담이 필요하다.

셋째, CRM을 실행하기 위한 기본적 출발점인 시장조사가 정확하고 철저하게 진행될 수 있도록 사전에 충분히 이해한 후 활용해야 한다.

(2) 데이터베이스 마케팅(database marketing)

데이터베이스 마케팅은 고객정보, 경쟁사 정보, 산업정도 등 시장의 데이터를 수집, 분석하고 그것을 기초로 하여 마케팅전략을 수립하는 마케팅기법이다. 즉 경쟁시장에서 대상고객이 무엇을 얼마나 자주 구매하였는지? 어디에서 어떤 제품을 구입하였는지? 대상고객이 언제 재구매를 할 것인지? 등과 같은 데이터를 가지고 고객의 성향을 분석한 후 필요한 마케팅전략을 수립하는 것이다.

이러한 마케팅전략기법은 컴퓨터가 고객의 복잡한 데이터를 보다 저렴하고 신속하게 일괄처리할 수 있게 됨에 따라 효과적인 수립이 가능해졌다.

데이터베이스 마케팅을 위해서는 고객의 데이터베이스 구축이 필수적이다. 고객의 데이터베이스는 고객마스터파일, 판매파일, 상품파일, 판촉파일 등으로 구성된다. 이 파일에는 고객특성, 고객의 과거 구입실적, 상품별 매출실적 및 판촉활동의 성과 등 다양한 정보들이 축적되어지고 이러한 정보들은 마케팅전략수립을 위한 각종 분석의 기초자료를 제공한다. 분석을 통해 도출된 결과는 체계적으로 정리되어 시장세분화 또는 상품차별화 전략을 위해 활용하는 것이다.

데이터베이스 마케팅은 상황에 따라 일대일 마케팅이라고 하는데 해당고객에게 컴퓨터를 이용한 전자우편과 제품정보를 근간으로 쌍방향 커뮤니케이션을 실시하는 것이다. 제품의 질이나 서비스의 향상을 목적으로 고객의 데이터베이스를 구축하여 인터넷마케팅에 사용할 수 있는 근거를 제공할 수 있는 마케팅수단이다.

TRENDS 망원경

"BTS가 담근 그 음식 먹어볼래요" 수출길 넓어진 韓 김치

미국 뉴욕 관광명소 브루클린 브리지가 한눈에 보이는 로어맨해튼(lower manhattan) 풀턴스트리트의 항구 피어17. 이곳 동네 마트 55 풀턴 마켓(55 fulton market)에 들어서자 입구의 신선식품 진열대 상단에 'KIMCHI'라고 쓰인 제품들이 나란히 진열돼 있는 모습이 보였다. '서울식 김치' '100% 자연발효된(100% natural fermented)'이라는 설명이 쓰인 일부 제품에 멸치액젓(anchovy extract), 생선소스(fish sauce)가 들어가 있다는 원재료 표기가 돼 있었다. 그동안 김치 제조업체들은 미국을 비롯한 서구 소비자들이 비릿한 맛에 거부감을 느낄 수 있다는 이유로 액젓을 뺀 비건(vegan·채식) 김치를 주로 판매해왔다.

그러나 2012년 발효된 한·미 자유무역협정(FTA)으로 관세 장벽이 낮아진 가운데 한류(韓流) 열풍, 코로나19 등이 몰고 온 발효음식 재평가로 '진짜 한국식 김치'를 맛보고 싶어 하는 현지 소비자들이 늘면서 국내 기업의 김치수출이 활발해지고 있다.

FTA로 김치관세 11.2% 철폐…대상·풀무원 등 수출급증

11월 7일(이하 현지시각) 찾은 뉴욕의 한 H마트. 한국인이 설립한 아시안 식자재 마트이지만 매장 내에서 백인과 유색인종을 찾는 것은 어렵지 않았다. 장바구니를 든 채 호기심 어린 눈빛으로 진열된 물건을 유심히 살피는 사람들이 보였다.

장바구니에 대상의 김치 브랜드 종가(Jongga) 배추김치를 담은 미국인 남녀에게 김치를 먹어본 적이 있냐고 묻자 "한식을 먹어본 적은 있지만 김치는 처음"이라며 "유명 요리 유튜버가 김치볶음밥을 만들어 먹는 영상을 보고 궁금해서 사봤다"고 말했다.

① 미국 뉴욕 맨해튼 풀턴스트리트의 한 동네 마트에 한국 김치가 진열돼 있다. 사진 이현승 기자
② 미국 월마트에 진열된 풀무원 김치. 사진 풀무원
③ 미국 캘리포니아주 로스앤젤레스 인근 시티 오브 인더스트리에 있는 대상 LA 공장. 사진 대상

BTS가 작년에 공개한 자체 예능 프로그램에서 김치를 담그고 있다. 사진 V라이브

한국농수산식품유통공사(aT)에 따르면 대미(對美) 김치수출은 FTA 발효전인 2011년 280만달러(약 37억원)에서 작년 2800만달러(약 366억원)로 10배 증가했다.

FTA 발효에 따라 수출김치에 붙던 11.2%에 달하는 관세가 철폐된 덕분이다. 김치수출량에서 미국 비중은 FTA 발효 전 평균 2.6%에서 FTA 이행 6~10년 차 평균 13.8%로 상승했다.

FTA 체결 전까지 미국에서 주로 현지 업체들이 소규모 공장에서 미국산 농산물로 액젓없이 담근 김치가 팔렸다면 교역환경이 개선되고 한국 음식에 대한 현지인의 관심이 늘면서 국내 대기업의 수출이 증가했다.

대상, 풀무원은 월마트 같은 대형마트와 주(州)와 카운티 단위로 운영되는 동네마트에 김치를 납품하고 있다.

대상의 김치 브랜드 종가의 미국 수출액은 작년 1617만달러(약 212억원)로 전년 대비 37% 증가했다. 지난 3월에는 국내 식품업계 최초로 200억원을 투입해 미국 캘리포니아주에 1만m²(약 3000평) 규모의 김치공장을 완공해 가동에 들어갔다.

풀무원은 미국에 김치를 수출한 첫해인 2019년 매출이 12억원에 불과했으나 2020년 100억원을 넘은데 이어 올해 역대 최대 매출을 달성할 전망이다.

그동안 비건 김치를 대형마트에서 판매하다 지난 5월부터 월마트 400개 매장에 새우젓을 베이스로 깔끔한 맛을 낸 젓갈김치를 납품하기 시작했다. 전북

익산 김치공장에서 담근 김치를 미국에 수출해 한국 본토의 맛을 전파한다는 포부다.

모건 리(Morgan Lee) 풀무원 마케팅 PM(product manager)은 "미국 마트에 (같은 절임 채소인) 피클과 함께 김치가 진열되는 경우가 늘고 있다"며 "김치를 활용한 햄버거, 핫도그 등을 소개함으로써 김치가 자연스럽게 현지인 입맛에 녹아들 수 있게 노력하고 있다"고 말했다.

'김치의 날' 제정하는 美…한류 덕에 김치 국적 논란서도 승기

미국에선 매년 11월 22일을 '김치의 날(kimchi day)'로 공식선포하는 주(州)가 하나둘 생겨나고 있다. 한국 정부가 2020년 법정기념일로 제정한 데 이어 작년 캘리포니아주 의회가 김치의 날 제정 결의안을 통과시켰고 뉴욕, 버지니아, 조지아, 텍사스 등 총 7개 주가 동참했다.

결의안에는 미국 현지에서 김치의 인기가 높다는 점, 김치의 역사, 건강식품으로서의 우수성과 함께 한국이 김치의 종주국이라는 점이 명시됐다. 일부 중국인이 주장하는 '김치 중국 유래설'을 전면 부인하는 한국의 노력에 힘을 실어준 것이다.

김치 국적논란에서 한국이 승기를 잡은 데는 한류영향도 크다. 세계적인 아이돌 그룹 BTS는 자체 예능을 통해 한국김치를 비롯한 K푸드를 전 세계 아미(BTS 팬덤명)에게 알리는 홍보대사 역할을 하고 있다.

BTS는 작년 6월 자체예능에서 백종원 더본코리아 대표와 함께 배추김치 겉절이, 파김치를 만들어 짜장라면과 수제비와 함께 맛보는 모습을 공개했다. 외국어 자막이 붙은 이 콘텐츠의 조회 수는 874만 2893회.

이 영상에서 BTS 멤버 RM은 "김치엔 우리의 '소울(soul)'이 녹아있다"고 말했다. 백 대표는 "우리 고유의 김치는 액젓과 새우젓을 쓴다. 우리 전통의 김치는 발효시키는 게 중요하다"며 김치가 한국 전통음식이라는 점을 강조했다.

이정한 대상아메리카 본부장은 "한류 덕을 크게 보고 있다"며 "특별히 고수하는 현지 김치 브랜드가 없는 젊은 세대를 타깃으로 소셜미디어(SNS)를 통한 홍보에 주력하고 있다"고 설명했다.

• 출처 : ECONOMYChosun 2022년 12월 21일

(3) 인터넷 마케팅(internet marketing)

인터넷을 통한 마케팅채널은 다른 정보전달 매체에 비하여 매우 우수하다. 즉 인터넷을 통한 많은 정보의 양을 고객에게 전달가능하고 잠재고객과 우수집단에 대한 이메일링, 그리고 홈페이지 등을 통하여 고객의 의견을 수렴하기가 수월하다. 또한 특정 시간대보다는 24시간 정보의 전달이 가능하고 연령별, 계층별 정보전달의 차별화가 가능하다. 그리고 타 매체보다 저렴한 비용으로 목적을 달성할 수 있다.

(4) 맞춤 마케팅

고객의 욕구가 점점 다양해지고 개성을 중시하는 방향으로 변화해 가는데 부응하여 고객의 요구사항을 최대한 충족시켜 줄 수 있는 맞춤 마케팅이라 할 수 있다. 획일화된 서비스에서 탈피하여 고객의 취향에 따라 선택하는 서비스를 제공하는 것이 새로운 마케팅전략으로 선호되고 있다.

(5) 내부마케팅(internal marketing)

내부마케팅은 인적 서비스자원이 중요한 서비스 기업에서 직원을 내부고객이라 생각하고 기업의 구성원에게 행하는 마케팅활동이라고 할 수 있다. 고객들에게 서비스를 제공함에 있어 최적의 인원을 고용·유지하여 그들로 하여금 보다 양질의 서비스를 제공하고 유지할 수 있도록 하는 마케팅철학과 실천을 기업경영에 적용시키는 경영전략이기도 하다.

내부마케팅의 궁극적인 목적은 서비스의 질적 수준을 유지하며, 높은 생산성으로 비용을 절감하는 것이다. 이를 통해 동기부여 된 직원들은 고객에게 강한 이미지를 부여하며 또한 유능한 직원을 모집·유지하게 된다.

내부마케팅은 항상 지속되어야 하며 특히 조직의 전반적인 분위기가 침체되어 무기력하거나 서비스의 질이 엄격하게 유지될 필요가 있거나 새로운 서비스개념을 도입했을 경우 혹은 전략적으로 새로운 포지셔닝이 요구될 때 내부마케팅을 강화해야 한다.

(6) 주요 고객마케팅(frequency marketing)

단골고객 및 대량으로 구입하는 고객을 파악하여 이들과 장기적으로 유리한 관계를 유지함으로써 수익성을 증가시키고자 하는 마케팅기법이다. 이 마케팅기법은 “기업 매출액의 80%는 20%의 상위고객으로부터 나온다.”라는 이론을 인용한 것으로 자주 이용하고 많이 사는 단골고객에게는 각종 특혜를 주는 기법이다. 요즈음 백화점에서 VVIP고객에 대한 차별화 마케팅을 전개하는 것이 바로 이 경우에 해당한다. 이 방법은 품질은 그대로 유지하면서 특별 인센티브에 호소하는 마케팅방법이므로 제품의 품질향상에 저해가 된다고 보는 견해도 있다.

2. 고객만족 창출을 위한 접근

대부분 방법들은 고객만족을 위해 기존 고객에게 초점을 두고 진행하는 고객유지를 위한 관계마케팅을 활용한다. 그러나 자사의 고객관리능력이 다소 부족하여 고객과의 관계를 강력하게 구축하기 위해서 다른 기업들과의 제휴를 선택하는 마케팅방법도 있다. 이를 제휴마케팅이라고 한다.

제휴마케팅은 경쟁기업 또는 기능적으로 보완할 수 있는 기업 간 전략적 제휴를 통해 마케팅비용을 절약하고 경쟁력을 강화하는 것이다. 서로 비교우위를 가진 상품이 국제간 무역을 통해 상호간에 이익을 추구할 수 있듯이 성공적 제휴전략은 단일기업으로 불가능했던 다양한 사업들을 가능하게 하고 새로운 시장에 진출할 수 있어 양자의 경쟁력을 더욱 강화시켜 줄 수 있다.

미국의 경우, 전략적 제휴기업의 평균 투자수익률은 전 산업평균인 10%에 비해 18%로 다소 높은편으로 나타나고 있다. 이처럼 기업이 전략적 제휴라는 방법을 통해서까지 고객만족을 이끌어 내려고 노력하는 것은 그만큼 기업목표에 고객만족이 크게 영향을 미치고 있기 때문이다.

(1) 고객만족의 영향관계

고객만족은 현대 기업경영에 있어 중추적인 개념으로 자리 잡았으며 고객의 재구매와 브랜드충성도, 구전, 불평행동 등과 같은 소비자행동에 영향을 주고 있다. 뿐만 아니라 기업의 수익성 및 성장에 영향을 미치게 되는 것도 사실이다. 이러한 고객만족의 중요성을 인식한 여러 학자들은 많은 연구를 통해 고객만족의 영향력을 기업과 고객의 입장에서 다양하게 정리하였다.

소비자행동 측면에서 고객만족 분야가 고객만족의 결정요인, 고객만족의 개념 및 측정, 고객만족의 결과변수 세 가지로 크게 나뉘어 연구되었다고 주장하였다.

올리버(Oliver)의 기대불일치 모델에서는 소비자들의 사전기대와 제품성과를 비교하면 불일치가 발생되고 불일치가 결국 소비자 만족의 가장 중요한 영향요인이라고 주장하기도 했다. 즉 성과가 기대보다 커서 긍정적 불일치가 발생하는 경우 고객만족은 증가하고 반대로 기대에 비해 성과가 낮아 부정적 불일치가 발생하는 경우 고객만족이 감소하였다.

고객만족에 대한 정의는 연구자별로 다양하게 정의되고 있으나 대부분 공통적인 주장은 선택한 대안에 대한 자신의 신념 혹은 기대와의 일치정도에 따라 고객만족이 다르게 나타난다는 것이었다. 또한 고객만족과 서비스품질과는 어떤 영향을 줄 것인가에 대해서는 지금까지 대립되는 견해가 다수 제시되고 있다.

지금까지의 관련연구에서 만족은 거래상황에 대한 평가이며 서비스 품질은 전반적 평가로 보고 있다. 즉 만족과 불만족의 누적이 전반적 서비스 품질로 나타난다는 것이다. 그러나 몇몇 연구에서는 서비스 품질이 만족에 선행하는 것으로 나타났다.

이처럼 고객만족에 대한 정의는 고객만족을 바라보는 관점에 따라 고객만족을 결과로 보는 입장과 과정으로 보는 입장으로 나누어 볼 수도 있다.

한편 외식분야의 연구에서는 대부분 고객만족을 형성하는 변수들이 대체로 동일하게 사용되는 경우가 많았으며 음식품질이 서비스 품질의 하위요인으로 설정한 관련 선행연구에서 대부분 서비스 품질요인보다 음식품질의 항목(음식의 질, 반응성 등)이 고객만족에 미치는 영향력이 더 큰 경우가 많았다. 또한 고객만족이 구매 후 태도에 영향을 미치고 이러한 태도는 계속해서 재구매의사에 영향을 미친다는 조사결과도 제시되었다.

또다른 연구에서는 서비스 산업에서의 고객전환행동과 상표전환에 대한 연구와 서비스 고객에 대한 전환행동에 대한 연구를 진행한 바 있는데, 연구에 의하면 서비스 전환요인들이 서비스 제품군마다 차이가 있음을 지적하고 25개의 서비스를 대상으로 서비스전환을 살펴보았다.

서비스 전환요인으로는 가격, 불편함, 핵심서비스 제공의 실패, 고객과 종업원의 인간적 상호작용의 실패, 사회규범과 관련한 윤리적 문제, 소비자의 이사, 서비스 제공자의 폐업과 같은 비자발적 전환 등 8가지 요인을 찾아냈다. 그리고 핵심 서비스제공의 실패, 고객과 종업원간의 인간적 상호작용의 실패, 가격의 전환요인에게 영향을 주는 변수로서 서비스전환 고객들의 구전을 제시하기도 했다.

이러한 여러 가지 다양한 변수들의 영향을 받아 고객들의 만족이라는 결과는 만들어지는 것이다.

(2) 고객만족과 기업이익

무엇이 고객을 행복하게 만들 수 있는가? 적어도 고객을 만족시키기 위해서는 어떻게 해야 하는가? 그리고 다양한 기업활동에 고객을 어떻게 참여시킬 것인가? 이런 의문들은 소비자나 고객을 직·간접적으로 접촉하게 되는 모든 기업담당자들의 주요 관심사들이다.

순간의 선택이 10년을 좌우한다는 광고카피(copy)처럼 소비자는 항상 수없이 많은 판단과 선택에 직면하게 된다. 소비자라면 피할 수 없는 것이지만 이런 판단과 선택은 필연적으로 비용을 수반하기 때문에, 섣불리 내려진 판단과 선택은 소비자의 재정적, 경제적인 측면뿐만 아니라 심리적인 측면에서도 치명적인 결과를 초래할 수도 있다.

이런 까닭에 소비자의 판단과 선택은 여러 학문분야에서 중요한 연구주제가 되어 왔다. 소비자가 소비활동과 관련하여 경험하는 다양한 의사결정을 보다 성공적으로 수행하기 위해서는 충분한 정보와 교육을 통하여 의사결정의 질을 높일 수 있는 노력을 강구할 필요가 있다.

특히, 소비자가 올바른 판단과 선택을 내리기 위해서는 자유로이 선택할 권리뿐만 아니라 지식 및 정보를 제공받을 권리와 필요한 교육을 받을 권리를 향유하는 다양한 소비자 참여활동에 적극적으로 함께 할 필요가 있다.

기업은 소비자들이 올바른 판단과 선택을 통하여 소비생활에 대한 만족도를 높일 수 있도록 도움을 줄 뿐만 아니라, 소비자들이 자신의 기본적인 권리를 향유하기 위한 소비자 참여를 높일 수 있는 방안을 모색해야 한다. 이는 소비자의 의사결정에 따라서 고객만족의 정도가 달라지며 그것이 결국 기업성과에 직접적인 영향을 미치기 때문이다.

소비자의 의사결정은 제품을 생산하기만 하면 팔리던 시대에서 소비자의 선택을 받지 못하면 살아남을 수 없는 고객중심의 시대로 접어 들었기에 더욱 중요해지고 있다.

더욱 많은 학자들과 기업들이 고객과 고객만족의 중요성을 강조한다. 예를 들어 "고객이 왕이다", "고객은 아내이다", "고객은 신이다", "고객을 위한 가치창조", "고객이 행복할 때까지", "고객 제일주의" 등의 구호를 내걸고 기업자원과 노력을 집중하고 있다. 이제는 '고객이 왕이다'라는 말도 옛말이 되었고 '고객지향 본부', '고객 감동실' 같은 고객만족 부서를 새로이 신설하거나 서비스를 강화하고 있으며 소비자의 의견에 따라 경영방침을 정하고 있다.

또한 '고객불만 24시간처리', '무한책임주의', '100% 품질보증제도', '고객의 달' 등 제조업체들이 실행했던 고객만족 서비스도 금융, 서비스 업체에 이어 공공기관으로까지 확대되어 소비자의 욕구를 만족시키려는 노력이 경영의 핵심목표로 부상한지 오래다.

왜냐하면 고객만족은 적어도 네 가지 측면에서 기업에게 이익이 되기 때문이다.

첫째, 반복구매 기회를 증가시킨다.
둘째, 긍정적인 구전효과를 창출한다.
셋째, 고객의 구매지출과 현찰구매를 증가시킨다.
넷째, 현금흐름을 원활하게 한다.

고객만족에 대한 접근은 다양한 형태를 보이고 있다. 예를 들어 고객만족의 정의는 결과에 강조를 두거나 과정에 강조를 두는 것으로 구분할 수 있고, 고객만족의 개념은 인지적 상태로

TRENDS 망원경

‘미식의 나라’ 프랑스 사로잡은 한식의 맛

“김밥 정말 좋아요”…버섯, 포도 등 신선 농산물도 인기

10월 19일(이하 현지시각) 찾은 프랑스 파리 1구 생트안느가(街). 식당과 식료품점이 늘어선 이곳에선 한 손에 삼각김밥을 든 프랑스인과 쉽게 마주쳤다. 같은 골목의 한인 마트 에이스마트는 삼각김밥과 김, 김치는 물론 새송이버섯 등 신선 농산물까지 구비해 한국의 슈퍼마켓을 옮겨놓은 듯했다.

에이스마트를 자주 찾는다는 플로린 볼테르는 “한국 드라마를 보고 삼각김밥을 사 먹게 됐다”면서 “김밥은 기름지지 않고 건강에 좋은 편이라 지날 때마다 들러 사 먹는다”고 말했다. 그러면서 “요즘엔 한인 마트가 아닌 프랑스 마트에서도 한국 식료품을 살 수 있다”고 귀띔했다.

한국 음식이 비빔밥과 불고기로 대표되는 시대는 지났다. ‘미식의 나라’로 불리는 프랑스에서도 김과 김치 등 한국의 가공식품이 인기를 끌고 있다. 한식당에서 맛본 한국 음식을 직접 만들어보겠다는 수요가 늘면서 간장, 고추장 같은 장류 수출마저 지난해 전년 대비 80% 증가했다.

한국농식품유통공사(aT) 파리지사에 따르면, 지난해 프랑스의 한국산 농식품 수입액은 4479만달러(약 581억원)로 전년 대비 50% 증가했다. 라면 등 면류가 수입액 중 가장 많은 38%를 차지했고, 이어 조제 · 보존 처리한 과실 및 견과류로 분류되는 김이 24%로 뒤를 이었다.

특히 김의 경우 지난해 913만달러(약 118억원)를 수입해 전년 대비 47% 증가했다. 김치가 포함된 ‘조제 · 보존 처리한 채소류’는 3.7%를 차지했지만, 수입액을 기준으로 23% 늘어난 것으로 집계됐다. 고추장, 간장으로 대표되는 한국산 소스류 수입액은 80% 늘었다.

지난 7월 프랑스 파리에서 개최된 K푸드 페어를 찾은 관람객들이 한국 음식에 대한 설명을 듣고 있다. 사진 한국농수산식품유통공사

프랑스 파리 한 한인 마트를 찾은 시민이 삼각김밥을 손에 들고 있다.
사진 배동주 기자

하정아 aT 파리지사장은 "과거 K팝이 인기 있을 당시만 해도 일부 젊은 층의 선호 정도에 그쳤지만, 최근 드라마 등이 인기를 끌면서 상황이 달라졌다"면서 "한식당을 찾고, 한식당에서 먹은 음식을 직접 만들기 위해 식재료를 구매하는 상황으로 바뀌었다"고 말했다.

한식당은 이미 파리의 주류 음식점이 된 채였다. 프랑스 파리 1구 생트안느가에만 20여 개 한식당이 있었다. 프랑스 현지 한인 매체인 '한위클리'에 따르면 지난 9월 기준 파리 내 한식당은 200여 곳 수준으로 집계됐다. 2019년 말의 두 배로 늘었다.

프랑스에서 유학생활을 했다는 김일무씨는 "과거 파리에선 한식당을 찾는 것 자체가 어려운 일이었지만, 이제는 먹는 게 어려운 일이 됐다"면서 "한국식 고기를 파는 곳 등 인기 있는 식당은 점심, 저녁 시간 가릴 것 없이 줄을 서야만 먹을 수 있게 돼버렸다"고 말했다.

실제 파리 오페라극장 인근에 있는 한식당 '온더밥'에는 점심시간을 앞두고 대기줄이 길게 늘어섰다. 떡볶이, 순살치킨, 김치볶음밥, 튀김 등을 15~20유로(약 2만~2만 7000원)에 즐길 수 있어, 현지인의 방문이 끊이지 않았다. 온더밥 관계자는 "떡볶이를 이미 알고 와서 주문한다"고 말했다.

자유무역협정(FTA)에 기반을 둔 한국산 농식품의 가격 경쟁력도 프랑스에서 한국산 농식품 인기를 뒷받침하고 있다. 한국은 2009년 프랑스를 포함한 유럽연합(EU)과 아시아 국가 중에서는 가장 먼저 FTA를 타결했다. 이후 2년여 만인 2011년부터 관세철폐 등을 발효했다.

애초 농·축·수산물 분야는 개방의 파고로 인해 타격 입을 가능성이 크다는 우려가 나왔지만, 한국 식품의 인기를 타고 수출증가의 밑거름이 돼주고 있다. 예컨대 프랑스로 수출되는 주요 농식품인 라면·김·김치 등은 모두 한·EU FTA 협정 세율로 무관세(0%) 수출할 수 있다.

이에 힘입어 한국 농식품은 프랑스 백화점에도 들어갔다. 파리에서 가장 큰 백화점 중 하나인 르봉마르셰 백화점 식품관에는 '코레(Corée·프랑스식 한국표기)'라 적은 별도 식품코너가 자리했다. 지난 7월에는 파리 갤러리 라파예트 백화점에도 김과 김치, 고추장이 들어갔다.

르봉 마르셰 식품관에 한국 식품을 공급하는 지주연 리앤코 대표는 "2019년 20년 만에 식품관 개편을 진행했던 르봉 마르셰가 한국 식품을 넣고 싶다고 먼저 연락을 해왔다"면서 "파리 내 20여 곳에 매장을 갖춘 고급 식료품점인 에피스리핀에도 김과 고추장이 들어간다"고 말했다.

한국산 농식품의 인기는 가공식품을 넘어 신선 농산물로까지 확장하고 있다. 특히 새송이버섯이 '고기 같은 식감, 고소한 풍미'를 앞세워 프랑스에서 인기를 끌고 있다. 한인 마트는 물론 프랑스 현지 대형마트에서도 한국산 새송이버섯을 구매하는 게 어렵지 않은 일이 됐다.

김수정 에이스마트 매니저는 "새송이버섯은 신선 식품코너에 들여놔야 하는 인기상품 중 하나"라면서 "양송이버섯 정도만을 소비했던 프랑스 사람이 좋아한다"고 말했다. aT에 따르면 지난해 프랑스의 한국산 버섯류 수입액은 85만달러(약 11억원)로 32% 늘었다.

최근에는 배, 포도 등 과일의 프랑스 수출도 타진하고 있다. 지난 10월 열린 2022 파리 국제식품박람회(SIAL 2022) 한국관에는 지역영농조합, 농산물 유통업체 등 일곱 곳에서 배와 샤인머스캣(포도 품종)을 선보였다. 현지 바이어를 찾고, 프랑스 등 유럽으로 수출을 위해서다.

농산물 유통업체 GG팜 관계자는 "농산물도 동일하게 한·EU FTA 협정세율로 무관세 적용을 받는다"면서 "샤인머스캣의 경우 항공운송을 해야 해 가격이 비싸지만, 최근 한국 식품에 대한 인기가 전에 없이 높은 만큼 11월부터 수출하고 있다"고 말했다.

• 출처 : ECONOMYChosun 2022년 12월 14일

보는 관점, 평가로 보는 관점, 정서적 반응으로 보는 관점, 인지적 판단과 정서적 반응의 결합으로 보는 관점으로 구분할 수도 있다.

또한 고객만족을 일회적 거래를 기준으로 하느냐, 여러 차례에 걸친 거래경험을 기준으로 하느냐에 따라 거래 구체적 관점과 누적적 관점으로 구분하기도 한다. 고객만족의 측정에 있어서는 단일항목 척도만을 사용할 때의 문제를 감안하여, 전반적인 만족도를 묻는 단일항목 척도를 추구하며 복수항목 척도를 동시에 사용할 것을 제안하였다. 한편 고객만족이 기대와 지각된 품질에 따른 기대 불일치와 같은 인지적 평가에 의해서만 형성되는 것이 아니라 인지적 평가와 함께 정서적 평가가 이루어지고 그것이 만족과 불만족에 각각 영향을 미친다고도 보고되었다.

그러나 많은 연구자들은 모두가 고객만족과 고객충성도가 중요하다고 인식하고 있지만 그것의 실천은 결코 쉬운 일이 아니라고 주장했다. 왜냐하면 고객만족은 소비자들이 자신의 조

직 혹은 제품과의 경험에 비추어 그 조직의 제품이나 서비스를 어떻게 보는가 뿐만 아니라, 소비자들이 다른 기업이나 조직에 대하여 들었거나 보았던 것과 비교함으로써 결정되기 때문이다.

따라서 고객만족은 고객서비스가 비즈니스를 지원하기 위한 것이라기 보다는 전략적인 비즈니스 수단으로 다루어져야만 실제적인 이점을 얻을 수 있다.

(3) 전략적 측면에서의 고객만족

전략적인 수준에서 고객만족은 적어도 다음의 측면을 진지하게 고려할 필요가 있다.

과연 "모든 고객을 만족시켜야 하는가?"의 문제이다. 좋은 기업과 좋은 브랜드가 존재하듯이 좋은 고객도 존재한다. 흔히 말하는 우량고객 혹은 VIP고객이 바로 그들이다.

1990년대 말과 21세기 초에 제안된 접근인 고객관계관리(customer relationship management; CRM)는 고객유형에 따른 접근방법으로 수익을 가져오는 고객(우량고객)과는 관계를 개발하고, 수익이 적은 고객(불량고객)의 사업비용을 관리하는 방법으로 보여질 수 있다.

하지만 모든 마케팅 문제의 유일한 해결책으로 등장한 CRM은 엄청난 비용투자에도 불구하고 큰 성과를 내지 못하였다고 지적하면서 Payne은 CRM이 제대로 성공을 거두기 위해서는 다섯 가지 사항을 유념할 필요가 있다고 제안하였다.

첫째, 더 많은 전술이 아니라 전략이 되어야 한다.

CRM은 비즈니스 목표를 성취하기 위하여 비즈니스 경영자에 의하여 내려진 비즈니스 결정이다. 따라서 전략적 수준에 시행되어야 한다.

둘째, 기업이 아니라 고객의 혜택과 가치에 근거를 두어야 한다.

CRM은 호혜적인 과정이다. CRM이 성공하기 위해서는 CRM의 당사자들 모두 혜택이 있어야만 한다.

셋째, 소프트웨어가 아니라 과정이다.

소프트웨어를 설치하기만 하면 모든 문제가 해결될 것이라고 공통적으로 전제했다. 그러나 CRM은 과정이나 사람이 없이는 자동화될 수 없다.

넷째, 산출이 아니라 성과에 중점을 두어야 한다.

다섯째, 단기적인 관점이 아니라 장기적인 관점을 취해야 한다.

심지어 고객이 기업을 사랑하고, 되돌아오고, 알고 있는 모든 사람들에게 좋게 말하도록 하기 위해서는 고객만족은 쓸모없는 것이고 고객 충성도가 중요하다고 지적하기도 한다.

고객을 어느 정도까지 만족시켜야 할 것인가도 해결되어야 할 중요한 과제이다. McCarthy는 최근 그의 저서〈The Loyalty Link〉에서 다음과 같은 실화를 소개하였다.

“여러 해 동안 Xerox는 시장조사를 통하여 고객의 만족도를 정기적으로 모니터하였다. 대부분의 기업들과 같이 Xerox는 항상 1에서 5까지의 만족척도로 고객들의 반응조사를 체계화하였고 적어도 100% 4수준(즉, ‘만족’)에 도달하도록 목표를 설정하였다. 하지만, 1991년에 여러 해 동안에 걸쳐서 수집된 500,000 반응들을 분석한 결과, ‘만족’고객들의 충성도 평점은 ‘매우 만족’고객들의 충성도보다 6배나 적었다.”

이런 예는 실제성과로 이어지고 그것이 지속적으로 달성되기 위해서는 충족시켜야 할 고객만족의 수준이 결코 낮지 않음을 보여주는 것이다. 고객을 만족시키기 위해서는 요구되는 수준이 매우 높기 때문에 고객만족의 중요성을 인식하고 수없이 강조함에도 불구하고 성공적인 결과를 얻어내기가 쉽지 않은 것이다. 이처럼 고객만족과 관련하여 다양한 노력과 논의가 진행되고 있지만 여전히 고객만족을 성공적으로 이해하고 실천하고 있지 못하다.

다시 말해서 수없이 많은 고객만족도를 향상시키기 위한 노력과 실천이 있었음에도 여전히 고객만족에 대한 접근들은 저마다 문제점을 지니고 있기 때문에 새로운 관점에서 고객만족을 살펴볼 필요가 있다.

제4부
고객관계관리(CRM)와 서비스

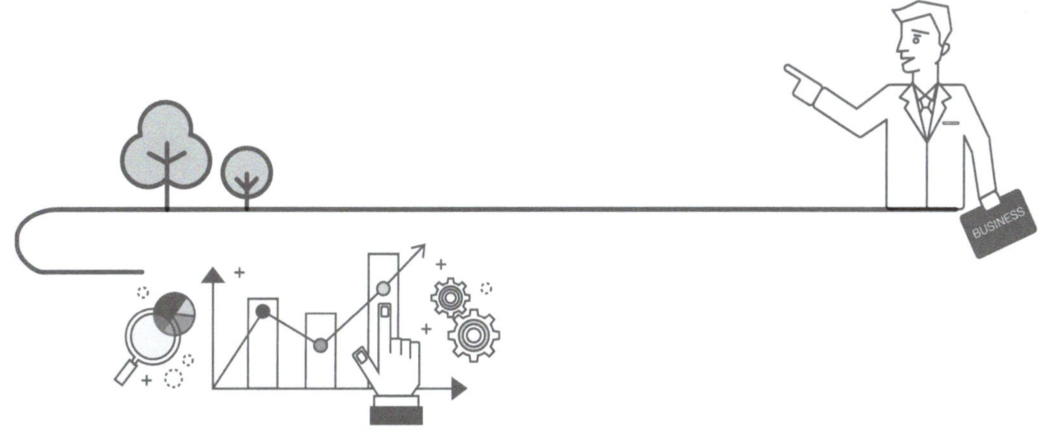

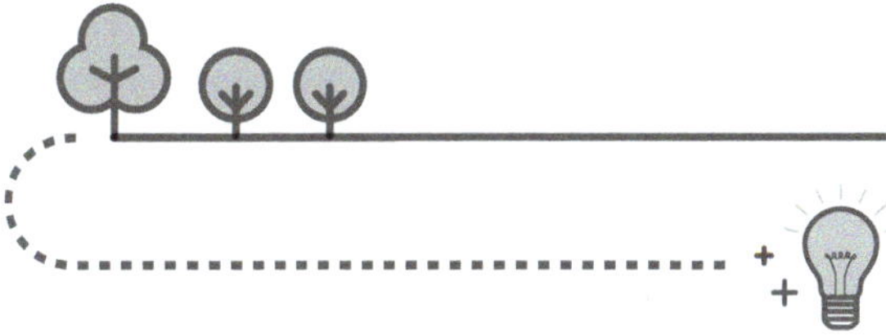

제10장

고객 서비스와 CRM 전략

아마존서 열광한 '김치 시즈닝'…"혁신 아이디어에 기회 열어야"

[Interview] 안태양 푸드컬쳐랩 대표

'서울시스터즈 김치 시즈닝'과 협업 제품들. 사진 이선목 기자

◈ '아마존 칠리 파우더 부문 판매 1위'

안태양 푸드컬쳐랩 대표가 개발한 '서울시스터즈 김치 시즈닝'이 2020년 세운 기록이다. 2017년 푸드컬쳐랩을 세운 안 대표는 3년간 개발 끝에 2020년 4월 아마존에 김치 시즈닝을 선보였다. 제품은 초도 물량이 완판된 데 이어 출시 7개월 만에 일본 '시치미', 베트남 '스리라차' 등 경쟁제품을 제치고 관련 부문 판매 1위를 달성했다. 이후에도 꾸준히 아마존 판매량 상위권에 머물며 올해 6월 기준 누적 판매량은 23만 개에 달했다.

안 대표는 20대 초반 필리핀 어학연수 시절 야시장에서 떡볶이 노점상으로 업계에 발을 들였다. 경험부족으로 사업을 계속 유지하지는 못했지만, K푸드(한식) 대중화의 꿈을 놓지 않았던 그는 결국 김치 시즈닝을 성공시켰다. 현재 식품 대기업과 협업으로 짜장라면, 국수, 김, 과자, 팝콘 등 제품군을 확산했다. 일본, 중동, 동남아 등지로 수출도 진행 중이다. 지난해에는 200억원의 기업가치 평가를 받았다. 그는 "혁신적 K푸드를 개발하려는 신생기업에 기회와 가능성을 열어줘야 한다"고 했다.

◈ '김치 시즈닝' 아이템은 어떻게 생각해냈나.

"K컬처 열풍과 유산균의 효능이 주목받으면서 김치에 대한 관심이 높아졌다. 그런데 김치는 보관이 어렵다는 단점이 있다. 김치 전용 냉장고가 없는 해외에서는 특히나 보관이 어려웠다. 국물이 흐르고 특유의 냄새가 나는 것도 김치가 낯선 외국인에겐 감점요소였다. 그러나 스리라차 같은 소스는 상온에서 보관도 쉽고 요리활용도도 좋아서 나도 한 달에 하나씩 구매했었다. 그때부터 그런 제품을 만들고 싶다고 생각했다. 이후 미국과 일본 등에서 시간을 보내면서 특히 '신맛'을 살린 소스가 인기가 있는 것을 알게 됐다. 또 시즈닝 형태 제품은 해외유통에도 용이하다고 판단했다."

제품개발에 어려움은 없었나. 김치 시즈닝만의 경쟁력을 꼽으면. "마침 '비건'이 세계적 트렌드가 되고 있었고 유산균이 주목받았다. 해외진출을 고려해 제품에 들어가는 유산균을 100% 식물성으로 만들기로 했다. 백방으로 수소문한 끝에 10여 년 전 비건 김치로 식물성 유산균을 만드는 기술 특허를 받았던 박용하 영남대 교수의 도움을 받게 됐다. 이후 제대로 된 맛을 위해 제조 업체들을 찾아다니며 수십 개 샘플을 만들었다. 많은 제조 업체에서 요구 사항이 너무 까다롭다며 두 손을 들 정도였다. 그렇게 3년 만에 제품을 완성했고, 2020년 11월엔 비건 인증도 취득했다."

◈ 최근 K푸드의 위상이 달라졌다고 생각하나.

"확실히 체감한다. 일례로 몇 년 전까지만 해도 미국에서 고추장은 코리안 칠리 페이스트(Korean chili paste) 정도로 불렸지만, 이젠 월마트 같은 대형마트에서도 '고추장'이란 명칭을 제품에 그대로 사용한다. 심지어 미국 홀푸드마켓에서는 자체 브랜드(PB) 고추장을 출시하기도 했다. PB 제품을 만드는 건 제품 판매량, 즉 고객 니즈가 확실히 보장된다는 의미다. 또 최근 미국 대형마트는 물론 일본 편의점에서도 K푸드가 메인 매대를 차지하고 있다. 그만큼 소비가 많다는 것이다."

◈ K푸드 확산을 위해 필요한 정책은.

"식품회사가 제조 공장을 직접 보유하지 않으면 정부지원을 받지 못하는 게 현실이다. 의지와 아이디어로 혁신 제품을 만들고자 하는 식품 스타트업을 제대로 지원해야 K푸드가 지속 확산할 수 있다."

• 출처 : ECONOMYChosun 2022년 10월 26일

유기농업체인 홀푸드마켓을 인수한 아마존 때문에 인수발표가 있었던 당일 월마트의 주가는 4.79%나 폭락했다. 한편 월마트 역시 최근 온라인 셔츠주문제작업체인 보노보스(Bonobos)를 3억 1000만달러에 인수하면서 온라인 의류판매 시장에 진입했다. 또한 작년에는 전자상거래 업체인 제트닷컴, 온라인 신발판매업체 슈바이, 온라인 의류판매 업체인 모드클로스 등을 인수하면서 온라인 유통사업강화에 박차를 가하고 있다.

그렇다면 아마존과 월마트는 굳이 서로의 비즈니스 울타리를 넘어 왜 이렇게 온라인과 오프라인을 넘나들면서 경쟁에 박차를 가하는 것일까? 그것은 아마도 시장의 불확실성을 이겨내기 위해 좀 더 광폭적인 경쟁시장에서 사업의 기회를 찾으려고 노력하는 것인지도 모른다. 소비자들이 원하는 서비스 형태가 다른 시장에서 이제 곧 우리는 불꽃튀는 경쟁을 보게 될 것이며 이러한 형태는 국내 비즈니스 시장에서도 동일하게 적용되고 있다.

제1절 고객 서비스 개념과 환경

1. 고객 서비스란 무엇인가?

고객 서비스란 기업이 소비자로 하여금 구매하는 일을 더욱 보람있고 알차게 만들 수 있게 도와주는 일련의 활동과 프로그램을 말한다. 이러한 제반활동은 소비자들이 상품에서 느낄 수 있는 가치와 이들이 구매하는 서비스를 증진시키게 된다.

예를 들어 물류센터에 근무하고 있는 직원은 소비자가 찾고 있는 물품의 재고를 확보함으로써 고객이 매장에 가서 제품을 찾는데 편의를 제공할 수 있다.

기업은 목표와 초점에 따라 고객에게 제공하는 서비스의 질(quality)이 달라진다. 또한 고객들은 제공되는 서비스의 정도에 따라 기업과의 신뢰관계에 영향을 받기도 한다. 그렇다면 고객 서비스는 어떻게 정의할 수 있는가?

고객 서비스는 고객들의 욕구를 만족시키고 긍정적 결과를 만들기 위해 기업내·외부의 고객에게 제품과 서비스를 전달하며 비즈니스로 연결되도록 하는 유능하며 열정적인 직원의 능력이라 말할 수 있다. 즉 고객 서비스는 기업내 직원들의 능력에 따라 달라질 수 있다는 것이다.

(1) 고객 서비스의 개념

고객 서비스는 현대사회에 나타난 새로운 개념은 아니다. 아주 오래 전부터 고객과 공급자 사이에 존재해 온 전통적인 만족의 수단이었다. 단지 소규모 형태의 기업에서는 경영자가 직접 고객과 만났다면 현대에 이르러서는 그 역할을 서비스 부서 혹은 영업부서 직원들이 하고 있다는 것이다.

또한 과거의 서비스가 단순한 생산중심의 물물교환 수준이었다면 급변하고 있는 현재의 기업환경에서는 적시에 질좋은 서비스를 제공해야 하는 목표가 생기게 되었다. 이를 기업에서는 타임투마케팅(time to marketing, TTM)이라 한다. 대부분의 서비스는 기업이 제공하고 있는 서비스 관련정보를 망라하고 있을 뿐만 아니라 소비자가 제품과 서비스를 쉽게 찾아 이를 구매하도록 도와주고 있다.

제품의 변경 및 조립과 같은 서비스는 해당제품을 특정 고객에게 맞도록 조율해 주는 기능이다. 이러한 서비스의 일부는 웹사이트, 매장 디자인 혹은 소매업체가 정한 방침에서 나오게 되지만 본 장에서는 고객과 직접적으로 연계된 판매원이 제공하는 가장 중요한 개별 서비스에 초점을 맞추도록 한다.

이처럼 고객이 원하는 수준의 서비스를 원하는 시기에 제공할 수 있다는 것은 쉬운 일이 아니다. 이를 위해 기업들은 어떻게 하면 더 고객에게 다가갈 수 있는가를 고민하기 시작하며 서서히 생산중심에서 고객중심으로 목표를 수정하기 시작했다. 고객중심의 기업들은 몇 가지 공통의 특성을 가지고 있다.

- 고객의 욕구를 만족시키는데 초점이 있다.
- 고객이 쉽게 접근하여 많은 정보를 얻도록 한다.
- 고객에게 우수한 서비스제공을 위해 지속적으로 변화한다.
- 경영정책 및 시스템을 고객의 입장에서 세운다.

(2) 고객 서비스에 영향을 미치는 요소

고객의 서비스에 영향을 미치는 사회적 요소들은 많다. 이 중에서 몇 가지 중요한 요소들을 알아보자.

1) 기업의 규제완화

정부의 정책들이 변화하면서 기업에 대한 규제가 많이 완화되고 있는 것이 사실이다. 이러한 기업에 대한 정부의 규제완화는 더 많은 경쟁을 야기하게 되고 기업들 간의 서비스의 질적 문제를 일으키기도 한다. 또한 정부의 규제완화는 기존 시장에 새로운 기업들이 더 나은 서비스 제공을 무기로 시장진입 기회를 만들기도 한다.

2) 기술의 변화

통신의 발달과 기술혁신으로 인해 생산과 품질에 지대한 영향을 주고 있다. 또한 기술의 변화로 인해 기술을 관리하는 서비스산업도 증가하게 된다. 반면에 제조현장에서의 직업은 감소된 것도 사실이다. 기술의 변화가 직업을 감소시키기도 했지만 또한 자동화를 통한 새로운 서비스시장의 직종을 늘린것도 사실이다. 예를 들면 컴퓨터와 전화, 텔레비전 등을 활용한 홈쇼핑 시장이 나타나고 그 시장에 종사하는 직업들도 다양하게 등장하였다.

3) 여성의 사회참여

노동인구 중 여성의 사회참여가 증가하면서 가정에서 이루어지는 일상적 일들을 다양한 서비스 회사가 대신하고 있다. 또한 이 시장의 규모도 커지고 있으며 시장에서의 서비스 수준도 점점 높아지고 있다.

4) 여가에 대한 사회적 욕구

점점 생활이 윤택해지고 먹고 사는 문제가 해결되면서 사람들은 여가시간을 어떻게 보낼 것인가를 고민하게 된다. 이러한 여가에 대한 고민은 결국 사람들에게 서비스에 대한 새로운 일자리를 만들도록 한다. 예를 들어 세탁물수거배달 서비스, 쇼핑배달 서비스 등 일상적으로 해오던 일들을 이제 여가시간 활용을 위해 서비스제공 직업에 서서히 맡기게 된다.

5) 전자상거래의 성장

오프라인 방식의 상거래가 전통적이었다면 이제 전자상거래(온라인) 방식의 상거래도 폭발적으로 증가하고 있다. 인터넷의 발달로 자리잡게 된 전자상거래는 고객 서비스의 방식도 바꾸었다. 직접 온라인 숍에 접속하여 원하는 상품과 서비스를 구매하기 이전에 상품과 서비스에 대한 가격과 정보를 비교할 수도 있다.

물론 시간투자도 오프라인 구매보다도 훨씬 적게 소요된다. 이는 시공간에 구애받지 않는 접촉을 통해 전세계 상품과 서비스를 실시간 만날 수 있는 시스템으로 서비스의 방식을 변화시킨 것이다.

2. 고객 서비스 환경

그렇다면 이렇게 고객 서비스에 영향을 주는 요소가 많은 가운데 어떻게 기업은 질(quality) 높은 고객 서비스를 만들어야 하는가?

(1) 고 객

고객 서비스 환경요소의 가장 핵심은 소비자(고객)이다. 고객이 없다면 기업의 존재가치가 없으며 고객 때문에 여타의 서비스조직들이 운영되는 것이다. 또한 내부고객과 외부고객이 존재하고 있으므로 성의껏 고객 서비스를 제공할 필요성이 있는 것이다.

특히 많은 기업들이 회사밖의 고객만 고객이라고 생각한다. 그러나 그것은 잘못된 생각이다. 회사내에서 동료, 다른 부서의 직원 그 외에 같은 회사에서 일하는 다른 사람들 모두는 내부고객이다.

기업이 내부고객을 인식하는 것은 기업성공을 위해 아주 중요한 일이다. 그것은 내부고객이 고객이 되기도 하고 어떤 경우에는 공급자가 되기도 하기 때문이다.

예를 들어 경리부서에서 근무하는 사람과 서비스센터에서 일하는 두 동료를 생각해 보자. 경리부서에서 근무하는 사람이 서비스부서에 정보를 요구할 경우가 분명히 발생할 것이며 서비스부서에서 근무하는 사람은 경리부서에 궁금한 사항을 문의할 경우가 생길 것이다.

이는 두 부서간에 서로 고객이라는 마음을 갖지 않는다면 고객이 원하는 요구사항에 대해

그림 10-1 고객 서비스 환경요소

조직문화개선 사례 발표대회

명확한 답변을 줄 수 없고 또한 만족스러운 고객관리도 이루어질 수 없다. 이런 경우 서로에 대한 역할을 제대로 파악한다면 그 기업은 더욱 효과적인 목표달성을 할 수 있게 된다.

(2) 조직문화

고객에게 서비스제공을 하는 경우 고객은 정확하게 기업이 가지고 있는 조직문화를 경험하게 된다. 이는 절대로 간과해서는 안 된다. 왜냐하면 기업의 조직문화는 고객에게 제공되는 서비스에 표출되기 때문이며 고객의 만족수준을 결정하는데 영향을 주기 때문이다. 또한 CRM을 활성화하기 위해서 조직문화는 분명 차별화되어야 한다.

- 공감대 바탕의 전사적 참여
- 권한이양을 통한 실험적 시도의 장려
- 최고경영진의 CRM 지원 및 참여조성
- 커뮤니케이션의 활성화를 통한 정보 및 지식의 공유

(3) 직원의 수준

조직문화를 제대로 형성하기 위해서 기업은 제대로 된 직원선발에 관심을 기울인다. 즉 인재를 뽑으려고 노력하는 이유가 여기에 있다. 어느 한 기업이 인재를 선발하려고 하는 것은 기업이 가진 방향과 목표달성을 얼마나 효과적이고 빠르게 달성할 수 있을지 가늠해 볼 수 있는 기준이다.

능력있는 직원이 많이 확보된 기업은 그만큼 정책실현과 경영혁신이 잘 이루어질 것이다.

즉 현장에서 고객에게 이루어지는 서비스제공도 제대로 이루어질 수 있다는 것이다.

어느 한 부분에서만 고객 서비스가 잘 되고 나머지는 전혀 그렇지 않다면 기업은 어려워지기 쉽다. 모든 직원들이 고객 서비스에 완벽해야 한다. 그것은 곧 경쟁력이며 그 직원들의 수준에 의해 고객들은 만족을 느끼는 정도가 다를 것이다.

(4) 제 품

또 다른 서비스 환경요소는 기업이 제공하는 제품이다. 그 제품이 유형이든 서비스와 같이 무형이든지 고객은 제공되는 제품과 제공물에 의해 그들의 만족과 불만족을 결정하게 된다. 고객의 기대에 미치면 만족하고 그렇지 않으면 불만족을 느끼게 된다. 이것은 구전으로 연결되기 때문에 기업의 입장에서는 중요한 환경이 될 수밖에 없다. 긍정적 구전으로 연결되는 만족의 결과와는 다르게 불만족한 고객들은 부정적 구전으로 많은 잠재고객에게 영향을 주게 된다.

(5) 전달시스템

다른 여러 가지 여건이 훌륭하더라도 고객에게 전달되는 시스템이 중요하다. 그 전달의 방식을 결정할 때 기업은 여러 가지를 고려하게 된다. 먼저 동종 업계의 경쟁자들이 어떻게 하는지 살펴보아야 한다. 또한 고객의 기대와 수준이 맞는지도 확인해야 한다. 혹은 다른 더 나은 대안은 없는지에 대해서도 점검해야 한다.

전달하는 방식의 비용문제는 어떠한 지 확인해볼 필요도 있다. 이는 좋은 프로그램을 실천하는 데 자사의 활용가능한 예산과 현실 적용에 적합한가를 점검하는 것이다. 마지막으로 전달시스템에 대한 고객욕구 적합성과 방법의 향후 지속성도 고려해야 한다.

(6) 서비스

서비스 환경요소의 마지막은 고객을 접촉할 때 중요하게 다루어지는 직접적인 서비스방식이다. 과연 얼마나 고객욕구를 충족시켜 주는 서비스기술과 전략을 사용할 것인지 기업환경에 맞도록 점검해야 한다.

TRENDS 망원경

이젠 투명성이 기업자산이다

미국이 사상 최악의 테러공격인 9·11로 충격과 혼란에 빠진 지 불과 몇달 만인 2001년 12월 초 월가는 엔론사태에 직면했다. 파산 직전인 2000년엔 '일하기 좋은 100대 기업'에 꼽힌, 약 2만명의 직원을 거느린 '우량기업'이었다. 하지만 이 회사가 자산과 이익 등 회계장부를 날조해 투자자와 금융당국 그리고 소비자를 속였다는 사실이 밝혀졌다. 실적은 최대로 부풀리고 부채와 손실은 은닉했다. 더 놀라운 건, 엔론의 회계감리를 맡은 유명 회계법인 아서앤더슨이 분식회계에 사실상 엔론과 공모했다는 사실이었다. 1913년 설립돼 엔론사태 발발 전까지 세계 84개국 385개 지사에서 7만여명이 일하던 아서앤더슨도 이 사태로 문을 닫는다.

다른 나라의 부패나 불투명성을 강도 높게 비판한 미국으로선 엔론사태로 자존심에 큰 상처를 입었다. 이 여파로 2002년에 기업의 회계투명성에 초점을 맞춘 '사베인즈옥슬리 법(Sarbanes-Oxley Act)'이 제정된다. 회계투명성 개선은 한국에도 영향을 미쳤다.

투명경영을 핵심 가치로 투명성을 단순히 설명하면 어떤 기업이나 조직의 정보를 일반인이나 다른 조직에서도 입수할 수 있는 상황이다. 투명성을 중심으로 파악한 기업경영을 투명경영이라고 한다. 투명경영은 1997년의 아시아 외환위기와 2001~2002년의 미국 기업의 신뢰성 위기를 거치며 중요성이 더욱 높아졌다. 회계를 비롯해 다양한 기업정보를 포괄하게 됐다.

미국 패션브랜드 에버레인은 아예 투명성을 핵심가치로 판매하는 기업이다. 창업자 마이클 프레이

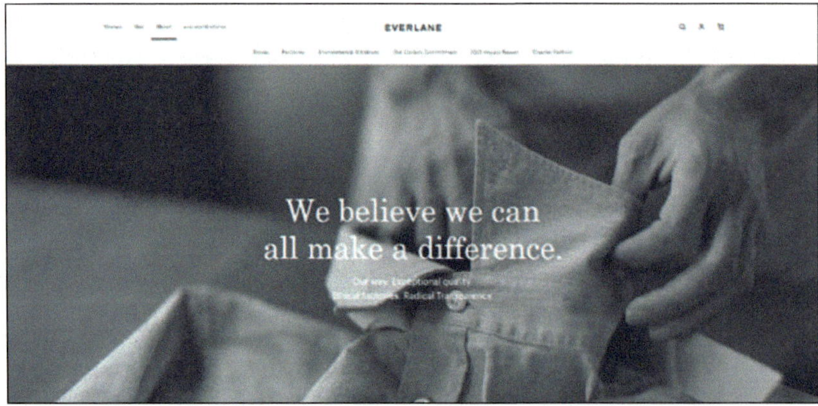

투명성을 핵심 가치로 판매하는 미국 패션브랜드 에버레인의 홈페이지. 윤리적 공장과 급진적 투명성에 대해 언급하고 있다. / 에버레인 홈페이지 갈무리

스먼은 50달러에 판매되는 티셔츠 한 장의 원가가 7.5달러에 불과하다는 사실을 알게 된 후에 뭔가 부당하다고 생각하게 됐다고 한다. 이 사실을 소비자가 알기 어렵다는 점도 그를 화나게 했다.

에버레인은 프레이스먼의 이러한 의문을 배경으로 2010년 창업됐다. 소비자는 에버레인 홈페이지에서 재료비, 부자재, 인건비, 세금, 운송비 등 상품의 기본적인 정보를 파악할 수 있다.

에버레인의 경영철학은 탁월한 품질, 윤리적인 공장, 급진적 투명성이다. 에버레인은 노동환경과 기업구조, 생태계 보호를 위한 노력 등 다양한 정보를 홈페이지에 공개했다. 윤리적 공급망을 만들고 유지하기 위한 노력은 세계 각지에 있는 에버레인의 공장 이름과 정확한 위치, 직원 수 및 직원들이 현재 하는 일과 노동환경에 관한 정보의 공개로 이어졌다.

기후위기에 대응하기 위해서는 2030년까지 제품당 탄소배출량을 55%까지 감축하고 2050년에는 순배출량을 0으로 만들겠다는 목표를 세웠다. 폐기물과 화학물질, 플라스틱 사용량을 줄이면서 재활용되지 않은, 즉 처음 생산된 플라스틱을 사용하지 않겠다고 약속했다. 구체적인 감축 계획이 홈페이지에 게시돼 있다. 나아가 매년 그해의 성과를 정리한 환경영향보고서를 발표해 소비자와 공유한다.

환경손익계산서(EP&L) 공개 세계적으로 유명한 명품 브랜드 구찌, 생로랑, 보테가베네타, 발렌시아가를 보유한 프랑스 명품 기업 케링그룹은 환경손익계산서(EP&L)를 공개한다. 프랑수아 앙리 피노 회장 겸 최고경영자(CEO)가 2010년 일부 브랜드에 처음 도입한 이래 2015년부터 산하 브랜드 전체에 적용하고 있다. 가죽 원단 등 원자재 90%의 생산·유통과정을 분석해 탄소배출량과 생태계에 끼치는 영향, 즉 환경발자국을 추적했다. 여기에 그치지 않고 금전적 가치로 환산해 매년 EP&L을 발표한다. 환경에 미친 악영향이 큰 부문에 대해선 새로운 공정을 적용해 개선한다.

케링은 2025년까지 EP&L상 '환경 손실'을 2020년 대비 40% 줄인다는 목표를 세웠다. 이에 따라 미국 항공우주국(NASA), 스탠퍼드대학 등과 협업해 몽골 내 캐시미어 생산지 일부에서 염소 방목법을 바꿔 목초지를 보호하게 했다. 중국 내 섬유공장에는 새 대기·수질오염 기준치를 설정하고 생산 과정을 바꿨다.

투명성을 핵심 가치로 판매하는 미국 패션브랜드 에버레인의 홈페이지. 윤리적 공장과 급진적 투명성에 대해 언급하고 있다. / 에버레인 홈페이지 갈무리

피노 회장은 2019년 말에 에마뉘엘 마크롱 프랑스 대통령의 요청에 따라 프랑스 '패션협정'을 주도했다. '패션협정'은 패션기업이 지속가능경영을 추구하겠다는 일종의 가이드라인으로, 프랑스 기업 60곳이 참여했다.

ESG 보고의 확산

케링 외에 푸마 등이 EP&L을 작성하지만, 투명성을 보여주는 핵심지표는 ESG 보고(사회 보고)이다. EP&L은 크게 보아 ESG 보고의 일종이라고 할 수 있다.

지속가능성 전반을 선도하는 유럽연합(EU)은 ESG 보고에서도 세계에서 가장 앞서 있다. 이미 2014년에 유럽 비재무보고 지침(NFRD)을 통해 상장법인, 은행, 보험회사, 공기업 중 고용인 500명 이상인 회사의 비재무정보 보고, 즉 ESG 보고를 의무화했고 2018년(2017년 회계연도 보고)부터 적용하고 있다. 적용대상은 종업원 500인 이상인 상장법인 · 공기업 · 금융기업(은행 · 보험사) 중 '자산총액 2000만 유로 초과'와 '순매출 4000만 유로 초과'의 두 가지 기준 가운데 하나 또는 모두를 충족한 기업이다. 2018년 기준으로는 EU 전역 약 1만1700개 대기업 등이 적용대상이다.

보고 내용은 환경, 사회 및 노동자, 인권존중, 반부패 및 뇌물, 이사회 다양성(연령 · 성별 · 교육 및 경력) 등이다. '원칙 준수 혹은 예외 설명'(CoE · Comply or Explain) 방식을 채택해 정보공개가 원칙이나 비공개 시 이유 설명의 의무가 있다. 또한 연례보고를 기본으로 해 사업보고서와 함께 내거나 따로 내거나를 선택할 수 있다. NFRD는 2021년 4월 '기업 지속가능성 보고 지침(CSRD)'으로 발전해 노동자 10인 미만 또는 연매출액 70만유로 이하 소기업을 제외한 상장기업 4만9000개가 보고의무를 지게 됐다. 비(非)EU 법인의 EU 자회사 및 EU에 상장된 비(非)EU 법인도 적용을 받는다. 보고 정보의 검증(혹은 감사) 의무, 추가 보고 요건 도입, 디지털 공시 등 범위 외에 내용도 강화했다.

불과 20년 전에 엔론 사태가 있었다는 사실을 감안하면 최근의 변화는 놀라울 정도로 빠르다. 앞으론 투명성이 기업경영의 기본값이 될 전망이다. 공개는 공개할 내용을 필요로 하고, 공개할 내용의 확보는 경영의 본질적 변화와 직결되기 때문이다. 한국에서 기업이나 당국이 모두 ESG 보고 도입에 미온적인 건 그래서일까. 만일 그렇다면 빨리 태도를 바꾸는 게 좋다. 지금은 변화 없이는 생존을 장담할 수 없는 시기이기 때문이다.

• 출처 : 주간경향 2022년 12월 26일

제2절 고객 서비스와 CRM 전략

서비스 환경에 대한 기업의 명확한 정책수립을 위해서는 과연 우리기업이 어느 위치에 있는가를 파악하는 것이다. 경쟁사와의 경쟁에서 이기려면 혹은 동종업계에서 생존하기 위해서 어떤 서비스제공을 결정해야 하는지 등을 자사의 환경과 체계, 실행환경 등 다양한 것들을 고려해야 한다.

특히 자사와 거래하는 고객들의 환경을 가장 많이 접목해야 하는 것이 중요하다.

이 상황에서 기업은 서비스 공급자로서의 역할을 명확하게 해야 한다.

- 도대체 우리의 고객은 누구인가?
- 과연 우리의 정책과 프로그램은 고객지향적인가?
- 고객과의 대화 속에 우리는 진실하였는가?
- 우리 회사제품과 서비스에 대한 지식은 충분한가?
- 고객서비스 개선을 위해 무엇을 차별화 할 것인가?

몇 가지 자가점검을 통해 어느 정도 준비된 기업은 고객 서비스 프로그램을 실행하게 된다. 그러나 부족한 사항이 아직도 많다면 서비스제공 이전에 좀 더 구체적인 프로그램과 고객중심의 실행방안을 다시 한 번 점검할 필요가 있다.

1. CRM전략수립

일단 CRM을 도입하기로 했다면 자사의 상황에 적합한 CRM전략을 수립하는 것이 중요하며 그러기 위해서는 몇 가지 선택대안을 놓고 고민해야 한다.

공격적 CRM전략을 펼 것인가? 아니면 방어적 CRM전략을 펼 것인가? 또한 획득적 CRM전략을 채택할 것인가? 혹은 유지적 CRM전략을 채택할 것인가? 등을 결정해야 한다. 무조건 훌륭한 CRM이 다 좋은 것은 아니며 제품력이 강한 제조업체나 서비스품질과 이미지가 좋은 통신업체 혹은 입지가 뛰어난 유통업체 등은 CRM이 별로 필요하지 않을 수도 있다. 따라서 이런 경우에는 고객에게 우리도 CRM을 하고 있다고 알릴 정도의 형식적인 CRM을 실행하는 것이 비용측면에서 효율적일 수도 있다.

또 새로운 고객획득에 중점을 두는 획득적 CRM은 단기적·금전적 보상이 바람직하고 기존 고객의 이탈방지에 초점을 맞추는 유지적 CRM은 비금전적·심리적 보상이 바람직하다는 점도 이해하고 있어야 한다.

파트너를 적절히 활용하는 전략도 매우 중요하다. 회사가 아무리 고객관리를 잘해보려고 해도 대리점과 같은 협력업체들이 제 역할을 하지 못해 헛수고로 돌아가는 경우가 종종 있기 때문이다.

성공적인 CRM을 위해서는 인프라차원에서라도 부분적인 PRM(partner relationship management)이 필요하다. PRM은 대리점, 중간 유통업체 등 모든 파트너들과의 관계를 종합적으로 관리하는 것이다. CRM에 PRM 요소를 도입하면 고객의 주문과정에 있어서 필요한 비용, 자원 등의 투입노력을 절감할 수 있다.

(1) 효과적인 CRM

CRM을 위한 효과적인 커뮤니케이션 수단도 잘 선정해야 한다. 금융업 등의 CRM에서는 전화나 편지, e메일 등이 주요 커뮤니케이션 수단으로 사용되지만 슈퍼마켓과 같이 습관적 구매행태를 보이며 수익률도 낮은 유통업에서는 전화나 편지와 같은 전통적인 수단은 적당하지 않다. 이것보다는 매장에서의 효과적인 커뮤니케이션이 훨씬 더 중요하다.

예를 들어 구매금액이 일정수준 이상에 도달한 고객에게 즉석에서 뜻밖의 사은품을 준다든가 하는 식의 자연스러운 접점을 이용한 활동이 바람직한 경우가 많다.

(2) 온라인과 오프라인의 CRM

또한 온라인과 오프라인 커뮤니케이션 수단을 조화롭게 사용해야 한다. e메일의 확산에 따라 많은 기업들이 e메일 커뮤니케이션에 보다 큰 비중을 두고 있지만 고객 특성에 따라 또 커뮤니케이션 내용에 따라 전화나 방문 등의 방법으로 사람이 직접 전달하는 것이 훨씬 더 효과적인 경우도 많다.

따라서 다양한 커뮤니케이션 방법을 미리준비하고 고객과 사안에 따라서 어떤 커뮤니케이션 수단을 사용할 것인가에 대한 사전적인 정비가 필요하다.

또한 CRM은 온라인과 오프라인 채널을 통합한 형태로 이뤄져야 한다. 요즘 대부분의 오프라인 업체들은 e비즈니스 채널을 운영하고 있기 때문이다. 오프라인에서의 우량고객이 온라

TRENDS 망원경

BTS 손잡은 맥도널드…글로벌 마케팅, 팬덤이 지배한다

맥도널드는 지난해 5월 BTS를 모델로 한 'The BTS 세트'를 출시했다.
사진 맥도널드

맥도널드는 코로나19라는 특수한 상황으로 전 세계 매장의 약 30%가 문을 닫을 정도로 위기를 맞았었다. 그러나 코로나19가 여전히 기승을 부리던 지난해 7월에 전 세계에 타전된 맥도널드의 성적은 놀라움 그 자체였다. 지난해 2분기 글로벌 매출액은 전년 같은 기간보다 57% 증가했다. 더 놀라운 것은 순이익이 다섯 배나 늘었다는 점이다. 동종 업계는 물론 여타 업종들도 그 비결을 알아내는 데 혈안이 됐었다. 이런 성적은 지난해 2월 우리나라 아이돌 그룹 BTS와 손잡고 맥너겟, 감자튀김, 소스 등이 포함된 세트 메뉴를 출시한 덕분이었다. BTS 팬들이 매장에 몰려 경쟁적으로 구매하는 바람에 코로나19 태풍에도 전 세계 맥도널드 매장마다 긴 줄을 서는 기현상이 일어났다. 특히 인도네시아에서는 팬들이 매장으로 몰리자 당국이 코로나19 집단 감염을 우려해 매장의 문을 닫는 조치를 취했을 정도다.

스타벅스 등 기업의 팬덤 전략

팬덤(Fandom)은 연예인이나 인플루언서 등의 유명인 그리고 기업이 브랜드나 특정 제품을 중심으로 집단 문화를 형성하는 것을 말한다. 스타벅스는 브랜드에 대한 팬덤 마케팅을 아주 잘 구사하는 대표주자 중 하나다. 자체 로고가 들어가 있는 드링크웨어(drinkware·마실 것과 관련된 물품)를 제작해 판매하면서 수익을 올리고, 브랜드 인지도도 높이는 일거양득 효과를 거두고 있다. 텀블러와 휴대용 머그잔은 물론 컵 뚜껑, 빨대, 텀블러 케이스 같은 액세서리 등도 높은 인기를 누리며 커피와 별도로 매출 증대에 일등 공신이 되고 있다.

최근 세계적인 기업들은 하나같이 팬덤을 알게 모르게 자랑한다. 소비자들이 그 팬덤에 조종당하고 있다는 생각이 들 정도다. 휴대전화 전문 웹진인 셀셀(SellCell)에 따르면 2020년을 기준으로 애플에 대한 브랜드 충성도는 92%로 업계 최고 수준이고 여전히 상승세다. 브랜드 충성도는 제품을 구매할 때 특정한 브랜드를 선호해 같은 브랜드를 반복적으로 구매하는 정도를 나타내는 것으로 기업 입장에서 신규 고객을 확보하는 것보다 기존 고객을 충성고객으로 만드는 것이 비용 면에서 크게 유리하다는 장점이 있다.

애플의 충성도가 높은 이유는 제품에 대한 만족도가 주요 원인이고, 그다음은 애플이 제공하는 다양한 애플리케이션(앱)이라는 대답이 돌아왔다. 전기차의 대명사인 테슬라는 브랜드 충성도(2018년 74.7%) 면에서 모든 자동차 메이커를 앞선다. 이런 충성도는 탁월한 자동차 디자인, 전기차라는 세련된 이미지, 자율주행이라는 첨단기술 제품 콘셉트, 뛰어난 내부 인테리어와 시스템 등이 어우러진 결과로, 전기차 구매 붐을 주도하고 있다.

미국 최고의 홈트레이닝(홈트) 업체로 홈트계 '넷플릭스'라는 닉네임을 가진 펠로톤(Peloton)도 높은 브랜드 인지도를 무기로 팬덤을 형성하고 있다. 펠로톤은 자체 제작한 운동 강좌를 통해 콘텐츠를 늘리고, 사용자와 상호작용을 통해 홈트의 단점을 극복하고 있다. 운동 기구 앞에 부착된 모니터나 인터넷과 연결된 기구를 통해 트레이닝을 오프라인에서 직접 받는 것 같은 효과를 체험시키면서 소비를 유혹하고 있다. 코로나19로 집에서 운동하고 싶다는 수요가 계속 증가하고 있을 뿐만 아니라 집에서 편하고 즐겁게 운동할 수 있다는 장점이 팬덤 확장에 밑거름이 되고 있다.

팬덤이 마케팅에 절대적인 무기로 자리 잡으면서 전통적인 강자들도 변신에 변신을 거듭하고 있다. 디즈니는 기존의 디즈니랜드와 별개로 마블이라는 엔터테인먼트 회사 운영을 통해 강력한 브랜드 파워 확장을 도모하고 있다. 팬덤이 일반화하면서 전 세계 엔터테인먼트 산업은 코로나19 위기에도 불구하고 2021년에 6.5%라는 높은 신장세를 기록했다. 이런 추세에 힘입어 디즈니 브랜드 가치는 매년 11%씩 성장했다. 또한 1997년부터 2000년까지 시리즈로 발간된 유명 소설 '해리포터'는 강력한 팬덤으로 영화는 물론 테마파크, 장난감 등으로 파생돼 지난해 그 매출 규모가 250억달러(약 33조4000억원)에 달한 것으로 추정된다.

기존에 연예계 위주로 형성되던 팬덤은 이제 글로벌 마케팅을 지배하는 조류를 형성하고 있다. 단순히 엔터테인먼트 요소를 즐기는 수준을 벗어나 관광과 마케팅 분야 주류로 등장한 것이다. 미국 잡지인 '보르겐(Borgen)'은 BTS의 경제적 영향력은 한국에서만 15억달러(약 2조원)에 달하며, BTS의 검색량이 1% 증가하면 한국의 의류 수출은 0.18%, 화장품은 0.72%, 식품은 0.45%씩 증가한다고 분석해 눈길을 끌었다. 한국의 K팝 관련 전문 수출 업체인 에이치엠인터내셔날은 한류 팬덤을 활용해 수출액을 크게 늘리고 있다. 전 세계 200개 이상의 국가에서 활동하는 5000여 개의 팬클럽과 연결된 플랫폼을 통해 2017년 176억원이었던 매출액이 지난해 2011억원으로 4년간 11배나 증가했다. 특히 수출이 가파른 상승곡선을 그리면서 지난해 2억달러(약 2600억원)를 돌파했다. 또한 세계적인 통계 플랫폼 스태티스타에 따르면 BTS가 한국의 국내총생산(GDP)에 기여하는 것이 0.3%(47억달러, 2018년 기준)에 달한 것으로 추정돼, 팬덤의 효과가 얼마나 광범위한지 보여줬다. 한국을 대표하는 삼성전자(13.1%), 현대자동차(5.3%), LG전자(3.4%), 기아(2.9%), 대한항공(0.7%)에 이어 BTS가 자리하고 있는 것이다.

팬덤 형성, 젊은층과 교감 여부로 성패 갈려

팬덤이 형성되는 이유는 무엇일까. 미국 성인은 하루에 11.5시간을 미디어에 빠져 허우적거리고 있다. 거의 하루의 절반을 콘텐츠에 얽매여 사는 셈이다. 이들이 소비하는 콘텐츠는 항상 완전히 새로운 것이 아니다. 기존의 것들과 적절하게 섞이고, 팬들 간에 대화나 제품에 대한 반응을 소통하면서 팬덤을 만들어 가고 있다. 기업들은 기존에는 콘텐츠 자체를 부각시키는 데 사활을 걸었다면 이제는 감정적 투자(콘텐츠에 참여하기) 및 스토리 전파로 활동 영역을 확대하고 있다. 스토리를 만들고 모든 경로에서 팬을 끌어모아야 하는 상황에서 팬덤 형성을 위한 기업의 노력이 이제 극에 달한 느낌이다.

팬덤의 지속 기간은 콘텐츠별로 큰 차이를 보이는데, 9년을 넘으면 장기로 분류된다. 그래서 젊은 팬의 참여를 유도하는 것은 콘텐츠 성공에 매우 중요하다. 왜냐하면 팬덤은 10대에 정점을 찍고 18~24세에 감소하고, 25~34세에 다시 활성화하는 특징을 보이기 때문이다. 18~34세의 젊은층이 미디어 사용량의 43%를 차지하고 있다는 조사 결과와도 맥을 같이한다. 그래서 팬덤 형성은 젊은층과 교감 여부로 성패가 갈린다는 말도 있다.

인터넷의 접근성 확대와 함께 소비자 간 연결성 증가(다양한 채널)는 새로운 플랫폼 팬덤에 기름을 붓고 있다. 예를 들어 비디오 게임, 인터넷 연결 장치(구글 크롬캐스트, 애플 TV, 아마존 파이어 TV 등)와 같이 TV를 통해 확보한 이용자를 '어떻게 내 편으로 끌어들이냐'가 매우 중요하다. 기존 디지털 플랫폼(컴퓨터, 스마트폰, 태블릿 PC)이 도전을 받는 모양새다. 이런 변화는 향후 기업의 마케팅이 어디로 가야 하는지를 안내하고 있다. 소비자는 스스로 빠져든 팬덤에 지갑을 여는 경향이 강해지고 있기 때문이다. 특히 코로나19 이후에 유통과 광고의 핵심 경로가 온라인으로 이전되면서 팬덤의 파괴력은 더욱 커진 상황이다. 따라서 글로벌 시장을 겨냥하고 있다면 단순히 팬덤을 추종해 마케팅에 활용하는 수동적인 자세에서 벗어나 제품의 기획 단계부터 능동적이고 창의적으로 팬덤 활용을 전제로 한 마케팅 전략이 필요하다.

일시적인 매출 증대를 넘어서 기업의 이미지 관리와 브랜드 가치 제고에 팬덤은 더없이 중요하다. 충성심이 높은 팬덤은 단순히 소비자들의 집단에 머무는 것이 아니라 브랜드와 기업의 가치를 높이는 데 서포터 역할을 하기 때문이다. 또한 팬덤을 통한 기업 이익의 극대화에 머물지 말고 '왜 그런 팬덤이 생기는가'를 되짚어 보고 중장기적인 경영 전략에도 반영해야 한다. 한류(韓流) 팬이라는 팬덤은 한국 기업에 커다란 자산이다. 이를 잘 활용하는 것은 선택을 넘어 필수인 시대다. 우리 기업은 외국의 경쟁 업체가 갖고 있지 못한 새로운 무기를 하나 더 갖고 있는 셈이다.

• 출처 : ECONOMYChosun 2022년 12월 7일

인에서 홀대를 받아서는 곤란하다. 따라서 오프라인 채널과 온라인 채널이 분리운영되더라도 채널의 브랜드가 같다면 최소한 고객관리만이라도 동일한 기준위에서 이루어져야 한다.

CRM의 성과관리에서는 지금까지 주류를 이루었던 재무적인 성과측정방식 대신 고객과의 관계개선이라는 시각에서 우량고객의 유지율과 같은 비재무적인 지표가 보다 중요한 자리를 차지해야 한다. 이런 성과지표는 사후적으로 되는 것보다 CRM을 실행하기 전에 미리 되는 것이 바람직하다.

CRM전략에 따라 적당한 성과지표가 선정되고, 이에 따라 전술적 CRM활동들이 마련되고 실행되어야 한다는 것이다.

2. 고객전략으로서의 CRM

CRM의 목적은 고객에 대한 구체적인 정보를 데이터화하여 이를 바탕으로 신규고객을 창출하고 이를 유지·강화하고 각 고객들에게 적합하고 차별적인 제품 및 서비스를 제공하는데 있다. 또한 각 기업들은 고객과의 우호적 관계를 지속적으로 유지하고 동시에 고객과의 관계를 새롭게 변화시키려는 일련의 마케팅활동을 계속한다. 따라서 CRM은 마케팅의 한 기능영역이나 기업정보시스템의 한 분야가 아닌 전사적인 고객관계관리 전략으로 실행되어야 한다.

첫째, CRM이 적용되는 가치사슬이 확대되고 있다. 즉 CRM이 마케팅, 영업, 고객 서비스와 같은 고객접점 기능의 범위를 넘어 현재는 조달, R&D, 생산, 배송, 인사, 재무영역 등에서 CRM의 다양한 방법론과 세부전략이 활용되고 있다.

둘째, CRM이 적용되는 산업의 형태가 확대되고 있다. CRM이 소매금융, 유통, 통신서비스

등의 일부분야에서 소비재 및 산업재 제조업, 서비스 등 모든 영리조직은 물론 비영리조직인 정보, 교육기관, NGO 등도 정도의 차이는 있지만 CRM전략을 채택했거나 현재 적극적으로 도입·시도하고 있다.

셋째, 시스템중심의 CRM에서 탈피하고 있다. 즉 벤더중심의 CRM도입(outside-in)방식에서 내부전략 중심의 CRM(inside-out)방식으로 전환되고 있다는 것을 의미한다. 예를 들어 솔루션 벤더들의 전시회나 사례 발표회보다는 현재 많은 대학, 관련학회 및 협회 그리고 컨설팅 조직 등에서 CRM에 관련된 교육과정을 진행하고 있다.

넷째, 기업은 장기적인 관점에서 조직의 전체적인 최적화 및 조직성과를 달성하기 위해 CRM을 적극활용하고 있다. 즉 CRM을 통해 고객을 세분화하여 고객이 제품을 인지·선호하여 구매 후 만족감을 느껴 반복적인 구매가 이루어지도록 한다.

또한 효율적인 고객관리는 물론 신규고객을 창출하고 이를 애호고객으로 유지·관리하는 방향으로 전환하고 있다.

(1) 고객 서비스를 통한 전략상의 우위

McDonald's, Nordstrom Amazon.com, Disney World, Marriott와 같은 업체에서는 상품을 차별화하고 고객과의 신용을 쌓아가는 동시에 양질의 고객 서비스를 제공함으로써 경쟁상의 우위를 점하고 있다. 양질의 서비스로 소비자들은 다시 그 점포를 찾게 되며, 이는 입소문으로 퍼져 새로운 고객들을 끌어들인다.

고객 서비스의 질은 인터넷을 통한 소매업체에게도 중요하다. 소비자는 여러 인터넷 소매업체를 둘러보면서 동일한 상품의 가격을 비교한 후 구입한다. 따라서 소매업체들이 자신의 거

래조건을 차별화하고 거래마진을 증대시키려면 소비자들에게 더 많은 서비스를 제공하는 것이 우선이다. 그러나 양질의 서비스를 제공하는 것이 쉬운 일은 아니다. 하지만 자동화된 제조공정으로 제품(서비스가 아닌)의 질은 일정해질 수 있다.

예를 들어, Super Twist Skill 전기드라이버는 모양새가 비슷하며 그 작업능력도 유사하다. 하지만 이러한 동일성을 차별화할 수 있는 서비스는 소비자들과 직접 접촉이 있는 판매원들에 의해 진행되므로 소매업체가 제공하는 서비스의 질은 점포에 따라 혹은 점포의 판매원에 따라 천양지차로 다를 수 있으며, 소매업체가 서비스를 제공하는 판매원들을 관리하는 일이 어렵다는 것이다. 경우에 따라서는 한 판매원이 어느 한 고객에게는 질 높은 서비스를, 다른 고객에게는 질 낮은 서비스를 제공할 수도 있는 것이다.

이와 더불어 소매업체에서 제공하는 대부분의 서비스는 소비자가 감지할 수 없는 것이므로 소비자들은 자신이 받고 있는 서비스를 볼 수도 평가하기도 어렵다. 옷감이라면 소비자들이 옷감을 쥐고 이를 면밀히 살필 수도 있지만, 판매원이나 e-에이전트가 제공하는 서비스에 대해서는 그렇게 하지 못한다. 소매업체들은 서비스가 고객에게 전달되기 전에는 이를 세거나 재며 관찰할 수 없기 때문에 이러한 서비스의 무형성(intangibility)은 양질의 서비스를 지속적으로 제공하고 유지시키는데 장애를 불러일으킨다.

결과적으로 지속적인 양질의 서비스를 제공하는 일이 어렵다는 것을 안 소매업체들은 상대업체에 대해 경쟁적 우위를 점하기 위한 방안을 연구하게 되었다. Nordstrom에서는 상당한 시간과 심혈을 기울여 뛰어난 고객 서비스를 독려하고 지원할 조직적 풍토를 조성하고 있다. 상대경쟁 백화점도 물론 같은 수준의 서비스를 제공하고는 있지만 Nordstrom만큼의 서비스 성과는 거둬들이지 못하고 있는 것으로 알려져 있다.

1) 고객 서비스전략

고객화와 표준화는 소매업체가 고객 서비스의 우위를 점하기 위해 동원하는 두 가지 접근방법이다. 고객화 접근법을 성공적으로 이행하기 위한 관건은 판매원들의 수행성과나 인터넷 소매업체들의 경우 그들의 제공물들을 개별화하는 정도에 달려있다. 이와 대조적으로 표준화 접근법에서는 정책, 절차, 매장, 그리고 웹디자인 및 기본설계가 관건이 된다.

① 고객화(고객맞춤) 접근법

고객화 접근법(customization approach)이란 서비스 제공자들로 하여금 서비스를 각 소비자의 취향에 맞게 조절해 주는 것을 말한다. 예를 들어 백화점 판매원이 고객에게 어울리는 옷과 액세서리를 찾도록 도와주는 것을 들 수 있다.

일부 인터넷 소매업체에서는 인간미가 풍기는 요소를 웹사이트에 도입하고 있다. Lands' End 사이트를 방문한 소비자들은 간단한 클릭으로 (인스턴트 메시지로 알려진 서비스를 통해) 서비스 공급자와 메시지를 교환한다. 그리하여 Cameraworld.com은 인스턴트 메시지를 이용한 방문자의 20%가 인터넷전체의 방문자중 3%의 구매율을 보인다는 사실을 알아냈다.

Disney World의 고객 서비스에 자극을 받은 Target에서는 손님 서비스프로그램(guest service program)을 가동했는데 이 프로그램에서는 모든 소비자가 매장직원이 초청한 손님대우를 받게 된다. 창고직원들도 손님을 도와주는 것을 자신의 임무라고 생각한다. 직원들은 매장내의 임시직원들에게 도움이 필요한 손님을 찾아 다니라고 요구하기도 한다. 물론 손님에게는 매장에서 즐거운 쇼핑을 만끽할 수 있는 권한이 부여된다.

상품에 가격이 붙어있지 않은 경우, 계산대의 직원은 손님이 20달러까지 부르면 그 가격 그대로를 상품가격으로 간주하여 이를 내어 줄 수 있다. 손님이 굳이 계산대의 직원이 다른 직원에게 상품가격을 확인할 때까지 기다릴 필요가 없다. 손님이 영수증없이 환불을 요구할 때도, 서비스 센터의 직원은 그 손님에게 상품가격을 물어본 후, 상품에 대해 환불조치를 한다.

고객화 접근법은 결과적으로 고객에게 더 나은 서비스를 제공한다는 장점이 있지만, 서비스 자체가 공급자의 판단과 능력여하에 따라 달라지게 되므로 지속적이지 않을 수도 있다. 또한 숙달된 서비스 공급자와 복잡한 소프트웨어가 필요하므로 많은 비용이 드는 단점도 있다.

② 표준화 접근법

표준화 접근법(standardization approach)은 일련의 규칙과 절차를 세워 이러한 제반사항이 지속적으로 이행될 수 있게 하는 것이다. 그리하여 서비스의 불안정한 요인은 최소화 될 수 있다.

예를 들어 McDonald's 매장에서는 전세계 어느 곳에서나 같은 음식과 서비스를 제공한다. 모든 음식이 고객들의 취향에 맞는 음식은 아니겠지만 McDonald's의 음식은 제시간에 저가로 손님에게 제공된다.

매장이나 웹사이트의 기본설계도 표준화 접근법에 있어 중요한 역할을 맡고 있다. 고객이 직원의 서비스를 요구하지 않는 경우는 자신이 무엇을 구매할 것인지를 명확히 알고 그것을 빨리 구매하려고 하는 것이다. 이런 상황에서의 소매업체들은 눈에 잘 띄는 기본배치와 안내판을 사용하여 고객이 상품을 쉽게 찾도록 하고, 상품진열에 대해서도 풍부한 정보를 알려주어 구매하는 시간을 최소화시켜 줌으로써, 고객에게 양질의 서비스를 제공하게 된다.

2) 고객 서비스원가

앞에서 언급했지만 양질의 서비스를 제공(특히 고객중심의 서비스를 제공한다면)하는 데에는 상당한 비용이 들 수 있다.

예를 들어, 뛰어난 서비스로 정평이 난 런던소재의 Savoy호텔은 세계적으로 저명한 인사들이 즐겨 찾고있다. Savoy만의 특별한 침대에서 편안한 잠을 이루는 것 이외에도 Savoy가 손님들에게 제공하는 것은 굉장하다.

청소원들은 진공청소기를 사용하지 않고 아침마다 복도에서 마주치는 고객들에게 깍듯이 인사하며 각 층에는 오전 7시부터 오후 3시까지 전용웨이터가 대기하고 있다. 손님들은 원하는 바에 따라 표준화된 아일랜드 리넨 시트대신 면시트를 쓸 수도 있다. 각 객실마다 손님의 구미에 맞는 과일도 무료로 주문되며, 호텔객실도 장기체류하는 고객의 개인적 취향에 맞게

꾸며진다.

일례로 호주의 미디어재벌인 Kerry Packer는 겨울이 오면 Savoy에 와서 오랫동안 묵는다. 호텔직원들이 그 소식을 들으면, 그의 사진을 포함한 가구들을 그가 묵을 객실로 옮겨놓는다.

하지만 이런 식으로 개인의 취향을 맞추다보면 상당한 비용이 들게 마련이다. Savoy호텔은 200여개의 각 객실에 3명의 직원을 배치하고 있는데, 이는 다른 런던의 호텔과 비교해 볼 때 인원면에서 거의 2배에 이르는 수준이다.

Savoy 소유주는 호텔이 많은 이윤을 내지 못하는 이유가 과도한 서비스를 제공하는데 있지 않는가라는 점에 대해 깊은 근심을 가지고 있다. 그러나 장기적인 안목에서 보면 양질의 고객서비스는 원가를 절감하고 이윤을 창출해낼 수 있다.

Anderson Consulting에서 조사한 자료에 의하면, 현행 고객이 아닌 새로운 고객을 유치하려면 5배에서 15배 가량의 비용이 더 소요되고, 5퍼센트의 고객을 추가로 유치하면 25퍼센트 내지 40퍼센트의 이윤을 증대시킬 수 있다고 한다. 그래서 결과적으로 볼 때, 현재의 만족한 고객을 붙들어 두고 이들에게 더 많은 제품을 판매하는 것이 지금 당장 사지 않을 사람들을 두고 판매행위를 벌이는 것보다 훨씬 적은 비용이 든다고 볼 수 있다.

소매업체는 원가와 더불어 서비스정책으로 얻을 수 있는 혜택을 고려할 필요가 있다. 최근 많은 소매업체들이 "이유를 불문하고 환불해 주는 정책"을 재검토하기에 이르렀다.

예컨대 Wal-Mart에서도 90일의 환불기한을 정해서, 50년대에 제조를 그만뒀을 낡은 보온병을 환불해달라는 고객이 생길 수 있는 상황에 대비하고 있다. Best Buy에서는 고객이 영수증을 소지하고 있지 않으면 환불해 주지 않는다.

이러한 환불정책으로 고객이 자신이 구입하지도 않은 상품을 가지고 와서, 영수증을 잃어버렸다며 환불해달라고 조르는 사태를 막을 수 있었다. 한편 Best Buy의 소비자들은 환불조건으로 15%의 수수료를 물고있다.

(2) 고객의 서비스 평가

소비자는 기업들의 서비스를 평가하면서 서비스에 대해 자신이 가지고 있는 기대치와 실제로 받는 서비스의 질을 비교한다. 고객은 자신이 가지고 있는 기대치 이상의 서비스를 받으면 만족하지만 그 이하일 경우에는 불평을 하게 된다.

1) 서비스의 기대치

고객은 자신의 지식과 경험에 견주어 그 이상의 서비스를 기대한다. 어떤 소비자는 자신이 보낸 편지에 대한 답장이나 전화는 받을 기대도 하지 않지만 전자메일에 대한 답은 즉시 받아보기를 원한다.

또한 소비자가 거는 기대는 점포에 따라 다르다. 슈퍼마켓이라면 편리한 주차시설이 갖춰져 있어야 하고, 아침 일찍부터 밤 늦게까지 개점하는 동시에 다양하고 신선한 식료품은 찾기 쉬운 곳에 배치되어야 하며 계산은 빨리 끝낼 수 있는 곳이어야 한다. 반면에 통로마다 배치된 직원이 식료품이나 요리법에 대한 정보를 제공해 주는 일은 기대하지도 않는다. 그러나 이 고객이 백화점에 갔을 때는 제품에 대한 정보와 도움을 줄 수 있는 유능한 직원이 자신을 맞아줄 것을 기대하고 있을 것이다.

고객이 소매업체에게 거는 기대가 다양하기 때문에 고객의 서비스 만족도는 때와 장소에 따라 다를 수 있다. 보통의 소비자들은 할인점이나 슈퍼마켓같은 곳에서 높은 수준의 서비스를 기대하지 않는다.

하지만 Wal-Mart의 경우에는 할인점이지만 양질의 서비스를 제공하고 있다. 직원들은 각 매장입구에 서서 고객들을 맞고, 질문에 대해서 친절히 대답한다. 할인점에서의 이러한 서비스는 고객이 기대하는 것이 아니므로, 백화점에서 제공하는 것보다 수준이 낮을 수 있겠지만 Wal-Mart의 서비스에 대해서는 긍정적인 평가가 따른다. 일반백화점들은 Wal-Mart보다 고객의 질문에 친절히 답하고, 이들에게 정보를 제공해 주는 판매원 수가 훨씬 많아서 백화점 고객들은 의문사항이 있거나 물건을 사려고 할 때, 주위에 판매원이 없으면, 그 백화점의 서비스에 대해 실망하는 경향이 있기 때문이다.

또한 소매업체들은 예기치 않은 서비스를 제공하여 고객만족도를 높여야 한다. 다음과 같은 예를 살펴보자.

- 술에 만취한 고객에게 택시를 태워 집까지 보내주고 고객의 차는 그 다음날 집으로 보내주는 레스토랑
- 옷마다 번호표를 달아서 고객에게 어울리는 옷을 체계적으로 찾게 해주는 남성전문 의류점
- 고객의 기념일을 기록해 놓고, 그 날짜가 되면 고객에게 적당한 선물을 제공해주는 선물가게

고객의 서비스 기대치는 각 나라마다 다르다. 독일의 생산능력은 세계적으로 정평이 나있지

Stew Leonard에서의 고객 서비스

만, 그에 못지않게 고객 서비스는 열악한 상황이다. 몇 년씩이나 기다려야 전화가 개통되고, 레스토랑에서는 신용카드를 받지 않으며, 폐점이 가까운 시간에 들어오는 고객은 따가운 시선을 받기 십상이다. 또한 고객들은 자신이 구입한 물건은 자신이 담아가야 한다. 독일사람들은 양질의 서비스에 익숙하지 않은 탓에 애당초 이를 요구하지도 않는다. 하지만 이제 소매경쟁이 치열해지고 외국경쟁업체들도 발을 들여놓고 있기 때문에 이들의 걱정은 커져가고 있다.

이와는 대조적으로 일본인들은 우수한 서비스를 제공받기를 원한다. 미국에서는 "고객은 항상 옳다(The customer is always right)"라는 말을 쓰지만, 일본에서는 "고객은 신이다"라는 말을 쓴다.

일본에서는 손님이 점포에 와서 환불을 요구할 때, 오히려 처음 방문때보다 더 친절히 대한다. 고객은 협상의 대상이 아니며, 결코 틀리지 않는다. 고객이 제품을 잘못 사용하는 경우에도 업주들은 고객에게 그 제품사용법을 제대로 일러주지 않은 것에 대해 책임을 느낀다. 제품의 하자에 대해 처음으로 설명듣는 직원은 설령 제품상의 하자가 다른 부서와 관련되는 것이라 할지라도 끝까지 그 고객을 책임진다.

2) 지각된 서비스

고객은 자신의 지각을 토대로 서비스에 대한 평가를 내린다. 이러한 지각은 실제로 받는 서비스에 의해 이루어지지만, 서비스는 무형물이라는 그 특유성 때문에 정확한 평가를 내리기 힘들다.

매장직원은 소비자의 서비스지각에 있어서 중요한 역할을 한다. 일반적으로 서비스에 대한 고객평가는 그 결과가 아니라 서비스를 제공하는 매너에 기초하여 이루어진다. 다음과 같은 상황을 생각해 보자.

한 고객이 점포에 가서 작동이 제대로 되지 않는 전기칫솔을 반환하려 할 때의 두 가지 경우이다.

첫 번째 경우, 매장직원은 회사정책에 따라 고객에게 영수증을 요구하고 그 영수증에 자기네 점포명이 찍혀있는지, 그리고 칫솔이 정말 제대로 작동하지 않는지를 면밀히 살핀다. 그런 후에 매장 매니저에게 환불이 가능한지를 확인하고, 서류작업을 마친 후 현금으로 환불조치한다.

두 번째 경우는 매장직원이 고객에게 제품의 금액만 묻고, 이를 현금으로 환불해 준다. 두 가지 경우는 고객이 제품에 대한 환불을 받는다는 것에 대해서는 그 결과가 동일하지만 첫 번째 경우의 고객은 매장직원이 자신을 믿지 못해서 그 환불절차가 까다롭다는 생각에 그 점포의 서비스에 불만을 표할 것이다. 여러 상황에서 직원들은 서비스를 제공하는 과정에 많은 영향을 미치며 결국 고객의 서비스 만족에도 상당한 영향을 미치게 된다.

3) 만족과 불만을 만들어내는 상황

고객이 소매업체와 마주하면서 겪게 되는 대부분의 경험은 지극히 일상적인 것이다. 소비자들은 점포나 웹사이트를 방문하고 물건을 고르고 그 가격을 지불한 후, 이를 직접 가져가거나 배송을 요구한다. 보통 이런 식의 무미건조한 서비스로는 소비자들이 서비스를 평가하는데 별다른 감응을 주지 못한다. 하지만 고객이 물건을 찾는데 어려움을 겪는다든지, 세심한 배려를 요구한다든지 혹은 매장직원이 자발적인 친절을 베풀어 준다든지 하는 예기치 않은 상황에서는 긍정적인 평가를 내린다.

3. 고객관계관리의 특징

기업들의 장기적인 성과는 자사가 보유한 고객들의 지속적인 제품구매와 호의적인 태도에 달려있다는 것을 인식해야 한다. 그리고 고객관계관리를 전사적인 경영전략으로 계획하고 실행하기 위해서는 조직의 비전과 목표를 달성할 수 있는 구체적인 방법들이 포함되어야 한다.

즉, 전사적 관점의 CRM은 고객지향적인 비즈니스 프로세스의 구현을 가능하게 할 수 있는 조직의 인적자원, 정보시스템, 조직체제 및 조직문화와 같은 기업인프라 요소들을 함께 재정비해야 한다. 따라서 전사적 고객관계관리 전략은 조직성과, 고객, 프로세스 및 인프라의 관점에서 고려해야 되고 그 특징은 다음과 같다.

1) 조직성과

CRM전략은 고객관리를 통해 기업의 최적화는 물론 장기적인 수익이 창출되어야 한다. 이것은 CRM을 통한 고객관리가 단순히 고객만족에 그쳐서는 안 되며, 고객의 순자산가치의 증가, 기업의 수익성 및 주주가치의 향상으로 이어져 조직의 성과에 가장 큰 영향을 미치는 전략적 도구로서 활용되어야 함을 말한다.

2) 고 객

CRM의 관점에서 조직성과는 결국 고객으로부터 창출되기 때문에 고객의 가치, 만족도 그리고 충성도를 어떻게 효과적으로 파악·분석하여 지속적으로 우호적이며 유기적인 관계를 형성할 것인가가 중요하다.

특히, 기업의 고객은 최종 소비자뿐만 아니라 원재료 공급업자, 유통업자, 중개인 등 다양한 형태의 고객이 존재한다. 그리고 CRM전략은 고객과 기업 간의 공정한 상호 이해관계를 기본으로 하기 때문에 CRM전략이 고객으로부터 불합리하거나 부당한 이익의 추구 또는 자원의 낭비가 초래되어서는 안 된다.

3) 프로세스

프로세스 관점의 CRM전략은 기업의 다양한 고객관련 활동들을 단기적인 성과보다는 고객과의 관계를 우호적으로 형성하고 이를 유지하는 데 중점을 두는 고객지향적인 프로세스가 되어야 한다.

효과적인 CRM 프로세스는 먼저 고객들의 니즈(needs)와 가치가 서로 이질적이라는 것을 이해하고 다양한 전략적 시각을 통해 이를 세분화시킨 후 이에 따른 차별화 전략이 필요하다.

또한 CRM 활동의 고객반응을 지속적으로 파악하고 대응할 수 있는 피드백에 대한 체계적인 내부적 절차가 마련되어야 한다. 그리고 CRM프로세스 전략은 특정 기능부서의 독립적인 업무가 아니라 기업의 전사적인 관점에서 비즈니스 프로세스가 실현되고 조직의 여러 관련인프라 요소들의 지원이 유기적이며 통합적이어야 한다.

4) 기업인프라

전사적 CRM전략은 기업의 다양한 CRM 활동들이 조직내부의 다양한 기능 및 조직들과 유기적으로 연계되어있다는 것을 전제로 한다. 그리고 조직의 하부구조는 그 조직의 실질적인 비즈니스 프로세스를 결정하고 전체목표하의 비즈니스 프로세스는 고객의 반응을 개선시키고 이는 결국 조직의 성과로 이어진다.

즉 CRM전략의 인프라는 최고경영진의 CRM에 대한 의지와 지원 등 CRM 중심적인 사고로부터 출발한다. 이는 조직의 다양한 인프라 요소들을 고객지향적으로 개편할 수 있는 투자와 혁신의 기회를 제공하고 필요한 인력들을 양성하고 효율적인 프로세스 운영을 위한 정보시스템을 구축할 수 있다.

또한 모든 부서들이 고객관계 획득과 유지를 위해 일관된 시작으로 협업할 수 있는 기업문화를 창출할 수 있다.

TRENDS 망원경

롯데 부진 고리 끊어낸 '辛의 한 수'

순혈주의 깨고 경쟁사 인재 쓴 신동빈 용병술, 위기 속 빛 발휘

국내 1위 유통 기업 롯데가 오랜 부진을 털어내고 부활의 조짐을 보이고 있다. 8월 5일 롯데쇼핑은 올 2분기 연결 기준 영업이익이 744억원으로, 작년 같은 기간 대비 882.2% 증가했다고 발표했다. 매출은 3조 9019억원으로 작년 2분기 실적과 비슷한 수준이지만, 당기순이익은 455억원을 기록해 흑자전환에 성공했다. 2분기 실적이 포함된 상반기 당기순이익도 작년 751억원 적자에서 올해는 1146억원 흑자로 전환했다. 롯데쇼핑이 상반기 기준 흑자를 낸 것은 2019년 이후 3년 만이다. 업계에서는 침체를 겪던 롯데쇼핑이 부진의 늪에서 벗어난 데는 신동빈 회장의 용병술이 큰 역할을 했다고 보고 있다. 신 회장은 '유통 명가(名家)'의 자존심을 되찾기 위해 롯데의 순혈주의를 버리고, 필요하다면 경쟁사 출신 인재까지 과감하게 기용했다. 신 회장의 '신(辛)의 한 수'로 평가된다.

롯데는 작년 11월 정기 그룹인사에서 롯데 유통군(群) 전체 총괄대표(부회장) 자리에 글로벌 유통기업 P&G 출신 김상현 전 홈플러스 대표를 선임하고, 롯데백화점 대표로 경쟁사인 신세계백화점 출신 정준호 대표를 영입했다. 보수적인 색채가 짙은 롯데가 비 롯데출신, 거기서 한 발짝 더 나아가 경쟁사인 '신세계맨'을 임원으로 영입한 것이다. 그런 만큼 '지금은 위기상황'이라는 메시지를 직원들에게 강력하게 전달할 수 있었다.

1979년 롯데쇼핑 설립 이후 '외부 출신 대표 1호'가 된 김상현 부회장은 취임 후 계열사별로 체질을 개선해 경쟁력을 회복하는 것을 최우선 목표로 뒀다. 이를 위해 '고객의 첫 번째 쇼핑 목적지'라는 비전

신동빈 롯데그룹 회장. 롯데지주

을 내걸고 전국 매장을 직접 돌아다니며 현장 목소리에 귀를 기울였다. 새로운 트렌드를 반영한 참신한 콘셉트의 매장도 적극 도입했다. 기존 롯데마트 잠실점을 리모델링한 '제타플렉스' 매장이 대표적이다. 요즘 유행을 타는 것은 모두 다 모아 놓은 제타플렉스는 이곳에서만 판매하는 '호반춰소' '제주 버크셔 흙돼지' 등 신선하고 차별화한 상품으로 고객의 발길을 끌었다. 와인 특화 매장인 '보틀 벙커', 창고형 매장인 '맥스' 등 고객의 세분화된 수요에 맞춘 다양한 형태의 매장도 선보였다.

삼성 공채로 입사해 20년 이상 신세계그룹에서 일한 정준호 대표 역시 롯데백화점 체질 개선에 박차를 가했다. 롯데백화점은 우선 기존 6개였던 상품본부 팀을 12개로 확대 개편했다. 사업별로 전문성을 강화해 롯데의 상품 기획 경쟁력을 살리기 위해서다. 명품 분야는 럭셔리 브랜드, 의류, 시계와 보석 등 세 개로 나눴고, 신선식품팀과 F&B팀이 속한 '식품 부문'은 상품본부에서 분리해 대표 직속 조직으로 만들었다. 온라인 배달 등 오프라인에서 신선식품의 중요성이 점차 커지고 있는 분위기를 반영해 대표가 직접 사업을 챙기겠다는 의미다.

파격적 인사를 단행한 신 회장의 모험은 롯데백화점·마트 부문에서 큰 영업실적을 올리며 빛을 발휘했다.

최영준 롯데쇼핑 재무본부장은 8월 5일 실적 발표 당시 "롯데가 그동안의 바닥 다지기를 끝내고 다시 유통 1번지로 도약할 준비를 하고 있다"며 반색을 표했다. 하지만 최근 부산에서 열린 하반기 VCN(옛 사장단 회의)에 참석한 신 회장은 "단기 실적 개선에 안주한다면 더 큰 위기가 도래할 것"이라며 긴장감을 늦추지 말 것을 강조했다.

프랑스 명품 업체 손잡은 한섬 골프웨어 브랜드 도전 나선다

현대백화점그룹 패션회사인 한섬이 프랑스 명품 브랜드 랑방과 함께 프리미엄 골프웨어 브랜드 '랑방블랑(LANVIN BLANC)'을 출시한다. 랑방블랑은 글로벌 명품 브랜드가 많이 사용하는 이탈리

한섬이 랑방과 손잡고 선보이는 골프웨어 랑방블랑. 사진 한섬

아·스위스산(產) 프리미엄 원단을 도입하고, 자체 스윙 테스트를 통해 골프 스윙 동작에 적합한 패턴을 적용했다. 또한 프리미엄 골프웨어 브랜드로서는 이례적으로 입문용 제품군도 별도로 마련했다.

한섬이 랑방블랑을 론칭한 것은 작년부터 드라이브를 걸고 있는 사업 포트폴리오 다각화 전략의 일환이다. 한섬은 작년 8월 럭셔리 스킨케어 브랜드 '오에라'를 론칭한 데 이어 올해는 프랑스 니치 향수 편집숍 '리퀴드 퍼퓸바,' 스웨덴 디자이너 브랜드 '아워레가시' 등을 잇달아 선보였다. 한섬은 "브랜드 라인업을 다양한 분야로 확장해 패션 기업으로서 제품 경쟁력을 높이는 동시에 브랜드 영향력을 확대할 방침"이라고 밝혔다.

신세계 가상인간 '와이티' SSG랜더스 시구 선보여

신세계그룹의 가상인간 '와이티'가 8월 10일 인천 SSG랜더스필드에서 열린 SSG랜더스와 KT위즈의 경기 전 시구를 진행했다. 와이티는 시구에서 유니폼을 입고 마운드 대신 대형 전광판에 등판해 공을 던졌다. 가상인간이 시구 한 것은 이번이 처음이다.

와이티는 지난 3월 신세계그룹과 그래픽 전문기업 펄스나인이 협업해 만든 가상인간이다. '영원한 스무 살(Young Twenty)'에서 알파벳 앞자리를 하나씩 따서 이름을 와이티로 지었다. 와이티는 활동 4개월여 만에 소셜미디어(SNS)에서 약 2만 명의 팔로어를 끌어모았다.

이번 시구를 시작으로 와이티는 활동 반경을 더욱 넓혀 대중과 소통할 계획이다. 올해 하반기부터는 신세계그룹 온라인쇼핑몰 'W컨셉'의 프로젝트 모델로 활동하고, 향후에는 라이브방송 쇼호스트로도 뛸 예정이다. 그동안 와이티는 삼성전자·매일유업·파리바게뜨·뉴트리원·티빙 등 다양한 브랜드와 광고 및 협업을 진행한 바 있다.

SK지오센트릭, 중국에 EAA 공장 설립 "아시아 수요 선점" 계획

SK이노베이션 화학 사업 자회사 SK지오센트릭이 중국 화학 회사 웨이싱화학과 합작법인 설립 계약을 맺고, 롄윈강 쉬웨이 석유화학 단지와 투자협약서를 체결했다고 8월 8일 밝혔다. 중국에 고부가 화학소재인 에틸렌 아크릴산(EAA·Ethylene Acrylic Acid) 신규 생산 거점을 마련해 아시아 지역으로 사업을 확대하려는 목적에서다.

이를 위해 SK지오센트릭과 웨이싱화학은 6 대 4 비율로 합작법인을 설립하고, 중국 장쑤성 롄윈강에 있는 석유화학 단지 내 약 6만6000㎡(약 2만 평) 부지에 2900억원을 투자해 EAA 생산 공장을 짓는 계획을 세우고 있다. 해당 공장은 2025년 상반기에 완공돼 연 4만t 규모로 상업 생산을 시작할 예정이다.

고기능성 접합수지의 일종으로, 금속과 플라스틱, 혹은 종이와 플라스틱 등 종류가 다른 물질 간 접

SK지오센트릭과 웨이싱화학의 투자 협약식. 사진 SK지오센트릭

합에 뛰어난 성능을 발휘하는 EAA는 기술 진입 장벽이 높아 SK지오센트릭을 포함한 글로벌 메이저 화학 업체 3~4곳이 전 세계 공급 물량의 80% 이상을 차지하고 있다.

SK지오센트릭 나경수 사장은 "중국 내 유일한 EAA 생산공장을 통해 중국 및 아시아 지역 수요를 선점하겠다"고 밝혔다.

• 출처 : ECONOMYChosun 2022년 8월 17일

4. 대중마케팅과 CRM의 차이점

고객관계관리는 고객들의 필요와 욕구를 이해하고 이를 충족시키기 위해서 다양한 마케팅 믹스를 활용하며 기업은 고객에게 편익을 제공하는 반면 수익을 창출한다. 이런 의미에서는 본질적으로 대중마케팅과 동일하다.

그러나 〈표 10-1〉에서와 같이 CRM은 고객의 정보를 파악하여 이를 데이터베이스화 하고 실행하는 측면에서는 대중마케팅과는 다음과 같은 차이점이 있다.

첫째, CRM은 대중마케팅처럼 불특정 다수를 상대로 하는 마케팅이 아닌 고객개인별 일대일 마케팅을 지향한다. 따라서 고객의 인구통계적 특성, 과거 구매패턴, 판매촉진에 대한 민감성 등과 같은 상세한 고객정보를 기초로 고객 개개인의 독특한 특성을 파악하고 개개인에게 특화된 제품과 서비스를 제공하는 것이다.

둘째, CRM은 마케팅이 개별 고객별로 이루어지며 일방적이 아닌 쌍방향이면서 개인적인

표 10-1 대중마케팅과 CRM비교

구 분	매스마케팅	표적마케팅	CRM
시 대	1960년대	1970-1990년대	2000년 대 이후
매체형태	대중매체	대중매체의 효과측정	대중매체+디지털 매체
목표고객	불특정 다수	특정 고객집단	고객 개개인
소비자의 욕구	동질적 구매욕구	이질적 구매욕구	특화된 욕구
커뮤니케이션 방식	일방향 커뮤니케이션	쌍방향 커뮤니케이션	개인적 커뮤니케이션

커뮤니케이션이 필수적이다. 이것은 고객과의 관계를 지속하기 위해서는 고객들이 필요로 하는 많은 정보를 제공하고 또한 기업은 고객들로부터 많은 정보를 수집해야 되기 때문이다.

이것은 정보기술의 발달 즉, 인터넷의 등장으로 24시간 고객들의 구매정보를 실시간 파악하고 의견이나 의문사항을 접수하는 등 고객들의 반응을 즉시 파악하는 것이 가능하다. 또한 신규고객의 창출, 기존 고객의 유지, 고객관계의 강화를 목적으로 다양한 분석, 기획, 실행, 학습을 반복하는 피드백과정이 이루어진다.

셋째, CRM은 고객에 대한 정보를 데이터베이스로 구축하여야 활용이 가능하다는 점에서 대중마케팅과는 다르다. 고객이 제품의 정보를 요청, 제품상담 및 구입, 구매기록 카드를 작성, 서비스를 요청할 때 등과 같이 고객과의 접점에서 고객의 정보를 데이터베이스화 하고 이를 토대로 고객별로 적합한 마케팅전략을 기획·집행하고 나아가 전략의 효과까지 측정하게 된다.

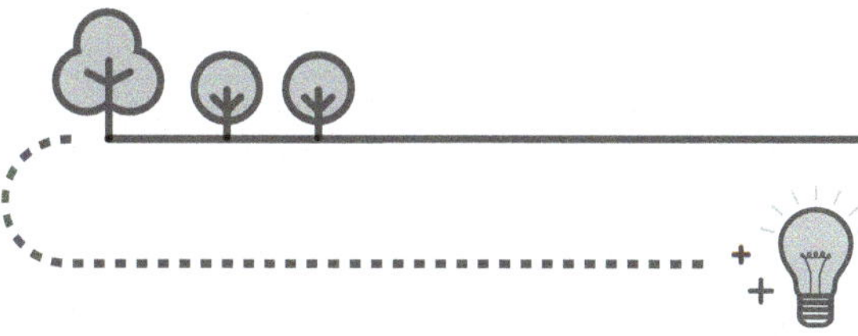

제11장

콜센터와 고객관계관리

'콜센터 대란' 빈자리 메우는 '챗봇'

AI 접목하자 상담은 물론 용어 설명까지 척척

인공지능 기술을 접목한 챗봇 상담 서비스가 '콜센터 대란' 빈자리를 메우고 있다.

대학생 최진영(25)씨는 사용하던 스마트폰이 고장 나서 삼성전자서비스 고객센터에 전화를 걸었다. 그런데 신종 코로나 바이러스 감염증(코로나19) 사태 이후 콜센터 상담원이 많이 줄어 전화 상담 진행이 어려웠다. 수리법을 찾아 인터넷 검색을 이어 가던 최씨 눈에 들어온 건 '챗봇(chatbot · 사용자와 대화를 나눌 수 있도록 구현된 프로그램) 상담 서비스'였다.

삼성전자 인공지능(AI) 로봇 '써비'가 메신저창에서 대화하면서 문의 사항에 답변한다. 기존 전화 상담이나 자동응답시스템(ARS) 상담엔 없던 직관적인 사진과 영상으로 답변해줘 만족도가 높았다. 최씨는 '챗봇'을 통해 고장 난 스마트폰을 어떻게 고쳐야 할지 의문을 해결했다.

고객 상담 서비스 방식으로 챗봇을 도입하는 공공기관과 민간 기업이 늘어나고 있다. 3월 9일 서울시 구로구의 한 콜센터에서 코로나19 집단 감염 사태가 발생하며 기존과 같은 상담 인력 운영이 어려워지면서다. 반면 언택트(untact · 비대면) 서비스가 부상하며 상담 수요는 급증했다. 상담원과 한 번 연결하려면 30분 넘게 기다려야 하는 상황이 이어지자, 대안으로 챗봇 서비스가 인기를 끌고 있다.

이처럼 챗봇 도입이 늘어난 데는 기술 발전도 한몫했다. 과거의 챗봇은 특정한 명령어를 입력하면 정해진 답변을 기계적으로 송출하는 방식이 대부분이었다. 챗봇과 고객 간에 상호 대화가 이뤄진다기보다는 '보이는 ARS'에 가까워 고객 만족도를 높이기 어려웠다. 그러나 최근 AI 기술을 접목한 챗봇이 속속 개발되며 '상담원과 대화하는 것처럼' 질 높은 서비스가 가능해졌다.

국내 챗봇 서비스의 선두 주자는 네이버와 카카오다. 네이버는 자회사인 '네이버비즈니스플랫폼(NBP)'

챗봇 서비스 발전 단계

구분	1단계	2단계	3단계
	챗봇	**지능형 비서**	**감성 비서**
제공 방식	텍스트, 음성	텍스트, 음성, 시각 자료	텍스트, 음성, 시각 자료, 행동 인지
주요 기술	패턴 매칭, 키워드 및 연관어 추출	딥러닝, 머신러닝, 자연어 처리	감성 인지 기술, 데이터 정형화 기술
내용	학습 내용에 대한 질의 응답	사용자 개인 맞춤형 서비스	감정 교류 통한 서비스

자료 : 한국정보화진흥원

왼쪽부터 지난 3월 10일 대한항공이 운영 개시한 카카오톡을 이용한 챗봇(chatbot) 상담 서비스 '대한이', 삼성전자 챗봇 서비스로 스마트폰 상담을 하고 있는 모습. 사진 연합뉴스

을 중심으로 챗봇 AI와 엔진을 개발하고 있다. 자사의 방대한 검색 데이터를 바탕으로 2018년 6월 '클로바 챗봇 빌더'를 개발했다. 이 챗봇 빌더를 사용하면 개발자가 아닌 일반 사용자도 쉽고 빠르게 챗봇을 만들고 서비스할 수 있다. 네이버는 현재 라인 메신저와 네이버톡톡 등에 챗봇을 활용하고 있다. 네이버톡톡 챗봇은 간단한 반복 질문을 자동으로 해결해주고, 스스로 추가 답변을 세팅할 수 있는 챗봇 에디터를 제공한다. 이를 통해 사업자의 경우 24시간 답변에 대한 부담을 줄이고 고객 응대의 질을 높일 수 있게 됐다.

카카오는 2018년 자사의 인터넷 전문은행 카카오뱅크의 고객센터 역할을 하는 상담 챗봇을 출시했다. 기본적인 상담 업무를 할 뿐만 아니라 금융 용어를 설명해주고 예·적금, 대출 상환 금액, 해외 송금 환율 등의 계산기까지 탑재해 호평받았다. 카카오 관계자는 "사업 초기에는 많은 시행착오를 겪었지만, 데이터를 확보하고 꾸준히 기능을 고도화했다"며 "이젠 온라인 고객 상담의 35%를 챗봇으로 해결한다"라고 했다.

카카오도 누구나 사용할 수 있는 챗봇 개발 플랫폼 '카카오 i 오픈빌더'를 2018년 8월에 내놨다. 주로 기업 고객이 활용하는 '카카오톡 채널'에서 특히 활용도가 높아, 2019년 말 기준으로 약 1만7000개의 카카오톡 챗봇이 운용되고 있다. 24시간 고객 상담이 가능한 '상담 챗봇', 원격으로 음료수를 주문·결제하는 '챗봇 주문', 쇼핑몰 구매·배송 내역을 조회하고 상품 검색과 구매까지 할 수 있는 '챗봇 쇼핑'이 대표적이다.

다양한 챗봇 솔루션 등장

그러나 챗봇 개발 플랫폼을 이용할 수 있다는 것과 부족한 상담 인력을 대신할 정도의 고도의 챗봇 서비스를 만들어내는 것은 다른 차원의 문제다. 자칫하면 똑똑하지 못한 챗봇이 고객 불만을 더 키울 위험성도 있다. 삼성전자와 같은 대기업은 대화 기능에 동영상 가이드까지 제공하는 자체 챗봇 서비스를 만들어낼 수 있지만, 대부분의 기업이나 공공기관은 닿기 어려운 영역이다. 이에 챗봇 서비스를 개발하는 정보기술(IT) 기업을 찾아 '맞춤형 챗봇'을 의뢰하는 수요도 많아지고 있다.

2015년부터 본격적으로 챗봇 사업을 시작한 한국 1세대 챗봇 업체 와이즈넛은 최근 서울시 대표 안내 콜센터 120 다산콜센터 '서울톡'과 인천국제공항공사 '에어봇', 신한은행 '쏠메이트 오로라' 등 대화형 AI 챗봇 구축을 완료했다. 강용성 와이즈넛 대표는 "코로나19 사태 발생 이후 금융권, 대기업, 교육계, 공공기관 등 많은 기업과 기관의 챗봇 도입 문의가 줄을 잇고 있다"며 "현재까지 10여 건의 챗봇 공급 계약을 했다"고 말했다.

AI·데이터 전문 기업 솔트룩스는 정해진 질문에 답변만 할 수 있던 기존 챗봇의 한계를 뛰어넘어 지식 기반의 심층 대화가 가능한 3세대 AI 챗봇 서비스 '톡봇(TalkBot)'을 개발해 출시했다. 이 기술은 대화에 필요한 다양한 내용을 데이터베이스로 구축하고 이 데이터를 바탕으로 질문 의도를 정확하게 파악해 이에 맞는 답을 할 수 있다. 질문과 답변에 관한 정보가 쌓일수록 챗봇 대화의 정확도가 더욱 높아진다.

또한 하나의 챗봇을 개발하면 카카오톡, 라인, 페이스북 등 다양한 채널에서 동시에 사용할 수 있다. 또 개별적으로 개발된 챗봇을 하나의 그룹으로 묶어 사용할 수 있을 뿐만 아니라 축적된 상담 내용을 재활용할 수 있어 유사한 챗봇을 다시 개발하지 않아도 돼 비용 절감과 시행착오를 최소화할 수 있다.

서정연 서강대 컴퓨터공학과 교수는 "코로나19 사태로 사람들이 언택트 서비스에 익숙해졌다"라며 "사람들이 챗봇 서비스를 쓰면서 챗봇 프로그램에 익숙해지고 사용을 편하게 느끼고 있기 때문에 앞으로 챗봇이 더욱 활성화할 것"이라고 말했다.

• 출처 : ECONOMYChosun 2020년 5월 4일

기업이 고객과 소통하는 최전선(最前線)인 콜센터가 변신을 거듭하고 있다. 요즘은 고객을 위한 '맞춤형 콜센터'가 대세(大勢)를 이루고 있다. 몇 년 전만 해도 콜센터 상담원들은 매뉴얼에 정해진 멘트를 기계적으로 읊는 방식으로 전화를 받았다. 하지만 요즘은 고객의 불만에 공감하며 적극적으로 문제를 풀어주는 방식으로 대응한다. 이는 과거 어디선가 들어오는 전화만을 처리하던 콜센터의 수동적 역할에서 고객성향에 따라 대응하는 능동적 컨택센터(contact center)로 전환하고 있는 기업 콜센터의 모습과 그 단면을 보여주는 것이다.

제1절 콜센터(call center) 운영

1. 역동적 콜센터운영

기업의 입장에서 고객을 가장 먼저 만나는 접점이 바로 콜센터(call center)이다. 콜센터는 다양한 정보통신 기술과 데이터웨어 하우스에 저장되어 있는 고객정보를 활용하여 고객과 효과적인 쌍방향 커뮤니케이션을 실행할 수 있는 조직이다. 과거 콜센터는 고객의 불만과 건의 등 고객의 의견을 접수하고 문제를 해결하기 위한 조직으로 운영되었다. 그러나 최근 그 역할이 변하여 기업의 정책, 제도, 신제품에 대한 다양한 정보제공 등 기업과 기업의 상품에 대한 이미지 제고에 관련된 활동을 적극적으로 수행하고 있다. 이러한 과정에서 콜센터는 기업이 고객과 우호적 관계를 형성할 수 있도록 유지하며 최전방의 고객접점에서 고객을 만족시키는 영업사원의 역할을 하게 된다. 이런 과정을 통해 콜센터에서 이루어지는 대고객 서비스업무를 텔레마케팅(telemarketing)이라고 한다.

즉 고객이 원하는 문의사항에 대해 답변을 즉각적으로 제공하고 궁금한 점에 대해 최대한 친절하게 문제를 해결해 주고자 하는 기업의 핵심부서이다. 그러나 기업들은 대부분 콜센터 운영에 대해 중요한 관심을 두고 있지 않다. 그것은 바꾸어 말하면 고객의 요구에 덜 민감하다는 표출이다.

고객이 다양한 욕구를 표출하고 있는 현재의 기업상황에서는 즉각적인 고객의 문제해결이 고객만족과 신뢰를 유도하는 가장 기본적인 전략일 수밖에 없다.

이렇게 중요한 접점의 콜센터를 대부분 기업은 비정규직으로 운영하고 있으며 비전문가들로 채우고 있다. 이러한 운영은 결국 기업의 이미지와 연결되며 기업의 매출과 수익에 지대한 영향을 미친다.

CRM이 서서히 인식되기 시작하면서 많은 기업들이 텔레마케팅에 관심을 갖게 되는 이유도 여기에 있다. 그러므로 기업이 고객접점에서 더 친근하게 신뢰받을 수 있도록 다가가려면 고객과 상호작용을 하는 콜센터를 좀 더 자율적이고 생동감 있게 만들 필요가 있다. 콜센터내부에서 기업의 정책을 전달하는 텔레마케터(전문상담원)가 스스로 만족하지 못하거나 오히려 불만이 생긴다면 그것은 치명적일 수 있다.

그런 의미에서 콜센터 운영은 하드웨어적 접근보다는 소프트웨어적 접근이 필요한 것이다. 그렇다면 활동적인 콜센터를 운영하기 위해서는 어떻게 해야 하는지 고민해 보기로 하자.

(1) 활동적인 콜센터 운영

콜센터에 활력을 불어넣기 위해서는 정적인 분위기를 먼저 개선해야 한다. 일방적인 관리자의 지시보다는 스스로 처리할 수 있는 일정수준의 권한과 책임을 주어야 한다. 그것은 정적인 콜센터를 깨우는 방법이며 오히려 콜센터 구성원들이 직접 활력을 만들어 고객에게 그 분위기를 전달하는 역할까지 해낼 수 있다.

그렇다면 활동적인 콜센터 운영을 위해 필요한 원칙들을 알아보도록 하자.

1) 역할분장보다는 상호협조에 집중하라

모든 일들이 그렇듯이 서로 업무를 돕고 지원해 주면 그만큼 상승효과(synergy effect)가 발생하게 된다. 그렇다고 역할분장을 제대로 하지 말라는 것은 아니다.

명확한 역할분장만큼 서로의 협조체제가 구축되어야만 나름대로의 목표달성이 용이하며 그들 스스로도 업무만족을 얻을 수 있다. 물론 그런 과정에서 고객 또한 높은 만족을 얻게 될 것이다.

① 역할의 전문성이 주는 이익

- 역할의 세분화로 효율적 시간활용
- 주어진 역할에 의한 명확한 책임부여
- 분야별 고도의 기술을 가진 전문적 인재양성
- 문제발생 시 신속한 해결방안 모색
- 분야별 업무생산성 극대화

- 합리적인 업무수행 방법모색
- 개인별 장점을 살린 업무능력개발

② 역할분장에 따른 문제발생

- 기획/운영/통화품질관리/교육/인사부서 등 현업부서만의 업무강조
- 전체목표보다 세부목표만을 중요시
- 상담원에게 혼합된 메시지 전달
- 문제에 대한 대안마련의 한계
- 부서 간 대인관계 갈등유발
- 상호간 불필요한 인력, 비용, 시간의 낭비

2) 상호협력을 통한 생산성 극대화

기업이 앞서가기 위해서는 경쟁력을 갖추어야 하며 이를 위해서 생산성 극대화도 실현되어야 한다. 이는 틀림없는 사실이며 콜센터의 생산성은 결국 고객만족을 이끌어 내든지 혹은 콜센터를 통한 문제해결이 매출로 연계될 수 있도록 하는 것이다. 그러나 이 과정에서 수많은 텔레마케터들이 서로 정리되지 않은 답변을 제시하거나 부서 간 이익을 위해서만 업무를 처리한다면 그것은 생산성 극대화를 이루는데 크나큰 장애물이 될 것이다. 따라서 활력이 넘치는 콜센터를 위해서는 결국 생산성 극대화를 위한 과정이 분명 이루어져야 한다. 그러기 위해서는 몇 가지의 원칙들이 선행되어야 한다.

- 회사 전체목표의 공유
- 콜센터 부서 간 통합적 운영계획안 수립
- 업무성과 극대화를 위한 상호결과 피드백
- 측정결과 피드백보다 개선을 위한 협의실행
- 상호협조 및 지원역할

3) 결과보다는 과정을 측정하라

많은 일들이 그렇듯 결과를 바꿀 수 없으므로 그 결과가 이루어진 과정에 집중할 필요가 있다. 결과를 측정하면 그 결과는 바꿀 수 없으나 과정을 측정하면 결과도 더 나은 방향으로 바꿀 수 있다.

- 결과가 나오기까지는 반드시 지나온 과정이 있음을 명시
- 과정을 측정한다면 결과는 개선될 수 있다.
- 과정측정을 위해서는 세분화된 측정지표 요구
- 과정측정 결과는 공유하고 함께 개선안 마련

4) 양적 측정에서 질적 측정으로

양적 측정과 질적 측정은 균형을 이루어야 한다. 하지만 많은 기업들이 주로 양적 측정에 민감한 것이 사실이다. 물론 무조건 질적 측정이 중요한 것보다는 기본적인 양적 측정이 이루어지고 난 후 고객을 더욱 잘 이해하기 위해서는 반드시 질적 측정에 집중해야 한다는 것이다.

또한 이 과정에서 질적 측정을 통해 콜센터의 상담원들은 스스로의 능력개발과 동시에 동기부여까지도 유발될 수 있기 때문이다. 그렇다면 양적 측정과 질적 측정을 위해서 어떻게 해야 하는가?

① 양적 측정

- 얼마나 많은 전화를 받는가?
- 얼마나 긴 시간 동안 통화를 하는가?
- 얼마나 빨리 업무를 처리하는가?
- 고객은 얼마나 많은 전화를 걸어 오는가?
- 얼마나 많은 세일즈를 권유하였는가?
- 상담원들은 얼마나 자주 이탈하는가?

② 질적 측정

- 그들의 통화품질은 어떠한가?
- 그들은 업무처리 능력과 상품지식은 어떠한가?
- 그들과 통화를 한 고객은 얼마나 만족하는가?
- 고객의 문의유형은 어떻게 변하는가?
- 업셀링(up-selling)과 크로스셀링(cross selling)은 어떻게 이루어지는가?
- 직원들은 자신들의 업무에 얼마나 만족하는가?

5) 관리적 운영에서 현장중심으로 운영하라

콜센터는 이제 영업의 한 부서로 인식되어야 한다. 그것은 고객과 교류하며 고객의견을 수

집하는 것이 영업과 흡사하기 때문이다. 그러나 사무실 안에서 이루어지는 일들이기 때문에 많은 부분 관리적 마인드(mind-set)로 운영하기 쉽다. 그러나 콜센터 운영의 현장중심 운영은 곧 고객중심으로 진행된다는 것이며 고객의 의견을 존중한다는 의미이기도 하다. 또한 콜센터는 25/75의 법칙이 존재한다.

즉 콜센터 운영에는 이론과 실행의 비율이 25 : 75로 조화되어야 한다는 사실이다. 25%에 해당하는 매니저의 업무는 관리의 기본원리에 따라 성과를 관리하며 나머지 75%는 실행에 집중해야 한다는 것이다. 즉 현장에서 일하는 상담원을 지원하기 위해 행동하는 것이다. 하지만 대부분의 매니저는 25%의 업무를 더 중요하게 생각하여 많은 시간을 할애하나 실제의 성공은 75%의 상담원 업무를 수행하는 능력에 달려있다.

- 지속적으로 현장의 상황을 체크하고 기록하라.
- 모든 사람들을 친근하게 둘러보라.
- 잘 되어 가고 있는 현재 상황을 수시로 알려줘라.
- 당신이 부지런히 움직이는 만큼 그들도 움직인다.

6) 경쟁적 평가에서 발전적 코칭으로

이 부분은 기업의 자율적 동기부여와 일치하는 부분이다. 스스로의 능력발휘를 위해 콜센터는 평가도 중요하지만 경쟁적 평가는 결국 수동적이고 과중한 업무스트레스로 연결됨으로 그리 좋은 운영방식은 아니다.

오히려 자연스런 분위기를 통해 동기부여와 격려를 통해서 개인이 가지고 있는 잠재적 요인들을 찾아주는 방식이 생산성 향상 측면에서는 유리하게 작용할 것이다.

스스로 변화하도록 만들고 조화로운 분위기 창출을 통해 구성원들 간의 자연스러운 협의와 지원이 이루어진다면 결국 스스로 동기부여되어 목표달성과 가치창출을 하는데 도움이 될 것이다. 그러므로 직원에게 복종을 요구하는 평가보다는 코칭을 통해 상담원들에게 스스로의 헌신을 유도한다.

① 경쟁적 평가

- 회사가 정한 목표의 제시
- 경쟁적 비교평가 실시
- 평가결과에 의한 문제지적
- 목표달성에 대한 수동적 자세

- 목표 및 평가과정불만
- 과중한 스트레스 유발

② 발전적 코칭

- 목표와 비전, 가치의 전달
- 개인별 능력과 기대치에 맞는 목표와 계획수립
- 개인별 요구되는 학습과 코칭
- 목표달성을 위한 적극적 변화
- 성과달성을 위한 지원과 격려
- 조화로운 분위기와 성과달성을 위한 동기부여

7) 사후 문제진단에서 실시간 개선으로 경영하라

활동적 콜센터 운영을 위해서는 실시간 코칭을 통해서 문제를 개선해야 한다. 상담원에게 지난 문제를 지금 코칭한다는 것은 그에게 보다 잘할 수 있는 기회를 빼앗아 가는 것과 같다. 문제발생 시점에서 정확하게 개선될 수 있도록 코칭해야 하며 이는 보다 효율적이고 경제적 효과에도 영향을 준다.

- 칭찬과 격려 그리고 문제개선의 모든 것은 실시간 코칭(realtime coaching)이 최선이다.
- 현장에 있는 시간이 최고의 코칭기회이다.
- 실시간 코칭은 성과달성을 지원한다.
- 그들이 문제를 숨기기보다 관리자를 찾을 수 있도록 배려하라.
- 문제는 현장에서 직원들과 함께 해결안을 강구한다.

8) 문제없는 콜센터에서 문제있는 콜센터로 운영하라

- 매일매일 발생하는 콜센터 문제에 압도되기보다 문제를 즐겨라.
- 성공과 실패라는 이분법적 사고를 버려라.
- 문제에 압도되어 있는 동안 패배만을 배운다.
- 문제에 대한 불평보다는 창의적인 대안을 가지고 함께 이야기하라
- 문제로부터 창의적 사고를 배울 것이고 실패로부터는 교훈을 얻는다.

2. 콜센터 문화형성

기업의 텔레마케팅 센터 즉 콜센터는 긍정적일 필요가 있다. 왜냐하면 그 긍정의 힘이 고객을 감동시키기 때문이다. 그 이전에 상담원 스스로가 먼저 긍정적 영향을 받아야 하며 그것은 분명 성과와도 연결될 것이다.

(1) 긍정적 콜센터 문화형성의 원칙

- 상호간 커뮤니케이션 실시
- 콜센터는 상호간 감정이 더 강하게 지배하는 곳이다.
- 콜센터는 성과 표준화와 함께 개인별 다양성 인정

  이제까지 기업은 상담원을 선발하여 콜센터에 투입시킨 후 바로 그들을 모든 과정에서 표준화하는데 최선을 다했을 것이다. 또한 그들이 업무에 적응하는 동안 관리자들로부터 회사의 기준과 목표를 일방적으로 따르기를 강요하였다.

  그러는 동안 그들은 소중한 자신의 다양성을 인정받지 못하며 기계적 응대 그 이상도 그 이하도 아닌 수동적 자세와 복종하는 법을 배웠을 뿐이다. 그들의 다양성을 인정한다는 것은 결국 코칭을 통해 그들에게 올바른 동기부여를 한다는 것을 의미하며 그들이 성장할 수 있도록 건설적인 피드백을 하는 것을 의미한다.

- 콜센터의 문화는 리더들의 자세와 태도의 결과물

  콜센터의 성과향상과 긍정적 문화형성을 위해 기업이 변해야 할 것이 있다면 그것은 상담원의 몫이 아니라 바로 전문리더들의 몫이다.

  진정으로 콜센터의 성과를 향상하고자 한다면 먼저 리더들이 생각하는 방식을 바꾸고 의사소통하는 스타일을 바꾸고 그들이 행동하는 방식을 바꾸어야 한다.

  콜센터 리더들에게 개인적 겸양과 직업적 열정을 가질 수 있도록 그들에게 훈련하는 것은 함께 하는 상담원 30명을 동시에 훈련하는 결과를 보여준다.

- 커뮤니케이션은 역동적이고 창조적으로 시도

  콜센터 내 구성원들의 커뮤니케이션은 매일매일 발생하는 고객과의 다양한 문제들을 이겨낼 수 있도록 역동적으로 접근해야 한다. 단순한 업무의 반복은 자칫 구성원들의 업무하락으로 연결될 수 있으며 이를 방지하기 위해서 창의적 프로젝트 수행을 유도하는 것도 좋은 방법이다.

(2) 바람직한 문화형성과 긍정적 감정관리

콜센터의 바른 문화형성과 긍정적 감정관리를 위해 다음과 같이 몇 단계의 절차가 필요하다.

■ 1단계 : 긍정적 사고의 중요성 공동인식

- 발전적인 직업관 제시
- 행복한 직장문화개발
- 긍정적 사고의 영향력
- 함께하는 동료의식개발
- 성공적인 상담원이 되기 위한 자기개발 중요성 인식

■ 2단계 : 긍정적 사고를 위한 구체적 방법제시

- 상담업무의 자긍심 확보
- 긍정적 내면 대화기술
- 긍정적 피드백전달하기
- 자기강점 찾아개발하기
- 변화에 대한 긍정적 수용방법의 자세

■ 3단계 : 업무현장에서 긍정적 사고의 적용

- 동료격려 메시지 릴레이 프로그램
- 오늘의 행운단어 찾기
- 내가 만난 최고의 고객
- 내면대화공식 활용하기 등
- 최고의 콜선발대회(best call contest)

■ 4단계 : 긍정적 사고의 습관화

- 긍정적 사고를 위한 습관화 만들기

TRENDS 망원경

[Interview] 고은정 LG유플러스 고객센터 대표(상무)

콜센터 직원의 임원 승진 신화 "자나 깨나 상담사 웃게 할 생각뿐"

켜켜이 쌓은 성실의 시간만큼 빛나는 게 있을까. 딱히 내세울 것 없는 평범도 묵묵함과 꾸준함을 만나면 얼마든지 타고난 재능을 압도할 수 있다. 대부분의 영역에서 마지막에 웃는 자는 우공이산(愚公移山) 정신으로 무장한 보통 사람이다.

2900여 명이 근무하는 LG유플러스 홈 상담(인터넷 · IPTV) 고객센터를 책임지는 고은정 LG유플러스 고객센터 대표(상무)도 오랜 시간 한 우물에 머물며 깊고 푸른 성실의 샘을 판 인물이다. 고 상무는 지난해 말 LG유플러스 인사에서 상무로 승진하며 임원진에 합류했다. 이 소식이 화제를 모은 건 그가 고객센터 상담사 출신이라는 점 때문이다. 국내 통신 업계에서 고객센터 상담사가 본사 임원 자리까지 오른 이는 고 상무가 유일하다.

감정 노동의 일선에서 하루하루 최선을 다했을 뿐이다. 그렇게 보낸 22년의 세월은 어느덧 후배 상담사에게 고은정이라는 사람을 든든한 현장 선배이자 도전 욕구를 자극하는 최종 목적지로 만들었다. 그의 성실한 발자취를 엿보기 위해 1월 11일 오후 서울 시흥동에서 고 상무를 만났다.

Q 감회가 남다를 것 같다.

"임원이 되려고 직장 생활한 건 아니지만, 회사에서 성과를 인정해주니 감사할 따름이다. 고객센터 대표는 2018년부터 맡았다. 처음 대표가 됐을 때도 책임감을 느꼈는데, 이번에 상무로 승진하고 나니 더 큰 무게감으로 다가온다. 단순히 내가 최초라서 기쁘다기보다는 후배 상담사에게 '나도 열심히 하면 저 자리까지 갈 수 있구나'라는 기대감을 주게 됐다는 점이 뿌듯하다."

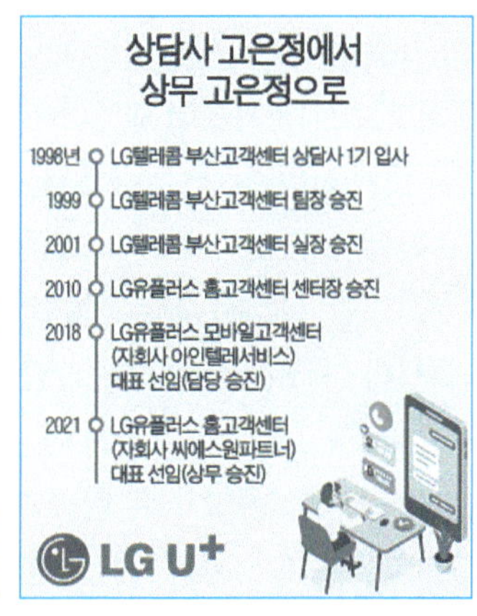

Q 회사에서 어떤 점을 인정했다고 생각하나.

"현장감. 고객 접점이라는 표현이 있지 않나. 고객센터는 '정말로' 고객 접점에서 일한다. 상담사는 단순 문의와 거친 항의가 쉴 새 없이 쏟아지는 상황에서 귀로는 경청하면서 눈으로는 고객 히스토리를 재빨리 파악하고, 손으로는 필요한 업무를 처리할 수 있어야 한다. 예기치 못한 변수도 종종 튀어나온다. 나는 1998년 LG텔레콤(현 LG유플러스) 부산고객센터 상담사 1기로 입사해 일반 팀장, VIP 팀장, 실장, 센터장, 운영 담당 등을 차례로 거쳐 대표직까지 오른 경우다. 고객 접점의 현장은 누구보다 잘 안다고 자부한다. 상담사 출신이 고객센터장을 맡은 것도 실은 내가 처음이었다. 그런 경험 덕에 상담 현장과 동떨어지지 않은 시스템을 구축할 수 있었다. 회사에서도 이 부분을 좋게 봐주지 않았을까."

Q 현장 경험을 담은 업무 시스템 구축 사례를 소개해달라.

"가서 팀장 데려오라는 고객에게 실제로 팀장을 보내면 어떤 일이 벌어지는지 아는가. 상당수 고객이 차분해진다. 더 많은 권한이 있는 자를 만났다는 안도감 때문인지는 몰라도 대부분 격앙됐던 감정을 추스른다. 비로소 이성적인 대화를 시작할 수 있게 되는 것이다. 그래서 상담사는 거친 고객을 만났을 때 팀 리더의 적극적인 개입을 원한다. 문제는 이런 성가신 상황을 일부러 외면하려는 팀장이 예전에는 많았다는 점이다. 나는 팀장이 반드시 수행해야 하는 첫 번째 미션을 '상담 문제 해결'로 지정했다. 팀장은 팀원의 상담 과정을 관찰하다가 개입 필요성이 감지되면 즉시 넘겨받아야 한다. 성희롱과 욕설을 일삼는 악덕 소비자의 전화를 고객센터에서 먼저 끊을 수 있도록 바꾼 것도 생각난다. 지금은 당연해 보이겠지만, 불과 몇 년 전만 해도 회사가 먼저 끊는 건 금기 사항이었다. 직원 연결 전에 상담사의 실제 가족이 육성 녹음으로 상담사를 소개하는 '마음 연결음' 서비스도 현장에서 나온 아이디어다."

Q 고객보다는 상담사의 마음을 어루만지는 조치다.

"상담사 시절을 돌이켜보면 내 기분이 좋아야 상냥한 상담이 가능하더라. 감정 노동이니까 당연히 그럴 수밖에. 고객을 웃게 하려면 반드시 상담사부터 웃게 해야 한다. 예전에는 많은 리더가 한자리에 직원들 모아놓고 따뜻한 말로 격려하거나 법인카드로 거하게 회식시켜주는 방식을 선호했다. 그게 잘못이라는 건 아니지만, 일회성 위로에 불과하다. 맛있는 밥 얻어먹고 들어가서 종일 욕설을 들어야 한다면 한우 회식이 다 무슨 소용인가. 상담사의 고민을 시스템으로 푸는 게 진짜 위로다."

Q 팀원 상담까지 대신해주면 중간 관리자들은 힘들 수 있겠다.

"아이가 부모 언행을 모방하듯 직원은 자신의 상사에게서 배운 대로 말하고 행동한다. 리더는 솔선

수범해야 한다. 뒤에서 내 등을 쳐다보고 성장하는 후배들이 있는데, 부끄럽지는 않아야지."

Q 후배들에 대한 애정이 느껴진다.

"아무래도 마음의 고됨을 아니까, 애틋하다. 상담은 상대방의 정제되지 않은 감정을 가장 먼저 마주해야 하는 일 아닌가. 내가 할 수 있는 선에서는 최선을 다해 근무 환경을 개선해주려고 한다. 사실 나를 위한 노력이기도 하다. 직장 생활하면서 깨달은 점을 하나 꼽으라면, 내가 남에게 대접받고 싶다면 먼저 남을 대접해야 한다는 사실이다. 이건 언제나 진리더라."

Q 잘 웃고 씩씩하게 말한다. 원래 성격은 어떤가.

"타고난 성격은 소심하고 부끄러움이 많은 편이다. 적극적인 모습은 상담 일을 하면서 노력으로 만들었다. 소심한 게 어떻게 보면 단점일 수 있으나, 꼼꼼하고 주변을 세심하게 살핀다는 측면에서는 일하는 데 도움이 된다."

Q 스트레스는 어떻게 푸나.

"아무리 바빠도 매일 아침 30분 정도는 오직 나만을 위한 시간으로 쓴다. 딱히 특별한 일을 하는 건 아니다. 넋 놓거나 정서적 안정에 도움 될 만한 책을 읽는 정도다. 그런데 효과는 정말 뛰어나다. 가령 전날 감정적으로 크게 속상한 일을 겪었어도 이 30분을 보내고 나면 거짓말처럼 마음에 평화가 찾아온다. 사무실 문을 열고 나가 직원들에게 웃으며 인사할 힘이 생긴다."

Q 올 한해 어떻게 보낼 계획인가.

"지난해 신종 코로나 바이러스 감염증(코로나19) 사태 이후 사내 이벤트, 팀워크 활동 등 모든 대면 활동을 중단했다. 이 기간이 길어지다 보니 동료와 수다로 풀 수 있는 간단한 스트레스도 점점 쌓여 간다는 의견이 나온다. 우선 임직원 스트레스 해소에 도움이 될 만한 프로그램을 마련할 방침이다. 다시 말하지만, 상담 직원부터 행복해야 한다."

• 출처 : ECONOMYChosun 2021년 2월 1일

제2절 콜센터(call center) 관리

1. CRM 콜센터

CRM을 위한 콜센터의 구성은 전화와 컴퓨터가 통합된 시스템, 즉 CTI(computer telephony integration)시스템을 활용하며 고객의 전화에 대한 통계적 분석과 인바운드 콜과 아웃바운드 콜 등의 전화관리기능을 지원한다.

콜센터는 이메일을 활용한 질문에 대한 문제해결이 어려울 경우, 관리자에게 이 문제에 대해 전달하게 된다. 또한 전반적인 이메일을 통한 고객과의 커뮤니케이션을 지원한다. 콜센터에서 처리하는 이메일은 홈페이지를 통해 접수된 문의 및 요청사항까지 포함한다. 그리고 콜센터는 웹기반의 다른 시스템과 통합기능을 지원하고 또 다른 홈페이지와도 연계되어 활용할 수 있다.

(1) 콜센터의 특징

- 차별화된 고객의 상세한 요구에 따라 구성 및 설계되어 특별한 교육요구가 줄어든다.
- 각 부서의 실시간 정보가 서로 연동되어 고객접점 역할의 효율적 지원이 가능하다.
- 높은 직무만족으로 인한 이직율의 감소로 관리비용을 절감한다.
- 고객정보의 허브역할을 하므로 고객에 대한 일관된 서비스 대응수립이 용이하고 매출이 증대한다.

(2) 콜센터와 CTI의 구성

CTI시스템 덕분에 동시에 접속되는 많은 전화를 한꺼번에 받거나 자동으로 고객에게 전화를 하는 것이 가능해졌다. 이러한 정보기술의 발전으로 콜센터는 더욱 고객에게 다가선 응대와 마케팅을 제공할 수 있게 되었다.

콜센터의 기능 중에서 가장 중요한 것은 고객이력의 제공이다. 많은 고객을 상대하면서 그들 각각에 대한 사례를 기억하는 것은 불가능하므로 고객이력을 단순한 자료로 만들어 관리하는 것이 필요하다. 그리고 고객의 문의에 신속하고 정확하게 응대하기 위해 필요한 정보를 데이터베이스로 보관하였다가 신속하게 응답할 수 있는 장치 역시 중요한 필요기능 중 하나이다. 콜센터의 궁극적인 목적은 아웃바운드 콜을 통한 상담원의 1대1 통화나 다이렉트 메일을 이용하여 마케팅과 동시에 판매를 이루어 내는 데 있다. 그 과정을 보면 고객으로부터 걸려온 전화를 통해 스위치가 다음 처리를 나누어 준다. 콜센터 상담원은 직접 상대를 확인하고 필요한 정보를 ERP로부터 불러온다.

자동인식의 순서로서는 IVR(interactive voice response)에 의해 미리 고객의 용건 및 문제를 나누는 경우와 직접 전화번호에서 고객을 나누는 경우를 생각할 수 있다. 미리 고객을 특정한 상태에서 ERP에 그 정보를 보내고 상담원이 전화를 받음과 동시에 화면상에 고객의 데이터를 표시하고 서비스처리를 요구한다.

결국 ERP의 축적된 고객데이터를 그대로 콜센터에서 사용할 수 있으므로 데이터관리의 수고를 덜 수 있으며 정확한 시점에 고객이 원하는 서비스를 만족시켜 줄 수 있는 것이다. 또한 콜센터의 기능을 활용하여 다양한 통신판매가 가능하며 인터넷판매와 연동한 통합제품 카탈로그의 관리 및 기능의 공유가 가능하다.

(3) 텔레마케팅 실행방법

1) 인바운드 콜

인바운드 콜(텔레마케팅)은 고객이 자발적으로 기업에 연락을 하여 주문하거나 상담, 질의, 요구사항 전달 등을 하는 마케팅방법이다. 물론 고객이 기업 혹은 기업의 상품에 대한 궁금증을 풀기 위해 전화를 먼저 준다는 측면에서는 고객주도형 텔레마케팅이라고 할 수 있다.

이 경우 고객이 이미 관심을 갖고 있는 상태이므로 상담원은 비교적 쉽게 고객과 커뮤니케이션이 가능하고, 추가적 정보공유를 통해 판매로 연결시키는데 오히려 용이하다.

2) 아웃바운드 콜

아웃바운드 콜(텔레마케팅)은 기업이 고객에게 정보를 제공하기 위해서 먼저 연락을 하고 고객에 대한 정보를 수집하는 활동을 말한다. 이는 기업이 주도하는 기업주도형 텔레마케팅이기 때문에 인바운드 콜에 비해서 다소 어려움을 겪는 경우가 많이 있다. 물론 기업주도의 접근이므로 성과 지향적이며 목표 지향적이라 할 수 있다.

2. 통화품질관리

(1) 통화품질관리의 목적

콜센터 운영에서 중요한 부분 중 하나는 고객과의 통화에 대한 품질이라 할 수 있다. 그것은 만족수준을 결정하는 직접적인 근거가 되기 때문이다. 그렇다면 통화품질관리의 목적은 무엇일까?

1) 최고의 고객만족을 주는 통화품질 유지

기업은 고객에게 최고의 상품과 최고의 서비스를 전하기 위해 고객이 원하는 전화응대의 품질을 항상성 있게 유지할 의무가 있다.

2) 업무성과 극대화를 위한 우수한 품질개발

기업은 최고의 업무성과를 실현하기 위해 객관적인 평가 및 코칭을 통해 상담원 각자 자신의 우수한 통화품질 개발에 최선을 다해야 한다.

3) 고품격 상담 및 정확한 업무처리절차 표준화

기업은 상담전과정 동안 정확한 정보전달을 위한 표준적인 업무프로세스를 지킬 책임이 있다.

(2) 통화품질관리 혜택

1) 고객입장

- 고품격 서비스를 통한 차별적 만족감
- 표준적 one-stop 서비스에 의한 편익
- 고객지향적 상담에 의한 혜택위주 선택
- 전문상담원에 의한 신뢰감 확보

2) 회사입장

- 고객접점 표준적 통화품질 유지
- 마케팅결과 및 접점 경영정보 피드백
- 업무생산성 극대화 및 이익극대화

- 고객만족 극대화 및 평생고객 확보

3) 상담원 입장

- 업무능력 향상을 위한 코칭과 교육지원
- 생산성 극대화에 의한 급여개선
- 객관적 업무성과 측정을 통한 공정한 성과보상
- 콜센터 전문가로서의 성장

3. 성과지향적 통화품질관리 전략

콜센터에서 통화품질관리를 통해 기업의 성과와 어떻게 연결시킬 것인지를 고민하는 것은 중요한 일이다. 성과와 연결되지 않는 기업의 업무혁신은 어떤 측면에서는 혁신이라고 말할 수 없다.

결국 기업이 비용과 시간을 투자하여 품질관리를 하는 궁극적인 목적이 성과를 올리기 위한 것이므로 콜센터에서의 통화품질관리 전략은 구체적이어야 한다.

(1) 통화품질관리 전략

통화품질관리를 위한 몇 가지의 원칙을 알아보면 다음과 같다.

- 전직원의 공동책임주의 확립
- 균형적 품질관리
- 업무성과 극대화를 위한 전문화
- 신뢰성과 전문성을 겸비한 인재양성
- 현장중심의 프로세스 마련
- 평가의 객관성 및 신뢰성 확보

또한 콜센터에서 생산성을 높이기 위해 주로 범하기 쉬운 일들을 찾아내고 개선하도록 해야 한다. 그리고 성과관리를 위해 몇 가지 지켜야 하는 프로세스를 점검해 볼 필요가 있다. 다음은 이미 기업의 콜센터에서 행해지는 다양한 진행문제들을 참고로 하여 정리된 것이다.

(2) 생산성과 성과관리 프로세스

1) 콜센터에서 자주 범하는 문제들

- 과거관리하기 & 결과만 관리하기
- 목표수준의 계량화없이 일하기
- 숫자를 숫자로만 본다.
- 성과분석은 보고용으로만 사용한다.
- 양적관리에 집중한다.
- 성과관리의 책임은 수퍼바이저(관리자)에게 있다.

2) 콜센터 성과관리의 핵심

- 실시간 관리 및 과정관리
- 정량적인 목표수준의 설정
- 지표측정 결과가 주는 메시지 이해하기
- 성과분석의 목적은 판단과 대안제시
- 성과분석 자료에 대한 전직원공유
- 양적평가와 질적평가의 균형조절
- 성과관리의 전직원 공동책임

(3) 성과관리 프로세스

1) 내부측정 기준마련

■ 콜센터의 운영목적에 맞는 목표를 수립

- 자사에서 콜센터를 운영하는 가장 큰 목적이 무엇인지 판단
- 목적에 맞는 목표설정 및 관리지표 규정
- 현실적이면서 발전적인 목표수준의 설정
- 목표와 달성과정에 대한 전직원 공유

■ 내부측정 지표별 표준목표수준 결정

- 목표달성을 위해 관리해야 할 지표규정
- 지표별 생산성 표준과 기대정의

■ 팀별, 개인별 업무목표수립

- 전체목표달성을 위한 서로의 역할과 책임규정
- 달성가능한 목표의 구체적 수립

2) 지속적 측정, 기록, 조치

- 측정단위의 세분화
- 실시간 측정
- 측정결과를 자주, 가능하다면 실시간으로 볼 수 있게 하라
- 숫자보다 더 강력한 도구의 활용(챠트, 그래프 등)
- 판단한 후에는 즉각적으로 조치를 취하라

3) 데이터 취합, 분석, 보고

■ 데이터 취합하기

- 관련있는 데이터의 분류(상담원 응대관련 데이터, 상담내용 관련데이터, 팀단위 데이터, 개인단위 데이터 등)
- 시스템을 이용한 데이터 취합 및 조합(통계화면의 효율적 구성)

■ 데이터 분석

- 데이터의 의미 이해
- 숫자의 높고 낮음보다는 의미와 이유를 찾기

그림 11-1 성과관리 프로세스

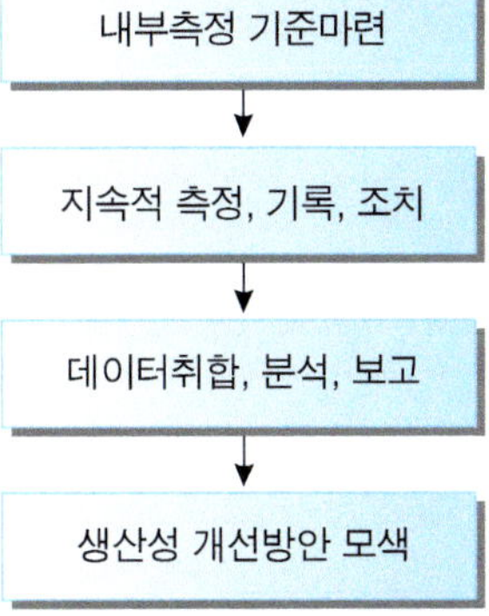

- 당일의 주요이슈 발견하기
- 목표달성 분야와 목표미달 분야에 대한 피드백(gap analysis)
- 성공요인과 실패요인 분석
- 정확한 분석을 통한 성공적인 실행방안(action plan) 세우기
- 분석오류는 잘못된 판단과 조치를 하게 한다.

■ **데이터 보고**

- 보고서 작성은 단지 현황에 대한 보고가 아니라 판단과 대안을 제시하는 것이 목적이다.

4) 생산성 개선방안 모색

- 상담원의 열정과 노력을 끌어낼 수 있는 인센티브 체계설계
- 기간, 대상, 목적에 맞는 치밀하고 다양한 프로모션 활용
- 프로세스 개선을 통한 생산성 향상지원
- 업무처리능력 개발을 통한 생산성 향상지원

4. 성공 콜센터운영사례(서울시 120다산 콜센터)[1)]

서울시의 전화민원서비스 120다산콜센터는 끊임없는 서비스혁신으로 고객충성도를 높이고 있다. 전화 한 통화로 고객의 궁금증을 해결해 준다는 목표로 만들어진 120다산콜센터는 민원서비스 혁신의 대표적인 사례로 꼽힌다.

2007년 9월 출범 당시 하루평균 4500건이던 상담건수는 2010년 평균 4만 1000여 건으로 10배가량 급증했다. 지난 3년간 상담원도 20명에서 551명으로, 고객만족도는 77점에서 95점으로 인지도는 14.5%에서 82.5%로 급등했다.

다른 어떤 콜센터보다 친절하고 편리하다는 입소문이 나면서 다산콜센터 재이용의향률은 99.6%나 된다. 이러한 다산콜센터의 성공요인은 과연 무엇일까?

1) 동아일보 참고하였음

(1) 120다산콜센터 성공요인

1) 문제해결과정 단순화

미국 비영리단체인 CEB(corporate executive board)는 고객노력지수(CES : customer effort score)를 개발했다. 이 지수는 소비자들에게 "특정 요구조건을 처리하는 데 얼마나 많은 노력을 투자했습니까"라는 단순한 질문으로 측정된다. 이 지수는 재구매의향과 매우 높은 상관관계를 기록했다. CES를 높이려면 고객들의 문제해결 절차를 단순화해야 한다.

서울시는 수만 건의 표준상담 DB를 구축해 고객들이 단 한 통의 전화로 모든 문제를 해결할 수 있도록 유도했다.

2) 혁신의 DNA

120다산콜센터는 2007년 9월 공식출범 이후 3년간 쉬지 않고 새로운 모습을 보였다. 상담시간을 지속적으로 확대해 2008년 1월부터는 365일 24시간 운영체제로 바꿨으며 고객편의를 위해 자치구 통합을 추진했다. 전화상담이 불편한 소수고객을 위해 화상전화를 활용한 수화상담, 외국어 상담, 문자상담 등도 실시했다.

또한 지속적인 상담원 교육을 통해 상담품질을 향상시켰던 것도 빼놓을 수 없다. 이는 적극적인 의견수렴 시스템과 운영자들의 변화욕구가 있었기에 가능한 것이다.

3) 프로상담원을 배출하는 프로세스

120다산콜센터 상담원들은 엉뚱한 질문에도 재치를 발휘해 고객을 만족시킨다는 평가를 받고 있다. 상담원들에게는 정해진 매뉴얼이 없다. 특정 질문시 참고하는 DB(database)가 있을 뿐 특정 질문에 어떻게 답하라는 매뉴얼이 없다. 다음과 같은 일화가 있다.

한 고객이 "코뿔소랑 코끼리랑 싸우면 누가 이기나요?"라고 물었다.

상담원은 "힘센 놈이 이길 것 같습니다"라고 답해 고객을 즐겁게 했다.

4) 의사결정권자의 지원과 자율권

고객을 만족시키려면 내부고객인 직원부터 만족시켜야 한다. 120다산콜센터의 주요 내부고객은 콜센터 상담원들이다. 이들이 기쁜 마음으로 성심성의껏 고객을 대해야 고객만족도가 높아진다. 120다산콜센터는 목을 많이 쓰는 상담원들을 위한 각종 차는 물론이고 편안하게 휴식을 취할 수 있도록 휴게실에 안마의자를 비치했다. 또한 일반 콜센터와는 다르게 상담원들은 모두 정규직으로 고용하고 있으며 동종 업계대비 보수가 중간이상이다.

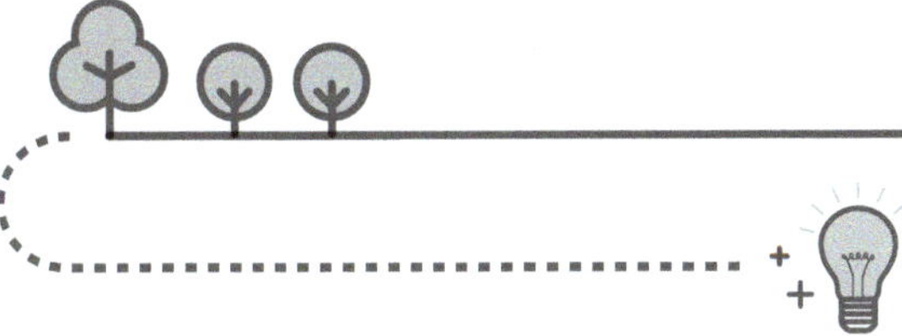

제12장

고객관계관리와 데이터베이스

제1절 데이터 웨어하우징

제2절 데이터 마이닝

제3절 캠페인 매니지먼트

"메타버스·NFT는 수단일 뿐, 목표 아냐… 고객 경험 명확해야"

"고객 경험을 원한다면 메타버스(meta-verse · 현실과 가상이 혼합된 세계)부터 하지 마세요. 메타버스는 수단일 뿐 목표가 아닙니다. NFT(Non Fungible Token · 대체 불가 토큰)를 먼저 발행했다고 메타버스에서 승리하는 건 아닙니다. 전투에 참여하는 게 목표가 아니라 이기는 게 목표여야 해요."

김태환 딜로이트 디지털 한국 비즈니스 리더(파트너)는 최근 인터뷰에서 메타버스 시대의 디지털 고객 경험 전략을 묻는 말에 이렇게 답했다. 2025년 전 세계 시장 규모 추정치만 427조원, 모두가 메타버스 산업의 잠재력에 주목하는 이때 그가 '메타버스를 하지 말라'고 말한 속뜻은 신기술은 수단일 뿐, '고객 경험'이란 분명한 목표 설정이 선행돼야 한다는 의미다.

김 파트너는 "기술의 변화는 당연히 모니터링하고 활용해야 하지만, 수단이 목표를 왜곡해선 안 된다"라며 "우리 기업이 조준하는 고객을 명확히 하고, 고객에게 줘야 하는 경험이 무엇인지를 구체화한 후 신기술을 선택해 활용해야 한다"고 강조했다. 김 파트너는 현재 딜로이트코리아의 디지털 부문 리더를 맡아 다양한 기업을 컨설팅하고 있다. 다음은 일문일답.

Q '고객 경험'이란 무엇이고, 어떻게 발전해 왔는가.

"1980년대 소비재가 다양해지고 기업 간 경쟁이 심화하면서 '고객을 만족시켜 선택받아야 한다'는 세일즈 마케팅 개념이 등장했다. 이후 고객 만족 관리, 고객 관계 관리(CRM), 고객 경험 관리 등으로 발

사진 셔터스톡

전했다. 고객 경험이란 고객을 대하는 모든 경영 활동을 의미한다. 고객 관계 관리가 이미 고객이 경험한 결과에 기반해 전략을 짜는 것이라면, 고객 경험 관리는 소비자 입장에서 고객에게 발생하는 경험을 관리하는 것이다. 전자가 고객의 거래 구매 데이터를 분석하거나 고객 대상 설문 등을 기반으로 한다면, 후자는 고객 입장에서 발생하는 경험 자체를 연구하고 그 맥락(콘텍스트) 안에서 우리 기업과 어떻게 관계하는지를 살핀다는 차이가 있다."

Q 디지털 시대가 되면서 고객 경험이 더 중요해졌다.

"오프라인 세상에선 볼 수 없던 걸 디지털 세상에선 볼 수 있게 됐기 때문이다. 소비자가 24시간 스마트폰을 들고 살게 되면서 기업은 고객이 소비하고 고민하는 바를 더 정확히 관찰하고 분석할 수 있게 됐다. 예컨대 가방을 만든다면, 과거엔 디자인이나 효율성부터 따지는 게 논리적인 접근이었다. 그러나 지금은 가방을 드는 사람에 대해 연구한다. 컨설팅 회사에 다니는 A라는 사람의 페르소나를 만들고, 외부 미팅이 많고 출장도 자주 가는 A에게 필요한 가방이 뭔가를 생각한다. 가방 색은 중요하지 않으니 무채색으로 하고, 이어 구조를 짜는 식으로 상품을 개발한다. 이른바 '휴먼 센터드 디자인(Human Centered Design)', 즉 인간 중심 디자인이다."

Q 많은 기업이 고객 경험을 내세우지만, 정작 소비자는 상품이나 서비스에 만족하지 못하는 경우가 있다. 이유는 무엇인가.

"고객 경험이라는 목표를 정확히 설정하고, 기업의 모든 업무 프로세스에 상시 적용해야 하는데, 그러지 못해서다. 회사가 추구하는 고객 경험 목표가 확실하더라도 각 부서가 중복해서 업무를 수행하거나 서로 상충된 메시지를 전달하면 고객은 혼란스럽다. 일관되지 않은 경험이 쌓이고, 결국엔 브랜드를 신뢰할 수 없게 된다."

Q 어떤 부서에서 고객 경험 전략을 주도하는 게 효과적일까.

"고객 경험은 최고경영자(CEO)의 어젠다가 돼야 한다. 고객 구매 여정을 살펴보면 초기엔 영업팀이 관장하고, 나중엔 마케팅팀이나 서비스팀이 주도권을 갖게 되는데, 각 부서가 목표나 실적 등에 집중하다 보면 고객 경험이라는 미션은 뒤처지고 경험의 일관성도 떨어진다. 이는 대기업의 고질적인 문제이기도 하다. CEO가 전사의 고객 경험을 책임지고, 전 부서가 일관되게 전략을 수행하도록 해야 한다."

Q 고객 경험은 어떻게 설정하나.

"먼저 경쟁사보다 확연히 다른 고객 경험을 포지셔닝해야 한다. 영국 향수 브랜드 조말론은 기분 좋은 향이나 타인에게 매력적으로 보이는 향이 아닌 '행복한 순간의 기억을 떠올리는 향수'로 브랜드 콘셉트를 잡아 니치 향수 시장에서 우위를 차지했다. 예컨대 첫 데이트의 설렘, 결혼식 날의 가슴 벅참 등을 재현하는 식이다. 각각의 경험을 담다 보니 향수 종류만 30가지가 넘는다. 단지 품질이 좋아서가 아니라 창업자가 고객 경험에 초점을 두고 브랜드 전략을 설계한 결과, 성공할 수 있었다. 나이키도 좋은 예다. 나이키는 러닝화를 팔기 위해 고객에게 '달리는 경험'을 줬다. 러닝 애플리케이션(앱) '런 클럽(NRC)'을 만들어 고객이 함께 뛰도록 하고, 그들의 데이터를 분석해 필요한 상품을 제안했다. 이처럼 고객 경험을 정립하고 나면 우선순위가 정해진다. 목표 경험을 설정하고, 그에 맞는 제품이나 서비스를 만들어 반영하는 식으로 프로세스를 설정해야 한다."

Q 좋은 고객 경험을 구성하는 요소는 무엇인가.

"다섯 가지다. 개인화하고(personalized), 의미 있고(meaningful), 신뢰할 수 있고(trustworthy), 맥락에 맞으며(contextualized), 감정에 호소할 수 있는(emotional) 경험이 그것이다. 철저히 소비자 중심에서 봐야 한다."

Q 메타버스 시대의 고객 경험 전략은 어떻게 짜야 하나.

"메타버스 시대라고 해서 고객 경험이 달라지진 않을 것이다. 다만 전술은 달라질 수 있다. 특히 서비스 간 접근이 제한된 '닫힌 정원(walled garden)' 상태의 메타버스가 당분간 지속되리란 점에 주목해야 한다. 제페토의 프로 유저라고 해도 로블록스에선 아무것도 아니다. 지금처럼 폐쇄되고 난립한 메타버스 시장에서 기업이 모든 플랫폼을 일일이 관리하는 건 무리다. 비용만 많이 들고, 효율적이지 않다. 기업은 진정한 고객 경험에 대한 이해를 통해 데이터가 여러 플랫폼에서 안전하게 연동되는 멀티버스(multiverse) 시대를 준비해야 한다. 자사가 디지털상에서 고객에게 주고 싶은 경험 자체에 집중해야지 서비스 사업자에게 끌려다니거나 종속돼선 안 된다."

Q NFT를 발행하거나 메타버스 마케팅에 뛰어든 유통 기업이 많다. 이들에게 조언한다면.

"역설적이지만, 메타버스를 시작하지 말라고 조언하고 싶다. 메타버스를 하기 전에 '타깃 고객에게 주고자 하는 고객 경험이 독창적이고 명확한가'를 자문해야 한다. 메타버스도 NFT도 결국 수단일 뿐 그 자체가 목표가 되어선 안 된다. 우리 회사가 겨냥하는 고객이 명확한 상태에서, 그 고객에게 줄 경험이 무엇인지를 구체화한 뒤 그것을 효과적으로 달성하는 수단으로 메타버스를 선택·활용해야 한다."

• 출처 : ECONOMYChosun 2022년 12월 7일

최근에는 기업중심 CRM에서 고객중심 CRM으로 점점 변하고 있다. 또한 예측에 기반한 맞춤형 마케팅과 마케팅의 결과보다, 과정에 중점을 두는 고객경험관리(CEM: Customer Experience Management)에 관심이 집중된다.

CEM은 최근 갑자기 부각된 것은 아니다. 전통적인 CRM에서 고객의 총체적인 경험을 관리하는 CEM으로 변화해야 한다는 주장은 꾸준히 제기돼왔지만, 기업은 이러한 요구에 소극적인 입장을 취해왔다. 고객의 반응이 지금처럼 빠르게 다가오지 않았기 때문이다. 그러나 어떤 이벤트가 발생했을 때 SNS를 통해 고객들의 반응이 실시간으로 퍼져나가고 있으며, 이 이벤트의 이면에서 일어나는 일까지 고객들이 직접 분석하고 평가하면서 기업의 이미지를 만들어 나가기 때문에, 모든 고객접점에서 CRM이 필요하게 됐으며 CEM을 중심으로 하는 고객관리 전략이 부상하게 됐다.

SAP관계자는 "모바일·SNS·BI를 통해 CRM에 쌓인 데이터를 다각도로 분석해 의사결정을 내리는 것이 최근 CRM의 화두"라며 "제품에 대한 평판뿐 아니라 기업브랜드와 이미지관리 등도 활용해야 한다"고 말한다.

기업은 다양한 고객의 경험치를 관리하기 위해 CRM 단독솔루션 구축만으로 사업을 완료해서는 안된다. 앞서 언급했듯, 고객들은 단지 제품의 품질만으로 평가하는 것은 아니기 때문이다. 특히 산업별 특수성과 비즈니스 성격, 기업자체문화 등에 따라 고객관리전략은 달라져야 한다.

제1절 데이터 웨어하우징(data warehousing)

1. 데이터 웨어하우징의 정의

과거 기업들의 정보기반은 제품의 대량생산에 맞춰진 체제였다. 그 시절의 특징은 제품의 종류가 적고 구매패턴이 반복적이며, 제품수명주기가 일정했기 때문에 시장환경을 세밀하게 분류할 필요가 없었다. 그러나 다품종 소량생산이 일반화되고 서비스와 정보가 상품화된 오늘날에는 고객의 눈높이가 높아지고 개인적인 취향이 더욱 두드러지고 있다.

이렇게 변화된 시장환경에 효과적으로 대응하기 위해서는 끊임없이 변화하는 고객의 기호를 신속하고 정확하게 파악함으로써 과거의 불특정 다수를 대상으로 하던 대량마케팅 대신에 회사와 고객 간의 대화를 실현하는 일대일 마케팅의 추구 등 적극적인 경영활동을 수행해야 한다. 이에 새로운 정보기반의 구축이 필요하게 되었고, 이러한 현실적 요청에 따라 '데이터 웨어하우스(data warehouse)'가 출연하게 되었다.

오늘날 국내기업은 시장이 포화상태에 처하며 고객을 확보하기 위해 치열한 경쟁을 벌이게 되었다. 또한 벤처기업이나 외국기업의 진입에 따른 급속한 고객이탈이 예상됨에 따라, 방대한 고객정보의 체계적인 구축과 선진차원의 효율적인 마케팅활동을 위한 새로운 대안을 필요로 하게 되었다. 이러한 급격한 환경변화에 대응할 수 있는 마케팅지원시스템을 구축하고, 마케팅전략의 경제성을 극대화할 뿐 아니라 선도적 마케팅의 노하우습득으로 경쟁력을 확보하기 위하여 '데이터 웨어하우스'를 도입하는 기업이 많아지고 있다.

데이터 웨어하우스란 "각 부서에서 축적해 둔 방대한 규모의 컴퓨터 저장업무자료 가운데 필요한 자료만을 추출하여 별도의 저장소에 모아놓고, 이를 관계형 데이터베이스로 구축하여 전산담당자의 도움없이 최종 사용자가 직접 용도에 따라 손쉽고 효과적으로 이용할 수 있도록 개발한 새로운 개념의 전산시스템"을 의미한다.

대부분의 기업에서는 기업의 활동결과로 발생하는 엄청난 양의 각종 데이터를 보유하고 있다. 이러한 정보의 양은 시간이 갈수록 급격히 증가한다. 그러나 1990년대 들어 기업내부에서 일고 있는 정보수요는 국내외 기업 간의 시장경쟁이 치열해짐에 따라 날로 증폭되었으나 이런 정보수요를 일일이 만족시킬만한 효과적인 전산인력 지원에는 한계가 있었다.

데이터 웨어하우스 구축은 이러한 정보수요의 한계를 극복하고 정보의 최종사용자(enduser)가 직접 검색하고 분석하여 마케팅전략 수립에 신속하게 대응할 수 있게 함으로써 데이터베이스 마케팅(DB Marketing) 기반을 확보하려는 것이다.

2. 데이터 웨어하우징 구축 시 문제점

이처럼 고객관계관리(CRM)에서 중요한 역할을 하는 DB마케팅 활용을 위해서는 반드시 데이터 웨어하우징 구축이 필요하다. 물론 다른 시스템 구축과 마찬가지로 데이터 웨어하우징 구축은 여러 가지 어려움도 존재한다.

다음에서는 실제 삼성카드사에서 데이터 웨어하우스를 구축하면서 발생한 문제점들을 살펴보기로 한다.

TRENDS 망원경

1시간마다 가격 바뀐다, 삼성도 주목한 '똑똑한 편의점'

편의점 풍경이 달라졌다

인건비 부담이 늘면서 무인 시스템을 도입한 편의점이 증가하고 있다. 산업통상자원부에 따르면 무인 아이스크림 판매점과 같은 상시·심야 무인 점포수는 올해 상반기 전국 4000여곳에 달했어요. GS25·CU·세븐일레븐·이마트24 등 주요 편의점 4개사의 무인 점포 3000여곳을 더하면 총 7000여곳으로 늘고 있다. 200여개였던 2019년보다 35배나 증가한 수치다. 오늘은 색다른 아이디어로 차별화를 시도하는 무인 편의점 한곳을 소개한다. 제품 가격이 하루에 24번이나 바뀌는 혁신적인 실험이 벌어지는 이곳, '프라이스랩'이다.

서울 용산에 위치한 AI 편의점 '프라이스랩'. 사진 박영민

#1시간마다 바뀌는 가격

올해 5월 서울 용산에 문을 연 프라이스랩은 삼성전자에서 치열한 경쟁을 뚫고 투자를 받아 창업한 스타트업 '치즈에이드'가 만든 무인 편의점이다. 직원은 총 7명으로 작은 규모다. 그런데 직원 구성이 일반적인 유통 기업이랑은 좀 다르다. UI·UX 디자이너에 소프트웨어 개발자도 있다.

편의점에 개발자가 왜 필요할까? 답은 프라이스랩 안에 있다. 이 편의점의 무기는 1시간 간격으로 하루에 총 24번 바뀌는 가격이다. 유통기한, 재고량, 선호도 등 소비 데이터와 요일·시간대별 유동인구, 날씨 등 공공 데이터, 주변에서 비슷한 제품을 구할 수 있는지 여부 등 상권을 분석한 데이터로 가격을 조정한다.

상품 정보는 실시간으로 상품 앞에 붙어 있는 가격 표시기에 반영되나. 그런데 이 가격 표시기마저 친환경적이다. 일반 편의점에선 상품 정보를 변경할 때 종이나 플라스틱을 갈아끼우는데 프라이스랩에선 자체 개발한 '가시광 통신 전자가격표시기'를 사용한다. 전자종이처럼 디지털로 글자와 숫자를 보여주는 방식이다. 치즈에이드가 삼성전자에서 사내 벤처 프로그램에 선정될 수 있었던 것도 이 가시광 통신 기술 덕분이다.

소비자의 사용방법은 간단하다. 스마트폰으로 프라이스랩 앱을 다운로드하면 쇼핑 준비 완료다. 앱으로 상품 바코드를 찍고 등록해놓은 카드로 결제하면 끝이다. 처음 앱 설치 이후 인기 상품 5개를 선택할 수 있는데, 이 중 한 개를 선택하면 해당 제품을 한 달간 하루에 한 번씩 반값으로 구매할 수 있고 매일 한 번씩 편의점에 방문해서 하루 한 번 총 30개 제품을 구입할 수 있다. 이건 프라이스랩 관계자가 알려준 팁인데 매일 오는 게 귀찮으면 오늘 오후 11시 59분에 방문해서 하나를 사고, 1분간 기다렸다가 다음날 오전 12시가 되면 또 하나를 살 수 있다.

#편의점에서도 지속 가능한 소비를 할 수 있을까

시시각각 바뀌는 가격, 장점은 뭘까? 소비자는 필요한 물건을 저렴한 가격으로 구입할 수 있고, 판매자는 골치 아픈 폐기물을 확 줄일 수 있다. 폐기물이 줄면 버리는 양도 줄어 환경에도 도움이 된다.

편의점과 같은 식품 유통업계의 가장 큰 고민은 '폐기'를 어떻게 줄이느냐다. 재고가 많이 생길수록 폐기물을 처리하는 비용도 는다. 식품의약품안전처에 따르면 지난해 약 550만톤 규모의 식품이 유통기한이 지나 버려졌다.

이를 처리하는 비용만 자그마치 1조원이 넘었다.

'재고를 줄이는 지속 가능한 소비, 편의점에서도 가능할까'.

프라이스랩의 상품가격은 1시간 간격으로 바뀐다.
사진 박영민

프라이스랩을 만든 치즈에이드는 이 고민에 대한 해답을 찾고 싶어한다. 편의점에서 판매하는 신선제품의 가치는 시간과 공급량에 따라 계속 변하는 반면, 오프라인 매장 제품의 가격은 바꾸기가 쉽지 않다. 그래서 오프라인에서도 온라인처럼 실시간으로 바뀌는 가격을 편의점에 적용해 소비자에게 가격 선택권을 제공하고, 폐기물의 양도 줄여보자 결심했다.

#진열대 채우는 법도 특별해

상품 구성도 일반 편의점과 달랐다. 우유, 치즈 등 유제품부터 간편하게 즐길 수 있는 밀키트와 육류까지. 진열대엔 20~30대가 선호하는 신선식품들로 가득하다. 마트나 편의점에선 쉽게 접할 수 없는 브랜드의 식료품들이라 눈도 즐겁다. 이계림 치즈에이드 이사는 "1인 가구가 건강한 식생활을 할 수 있도록 신선 식품을 위주로 콘셉트를 잡았다. 트렌드를 파악하면서 계속 메뉴를 바꿔가는 실험을 하고 있다"고 설명했다. 필요한 상품이 있으면 채널톡으로 의견을 주고 받고, 판매 구성도 조금씩 바꾼다고 했다.

프라이스랩은 제일 먼저 이 근방에서 살 수 없는 물품이 무엇인지 알아봤으며 쌀이나 생선을 파는 곳이 별로 없어서 쌀을 내놓으면 잘 팔리겠구나 했는데 프라이스랩은 쌀이 왜 안 팔리는지 그 이유가 궁금했다. 그제서야 동네에 커다랗게 자리한 청년주택이 보였고 "청년주택에 사는 1인 가구는 집에서 밥을 잘 해먹지 않고 요리할 때 냄새가 심한 생선도 마찬가지일 것이라 생각했다. 쌀과 생선보다는 간편식, 그리고 다른 곳에서 볼 수 없었던 다양한 제품들을 들여놓게 된 이유다."

5개월간 점포를 운영해 보니 소비자들의 구매 패턴도 보였다. 점심엔 주로 샐러드를 사러 오는 직장인들이 많고, 저녁 6시 이후엔 귀갓길에 할인 상품을 사기 위해 찾아오는 고객이 많았다. 상품이 신선하다는 반응, "이런 가게가 우리 집 근처에도 있었으면 좋겠다"는 피드백도 많이 받았다.

#나는 어떤 소비를 하는 사람인가

"실시간으로 변하는 가격을 경험해 보고, '나는 어떤 소비를 하는 사람인가' 생각해보면 좋을 것 같다." 사람들이 프라이스랩에서 어떤 경험을 하면 좋겠냐는 질문에 이 이사는 이렇게 말했다. 그는 이어 "친환경적인 소비를 하고 싶은 사람은 유통기한이 도달한 제품을 좀 더 싼 가격에 구입하고, 신선한 제품을 선호하는 사람은 돈을 좀 더 내는 각기 다른 경험들도 재밌을 것 같아요"라고 제안했다.

지금은 1호점 뿐이지만, 프라이스랩은 연내 5호점까지 점포 수를 늘릴 계획이다. 우선 강남에 직장인들이 오가면서 건강한 샐러드나 간편식을 즐길 수 있는 편의점을 열 예정이다.

얼마 전만 해도 많은 제품에 '권장소비자가격'이 붙어 있었지만, 지금은 업체마다 판매 가격이 조금씩 다르다. 미래엔 모든 제품마다 상황에 맞춰 가격이 변화할 것이다. 프라이스랩이 가장 앞서 나아가고 있을 것이라 믿는다.

지구와 환경을 생각하는 '지속 가능한 소비'를 외치는 프라이스랩. 팬데믹 이후 온라인 쇼핑 소비 트렌드 속에서 오프라인 매장의 경쟁력을 높이겠다는 이들의 실험, 과연 성공할 수 있을까.

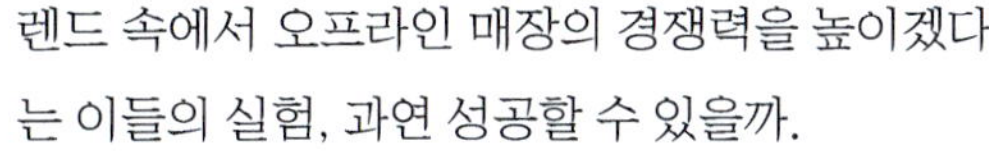

• 출처 : 중앙일보 2022년 11월 20일

앞으로 무인유통은 점점 늘어날 수밖에 없다. 사진 언스플래쉬

첫째, 데이터의 규모가 너무 커서 적정 응답속도의 확보에 어려움이 있었다.

이에 대해 삼성카드에서는 자주 활용되는 자료는 요약테이블(summary table)로 해결하고 자주 조회되는 경로는 인덱스(Index)를 붙여 처리속도를 향상시켰다.

또한 대용량 데이터를 대상으로 하는 작업은 스케줄 기능을 이용하여 일과 후에 운용시켜 다음날 볼 수 있도록 하였고 시스템운용 후에도 지속적으로 응답속도를 측정·보완토록 하였다.

둘째, 기밀보호 측면에서 각종 영업실적과 분석자료의 보안이 필요하였는데, 이는 각 사용자별 사용권한 계층을 정하고, 부여된 범위내 정보만을 조회할 수 있도록 데이터베이스 접속권한을 통제하였다.

셋째, 현업 담당자들로 하여금 시스템을 효율적으로 사용할 수 있도록 해야 하는데, 이를 위해 우선 현업의 분석담당자로 하여금 분석해야 할 요소항목에 대하여 사전연구하도록 하였고, 파일럿시스템을 이용하여 활용능력을 높이도록 하였다.

넷째, 출력된 각종 장표의 데이터 적합성을 체크하는 문제로 이는 기존의 장표, 업무시스템 데이터와 정보계시스템의 Output에 대하여 현업과 전산실, 개발팀의 지속적인 검증작업과 차이에 대한 원인분석을 통해 데이터 적합성을 체크하도록 하였다.

또한 데이터 웨어하우스에 대한 현업의 이해부족으로 인하여 각 부서의 과다한 개발요청이 발생하는 등 1차 개발범위 선정에 어려움이 발생하기도 하였으나, 디스크용량, 처리시간, 효율 등을 종합적으로 고려하여 적정개발수준을 조정하는 등 많은 난제를 슬기롭게 해결하였다.

이처럼 데이터 웨어하우징 구축 시 많은 문제들이 존재하나 각 기업의 상황에 맞도록 명확하고 순차적인 해결방법을 모색해야 한다.

데이터 마이닝(data mining)

1. 데이터 마이닝의 정의

데이터 마이닝은 한 마디로 “데이터베이스 내에 숨어 있는 일정한 패턴이나 변수들 간의 관계를 정교한 분석모형을 사용하여 쉽게 드러나지 않은 유용한 정보를 찾아내는 과정”이다.

데이터 마이닝은 크게 ‘Computer Science관점’ ‘MIS관점’ ‘Statistics관점‘으로 나누어 정의할 수 있다.

Computer Science관점은 패턴인식 기술뿐 아니라 통계적·수학적 분석방법을 이용하여 저장된 거대한 자료로부터 우리에게 유익하고 흥미있는 새로운 관계·성향·패턴 등의 다양한 부가가치정보를 찾아내는 과정이다.

MIS관점은 거대한 데이터베이스 혹은 자료에서 유용한 정보를 유출하는 일련의 과정뿐 아니라 값진 정보를 사용자가 전문적 지식없이 사용할 수 있는 의사결정지원 시스템의 개발과정을 말한다.

Statistics관점에서는 올바른 의사결정을 지원하기 위한 자료분석(data analysis)과 모델선택(model selection)으로 정의하고 있다.

기업이 보유하고 있는 일일 거래데이터, 고객데이터, 상품데이터 혹은 각종 마케팅활동에 있어서의 고객반응 데이터 등과 그밖의 외부데이터를 포함하는 모든 사용가능한 본래의 데이터를 기반으로 감춰진 지식, 기대하지 못했던 경향 또는 새로운 규칙 등을 발견하고 이를 실제 비즈니스 의사결정 등에 유용한 정보로 활용하고자 하는 것이 바로 데이터 마이닝이다.

다시 말해, 데이터 마이닝은 다양한 방법을 이용하여 본래의 데이터를 탐색하고 분석하여 그로부터 기대하고 있는 정보와 예상하지 못했던 정보를 찾아내고자 하는 개념적인 방법론이다.

2. 데이터 마이닝의 특징

이러한 데이터 마이닝의 특징은 크게 6가지로 요약된다.

- 데이터 베이스에 비계획적으로 수집된 대용량의 데이터를 다룬다.
- 컴퓨터의 강력한 처리능력을 이용한다.
- 대부분의 데이터 마이닝기법은 수학적으로 증명되고 발전된 것이 아니라 경험적으로 개발되었다.
- 데이터 마이닝의 주요 관심은 통계적 추론과 검정보다는 예측모형의 일반화에 있다.
- 기업의 다양한 의사결정활동에 활용하기 위해서 사용된다.
- 데이터 마이닝은 통계학, 전산과학, 인공지능, 공학분야에서 개발되기 시작하였으나 실제로 경영, 경제, 정보기술 분야에서 활용되고 있다.

3. 처리과정

데이터 마이닝을 이야기할 때, 마이닝(mining)에만 초점을 두어 마치 특정 기법(decision tree등)이 데이터 마이닝이라고 잘못 이해하는 경우가 종종 있다. 그러나 데이터 마이닝은 신경망모형(neural networks)이나 의사결정수(decision tree)와 같은 특정 기법을 말하는 것이 아니라 개념적인 정보추출의 방법론이다.

따라서 이와 관련한 일련의 과정이라고 할 수 있으며 실제로 데이터 마이닝 적용과정은 다음과 같은 단계로 나누어 볼 수 있다.

(1) 문제정의의 단계

이는 적용하고자 하는 비즈니스 문제의 정의와 목표를 결정하는 단계다. 즉 데이터 마이닝의 필요성을 충분히 인식하고 현 비즈니스 문제에 대해 잘 이해하고 목적을 확실하게 설정할 필요가 있다.

정확한 문제의 이해없이는 성공적인 데이터 마이닝을 수행할 수 없다. 또한 데이터 마이닝으로 얻은 정보를 어떻게 활용할 것인가 하는 실제 업무와의 연계성도 충분히 고려해야 한다.

(2) 데이터베이스 구축단계

이는 정의된 비즈니스 문제에 따라 필요한 데이터를 선택하고 데이터 웨어하우스(또는 데이터마트)를 구축함으로써 데이터를 준비하는 단계다.

(3) 데이터 마이닝 과정단계

준비된 데이터를 샘플링(sampling)하고, 사전분석을 통해 탐색하고 변형과정을 거친 후 적절한 데이터 마이닝기법을 이용하여 정보의 패턴을 발견하고 평가하는 것이다. 즉 보유하고 있는 데이터를 데이터 마이닝할 수 있는 적정상태로 준비하는 작업단계이다.

적용대상 업무에 따라서 차이는 있으나 실제로 데이터 마이닝 수행 시, 데이터가 제대로 준비되지 않은 상태에서 필요한 테이블을 연결하고 양질의 데이터를 준비하는 작업은 많게는 전 과정의 80% 이상의 시간과 노력이 소비되기도 한다.

일단 작업대상인 데이터가 준비되면 단순한 SQL(Structured Query Language, 구조의 질의

어)을 이용한 질의나 OLAP(Online Analytical Processing, 온라인 분석처리), 여러 가지 그래픽 기법들(visualization) 또는 통계적 기법을 사용한 일종의 사전분석을 통해 데이터에 대한 기본적인 정보를 얻고 데이터를 이해하고 윤곽을 잡을 수가 있다. 이러한 탐색과정에서의 정보를 기반으로 하여 통계적인 방법 등을 비롯한 적절한 데이터 마이닝의 방법이 적용된다.

(4) 비즈니스 보고서 작성단계

이 단계는 데이터 마이닝과정에서 얻어진 결과물에 대해 사용자가 쉽게 이해할 수 있도록 비즈니스의 문제와 목적에 맞게 재표현하는 단계라고 할 수 있다. 이러한 과정을 통해 얻어진 고급정보는 그 의미와 정도에 대해 해석하고 평가하는 단계를 거쳐 실제 업무의 목적에 적합한가를 판단한다.

실제 정보사용자 또는 의사결정자가 쉽게 이해할 수 있는 형태로 재표현되어 실제 업무에 활용할 수 있도록 결과물의 전달을 포함하는 사용자 환경을 구축하게 된다.

(5) 의사결정단계

데이터 마이닝으로 추출한 정보를 기반으로 수립된 전략이나 의사결정을 통해 실제 업무에서 활용하는 단계이다. 이전 단계로부터의 중요한 데이터 수집은 결국 의사결정을 위한 것이라 해도 과언이 아니다. 추출한 데이터를 활용한 정확한 의사결정이 기업의 성패를 좌우할 수 있기 때문에 매우 중요한 단계이다.

(6) 피드백(feedback)단계

실제 업무에 적용한 이후의 결과나 효과를 토대로 향상된 정보를 얻기 위해 데이터 마이닝 초기단계로 회귀하는 단계이다. 데이터 마이닝을 통해 얻은 정보는 실제 상황에서의 평가를 통해 피드백되어 다시 데이터 마이닝에 반영되고 재분석되면서 앞으로 얻게 될 결과물에 대한 신뢰를 높여가게 된다.

데이터 마이닝은 의미와 목적상 의사결정시스템(business intelligence system)과 병행되어야 한다. 즉 데이터 마이닝 솔루션은 특정 업무에 국한되거나 단순히 데이터 마이닝이 적용되기 위한 기법이나 방법론이 아니다.

다양하게 존재하는 원천데이터에 대한 용이한 접근이 가능해야 하고 유용하게 적용될 수 있는 여러 기법들을 제공할 수 있어야 한다. 어떤 문제를 다루는 데 있어 특정한 기법이나 규칙이 정해져 있는 것이 아니라 데이터 또는 다루어야 할 문제의 성격에 따라 다양한 기법들이 적용될 수가 있어야 하기 때문이다.

또한 구체적인 마이닝(mining)의 방법론을 가지고 실제 작업을 구현하는 데 있어서 지침이 되는 가이드 라인이 제시되어야 하고 데이터 마이닝에 따른 결과물을 최종 사용자가 쉽게 이해하고 이용할 수 있도록 하는 부분까지를 포함하는 좀 더 포괄적인 솔루션이어야 한다.

그리고 최근 기술의 발전과 더불어 여러 데이터 마이닝기법들이 소개되고 있지만 데이터 마이닝에서 인적 요소의 역할은 매우 중요하다. 즉 사람에 의한 판단은 마이닝과정에서 매우 중요하며 마이닝된 결과를 비교·평가하고 이를 실제 업무에 어떻게 활용할 것인가를 판단하는 것 역시 사람만이 가능하기 때문이다.

4. 데이터 마이닝의 분야별 활용

산업전반에 걸쳐 많은 기업들은 그들이 구축한 세세한 거래정보 데이터베이스에 데이터 마이닝기법을 적용하여 얻은 유용한 정보를 활용함으로써 경쟁우위를 확보하고 있다. 따라서 데이터 마이닝은 다음과 같은 여러 분야에서 활발하게 이용되고 있다.

(1) 마케팅(marketing) 분야

데이터 마이닝이 가장 많이 활용되는 분야가 마케팅이다. 특히 최근에는 기업이 가지고 있는 고객정보의 데이터베이스를 중심으로 데이터 마이닝기법을 사용하여, 마케팅에서 주로 응용하고 있다.

첫째, 고객의 인구통계자료나 구매패턴정보를 기반으로 고객을 세분화(segmentation)하고 그 특성을 요약하여 그 결과를 바탕으로 타깃마케팅에 활용함으로써 최소비용으로 최대의 효과를 얻기 위해 활용할 수 있다.

둘째, 고객들의 성향을 파악하여 경쟁업체로의 전환가능성이 있는 고객 또는 더 이상 자사의 제품이나 서비스를 이용하지 않는 고객(이탈고객)들을 분류하여 고객 유지율을 향상시키고(customer retention), 이탈한 고객들을 다시 자사의 고객으로 되돌릴 수 있는(win-back) 방안을 모색함으로써 고객과의 지속적인 관계를 유지해 나가는데 이용한다.

셋째, 현재 고객들의 자료를 토대로 고객들의 순위를 부여하고 이에 따라 우수한 새 고객의 유치(customer acquisition)에 이용한다.

그밖에도 테스트 우편응답을 분석하여 경제적이고 효율적인 우편광고에 이용하는 등 기타 여러 가지 마케팅활동의 결과에 대한 효과분석을 함으로써 데이터베이스 마케팅에 활용할 수 있다.

(2) 유통업(distribution) 분야

유통업자들은 자사가 발행한 신용카드와 전산화된 결제시스템을 통하여 날마다 고객들의 자세한 구매정보를 보유할 수 있게 되었다. 이러한 정보는 유통업자들로 하여금 여러 다른 성격의 고객집단을 좀 더 잘 이해하는 데 도움을 주고 있다.

1) 바구니 분석(basket analysis)수행

바구니 분석은 일명 '친화성 분석'이라고도 하는데, 고객들의 구매행위 시 어떤 상품들을 같이 구매하는가를 밝혀낸다. 이와 같은 지식은 상점의 진열전략이나 재고(stocking)전략, 판매촉진 등의 성과제고에 활용할 수 있다.

2) 시계열 패턴조사(temporal pattern)

시간에 따른 구매행위에 대한 지식은 유통업자들의 재고에 관한 의사결정에 많은 도움을 준다. 예를 들면 "오늘 한 고객이 캠코더를 구매하였다면 이 고객은 언제쯤 별도의 건전지와 추가적인 테이프를 구매할 것인가?"와 같은 질문의 해답을 구하는데 많은 도움을 줄 수 있다.

3) 예측모델의 개발

유통업자들은 고객의 구매행위 예를 들어 어떤 상품의 구매행위나 할인행사에 참여하는 행위 등을 통하여 특성을 파악할 수 있다. 따라서 이러한 지식을 통하여 특정 고객집단을 겨냥한 효과적이고 경제적인 판매촉진전략을 구사할 수 있다.

(3) 은행업(banking) 분야

은행분야에서는 사기행위색출(fraud detection), 고객집단분류(customer segmentation), 라이프 사이클에 따른 고객가치관리(predictive lifecycle management) 등 다양한 분야에 데이터 마이닝을 이용할 수 있다.

1) 사기행위색출

실제로 은행은 신용카드 사기문제 때문에 적잖은 피해를 입고 있다. 은행은 이러한 신용카드 사기를 적발하기 위해 데이터 마이닝기법을 이용하여 과거에 사기행위로 판명된 신용카드 거래를 분석하여 사기행위의 패턴을 찾아낼 수 있다.

신용카드 사기행위의 전형적인 사례는 전자상거래에서 짧은 기간에 많은 거래가 일어나는 경우이며 이것을 사기행위의 가능성을 알려주는 경고신호로 인식함으로써 피해를 줄일 수 있다.

또한 어떤 고객의 구매행위가 일련의 사기행위패턴과 비슷할 경우 그 거래를 승인하지 않도록 시스템(production system)을 구성하는 데 이용할 수 있다.

2) 고객집단 분류

많은 고객집단 중 특정 고객집단을 찾아내고 이 집단만을 겨냥한 차별화된 서비스를 제공할 수 있다. 예를 들어 어떤 금융상품은 해외여행이 잦은 고객들에게 판매하고 어떤 상품은 결재일을 항상 잘 지키는 고객들에게 중점적으로 판매할 수 있다.

또한 고객집단 편성에 관한 지식을 이용하여 특정 판촉활동에 의하여 가장 많은 효과와 혜택을 얻게 될 금융기관의 지점을 찾는 데에도 사용할 수 있다.

3) 라이프 사이클 예측관리(predictive lifecycle management)

데이터 마이닝은 은행이 고객의 시간에 따른 가치를 예측하고 이에 따라 개개의 고객집단에 알맞은 서비스를 제공하는 데 목표가 있다. 은행은 현재의 수익성이 높은 고객집단을 정의하고 지식발견을 이용하여 이들의 몇 년 전의 공통된 특성을 발굴한다.

그리고 이러한 특성을 지닌 현재의 고객들을 찾아낼 수 있는데 이들은 가까운 장래에 수익성이 높은 고객이 될 가능성이 매우 크다. 은행은 이들에게 특별한 상품거래를 제안하거나 수수료를 면제해 주는 것과 같은 고객이탈방지 프로그램을 실시할 수 있다.

(4) 통신산업(telecommunications) 분야

세계적으로 더욱 치열한 경쟁에 직면하고 있는 통신회사들은 기존 고객을 유지하고 새로운 고객을 끌어들이기 위해 적극적인 마케팅정책과 가격정책을 실시하고 있다. 이러한 통신산업 분야에 지식발견이 적용된 예는 다음과 같다.

1) 통화기록 분석

통신사업자들은 고객의 자세한 통화기록을 가지고 있다. 비슷한 통화사용 패턴을 가진 집단을 찾아내어 그들에게 유리한 가격정책이나 기능 등을 개발할 수 있다.

2) 고객충성도(customer loyalty)

어떤 고객은 계속 통신서비스 제공자를 바꾸면서 각 통신회사가 제공하는 인센티브를 이용한다. 통신회사는 지식발견 기술을 이용하여 한번 고객이 되면 오랫동안 지속적인 거래를 하게 될 고객과 그들의 특성을 찾아내고 이들을 중심으로 가장 이익이 많은 곳에 투자할 수 있다.

(5) 보험업(insurance) 분야

보험회사는 보험이라는 상품의 특성상 오랜 기간에 걸쳐 집적된 방대한 데이터를 가지고 있는데 이것은 효과적인 계획을 세우는 데 지렛대로 활용될 수 있다. 이러한 보험산업 분야에 지식발견 기술이 적용된 예는 다음과 같다.

1) 보험사기색출

예를 들어 교통사고 후유증과 같은 높은 보험료 청구율을 가진 분야의 청구자, 의사, 변호사들 사이의 관련성 또는 보험청구패턴을 찾아냄으로써 보험사기를 줄일 수 있다.

2) 상품설계(product design)

보험회사는 가장 수익성이 좋은 상품구성 즉 보험가입 신청자의 특성, 보험증권의 보장범위와 보험증권 특약에 대한 최적의 결합을 알고 싶어 한다. 보험회사는 이 정보를 새로운 상품을 설계하고 장래의 판매를 위하여 기존의 상품을 고부가 가치화하는데 이용한다.

3) 위험분석(risk analysis)

보험회사는 보험금 지급액과 관련된 여러 요인들을 찾아냄으로써 지급부담 위험을 줄일 수 있다.

예를 들어 미국의 대형보험회사는 최근 지난 2년 간의 중요한 보험청구건을 검토한 결과, 기혼자의 청구금액이 미혼자 청구금액의 2배에 달한다는 사실을 발견하였다. 이 지식을 바탕으로 이 회사는 기혼자에게 일률적으로 적용해온 할인정책을 조정하였다.

TRENDS 망원경

'나이 든 아저씨만 입는 옷' 오명 벗고 다시 쿨해진 리바이스

Z 세대와 가까워진 100년 기업 리바이스, 부활한 세 가지 비결

'나이 든 아저씨만 입는 옷'이라는 오명을 벗어나 MZ 세대(밀레니얼+Z 세대 · 1981~2010년생)에게 어필하며 부활한 브랜드가 있다. 1853년 탄생한 청바지의 원조 '리바이스 스트라우스(Levi Strauss & Co.)'다. 1990년대 후반 유행이 빠르게 변하자 게스, 캘빈 클라인 등 경쟁 기업이 차별화된 제품으로 인기를 끌었지만 리바이스는 변화를 거부한 탓에 인기가 떨어졌다. 1971년 뉴욕증시에 상장했지만, 계속된 하락세에 1985년 상장 폐지를 결정할 정도였다. 리바이스의 매출은 1997년 70억달러(약 9조원)였지만, 2001~ 2010년에는 45억달러(약 5조 8000억원)에도 미치지 못할 정도로 무너져갔다.

하지만 리바이스는 2011년 P&G 출신 칩 버그가 최고경영자(CEO)로 올라서면서 변화를 시작한다. 칩 버그 CEO는 고객 목소리를 직접 들으며 문제점을 찾았고, 경영진 전면 교체를 통해 조직문화를 완전히 바꿔나갔다. 2013년 미국

샌프란시스코로 '유레카 혁신사무소'를 옮겨 새로운 시도에 나섰고, 디지털 트랜스포메이션(DT) 전략을 활용하며 젊은 브랜드로 탈바꿈하기에 이른다.

리바이스는 연구개발 투자를 크게 늘리고, 남성용 청바지라는 핵심 사업 부문을 안정화했다. 또 매출 비중이 작았던 여성 의류와 상의 라인업도 강화했다. 상대적으로 시장점유율이 낮은 브라질, 러시아, 중국, 인도 등으로 시장을 확대했다. 리바이스는 자발적으로 상장 폐지한 지 34년 만인 2019년 3월 뉴욕증시에 재상장하며 부활을 증명했다. 2020년 코로나19 확산으로 실적이 다소 악화했지만, 다시금 안정

한국계 미국인 여성, 중국계 미국인 남성이 자신의 개성을 표현한 리바이스 청바지를 입고 있다. 사진 리바이스

적인 매출을 보이고 있다.

리바이스의 2021년 매출(2020년 11월~2021년 11월 기준)은 57억 6400만달러(약 7조 4400억원)로, 전년 동기 대비 29% 늘었다. 지난해 4분기 의류 가격을 10% 인상했지만, 올해 1분기 매출은 전년 동기 대비 22% 증가했다. 칩 버그 CEO는 "인플레이션과 공급망 문제가 있지만, 리바이스라는 브랜드 강점과 건전성 덕분에 2022년도 낙관적으로 보고 있다"고 말했다. 리바이스가 부활하고 코로나19에도 살아남을 수 있던 비결은 무엇일까. '이코노미조선'이 세 가지로 정리해봤다.

1 | 소비자 접점 만들며 직접판매 늘려

리바이스는 자사 매장과 온라인 쇼핑 매출이 40%에 달할 정도로 백화점·도매점 매출 의존도가 낮다. 리바이스의 전자상거래 매출은 지난 5년간 두 배가량 증가했다. 올해 1분기 애플리케이션(앱) 월간 활성이용자수(MAU)도 전분기 대비 두 배로 늘었다.

리바이스가 소비자 직접판매를 늘릴 수 있었던 건 고객 경험을 극대화했기 때문이다. 자사 매장 곳곳에 디지털 스크린을 설치해 상품 사이즈와 스타일에 대해 알려주고, 리폼 전문직원을 배치해 패치워크, 페인팅 같은 고객 맞춤 리폼 서비스를 제공했다. 온라인 구매 시에도 사이즈나 패턴, 스크래치, 패치 등을 주문 제작할 수 있게 하면서 세상에서 하나뿐인 청바지를 구매할 수 있게 했다. 또 모바일 앱 이용자에게 한정판 상품 독점 구매권을 제공해 충성도를 높였다. 리바이스는 온라인·모바일에서 주문한 상품을 매장에서 받을 수 있게 하거나, 온라인으로 구매할 때 자신과 키, 체형, 피부색과 유사한 사람이 입은 모습을 보여줘 구매에 실패를 줄이는 등 편의성을 높였다.

2 | 데이터·AI 접목해 비용 줄이고 혁신

사진 리바이스

리바이스는 데이터와 인공지능(AI)을 활용해 재고를 줄이는 방식으로 비용을 감축하기도 했다. 소비자 구매 행동 변화뿐 아니라, 날씨나 경제, 소셜미디어 트렌드 등 다양한 데이터를 통해 상품 수요를 예측한다. 주먹구구식으로 제품을 계획·생산하는 대신, 데이터를 통해 재고를 줄이는 식이다.

리바이스는 상품 제작에도 데이터를 활용한다. 그간 활용했던 직물, 단추, 집화 자료는 물론, 3D 렌더링 프로그램을 청바지 제작에 활용한다. 수천 개 데님 조각을 통해 시간이 지나면 어떻게 변색하는지, 세탁하면 청바지 상태가 어떻게 바뀌는지 살필 수 있기 때문에 많은 샘플을 만들지 않아도 제품을 디자인, 생산할 수 있다. 리바이스는 상품에 직접 기술을 적용하는 것도 실험하고 있다.

2017년과 2019년 구글과 함께 '스마트 재킷'을 선보였다. 소매의 멀티터치 센서를 누르면 음악을 들을 수 있을 뿐 아니라, 문자 메시지나 메일을 들을 수 있고, 전화를 걸고 받을 수 있다. 최근에는 AI가 디자인한 제품을 선보이기 위해 준비 중이다.

리바이스는 여기에 그치지 않고 코딩, 통계에 대한 지식이 없는 매장 관리자에게도 통계 분석을 가르치는 부트캠프를 시작했다. 매장 관리자들은 이 교육을 받을 경우, 데이터과학자라는 새로운 직책을 얻을 수 있다.

3 | Z 세대 문법 읽는 리바이스

리바이스는 젊은 세대 잡기에도 열심이다. 먼저 환경오염을 걱정하는 Z 세대(1997~20 10년생)의 눈높이에 맞췄다. 지난해 패션 인플루언서인 엠마 체임벌린, 배우 윌 스미스의 아들 제이든 스미스 등과 '더 잘 사서 오래 입는다'는 캠페인을 진행했다. 젠 세이 리바이스 사장도 "리바이스 청바지는 한 계절에만 입는 게 아니라 여러 세대에 걸쳐 입어야 한다"며 지속가능성 정신을 강조했다.

리바이스는 청바지 생산공정을 자동화하는 프로젝트 'F.L.X'를 추진하며, 환경오염을 줄이기도 한다. 일반적으로 청바지 생산은 탈색, 세척을 위해 많은 화학약품을 사용하는데, 리바이스는 레이저를 사용하는 방법을 개발해 20단계의 작업을 3단계로 줄였다. 기존보다 물을 덜 활용하는 공정을 개발하기도 했다. 리바이스 제품 76%는 이 기술을 활용해 만들고 있으며, 이를 통해 현재까지 물 40억L를 아낄 수 있었다.

리바이스는 인스타그램, 틱톡 등 소셜미디어(SNS)에서 Z 세대와 가까워지기 위해 노력 중이다. 지난 3월부터는 메타버스(meta-verse · 현실과 가상이 혼합된 세계) 플랫폼 제페토(ZEPETO)와 파트너십을 맺고, 청바지, 티셔츠, 셔츠 등 15가지 제품도 판매하고 있다. 온라인에서 고객 경험을 구축해 전 세계 MZ 세대에 다가가기 위한 시도다.

• 출처 : ECONOMYChosun 2022년 6월 1일

제3절 캠페인 매니지먼트(campaign management)

1. 캠페인 매니지먼트의 정의

캠페인 매니지먼트란 데이터 웨어하우스나 데이터 마이닝에 의해 유용한 마케팅 관련 부가가치 자료가 산출되면 이를 전략적으로 접근하는 솔루션이다.

'전략적인 접근'이란 고객관리의 효율성을 제고하면서 계획을 세워 각 채널(전화, 우편, 인터넷, …)별로 원활하게 실행할 수 있도록 지원하는 것을 말한다.

또한 이로 인해 전략구축의 자동화로 마케팅 캠페인의 라이프 사이클을 단축시키기도 한다. 그리고 마케팅의 모든 캠페인을 통합하여 관리하므로 한 고객에게 중복된 캠페인을 하지 않을 뿐 아니라 일관된 서비스를 제공할 수 있다.

2. 캠페인 매니지먼트 시스템의 목적

캠페인 매니지먼트 시스템의 목적은 다양하나 [그림 12-1]과 같이 정리할 수 있다.

조직별 목적이 다를 수 있으나 채널별 원활한 실행, 고객관리의 효율성을 높이고 캠페인 라이프사이클 단축, 고객 캠페인 일관성 유지, 정확한 채널을 통한 실행 등을 그 목적으로 삼을 수 있다. 물론 캠페인을 실행할 경우, 명확한 캠페인의 목적을 확정한 다음 캠페인의 목적에

그림 12-1 캠페인 매니지먼트 시스템의 목적

- 도출된 마케팅전략
- 전략평가와 반응에 대한 데이터베이스화
- 마케팅 실행의 자동화
- 통합 마케팅시스템
- 명확한 고객/캠페인/시간에 의한 전략

- 채널별 원활한 실행
- 고객관리 효율성
- 캠페인 라이프사이클 단축
- 고객캠페인 일관성
- 정확한 채널을 통한 실행

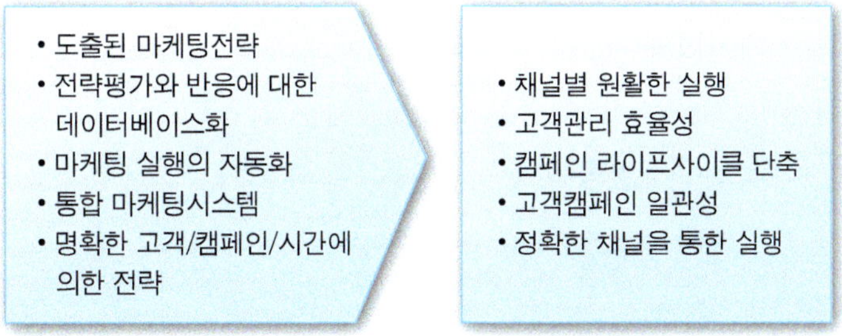

적합한 실행방향을 설정해야 한다. 이는 캠페인의 목적에 따라 캠페인의 실행방향이 다르게 되고 결과에 대한 평가도 전혀 다르게 나타날 수 있기 때문이다.

3. 캠페인 최적화 환경요인

캠페인 매니지먼트 솔루션은 그 자체로서 역량을 발휘하지는 못한다. 이 솔루션은 단지 유용한 부가가치 데이터와 여러 가지의 고객접점의 채널사이에서 전략을 만들어 주고, 이를 최적으로 스케줄링해 줄 뿐이다. 때문에 부가가치 자료를 만들어 줄 데이터 웨어하우스나 훌륭한 분석툴이 없다면 이 시스템은 의미가 없으며, 또 고객위주의 편리하고 완벽한 채널이 없다면 아무리 훌륭한 전략이라도 그 효력이 크게 감소될 것이다.

그러므로 기업의 마케팅 캠페인이 최적화를 이루려면 다음 세 가지 환경을 반드시 갖춰야 한다.

(1) 고객정보의 통합구축

기업이 보유하고 있는 고객과의 거래데이터와 고객서비스, 웹사이트, 콜센터, 캠페인 반응 등을 통해 생성된 고객반응정보 그리고 인구통계학 데이터를 데이터 웨어하우스 관점에 기초하여 통합해야 한다.

즉 CRM을 위해서는 고객과 관련된 전사적인 정보의 공유체제가 반드시 확립되어야 한다.

고객이 생각하고 표현하는 말 한마디 한마디를 사내정보망을 통해 공유하고 이러한 정보가 충분히 분석된다면 향후 고객에 대한 마케팅을 실시할 때 고객에 대해 훨씬 다양하고 의미있는 분석을 실시할 수 있기 때문이다.

(2) 전략적 의사결정지원 시스템

구축된 고객통합 데이터베이스를 대상으로 평생고객가치(lifetime value), 행동평점(behavioral scoring), 수익평점(profit scoring) 등을 만들고 세분화(segmentation)할 수 있는 시스템을 갖춰야 하며 이를 바탕으로 차별화된 전략을 구사할 수 있는 전략적 의사결정시스템 구축이 필요하다.

(3) 마케팅활동을 위한 통합시스템

전략적 의사결정시스템에서 제안된 평점과 시나리오를 검증하여 바로 마케팅활동을 계획하고 실행으로 옮겨 평가할 수 있는 통합 캠페인 관리시스템이 필요하다. 이는 캠페인 활동의 효율성과도 연관되므로 통합관리하는 것이 반드시 필요하다.

4. 성공적인 캠페인 조건

CRM실행에서 캠페인이 성공적으로 실행될 수 있는 조건은 창의적인 아이디어와 과학적 분석능력, 캠페인 전략실행능력 등이 필요하며 [그림 12-2]와 같다.

(1) 창의적인 아이디어

CRM전략에서 중요한 위치를 차지하고 있는 캠페인은 창의적 아이디어가 매우 중요하다. 물론 얼마나 창의적인가는 고객이 판단하는 것이며 그것은 성과물과 분명 연결될 수밖에 없다.

캠페인을 명확하게 디자인하고, 고객에게 서비스를 제공하며, 고객확보를 지속적으로 추진하고, 고객과 장기적인 관계를 발전시킬 수 있는 창의적인 아이디어야말로 성공캠페인의 시작이다.

그림 12-2 성공적인 캠페인 조건

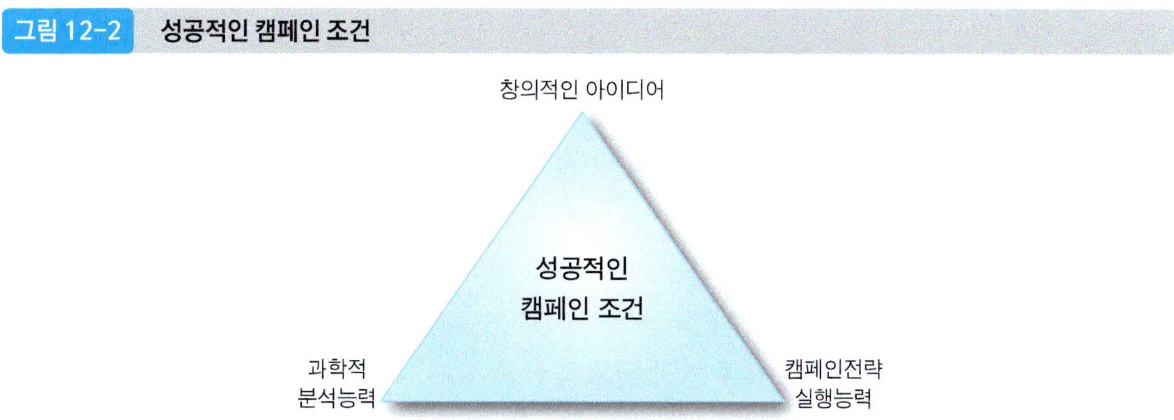

(2) 과학적 분석능력

CRM전략을 실행하는 과정에서 수많은 고객정보를 수집, 축적하고 캠페인의 목표에 적합한 고객에 대해 정밀하게 세분화 할 수 있는 과학적 분석능력은 매우 중요하다. 이를 잘 수행하기 위해서는 데이터 마이닝에 대한 기술적인 이해를 통해 고객정보를 정확하게 해석할 수 있으며 고객정보를 활용할 수 있는 능력이 있어야 한다. 고객정보를 활용하여 캠페인을 실행하는 과정에서 고객정보를 과학적으로 분석하여 표적고객을 선정하지 않고 대량고객을 확보하기 위해 불특정 다수의 고객을 대상으로 실행하는 캠페인 활동은, 많은 비용이 소요될 뿐만 아니라 캠페인 효과를 크게 기대하기 어렵다.

캠페인을 실행하기 위해서는 고객과 시장에 대한 과학적인 분석과 더불어 경쟁사의 경쟁력과 자사의 경쟁력에 대한 과학적인 분석도 병행해야 하며 캠페인 활동에 대한 과학적인 분석이 있어야만 캠페인의 성공을 기대할 수 있다.

(3) 캠페인 전략실행능력

캠페인 담당자는 캠페인 아이디어와 명확하게 세분화된 고객을 대상으로 고객별 맞춤서비스를 효과적으로 제공하는 등 캠페인 전략을 개발, 실행할 수 있는 능력이 필요하다. 캠페인 전략실행능력을 확보하기 위해서는 고객의 소리를 들을 수 있는 현장의 목소리를 반영해야 한다. 이는 캠페인이 주로 영업현장에서 실행되기 때문이다. 판매액을 향상시키기 위해 단순하게 실행하는 캠페인은 매우 비효율적이며 비효과적일 수 있다.

따라서 명확하게 세분화된 고객을 대상으로 캠페인 전략을 실행해야만 성공의 가능성이 높아질 수 있다. 캠페인을 성공적으로 실행하기 위해서는 CRM시스템 등의 도구를 활용하면서 고객이 있는 영업현장의 소리를 반영해야만 한다.

5. 캠페인 매니지먼트 솔루션

(1) 캠페인 매니지먼트 솔루션의 필요성

캠페인 매니지먼트 솔루션은 기업의 마케팅 실행 즉 의사결정시스템을 통한 마케팅 캠페인 전략에 따라 정의된 회원을 대상으로 전략시나리오를 각 채널별로 실행하고 진행경과와 반응률을 추적관리한다.

또한 분석시스템에 그 자료를 제공하고 향후의 캠페인 세련화의 기반을 제공하는 일련의 마케팅 사이클을 자동화하는 시스템이다.

오늘날의 기업들은 고객관계관리(CRM)를 위한 도구를 대부분 구비하고는 있다. 즉, 통합 고객데이터베이스, 고객별 점수생성을 위한 데이터마이닝, 마케팅 목표수립을 위한 의사결정 시스템, 다양한 고객접촉채널 등을 이미 갖추고 있다.

하지만 이러한 구성요소들을 유기적으로 결합시켜 캠페인 전략을 실행하고, 체계적으로 관리할 수 있는 캠페인 관리시스템의 부재로 인해 기존의 구성요소들이 지닌 능력을 십분활용하지 못하고 있는 것이 사실이다.

그러므로 마케팅에서 중요한 변수로 작용하는 '타이밍'을 놓침으로써 기존의 구성요소들에 의해 창출된 효과를 반감시키고 있다. 또한 실행한 캠페인의 반응정보와 고객별 캠페인 이력이 제대로 관리되지 못하여 좀 더 세련된 전략결정 기회를 획득하지 못하고 있다. 바로 이러한 문제를 해결하기 위해 캠페인 매니지먼트 솔루션의 도입이 필요한 것이다.

(2) 캠페인 매니지먼트 솔루션의 절차

캠페인 매니지먼트 솔루션에 의한 마케팅 캠페인 관리는 다음 다섯 가지의 단계를 거치게 된다.

1) 기회탐색단계(opportunity identification)

의사결정시스템, 데이터마이닝, 분석 툴 등을 이용하고 고객 혹은 잠재 고객데이터에 대해 데이터 웨어하우징과 CRM 데이터베이스 등에서 검색하여 마케팅의 기회가능성을 착안하는 단계이다.

2) 계획단계(planning)

이전단계인 기획탐색단계에서 도출된 자료를 통해 좀 더 명확하게 접근하기 위한 계획단계이다. 정확한 고객, 정확한 서비스, 정확한 일정, 정확한 채널을 통해 기회탐색단계에서 획득한 자료를 등록하여 캠페인을 설계하고 일정을 정의하는 단계이다.

3) 실행단계(execution)

설계된 캠페인의 일정에 따라 자동적으로 각 채널에 대해 적합한 형식으로 미리 정해진 정보(캠페인 요소, 실행기간, 부서간 협조체제, 위험관리, 대상 고객리스트, 캠페인 정보 등)를 추출하여 변환, 전송하는 단계이다.

4) 반응수집단계(response acquisition)

실행된 캠페인에 대해 고객의 반응을 캠페인별로 캠페인 데이터베이스에 자동적으로 획득하는 단계로서 정의된 응답 스크립트에 따라 자동적으로 획득하는 단계이다. 반응수집단계는 고객의 반응을 조사하는 단계로 캠페인 실행 중에 나타날 수 도 있으며 캠페인이 완료된 다음 일정한 시간이 경과한 후에 나타날 수도 있다. 고객반응을 조사하고 취합하여 성과를 분석할 수 있도록 측정해야 한다.

5) 효과분석단계(assessment)

캠페인의 실행결과를 지수화하고 계량화된 결과와 결과에 대한 다양한 효과분석을 통해 향후 캠페인에 대한 새로운 방향을 선정하고 개선, 좀 더 세련된 마이닝모델을 검증하는 단계이다. 캠페인의 성과(효과)를 측정하기 위해서는 캠페인 기획목적에 따라서 적합한 평가항목을 선택해야 한다.

캠페인 실행을 통해 직접적으로 나타난 재무적 성과를 중심으로 한 직접적 성과측정과 이익창출보다는 고객과의 관계를 중심으로 한 간접적인 측정방법으로 캠페인 자체성과, 고객획득에 대한 성과, 고객동향파악 등의 성과를 들 수 있다.

TRENDS 망원경

"당신만을 위해 달려왔습니다", 근거리 퀵 배송의 강자 '산쑹'

2020년 초, 우리의 일상에 침투한 코로나19가 최근 중국 제로코로나 정책완화 이후 또 한 차례 기승이다. 아파서 혹은 격리가 필요해서 집에만 있는 사람들에게 지금 가장 필요한 서비스가 바로 '배달'이다. 팬데믹 이후 딜리버리 서비스 산업은 괄목할 만큼 성장했다. 중국 인터넷 정보 센터 조사에 따르면 2021년 6월 기준, 중국의 온라인 배달 서비스 사용자 수는 무려 4억 6900만 명에 이른 것으로 집계됐다. 단시간에 '블루오션'이 됐다 해도 무방할 만큼 관련 업체 수도, 배달원 수도 기하급수적으로 늘었다.

이런 상황에서 소비자의 가려운 부분을 잘 긁어, 생존 및 확장에 성공한 기업이 있다. 바로 산쑹(闪送)이다. 산쑹은 퀵(즉시)배송 서비스를 전담하는 기업이다. 산쑹은 올겨울 중국 내 코로나 재확산 기간에 뚜렷한 존재감을 드러냈다. 산쑹 관계자는 "12월 1~7일, 베이징시 이용자의 의약품 퀵 배송 주문량이 전주 대비 4.5배 증가했다"고 밝혔다. 이는 2021년 동기 대비 7배 가까이 증가

한 수치다. 지금 당장 고객이 필요로 하는 것을 충족시켜주기 때문에 고객의 만족도가 높고, 서비스를 재이용할 유인효과가 충분하다.

2021년 중국 내 즉시 배송 서비스 주문량은 전년 동기 대비 32.9% 증가한 279억 건에 달했다. 2022년에는 380억 7000만 건에 이를 것으로 예상한다. 더욱 치열한 경쟁이 예상되는 가운데, 산쑹이 두각을 드러낼 수 있었던 이유는 뭘까?

1명의 배달원이 물건 수령부터 배송까지 응답시간 1분, 픽업 시간 10분, 배송 시간 1시간 이내

산쑹은 2013년에 베이징 하이뎬(海淀)구에서 설립됐다. 베이징퉁청비잉테크놀로지(北京同城必应

산쑹의 배달원[출처 산쑹 공식홈페이지]

科技有限公司) 산하 브랜드로 공유 경제에 중점을 두고 모바일·빅데이터를 기반으로 업계 유일 일대일 근거리 배송을 시작했다.

일대일 배송 서비스는 물건 수령부터 배송까지 한 명의 배달원이 전담한다. 평균 응답 시간 1분, 상품 수령(픽업) 시간 10분, 배송 시간은 60분 이내이며 배송 완료 전 다른 주문은 받을 수 없다. 이런 프로세스가 타 배송 업체와의 가장 큰 차이다.

독보적이고 차별화된 서비스 덕에 산쑹은 2016년 4월 손익분기점을 달성했다. 2020년 상반기 기준으로 산쑹의 매출액은 100억 위안(약 1조 9000억 원)에 이른 것으로 알려졌다. 산쑹은 현재까지 총 11차례 자금 조달에도 성공했다. 2021년 3월에는 시리즈 D2 라운드를 통해 1억 2500만 달러(약 1549억 5000만 원)의 투자를 유치했다. 투자에는 SIG(海纳亚洲), 순웨이캐피털(顺为资本), N5 캐피털(五岳资本), 액시엄캐피털(Axiom Asia Private Capital) 등 9곳이 참여했다.

2021년 말까지 산쑹 배달 사업은 229개 도시로 확장됐고, 서비스 누적 사용자 수는 1억 명을 초과했다. 일일 주문량은 100만 건을 돌파했으며 5년 연속으로 연간 복합 성장률이 300%를 넘어섰다. 산쑹은 후룬연구소가 발표한 2022 글로벌 유니콘 순위 663위에 올랐으며 기업 가치는 100억 위안에 이르는 것으로 알려졌다.

현재 중국의 물류 산업은 과열 경쟁상태다. 중국 5대 택배사는 모두 상장사가 됐다. 윈다(韵达), 선퉁(申通), 위안퉁(圆通), 순펑(順豊)은 A주에 상장했으며 중퉁(中通, ZTO)은 택배업계 최초로 홍콩·뉴욕거래소에 상장했다.

게다가 스타트업, 빅테크 기업도 물류 산업의 파이를 나눠 먹기 위해 대거 진입했다. 2017년 3월, 중국 최대 온라인 음식 배달 플랫폼 기업인 메이퇀(美團)은 메이퇀파오투이(美團跑腿) 서비스를 시작했다. 소비자를 대신해서 배달원이 구매 및 배송까지 마무리하는 서비스다. 2019년 4월, 징둥닷컴(JD.com)은 베이징, 상하이, 광저우, 창사에서 시내 특급 배송 서비스 다다(达达)를 시작했고, 반년 후에 순펑택배도 쑨펑퉁청특급배송(顺丰同城急送) 서비스를 통해 도시 내 특송 사업에 본격 진출했다.

2022년 2월 22일, 상하이. 메이퇀 배달 업무 직원들의 아침 브리핑 현장 [사진 셔터스톡]

수많은 대기업이 강세를 보이는 상황에서, 산쑹이 생존할 수 있었던 것은 설립 초기에 퀵 서비스의 수요를 예측하고 차별화된 서비스 콘셉트를 확립했다는 점이다.

개별 사용자에 중점을 둔 대부분의 도시 내 특송 회사는 대부분 카풀 사업 모델을 채택하고 있다. 다시 말해, 배달원 한 명이 동시에 여러 건의 주문을 받고 가는 길에 들러 배달하는 것이다. 이런 경우 아침, 점심, 저녁, 러시아워에 주문 응답 시간이 길어지고 최악의 경우 아무도 주문을 받지 않는 경우가 발생할 수도 있다. 또 거리가 멀거나 늦은 시간에 한 주문의 경우 적시성을 담보하기 어렵다.

반면, 산쑹의 '일대일' 특급 배송 서비스는 평균 응답시간 1분, 방문 10분, 도시 전체 배송 1시간을 보장해 안전하고 빠르게 목적을 달성한다. 기존 음식 배달 플랫폼의 배달 가능 거리 5km의 한계를 깨고 서비스 범위를 도시 전체로 확장했다. 산쑹의 이러한 '적시성'은 빠르게 입소문을 탔고, C2C(소비자 대 소비자) 사업이 확장되면서 동시에 B2C(기업과 소비자 간 거래) 사업의 규모도 빠르게 성장했다.

산쑹의 서비스는 기업 단위 고객의 니즈도 충족시킨다. 신선식품, 꽃, 케이크, 스마트폰, 약 및 기타 품목을 배송해야 하는 기업 혹은 개인사업자의 경우 '적시성'이 담보돼야 하기 때문이다. 현재 산쑹은 일부 대형 해산물 시장, 스마트폰 시장 및 기타 비즈니스 상권에 고루 배치되어 있으며 많은 회사와 협력 관계를 구축했다. 유관 업계는 산쑹의 서비스가 개별 소비자와 업체들에 더 많은 선택지를 제공했다고 평가한다.

인공지능(AI)·빅데이터 활용해 배달원 배치, 배달 물품 확인, 배달 수요 예측까지

산쑹은 개별 고객의 니즈를 파악하기 위해서 '인공지능(AI)과 빅데이터'도 적극적으로 활용한다. 만약 스마트폰과 문서를 각각 배송해야 한다고 가정해 보자. 두 품목은 모두 확실하고 빠른 배송이 필요하다. 산쑹은 배달 주문을 받으면 가장 먼저 고객의 위치를 파악하고, 고객의 위치에 더 가까운 배달원을 선택한다.

그다음, 배달원의 과거 운송 내역을 토대로 물품을 배달하기 가장 적합한 사람을 선별한다. 스마트폰의 경우 이전에 귀중품을 성공적으로 배송한 경험이 있어야 한다. 서류의 경우 배송 이력을 보고 가장 빠르게 운송을 마친 배달원을 선별한다. 이때, 각 주문의 배송 인력 범위는 5명 안팎으로 줄어들게 되고, 주문 건별로 5명의 배송원이 추려진다.

이때, 산쑹은 데이터를 활용한다. 데이터를 기반으로 하기 때문에 사용자, 배달원, 배달 이력 등이 선명하게 드러나 고객에게 최상의 서비스를 제공할 수 있게 된다. 산쑹은 데이터를 활용해 잠재적 기회를 발굴하는 동시에 고객의 요구를 예측하고, 주변에 수송력을 배치한다. 주문이 폭주해도 문제없다. 스마트 스케줄링이 지원돼 최단시간에 각각의 고객에게 가장 적합한 배달원이 배정되도록 한다. 또, 생체 인식 및 이미지 인식 기술을 활용해 배달원의 신원과 품목의 진위를 확인할 수 있도록 해 서비스 품질까지 보장한다.

산쑹의 R&D 인력은 전체 직원의 25% 이상이며, R&D 비용은 인건비의 50% 이상을 차지하는 것으로 알려져 있다. 개발 인력과 기술에 대한 투자는 높은 서비스 품질과 수익으로 이어진다. 무엇보다 산쑹이 출원 및 획득한 95건의 특허 중 발명 특허가 76건으로, 대부분의 특허가 실제로 비즈니스 시나리오에서 적용되고 있다.

산쑹은 높은 인건비 문제를 해결하고자 공유 경제의 속성을 차용한다. 공유 인력을 통해 일대일 서비스에서 가장 비중이 큰 인건비를 줄임과 동시에 규모의 효과를 통해 산쑹 배달원의 수입을 올린다. 초기 산쑹의 배달원은 오프라인 면접, 교육과 평가 통과 후 채용되는 메커니즘을 채택하고 규칙 및 규정을 위반할 경우 업무에서 제외하는 형태로 운영됐다. 지금까지 산쑹은 배달 인력 500만 명 이상에게 교육을 제공했고 그중 150만 명이 배달원 자격을 획득한 것으로 알려졌다.

도시 내 특송은 물류 산업에서 가장 빠르게 성장하는 하위 산업이 될 것이며, 향후 4~5년 동안 30%의 성장률을 유지할 전망이다. 그러나, 산쑹과 비슷한 규모의 업체들이 거대 물류, 운송 기업에 인수되는 사례가 있어 산쑹이 굳건히 사업을 발전시키고 이 분야의 독보적 기업으로 자리 잡을지는 조금 더 지켜보아야 할 듯싶다.

• 출처 : 중앙일보 2022년 12월 17일

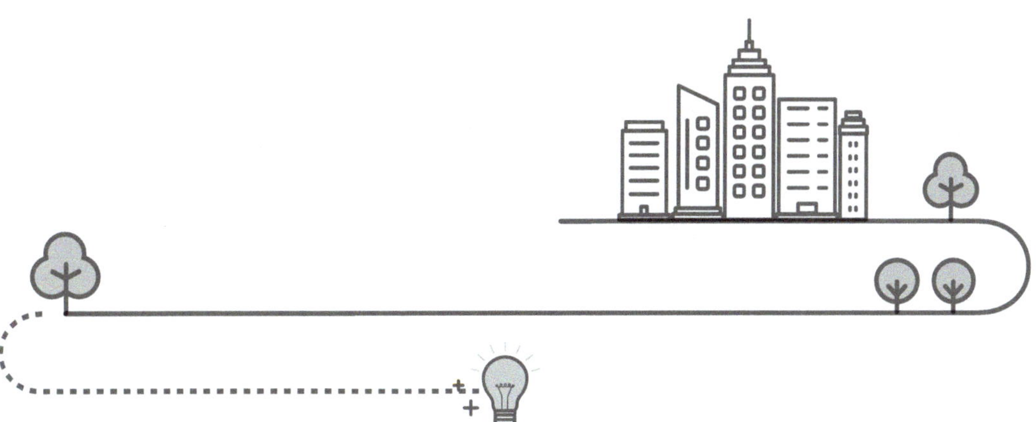

제5부
고객관계관리(CRM)의 변화

제13장 e-비즈니스와 모바일 커머스
제14장 기업환경과 CRM

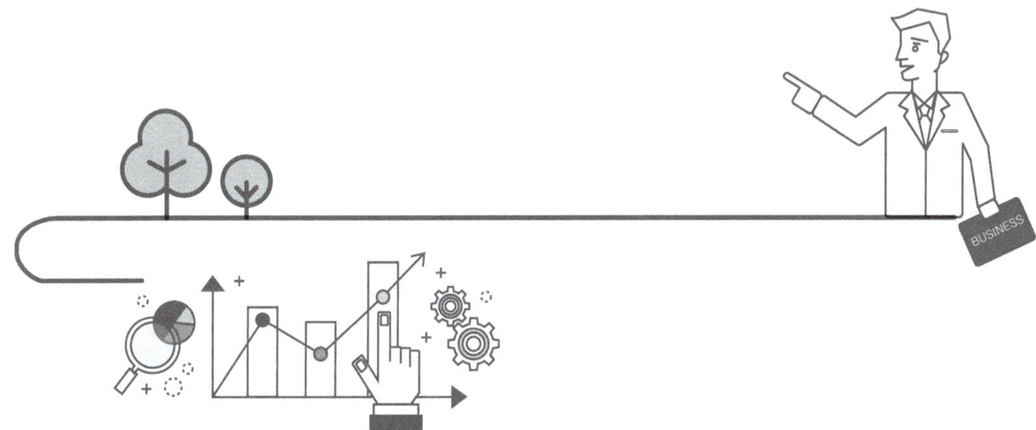

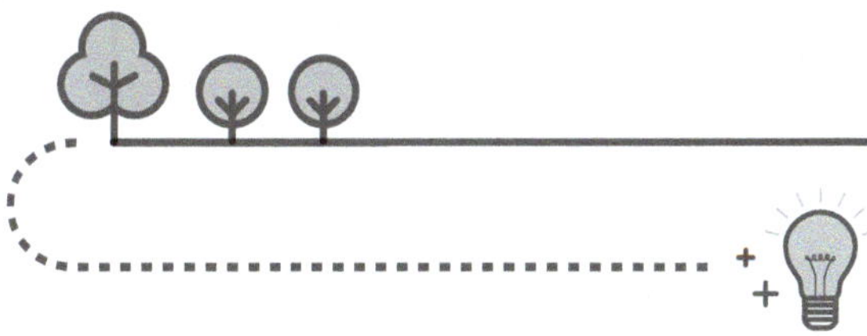

제13장

e-비즈니스와 모바일 커머스

매장 영업권 양도 잇따라… 인건비 후려쳐 수익 제고

프랑스 임대영업제도 악용하는 까르푸

프랑스 대형 유통업체 까르푸가 '임대영업제도'를 이용해 노동자 수천 명을 내쫓고 있다. 노조는 이 제도가 인건비 축소에 기댄 '노동력 후려치기'라고 비판한다.

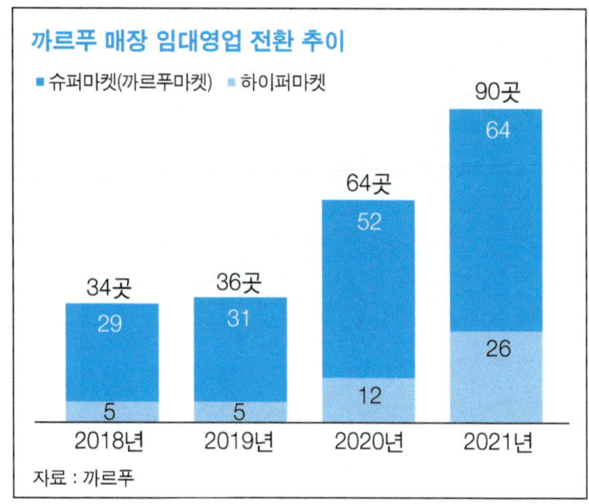

10년 경력이 물거품처럼 사라졌다. 까르푸 얘기를 꺼내는 크리스토프의 얼굴에 그늘이 졌다. 프랑스 북부 오드프랑스 출신인 그는 글로벌 기업에서 일한다는 자긍심이 없어진 지 오래다. 이제 출퇴근하는 그를 동반하는 건 쥐어짜는 듯한 복통뿐이다. 이런 낯선 통증은 '워커홀릭'인 그가 운영하는 까르푸 매장이 임대영업 지점으로 바뀌면서 시작됐다.

결정은 1년 전에 떨어졌다. 지역신문이 크리스토프의 매장이 까르푸그룹에서 빠진다는 소식을 알렸다. "소문은 돌았지만 전혀 예상하지 못한 일이다." 그날 43개 매장이 그룹에서 제외됐다. 몇 달 뒤 까르푸는 추가로 43개 매장을 임대영업 지점으로 바꾼다고 밝혔다. 파리 외곽에 있는 스탱의 까르푸에서 상품 판매를 기획하는 지미 알가는 "명단에 자기 이름이 있는지 찾아보는 게 마치 시험 볼 때 같았다"고 한숨 쉬며 말했다.

알렉상드르 봉파르가 까르푸 최고경영자(CEO)로 오기 전인 2017년까지 임대영업 지점으로 바뀌는 매장은 1년에 10~20군데였다. 이후 회사는 속도를 올렸다. 2020년 64곳, 2021년 90곳(초대형 매장 26곳, 대형

2021년 11월 프랑스 파리에 처음 문을 연 까르푸의 무인판매점 까르푸플래시. 직원이 없는 대신 매장 곳곳에 설치된 카메라 60대가 고객의 움직임과 물품 재고 등을 파악한다. REUTERS

매장 64곳)을 임대영업 지점으로 전환했다. 임대영업은 소유자가 제3자에게 영업재산을 양도해 영업활동을 할 수 있게 하는 제도다. 재산 소유자는 그 대가로 영업권 사용료와 재고 판매금을 얻는다. 프랜차이즈와 달리 영업자(영업재산 임차인)는 매장 소유자가 아니다. 반면 근로계약서는 모두 새 영업자에게 이전된다. 프랑스민주노동연맹(CFDT)은 임대영업 지점에 소속된 까르푸 직원이 1만5천 명이 넘는다고 밝혔다. 프랑스에 있는 전체 직원의 10% 이상이다.

계산된 행보

까르푸는 〈알테르나티브 에코노미크〉가 보낸 질문서에 답하기를 거부하면서 일부 매장의 극심한 재정 문제를 해결하려면 다른 방법이 없다고 전했다. 회사는 매장 문을 닫고 일자리 수백 개를 없애기 전에 임대영업제도라는 최후의 수단을 꺼낸다.

센생드니 지점의 직원은 "충격이 있겠지만 그래도 그편이 낫다고 생각한다"고 말했다. 까르푸에서 30년 일한 그는 곧 퇴사할 계획이다. 그가 있는 매장이 임대영업으로 바뀌면 "어차피 다 잃을 것"이기 때문이다. 까르푸그룹에서 빠져도 직원들의 임금은 그대로 유지된다. 하지만 그룹 안에서 노사가 합의한 복리후생은 모두 사라진다.

까르푸그룹에 속한 직원은 6주간 유급휴가, 휴가비, 근속수당, 경영실적에 따른 성과급, 영업이익의 일부를 받는다. 프랑스민주노동연맹 계산에 따르면 임대영업 전환으로 노동자는 두 달치 임금인 2500유로(약 350만원)를 잃는다. 기본연봉이 법정 최저임금을 간신히 넘는 점을 고려하면 직원들 손해가 상당히 크다. 지미 알가는 "부끄러운 일이다. 이렇게 노동자 권리를 퇴보시켜서는 안 된다. 직원들 삶의 질에 충격이 있을 것"이라고 말했다. 앞으로 노사협의가 이뤄지지 않으면 임대영업 지점으로 넘어가고 15개월 뒤 노동자는 직원 혜택을 전부 잃는다.

프랑스 북동부 에페르네 지점에서 일하는 나빌라 아우디아는 "15개월 하루가 지나면 직원들에게 훨씬 불리한 산별 단체협약을 적용받는다"고 탄식했다. 프랑스민주노동연맹 조합원으로서 익숙하게 점거시위를 벌여온 그는 "(임대영업은) 재정 사기다. 매장 지배력을 유지하면서 인건비 등 기본비용에 돈을 쓰지 않으려는 술수"라며 분개했다. 프랑스민주노동연맹의 실뱅 마세 전국위원장은 임대영업제도를 두고 "적자를 외주화하는 대가로 사용료를 받는" 기업으로선 상당히 이득이 많은 제도라고 했다.

몇몇 매장을 임대영업 지점으로 바꾸는 것은 까르푸의 계산된 행보라는 지적도 있다. '노동자의힘'(FO) 소속 전국 까르푸 하이퍼마켓 노조의 도미니크 무알레크 위원장은 "매장이 적자라고 보여주는데 어떻게 그 지경이 됐는지 먼저 물어야 한다"고 말했다. 임대영업 전환에 반대하는 직원들은 까르푸가 적자 매장이 무너지도록 일부러 방치한다고 생각한다. 어려운 재정 상황을 임대영업 전환의 구실로 삼는 것이다. 알가는 "지점장도 투자를 꽤 많이 했는데 그룹에서 못할 리 없다. 우리는 시궁창에 버려진 것"이라고 말했다. 알가는 자신이 일하는 지점의 지점장을 다른 매장에 보낸 것도 의아하다고 생각한다. "영화 〈타이타닉〉을 보면 배가 침몰할 때 선장도 배와 운명을 같이한다."

에페르네 지점의 나빌라 아우디아는 "한 사람이 쓰러지는 매장을 살리는 것은 불가능하다"고 말한다. "어떻게 지점장 혼자 1만유로(약 1300만원)의 착수금으로 130명이 일하는 매장을 적자에서 흑자로 돌릴 수 있는지 모르겠다. 우리 지점의 적자액은 200만유로다. 매출을 수십억유로씩 올리는 세계적 기업도 못한 일이다." 그렇다면 해법은 다른 방식으로 노동자와 결별하는 일밖에 없다. 해고와 대량 퇴사다. 실뱅 마세는 "새 사용자가 경영 전망을 짜기 전 빨리 많은 직원을 내보내려 한다. 처우가 나빠진 직원들이 불만을 품으면 그대로 나가는 길만 보여준다"고 말했다.

잇따르는 퇴사

크리스토프가 목격한 것도 그와 비슷하다. 그가 일하는 지점이 임대영업으로 바뀐 첫날부터 "관리직 직원이 모두 해고됐다." 그의 동료인 다니엘도 "숙청 바람이 불었다"고 전했다. 새 지점장들은 돈을 아끼려 "경력도 능력도 없는" 젊은 사람을 고용한다며 크리스토프와 다니엘은 분노했다. 다니엘은 "전문화계약(학교와 일터를 오가며 직업역량을 기르는 계약)이나 입직계약(특정 실업자 집단이 대상인 고용계약)으로 인건비가 많이 들지 않는 사람을 뽑는다"고 설명했다. "다른 직장을 찾지 못해 온 사람들이다."

한바탕 소동이 지나간 뒤 다니엘은 업무량이 대폭 늘었다. 임금은 그대로다. "해고된 직원이 하던 일을 지점장이 중간관리직에게 몰아줬다. 급여가 나보다 1500유로나 많은 사람이 맡던 업무를 내가 한다. 용인할 수 없는 일이다." 임대영업 지점이 된 지 6개월 만에 다니엘은 퇴사를 결심했다. "책임이 커진 것은 좋았다. 하지만 이런 조건으로는 아니었다." 프랑스 노동총연맹(CGT) 조합원인 크리스토프는 한 번도 실업자가 된 적이 없다. 그런 그도 다니엘처럼 회사를 떠나기로 했다. "이번엔 충격이 크다. 일하는 즐거움이 사라지고 불안감만 남았다. 까르푸는 가족이었다. 새 지점장이 오고 모든 게 무너졌다."

에페르네 지점 역시 침울한 분위기다. 2021년 7월 노동의사(노동자 건강을 살피는 의사)는 경영진에 몇 개월 동안 "눈에 띄게 건강이 나빠진 직원이 늘었다"는 내용의 '긴급 서신'을 보냈다. 그는 건강 악화의 원인이 "직장과 관련 있어 보인다"고 했다. 에페르네 지점의 사회경제위원회(CSE · 일종의 사내 직원회의체)는 '사회심리적 위기'에 관한 주의서면을 지점장에게 제출했다. 그런 위원회에 지점장은 샬롱앙샹파뉴

프랑스 낭트에 있는 까르푸하이퍼마켓. 2021년 임대영업으로 바뀐 하이퍼마켓 수는 2020년의 2배가 넘는다. REUTERS

지방법원 제소로 대응했다. 법원은 지점장의 이의제기를 기각했다.

위원회는 이어 회사가 재정 관리를 외부 전문가에게 맡기도록 재정에 관한 주의서면을 지점장에게 보냈지만, 지점장은 이마저도 거부하고 제소했다. 아우디아는 "직원들은 회사 계획을 알 방법이 없었다. 회사가 어디로 가는지 몰랐다. 더 심각한 건 '임차인인 사용자'가 완전히 손 놓고 있는 걸 보고만 있어야 했다"고 말했다. 2021년 6월 초 판결에 따라 외부 회계감사를 받게 됐지만, 아우디아는 "임차인인 사용자가 감사 절차를 계속 막는다. 판결이 나온 지 1년이 다 돼가는데 아직 아무런 결과도 받아보지 못했다"고 말했다.

순익 40% 증가

사용자와 갈등이 있을 때 아우디아는 적극적으로 나선다. 그런 그를 2022년 5월 초 경영진은 해고하려 했다. 경영 책임자와의 면담이 격하게 마무리된 이후였다. 아우디아에 대한 해고 처분은 외부 감사단과 노동부에 의해 차례로 거부됐다. 그런데도 그는 해고됐다. 아우디아는 같은 매장에서 일하던 40명과 함께 노사분쟁조정위원회에 제소했다. 모두 까르푸그룹에 재고용을 요구하고 있다.

실뱅 마세는 "(임대영업은) 사법적으로 문제 삼기 어려운 사안"이라며 "사용자가 자신의 업체를 양도하는 것을 막을 방법이 없다"고 말했다. 노조와 노동자들 사이에서는 임대영업이 늘어나는 것 아니냐는 우려가 나온다. 특히 노동자의힘은 양도영업이 고객과의 관계에 영향을 끼칠 것을 우려한다. 도미니크 무알레크는 "까르푸그룹의 성공 비결은 접근성이 높은 까르푸마켓"인데 "까르푸마켓 70%가 임대영업 지점으로 바뀌었다"고 말했다. 이후 많은 까르푸마켓이 폐점했다. 오드프랑스 지역에만 2곳(생폴쉬르테르누아즈, 트리트생레제)이 문을 닫았다.

희망의 불씨는 꺼졌다. 마세는 "적자를 극복한 지점이 그룹 소속과 다르지 않게 단체 지위를 회복해야 한다"고 주장한다. "하지만 우리 모두 그런 일은 일어나지 않으리라는 것을 안다. 임대영업제도는 잔혹한 노동력 후려치기 모델일 뿐이다." 마세는 까르푸가 임대영업을 멈추지 않을 것을 확신한다. 그렇게 르클레르나 앵테르마르셰처럼 점차 독립매장 모델에 가까워질 것이다. 그런 매장에서 노동자 지위는 매우 낮다. 크리스토프와 다니엘은 지치고 염증이 난다고 말했다. "재정 사정이 나아지는 지점이 분명 생길 것이다. 그런데 그 대가는 무엇인가?"

일단 까르푸가 얻은 대가는 나쁘지 않아 보인다. 까르푸그룹은 2022년 2월 경영평가보고서에서 "2021년 매우 훌륭한 경영실적을 기록했다. 이로써 경영계획의 효과가 확인됐다"고 밝혔다. 2021년 순이익은 "비용 절감과 견고한 판매실적"으로 40% 늘어 10억7천만 유로에 이르렀다. 최고경영자 봉급이 이례적으로 낮은 찬성표(58.83%)로 가결된 주주총회에서 노조는 물가상승에 대응하기 위한 임금협상 재개를 요구했다. 노조가 "임대영업 지점 직원들의 임금을 깎는 회사의 경영정책"을 재차 비판했지만 소득은 없었다. 까르푸 CEO 알렉상드르 봉파르의 연봉은 고정급여 150만 유로와 고정급여의 최대 190%까지 주는 상여금, 400만 유로에 약간 못 미치는 '장기' 성과급으로 이뤄졌다.

• 출처 : 이코노미 인사이트 2022년 12월 1일

컴퓨터와 인터넷을 활용하여 제품과 서비스를 가상의 공간에서 교환 및 판매할 수 있는 전자상거래(e-commerce)는 이미 우리생활 전반에서 실현되고 있다. 고객이 원하는 제품과 서비스에 대한 정보를 컴퓨터 화면을 통해 고객이 볼 수 있도록 진열 및 배열한 후, 지역과 상관없이 고객이 인터넷을 통해 원하는 상품을 선택하고 주문할 수 있도록 한다. 고객이 주문 후 대금을 결제하면 가상공간상에서의 주문과정은 완료된다.

이후 주문을 접수한 기업은 주문상품을 준비하는 단계를 거쳐 지정장소로 배송 및 전달하고, 고객이 주문한 제품인지를 확인하는 과정을 거치면 비로소 제품의 주문 및 판매과정은 마무리 된다.

이처럼 전자상거래는 시간적, 공간적 제약을 해결해 줄 수 있는 획기적인 형태로 이제 이에 맞춰 고객관계관리가 이루어져야 하는 시점이다.

제1절 eCRM의 시작

1. eCRM의 기본개념

eCRM은 "고객과 일대일 양방향으로 정보의 수발신이 가능한 인터넷의 기능을 활용한 CRM 접근방식"이다. CRM은 IT의 눈부신 진보를 배경삼아 실현되었다는 사실은 이미 얘기하였다. 그런데 인터넷의 폭발적인 확산으로 인해 CRM에 있어서 인터넷은 반드시 필요한 도구로 급부상하였다.

원래 인터넷은 낮은 비용의 정보제공 매체인 동시에 효율적인 커뮤니케이션 수단으로써 주로 기업에서는 비용절감(cost down)을 목적으로 이용하였다. 그러던 것이 "고객에 대한 일대일 대응채널로써 풍부한 기능성" 혹은 "잠재고객화로부터 고객화, 나아가서는 우량고객화, 서포트화에 이르는 모든 CRM단계를 실현시킨다"는 점에서 eCRM(인터넷을 중심으로 한 CRM)으로 진화하게 되었다.

eCRM은 구체적으로 인터넷이라는 '시스템화된 무인채널'을 주요 채널로 하고 콜센터 등의 유인채널을 그 보조적인 채널로 위치시켜 고객과의 커뮤니케이션을 효율적인 인터넷에 집중시키는 구조라고 할 수 있다.

인터넷의 급속한 보급은 한편으로 eCRM 실행경쟁이 점점 치열해진다는 것을 의미한다. 그러므로 eCRM을 이용한 비즈니스를 성공하려면 고객 한 사람 한 사람의 욕구를 파악하고 고객의 이익을 한층 더 생각하는 CRM의 기본마인드에 따라 어떻게 인터넷을 효과적으로 활용할 수 있는지 진지하게 탐색해가는 자세가 요구된다. eCRM이야말로 인터넷시대에 어울리는 고객획득과 안정적인 마케팅기법이라고 할 수 있다.

(1) 인터넷과 eCRM

고객에게 연중무휴로 접근할 수 있는 인터넷의 활용은 이제 전화를 단순하게 받아만 주는 콜센터(call center) 이상의 효과를 거두도록 도와준다.

이제까지의 CRM이라고 하면 대개 콜센터중심이었다. 그만큼 전화에 의한 고객접촉이 방문접촉보다 비용이 훨씬 낮고 효과도 크다고 인식되었기 때문이다. 그런데 인터넷이 등장하면서부터 그 양상이 크게 달라졌다.

인터넷은 콜센터에 비해 비용이 더욱 낮고 24시간 365일 무인영업이 가능하며 공간제약이 없다고 하는 대단히 매력적인 특징을 갖고 있다. 다만 인터넷의 보급률과 커뮤니케이션 질이 과제로 남아 있을 뿐이다.

그러나 인터넷기술의 급격한 진보는 정보발신자와 수신자의 양방향성을 실현하고 동시에 사용자의 규모도 폭발적으로 증가시켰다. 웹사이트에서는 순식간에 필요한 정보를 수집할 수 있고 엄청난 수의 소비자를 일대일로 상대하며 그 사람의 취향에 맞게 상품을 권할 수 있다. 또한 소비자는 시간과 장소를 의식하지 않고 자신의 의지대로 상품을 구입할 수 있게 되었다.

인터넷을 통한 셀프서비스의 편리함을 알게 된 고객의 증가로 인터넷이 콜센터로부터 주역의 자리를 빼앗아 eCRM 전성시대가 확대되는 것은 이제 시간문제인 것이다. 또한 인터넷의 산업적 활용이 급속도로 확산되면서 등장한 인터넷 비즈니스는 인터넷상에서 직접 상품이나 정보 등을 판매하는 쇼핑몰은 물론 유료콘텐츠나 데이터베이스 검색정보제공, 몰(mall)의 관리, 정보나 사이트의 검색 등 인터넷상에서 혹은 인터넷을 이용하여 비즈니스를 전개하는 사업유형을 말한다.

즉 인터넷 비즈니스는 순수하게 인터넷만을 활용하여 사업을 수행하며, 인터넷의 특성상 완전 개방형으로 운영된다. 초기에 포털과 판매를 중심으로 시작된 인터넷 비즈니스는 점차 중개, 경매, 콘텐츠 제공 등 여러 분야에서 인터넷을 활용해 수요와 공급을 연결하는 다양한 형태로 개발되면서 실제 공간에서 이루어지는 비즈니스 영역을 대체해 나가고 있다.

(2) 전자상거래(EC : electronic commerce)

전자상거래는 개방형인 인터넷상의 거래활동뿐만 아니라 EDI, CALS와 같이 폐쇄형 네트워크상의 거래를 포함하는 포괄적 개념이다. 따라서 인터넷 비즈니스를 포괄하는 보다 광범위한 전자거래를 의미한다.

기본적인 사업유형은 기업과 소비자간(B2C), 기업과 기업간(B2B) 거래가 있으며, 유료거래는 물론 무상으로 정보를 제공하기도 한다. 그러나 최근 급속한 발전과 함께 기업과 정부간(B2G), 정부와 소비자간(G2C) 문서발행, 개인과 정부간(C2G) 세금납부, 개인간(P2P) 전자상거래 등 다양한 유형의 사업으로 확대되고 있다.

(3) e-비즈니스

e-비즈니스는 구매-제조-유통-판매-서비스로 이어지는 비즈니스 전 프로세스에 전자적 네트워크(인터넷)와 정보기술을 적용하여 첫째, 경영활동의 효율성을 높이고 둘째, 새로운 사업기회를 창출하는 활동이라 할 수 있다. 비즈니스 프로세스상 구매-제조-유통과정의 전자거래는 대부분 폐쇄적으로 운영되는 반면, 판매와 서비스의 거래는 개방형으로 운영된다. 이는 정보기술의 발전으로 인해 판매활동뿐만 아니라 조달, 운영, 지식관리 등 제반 경영프로세스를 전자화함으로써 효율성을 높일 수 있기 때문에 더욱 확대되고 있다.

(4) e-채널의 혜택

오프라인 채널중심 기업과 온라인 채널중심 기업의 운영비용은 얼마나 차이가 날까? 만약 시중에 점포를 내는 경우는 토지와 건물을 구입하거나 혹은 임대하여 내장공사를 하고 집기 등 각종 비품을 준비하여야 하며 인건비나 수도광열비 등의 비용도 투자해야 한다.

온라인점포의 경우 인터넷의 접속환경과 서버컴퓨터를 준비하고 서버에 웹 애플리케이션 시스템을 구축하면 비즈니스를 위한 영업을 개시할 수 있다. 상품은 특별히 보관할 필요도 없다.

그러나 매장을 그저 열기만 해서는 고객이 많이 찾아오지 않는다. 이것은 오프라인 점포든 온라인점포든 마찬가지다. TV 등의 대중매체 광고를 하거나 전단을 만들어 뿌리는 등 다양한 홍보활동을 통해 고객들에게 알려야 한다.

홍보활동도 역시 인터넷을 이용하면 기존의 광고매체보다 그 비용을 훨씬 절감할 수 있다. DM을 보내더라도 인터넷을 이용하면 제작비나 우송료가 필요없어 비용부담을 획기적으로 줄일 수 있다.

TRENDS 망원경

본격 시동 걸린 ESG 경영

롯데가 상장사 이사회 내 ESG위원회 설치, ESG 전담팀 운영, 지속가능경영보고서 발간 등 다양한 활동으로 체계적이고 투명한 ESG 경영을 펼치고 있다.

롯데지주를 중심으로 롯데가 ESG(환경 · 사회 · 지배구조) 경영에 박차를 가하고 있다. 롯데는 지난해 10월 모든 상장사 이사회 내에 ESG위원회를 설치했다. 모든 상장사 이사회 산하 ESG위원회를 설치하고 지속가능 경영보고서 발간을 의무화한 재계그룹은 롯데가 처음이다. 롯데는 작년 한국ESG기준원(KCGS)이 발표한 상장기업 ESG 평가에서 평가대상 상장사(롯데지주, 롯데케미칼, 롯데칠성음료, 롯데푸드, 롯데하이마트, 롯데쇼핑, 롯데정밀화학, 롯데정보통신, 롯데제과) 모두 'A등급'을 획득했다. 상장사 이사회 내 ESG 위원회 설치, 전담조직 구성 등 체계적인 ESG 경영을 진행하고 있다는 점을 높이 평가받았다.

2021년 롯데지주 지속가능경영보고서도 여러 대외기관에서 우수한 평가를 받았다. 롯데지주는 지난 9월 세계 최대의 연간 보고서 및 지속가능경영보고서 경연대회인 'ARC 어워즈(Annual Report Competition Awards)'에서 '커버/홈페이지(Cover/Homepage)' 부문 금상과 '스크립트/라이팅(Script/Writing)' 부문 동상을 동시에 수상했다.

지난 10월에는 미국 '2022 갤럭시 어워즈(Galaxy Awards)'에서 '연간보고서-인쇄물(Annual Reports-Print)' 부문 대상(Grand Award Winner)에 선정됐다. 올해 32년째인 갤럭시 어워즈는 미국 '머콤(MerComm)'사가 주관하는 글로벌 마케팅 커뮤니케이션 경연대회로, 롯데정밀화학이 '연간보고서-온라인' 부문 은상, 롯데쇼핑이 '연간보고서-인쇄물' 부문에서 동상을 수상했다.

롯데지주의 지속가능경영보고서

해외 진출, 기술개발 지원 스타트업 상생 경영 지속

롯데는 지난해 창업주인 고 신격호 명예회장의 탄생 100주기를 맞아 국내 스타트업이 글로벌시장으로 나가는 데 디딤돌 역할을 하는 '글로벌 액셀러레이터' 프로그램을 만들었다. 1세대 글로벌 청년창업가로 불리는 신격호 창업주의 도전정신을 기리고 세계에서 유니콘기업이 가장 많이 탄생한 실리콘밸리에서 현지 창업자나 벤처투자자들과 교류하면서 실리콘밸리 문화를 배우자는 취지다.

롯데벤처스는 11월 3일 신격호 창업주 탄생일에 맞춰 롯데월드타워 5층 신격호기념관에서 우수 스타트업 10개사에 대한 '롯데 청년창업 기념식'을 진행했다. 수상 기업들은 미국 실리콘밸리에서 유명한 한인 벤처캐피털 '프라이머 사제 파트너스(Primer Sazze Partners)'와 롯데벤처스가 함께 선발했으며, 이들에게는 미국 진출 지원금이 수여된다.

롯데벤처스의 실리콘밸리 연수 프로그램은 현지 사정에 밝은 스타트업(더밀크)과 협업해 국내 스타트업들이 가장 필요로 하는 프로그램 설계와 운영 최적화에 초점을 맞췄다. 네트워크와 시장 정보 부족 등 국내 스타트업이 해외 진출할 때 겪는 대표적인 어려움을 극복하기 위해 글로벌 투자를 비롯해 고객 확보, 시장점유율 향상 마케팅, HR, 스타트업 경영 등 다양한 주제 강연과 네트워킹 세션이 진행될 예정이다. 올해부터는 더 많은 스타트업을 지원하기 위해 실리콘밸리 연수 프로그램 참가 스타트업을 추가로 모집한다.

롯데건설도 부산창조경제혁신센터와 'B.스타트업 오픈이노베이션 챌린지 2022' 프로그램을 진행하며 스타트업의 스마트 건설기술 발굴을 지원한다. 지난 11월 3일에는 우수 8개 스타트업과 함께 롯데건설 본사에서 '프라이빗 밋업데이(Private Meet-up Day)' 행사를 열었다. 선정된 스타트업들은 이번 행사에서 롯데건설 유관부서와 직접적으로 사업 및 서비스를 제안하고 질의응답 시간을 가졌다. 롯데건설은 기술에 대한 사업성을 검토한 후 접목 가능한 기술 검증(PoC:proof of concept), 공동기술 연구, 공동개발, 업무협약 등으로 이어갈 예정이다.

탄소중립녹색성장 공익 캠페인 참여

롯데는 탄소중립에 대한 국민의 이해를 돕기 위해 2050 탄소중립녹색성장위원회가 주관하는 공익 캠페인에 참여했다. 영상은 11월 7일부터 그룹사 SNS에 업로드되고 롯데시네마, 롯데마트, 롯데월드타워&몰에 상영된다. 롯데는 소비자들이 쉽게 탄소배출을 줄일 수 있는 사례로 무라벨 생수 페트병, 전기차 충전소 등을 캠페인 영상에 담았다.

영상에 반영된 무라벨 생수 페트병은 롯데칠성음료가 생산한다. 롯데칠성음료는 지난 2020년 1월 재활용이 편리한 무라벨 제품을 출시한 데 이어 올해 7월 말부터는 '아이시스8.0'의 200*ml*, 300*ml* 페트병

몸체무게를 약 10% 줄인 경량화 용기를 선보이며 환경을 위한 플라스틱 다이어트에 나섰다. 10월 29일에는 송파구청이 주최한 '새활용 엑스포'에 참석해 투명 페트병 별도 배출 및 폐자원재활용의 중요성을 알렸다. 엑스포에서 '제로 웨이스트 마켓' 부스를 운영하며 자사의 무라벨 제품인 '아이시스8.0 ECO', '칠성사이다 ECO', '트레비 ECO' 등을 전시 및 소개했으며, 올바른 페트병 분리배출 방법을 설명했다.

롯데는 계열사 롯데정보통신 자회사인 중앙제어를 중심으로 전기차 충전기 보급에도 나섰다. 국내 전기차 충전기 제조 2위 기업인 중앙제어는 지난 8월 22일 전기차 충전서비스 브랜드 'EVSIS(이브이시스)'를 출시했다. 이브이시스는 사용자와 앱, PC 웹, 충전기를 통합적으로 연결하는 충전 운영 플랫폼이다. 전기차 사용자는 전용 앱에서 충전소 검색은 물론 예약, 결제, 평가까지 모두 할 수 있다. 중앙제어는 2025년까지 롯데그룹 오프라인 거점을 중심으로 주요 도심지 주차장에 급속·중급속 위주의 이브이시스 충전기를 1만3000기 이상 오픈할 예정이다.

• 출처 : 포브스코리아 2022년 11월 23일

2. e-채널의 역할

e-채널이 CRM시스템을 구축하는 데 효과적인 이유는 잠재고객의 고객화뿐만 아니라 나아가서는 우량고객화, 서포트화하기까지의 모든 CRM단계를 실현할 수 있다는 특징을 들 수 있다.

이는 다음의 중요한 네 가지 역할을 e-채널이 실현해 주기 때문이다.

(1) 광고매체로써의 역할

TV나 신문 · 잡지 등 전통적 매스 미디어와 마찬가지로 온라인을 통해 새로운 고객을 늘리기 위해 홍보매체로서의 역할을 다한다. 배너(banner)광고 혹은 메일배너(mail banner)광고 등을 그 예로 들 수 있다.

(2) 직접적인 접근수단으로써의 역할

DM이나 텔레마케팅과 마찬가지로 직접 접촉할 수 있는 고객주소를 알고 있는 잠재고객에게 e-메일을 이용한 다이렉트 메일을 보내고 자사상품의 구입을 촉진시키는 마케팅활동을 할 수 있다. 이는 전통적인 방법으로는 실현할 수 없는 온라인 접근수단이 실현할 수 있는 역할이다.

(3) 가상점포로써의 역할

사이트를 방문해 준 잠재고객이 구입결정순간에 필요한 상품정보나 다양한 서비스를 제공한다. 또한 그 자리에서 생겨난 고객의 구매욕구를 잃지 않도록 하기 위해 고객에게 편리한 제품구입 인프라를 제공할 수 있다.

이로써 고객이 직접 오프라인 매장을 방문한 것과 같은 생동감 있는 구매환경을 만들어 주는 것이다.

(4) 커뮤니케이션 창구로써의 역할

판매한 상품에 관한 불만이나 문의를 이메일로 받을 수 있고, 빈도가 높은 질문(FAQ)과 회답 등을 미리 사이트 상에 게재할 수도 있다. 또한 무료로 자유롭게 사용할 수 있는 다양한 툴(tool)을 고객서비스로 제공할 수 있다.

이는 실시간 고객과 기업이 서로의 의견을 조율할 수 있는 창구가 만들어지므로 그들의 욕구가 반영될 수 있는 좋은 서비스 환경이 조성된다.

그림 13-1 e-채널의 네 가지 역할

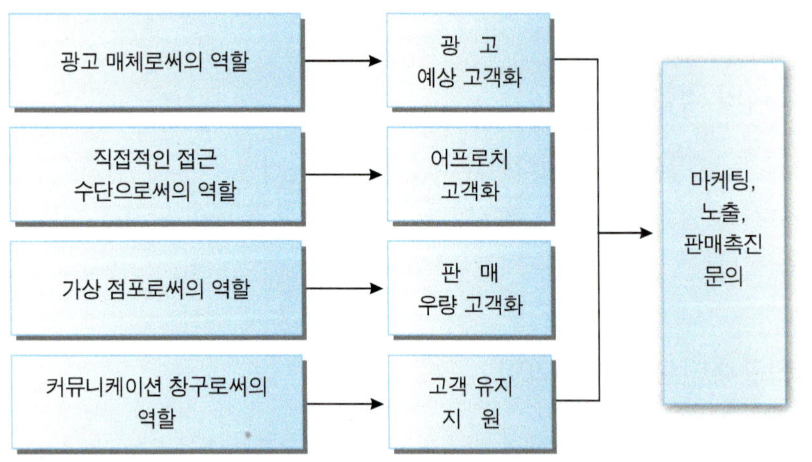

3. e-비즈니스 유형

e-비즈니스에 대한 여러 학자들의 유형분류는 다양하다. 본서에서는 Hoffman 등이 접근한 인터넷 비즈니스의 유형을 최종 행선지 사이트와 통행통제 사이트로 구분하여 분류하였다.

최종 행선지 사이트에 대해서는 ① 온라인 상점(online storefront), ② 광고 · 정보제공 사이트(internet presence sites), ③ 콘텐츠 사이트(contents sites)로 구분하였으며 통행통제 사이트에 대해서는 ④ 몰 사이트(mall sites), ⑤ 인센티브 사이트(incentive sites), ⑥ 검색 사이트(search sites) 등으로 구분하였다.

Rappa는 중개형, 광고형, 정보중개형, 상인형, 제조업형, 제휴형, 커뮤니티형, 가입회원형, 과금형 등 9가지 비즈니스 모델유형을 구분하여 e-비즈니스 유형을 분류하였다.

또한 Amor는 인터넷경매, 인터넷뱅킹, 전자상거래, e-디렉터리, e-엔지니어링, e-프랜차이즈, 인터넷도박, 온라인교육, 전자메일, e-마케팅, e-운용자산관리, e-공급관리, 사이버 주식거래 등으로 분류하였다.

한편 Timmers는 전자상점, 전자구매, 전자경매, 전자쇼핑몰, 전자 제3장터(3rd party marketplace), 가상 커뮤니티(virtual communities), 가치사슬통합, 가치사슬 부가서비스, 공동작업 플랫폼(collaboration platform), 정보중개, 신용서비스 등 11개로 분류하였다.

이상의 연구자들과 이외 다른 연구자들은 e-비즈니스의 유형에 대해 각기 다르게 분류하였으나 실제적인 내용은 거의 대동소이하다. 따라서 여기서는 Timmers의 분류유형을 기준으로 논의를 전개하고자 한다.

Timmers(1998)의 비즈니스 모델에 대한 체계적인 접근법을 통해 구분한 e-비즈니스 모델의 유형을 정리하면 다음과 같다.

(1) 전자상점(e-Shop)

전자상점은 기업이나 점포의 웹 사이트를 이용한 마케팅모델로서 가장 기본적인 e-비즈니스 모델이다. 처음에는 웹 사이트를 단순히 기업홍보, 제품홍보를 위해 사용하다가 점차 고객으로부터 주문도 받고 대금도 지불할 수 있는 기능을 첨가하게 되면서 전자상점으로 발전하게 되었다.

기업입장에서 보면 저렴한 비용으로 시장을 전 세계로 확대함으로써 수요기반을 확충하여 매출증대를 가능케 하는 또 다른 마케팅채널을 갖게 된다.

반면 고객입장에서는 전통적 채널보다 저렴한 가격, 폭넓은 선택기회, 보다 많은 정보, 시간과 공간을 초월한 구매, 지불절차까지의 편리함 등을 제공받음으로써 보다 큰 만족과 가치를 향유하게 된다.

기업의 마케팅관점에서는 특히 한 번 구매했던 고객의 정보를 확보할 수 있고 이를 이용해 1대1 마케팅을 통한 판매효율을 올릴 수 있다.

전자상점은 소위 데이터베이스 마케팅(DB Marketing)이나 고객관계관리의 가장 기본적 기능을 제공하는 B2C 전자상거래의 한 유형이다.

(2) 전자조달(e-Procurement)

전자조달은 인터넷을 이용해 입찰공고와 협상을 통해 재화나 용역을 구매하는 B2B형 e-비즈니스 모델로서 전통적인 EDI나 CALS의 연장선에 있다고 볼 수 있다. 우리나라는 전자정부를 지향하는 국정정책으로 한때 급속도로 전자조달 시장이 성장하게 되었다.

구매자 입장에서는 공급선 선택폭이 넓어지고, 저렴한 원가, 보다 나은 품질, 배달 및 구매소요비용절감 등의 효과가 있다. 반면 공급자 입장에서는 입찰정보에 대한 접근, 입찰시장의 세계화, 입찰비용의 절감, 부분입찰 가능성, 공동입찰같은 입찰의 유연성 제고 등의 이점을 향유할 수 있다.

최근 국내 주요 대기업들이 전자조달시스템 구축에 열을 올리고 있는 것도 이와 같은 효과를 노리고 있기 때문이다.

(3) 전자경매(e-Auction)

전자경매란 전통적인 경매시장을 인터넷공간으로 옮겨 개설한 것으로서, 경매대상이 되는 제품이나 서비스를 멀티미디어로 정보를 제공함과 동시에 단순한 경매입찰 기능뿐만 아니라 계약, 대금결제, 배달기능까지 첨가할 수 있는 비즈니스 모델이다.

(4) 전자쇼핑몰(e-Mall)

전자쇼핑몰은 전자상점(e-shop)을 한 곳에 모은 mall of mall 개념으로서 소위 고객들이 믿을 수 있는 저명한 브랜드 아래 품질보증, 대금지불보증 등의 기능을 추가적으로 제공할 수 있다.

TRENDS 망원경

미래 농업 리딩 기업으로 진화

'100년 기업'을 바라보는 대동의 발걸음이 바빠지고 있다. 농기계만 고수하는 전통 제조업의 이미지에서 탈피해 미래 농업을 선도하는 혁신 기업으로 변모하는 중이다.

대동이 '미래 농업 리딩 기업'이란 비전하에 스마트 농기계, 스마트 모빌리티, 스마트팜 등을 포함한 사업다각화를 모색한다. 지난 2020년 대동은 자율농기계와 농업로봇 등 스마트 농기계, 라스트마일 모빌리티를 포함한 스마트 모빌리티, 미래 농업 솔루션 기반의 스마트팜 등을 3대 사업으로 정하고 본격적인 추진에 나섰다. 1947년 설립 이후 70여 년간 농기계 개발에 집중해온 대동은 2017년을 기점으로 미래 농업 사업을 준비하기 시작했다. 인구 증가와 기후변화, 경지 감소 등 변화에 대응하려면 최소 자원으로 최대 수확을 거두는 미래 농업이 필수적이란 판단에서다.

지난해 매출 1조 달성… 창사 이래 처음

대동은 스마트 농기계 사업을 우선 사업으로 지정하고 모바일로 농기계 원격관리 및 점검이 가능한 텔레메틱스 기반의 '대동 커넥트' 를 론칭하며 업계에서 주목을 받았다. 그 결과 지난해 매출(연결기준) 1조 1798억원을 달성하며 창사 이후 처음으로 매출 1조원을 넘어섰다. 올 상반기 매출도 전년 동기 대비 28.2% 증가한 8142억원을 기록했다. NH투자증권은 올해 전체매출을 1조 3724억원으로 예상하며 대동이 최고 실적을 경신할 것으로 전망하고 있다.

대동모빌리티와 카카오 모빌리티는 라스트마일 시장을 공략하고자 손을 맞잡았다. / 사진:대동

스마트 농기계 사업이 성공한 원동력은 '정밀농업(Precision Farming)'에 있다. 대동은 사업 추진에 앞서 농민 경험을 기반으로 한 관행적인 농업 방식에서 벗어나 인공지능(AI)과 정보통신기술(ICT), 빅데이터를 기반으로 농업 솔루션을 제공해야 한다고 판단했다. 정밀농업은 ICT를 활용해 농작물 재배법 빅데이터를 구축하고 작물재배 환경을 실시간으로 분석해 생산량을 극대화하는 농업 솔루션 서비스를 말한다.

대동의 매출증가에는 북미 지역 '탈도심화' 현상이 한몫했다. 북미 지역은 대동의 해외거점 시장으로 최근 농기계 시장의 성장이 두드러진 곳이다. 코로나19 팬데믹 이후 탈도심화 현상이 가속화되면서 '하비팜(Hobby Farm, 여가 생활로 농사를 짓는 가구)' 인구가 늘어났기 때문이다. 이는 중소형(100마력 이하) 트랙터 수요급증으로 이어졌다.

대동은 특히 60마력 이하 트랙터 시장이 더욱 커질 것으로 보고 시장점유율을 높이기 위해 제품 및 부품의 현지 공급을 늘리고 소비자 프로모션을 공격적으로 진행했다. 그 결과 지난해 북미 지역 트랙터 및 운반차 등 판매량이 전년 대비 39% 오르는 성과를 거뒀다. 북미뿐 아니라 유럽, 호주 등 다른 해외시장에서도 매출이 신장하면서 대동은 지난해 '3억불 수출의 탑'을 수상했다.

카카오모빌리티서 100억 규모 투자 유치

대동은 서울의 스마트팜과 '대동애그테크(DAEDONG Agtech)'를 중심으로 고기능성 작물과 일반 작물을 재배해 농업 빅데이터를 구축하고, 이를 기반으로 생육 솔루션을 개발하는 스마트 파밍 플랫폼 사업을 추진하고 있다. 지난 2월 현대오토에버와 합작해 대동애그테크를 설립한 것도 같은 맥락이다. 서울사무소 5층에 마련된 스마트팜 테스트 베드는 자연광과 인공 LED를 모두 활용할 수 있는 복합 광원 스마트팜으로, 자연광을 이용해 에너지 사용량을 최대한 낮추면서 인공 LED로 재배 작물에 필요한 최적의 광량 및 온도를 맞춘다. 생육 기간을 최소화하면서 수확량을 최대화하는 효과가 있다.

대동은 ▲노지와 온실의 재배 환경 컨설팅 ▲농작물별 생육 솔루션 및 날씨 환경 정보 제공 ▲농기계 원격 관제 점검 및 조작 ▲농기자재 자동 추천 및 공급 등을 스마트파밍 플랫폼의 역할로 보고 있다. 이를 위해 최근 KT와 'KT 기가(GiGA) 스마트팜 사업' 양수도 계약을 체결했다. KT 기가 스마트팜은 온실 생육 환경을 실시간으로 관제하는 등 다양한 기능을 갖춘 스마트 농업 플랫폼 서비스다. 현재 온실 및 노지 등에서 과채류와 엽채류, 근채류, 과수류, 버섯류 등을 재배하는 농가 370여 곳이 이용하고 있다. 대동은 이번 계약으로 스마트팜 컨설팅 및 온실 설계 데이터와 농작물 생육 환경 데이터 등을 연내에 양도받을 예정이다.

스마트 모빌리티 사업도 본격화한다. 대동 계열사인 대동모빌리티는 지난 8월 카카오모빌리티와 제3자 배정 신주인수 형태인 100억원 규모 투자 계약을 체결했다. 두 회사는 모빌리티 사업 관련 제휴도

맺었다. 배달에 특화된 BSS(Battery Swapping System, 배터리 교환형) 전기이륜차와 화물배송용 0.5톤 전기트럭, 여객운송 LSV(Low Speed Vehicle, 저속전기차량) 등 '라스트마일 모빌리티'에 적합한 서비스형 소프트웨어(Software as a Service, SaaS)에 대해 긴밀히 논의할 예정이다. 라스트마일 모빌리티는 물류배송이 급격히 증가한 오늘날 소비자에게 제품이 최종 전달되는 단계인 라스트마일에 특화된 제품이다.

대동모빌리티는 대구 달성군 대구국가산업단지에 건설 중인 10만2000㎡ 규모의 스마트 모빌리티(E-모빌리티) 신공장을 내년 하반기까지 완공하고, 라스트마일 모빌리티 제품 생산 시스템을 구축할 계획이다. 2026년까지 제품 누적 생산량 목표치는 약 18만 대다. 대동은 올해 대구시와 KT 등 11개 노사민정이 참여하는 '대구형 상생 일자리사업 업무협약'을 맺어 스마트 모빌리티 사업추진에 속도가 붙을 것으로 보고 있다.

• 출처 : 포브스코리아 2022년 10월 23일

취급하는 제품군에 따라 소비재를 다루는 전자쇼핑몰과 산업재 또는 특정 서비스에 특화하는 경우로서 eSteel, Industry.Net이나 Vertical.Net 같은 B2B 전자상거래 허브(B2B hub) 형태를 취하는 장터(marketplace)로 나눌 수 있다.

4. eCRM의 특징

기존 CRM과 다르게 eCRM의 특징은 인터넷이라는 통신수단을 이용하고 있다는 것이다. 즉 인터넷을 활용함으로써 얻을 수 있는 여러 가지의 장점이 그 특징이다. 저비용과 효율적 마케팅기법을 활용하여 실시간 고객관리를 할 수 있다는 점이 가장 큰 특징이라 할 수 있다. 또한 고객의 요구사항에 대한 실시간 대응이 가능하고 그에 따른 고객의 행동에 대해서도 예측할 수 있다는 것이다. 이로 인해 고객점유율과 시장점유율도 동시에 증가시킬 수 있다. 이러한 eCRM은 중요한 네 가지 특징을 가지고 있다.

(1) 광고매체로써의 특징

인터넷을 활용하는 eCRM은 기존 오프라인 방식의 CRM과는 다르게 실시간 고객과의 커뮤니케이션을 통해 고객의 욕구를 확인할 수 있으며 그에 따른 전략들도 실시간 마련할 수 있다. 사이트에 들어온 고객들의 체류시간 혹은 페이지뷰(view) 등으로 정략적 측정도 할 수 있다. 또한 웹사이트를 통해 방문자들의 특성에 맞추는 광고를 선별적으로 실행할 수도 있다. 그리고 다른 사이트와 연결하여 광고노출을 늘릴 수도 있다. 즉 비용 대비 효과를 정확한 수치로 검증할 수 있는 광고매체인 것이다.

기존 불특정 다수에게 전달되는 일반적 광고(TV, 라디오 등)는 정확한 대상이 없으므로 목표대상이 대중이 될 수밖에 없다. 또한 그 광고에 관심을 가지고 있는 고객이 얼마나 되는지도 알 수 없다.

그러나 인터넷을 활용한 광고는 그 광고에 관심을 보이는 사람을 찾아낼 수 있으며 그들만을 위해서 별도의 메시지를 선별하여 보낼 수도 있다. 즉 타깃이 명확하다는 것이다. 또한 그 광고에 관심을 가지고 사이트에까지 방문한 횟수, 클릭수 등을 모두 파악할 수 있다는 장점이 있다. 또한 고객들을 명확하게 파악하고 욕구에 맞도록 접근하도록 한다. 바로 이러한 점들이 고객점유율을 중시하는 일대일 마케팅시대에 맞는 eCRM의 효과적인 광고매체로서의 특징이다.

(2) 접근성의 특징

eCRM은 인터넷기반이 되어야 하므로 기본적으로는 접근성이 용이하다는 특징이 있다. 물론 이로 인한 비용의 절감부분도 큰 혜택이다. 대상고객에게 서로 다른 정보를 나눌 수 있고 또한 각각에 대해 발송할 수 있다는 특징도 가지고 있다.

우편형태의 DM(direct mail)은 고객에게 우편이 도착한 시점으로부터 기업에 반응이 오기까지는 전화번호로 문의하거나 엽서를 통해 다시 적어 보내야만 하는 일련의 고객행동이 필요하다. 또 기업의 입장에서도 그것들에 대한 검증단계가 필요하며 집계후 별도의 분류작업을 하고 분류를 위해 별도 인원을 투입해야 하는 번거로움도 존재한다.

이것을 이메일로 진행하면 발송비용과 과정 등 일련의 노력이 절감되는 장점이 있다. 물론 이러한 이메일이 반드시 장점만 있지는 않다. 개인별 세분화를 하려면 다소 일부분이라도 수정을 해야 하고 고객이 회신한 메일에 답을 하려면 또한 다소의 노력도 필요한 것이 사실이다. 그러나 기존 오프라인 방식보다는 훨씬 그 접근성과 비용측면에서 편리할 수 있을 것이다.

(3) 구매환경의 특징

인터넷을 활용하면 점포를 내는 것보다 비용이 적게 소요되며 매장면적에 제한이 없고 무인으로 접객이 가능하므로 그만큼 장점이 있다. 또한 글로벌한 비즈니스도 시공간에 제약없이 가능하게 된다.

고객이 원활하게 접속할 수 있으므로 상품구매 환경이 더욱 용이해지고 절차 또한 복잡하지 않다. 고객이 관심만 있다면 언제든 구매할 수 있는 환경이 되므로 고객입장에서도 시간과 공간의 제약을 전혀 받지 않게 된다.

예를 들어 오프라인과 비교해 보면 점포를 오픈하는 것은 쇼핑몰을 오픈하는 것과 같고 방문고객들이 편리한 동선을 이용하도록 하는 것은 쇼핑몰의 접근노출과 빈도가 늘어나도록 하면 되는 것이다.

오프라인에서 광고와 홍보를 한다면 쇼핑몰은 인터넷에 배너광고나 여러 사이트에 링크를 걸어 잦은 빈도로 사이트 주소를 노출시키면 된다. 이처럼 인터넷을 활용하면 사이트 상에서 상품의 매력을 충분히 표현하여 구매의욕을 높일 수 있다. 또한 그 정보에 접근하기 쉽도록 사이트가 구성되어 있으면 되는 것이다.

그런 과정에서 고객들은 편리한 이용과 실시간 이루어지는 답변을 통해서 고객접객 서비스에 만족을 느낄 수 있게 된다. 이는 eCRM이 오프라인보다 더 쉬운 고객구매 환경을 만들 수 있음을 나타내는 것이다.

(4) 커뮤니케이션의 특징

eCRM은 지속적인 커뮤니케이션을 적은 비용으로 실현할 수 있다. 이는 우수고객에 대한 지속유지를 위해 기업이 많은 투자를 통해 장기이익으로 연결하려는 것과는 달리 eCRM에서는 이러한 고객과의 지속적인 커뮤니케이션을 적은 비용으로 고객이 관심을 갖도록 실현시킬 수 있다. 이는 기업의 콜센터 무인서비스를 추진하여 비용절감을 이룰 수 있기 때문이다.

TRENDS 망원경

쿠팡 "설립 후 12년간 물류망 구축에 6조원 넘게 투자"

쿠팡이 7일 대구 물류센터에 필립 골드버그 주한 미국대사 및 정부인사를 초청, 지역사회 발전을 위한 쿠팡의 기여 성과를 공개하는 행사를 열었다. 사진은 이종화 대구시 경제부시장(왼쪽부터), 해롤드 로저스 쿠팡 법률고문 겸 최고행정책임자, 필립 골드버그 주한 미국 대사, 강한승 쿠팡 대표이사, 엄열 과학기술정보통신부 인공지능기반정책관. 사진제공 쿠팡

쿠팡은 2010년 설립 이후 12년 간 전국 30여개 지역에 물류망을 구축하는데 6조2000억원을 투자했다고 7일 밝혔다.

이날 쿠팡은 대구 풀필먼트센터에서 필립 골드버그 주한 미국대사와 과학기술정보통신부, 대구시 관계자 등이 참석한 설명회를 열고 이같이 밝혔다.

쿠팡에 따르면 지난 3월 준공된 이 센터는 축구장 46개에 달하는 면적에 인공지능(AI)과 물류로봇 등을 갖추고 있다. 약 3000억원을 투자한 이 센터는 향후 직고용 인력이 2500여명에 이를 것이라고 쿠팡 측은 밝혔다.

쿠팡은 이날 설명회에서 "지난 2년간 국내에서 6만명이 넘는 인력을 직고용했고 첨단기술을 도입해 직원들의 업무강도도 낮췄다"며 "첨단 설비로 추가적인 박스포장을 없애 탄소 배출량을 줄이고 있다"고 설명했다.

골드버그 대사는 "한미동맹은 빠른 속도로 글로벌 기술·경제 파트너십으로 자리 잡았고, 쿠팡은 이러한 진화의 대표적인 증거"라고 말했다.

강한승 쿠팡 대표이사는 "쿠팡의 디지털 기술은 고용을 줄일 것이라는 통념을 깨고 고용과 지역경제 활성화로 이어지고 있다"고 말했다.

• 출처 : 중앙일보 2022년 12월 7일

제2절 eCRM의 구성요소

1. 기술요소

(1) 데이터 웨어하우스와 데이터마트

데이터 웨어하우스란 의사결정 지원이나 분석에 필요한 정보를 원천정보로부터 추출하고 이를 하나의 데이터베이스로 통합하여 효과적인 분석을 가능하게 해주는 대용량 데이터베이스를 의미한다.

데이터 웨어하우스는 기업경쟁력을 높이기 위해 의사결정을 할 때마다 제대로 결정할 수 있도록 하는 중요한 역할을 하고 있다. 기존 운영 데이터베이스가 현재 정보만을 유지하는 데 비하면 데이터 웨어하우스는 의사결정지원과 분석처리를 위하여 과거로부터 현재 시간에 걸친 장기간의 데이터를 유지하는 등의 여러 특징들을 분석해 볼 수 있도록 종합적인 데이터를 관리한다.

데이터마트는 특정한 목적을 위해 사용되는 작은 규모의 데이터 웨어하우스를 의미한다. 많은 기업에서 CRM을 위해 데이터 웨어하우스를 구축하는 경우가 많은데 사실 CRM을 위해서는 소규모 데이터마트로도 충분한 경우가 대부분이다. 그러나 데이터 웨어하우스는 경영분석을 위한 통합적이고 기업전반에 걸친 데이터를 누적시켜 유효한 정보를 더 잘 지원하며 통합되지 않은 응용시스템의 세계에 기업통합을 위한 기초를 제공하게 되므로 유리하다.

데이터 웨어하우스가 전사적인 데이터를 한 곳에 모으는 곳이라면 데이터마트는 부서단위, 업무단위로 축소한 소규모 데이터 웨어하우스에 해당한다. 데이터마트는 데이터 웨어하우스에 있는 데이터들 중 해당부서에 적합한 데이터만을 따로 모아 만든 것으로 실제 거래는 데이터마트에서 일어나는 경우가 많다. 데이터마트 구축시 가장 중요하게 생각해야 하는 부분은 바로 물리적인 하부구조를 결정하는 것이다. 데이터마트는 초기 데이터베이스의 크기나 사용자수 등이 작은 상태에서 출발하기 때문에 흔히 이 부분을 간과하는 경우가 많다. 하지만 데이터마트는 초기규모가 작은 만큼 활용도에 따라 몇 십배로 규모가 커질 수 있어 대규모 데이터 웨어하우스보다 성장률이 높다.

(2) OLAP(Online Analytic Processing)

데이터 웨어하우스 프로젝트를 세 단계로 나누어서 운영소스 데이터, 외부 데이터에서 데이터를 추출하는 과정, 서버에 데이터를 저장하는 과정, 데이터 조회 및 분석 등의 데이터를 사용하는 과정으로 정의한다면 OLAP는 마지막 단계에 해당한다.

최종 사용자가 다차원정보에 직접 접근하여 대화식으로 정보를 분석하고 의사결정에 활용하는 과정으로 OLAP를 정의할 수 있다. 구체적으로 살펴보면 분석을 위해 활용되는 정보의 형태가 다차원적이라는 사실이며 다차원정보는 사용자들에 의해 이해되는 기업의 실제 차원을 반영한다. 정보의 다차원성은 OLAP시스템을 다른 시스템과 구분하는 가장 중요한 개념으로 OLAP를 다른 말로 표현한다면 바로 다차원분석이다.

또한 최종사용자는 중간매개자나 매개체없이 온라인상에서 직접 데이터에 접근한다. 최종사용자는 대화식으로 정보를 분석한다. 시스템은 사용자의 사고흐름이 중간에 끊이지 않도록 신속하게 질의 경로를 제시할 수 있어야 한다. OLAP의 목적은 최종사용자가 기업의 전반적인 상황을 이해할 수 있게 하고 의사결정을 지원하는데 있다.

(3) 데이터 마이닝

데이터 마이닝이란 용어는 '자료(data)'와 '발굴하다(mining)'라는 용어가 결합된 용어이다. 말 그대로 자료를 발굴한다는 의미를 가지고 의사결정에 유용한 정보나 지식을 찾아내는 것을 의미한다. 보다 일반적인 데이터 마이닝의 의의는 대용량의 데이터로부터 유의한 패턴을 찾아내는 과정을 의미한다. 컴퓨터기술의 발전과 저장장치의 저렴화에 따라 기업에서 관리하

는 데이터의 양은 기하급수적으로 증가하고 있다. 기업의 데이터 저장방식은 기하급수적으로 증가하는 데이터를 보다 효과적으로 관리하기 위해 데이터 베이스로부터 데이터 웨어하우스로 변환되고 있다. 데이터 웨어하우스의 구축을 위해서는 데이터를 분석하고 이를 유의한 형태로 정리하는 OLAP의 개념이 발전하게 되었는데 이러한 OLAP의 기반기술로 이용되고 있는 것 중의 하나가 바로 데이터 마이닝기술이다.

데이터 마이닝의 또 다른 사용목적은 비즈니스 규칙을 세우기 위해 여러 가지 변수들 사이에서 존재하는 패턴이나 관계를 발견하여 고객의 행태에 대해 알려지지 않은 정보나 지식을 찾아내는 것이다.

이렇게 고객들의 실제 거래에 대해 데이터를 통해 유용한 정보를 유도하고 이를 이용하여 기업의 경영성과를 높이는 등 전략적 우위를 점유하는데 데이터 마이닝이 중요한 일익을 담당하고 있다. 그러므로 CRM 경영방식을 도입하고 유용한 고객정보를 비즈니스에 활용하여 기업의 시장위치를 개선하려면 이러한 데이터 마이닝을 잘 만들어야 한다.

(4) 콜센터

콜센터는 전화로 고객과 커뮤니케이션을 하기 위한 영업지원 및 고객서비스 센터로 숙련된 운영자가 고객만족을 위해 고객에게 판매정보를 전하거나 반대로 고객으로부터의 문의사항이나 불만요소를 처리하기도 한다.

콜센터는 IT의 발달과 함께 컴퓨터를 동반한 CTI(computer telephony integration)시스템이 주류를 이루고 있다. CTI는 고객의 구매데이터를 축적하여 고객의 전화번호를 입력하면 자동으로 과거 구매이력 및 서비스 이력 등이 지원될 수 있도록 하는 시스템이다.

콜센터는 고객의 접점을 통합해 줌으로써 고객이 원활하게 커뮤니케이션 할 수 있도록 하며 기업입장에서도 운영자가 주문이나 상담을 받더라도 공유된 고객데이터를 토대로 서비스할 수 있어 CRM실현에는 꼭 필요한 시스템이다.

(5) 웹 마이닝

웹 마이닝은 웹상에서 발생하는 모든 데이터를 분석대상으로 삼으며 서버접속 로그데이터, 사용자 등록정보, 사용자 트랜잭션, ERP 데이터 등이 있다. 웹 마이닝은 데이터 마이닝의 한 분야이기도 하지만 기존의 데이터 마이닝 알고리즘, 웹 데이터의 전처리를 위한 데이터 웨어하우징의 기술, 그 이외의 웹 환경관련 기술이 연관된 데이터 마이닝을 포함하는 개념으로 이해할 수 있다.

일반적으로 웹 마이닝은 대상이 되는 웹의 구조, 내용, 사용에 따라 웹 구조마이닝, 웹 내용 마이닝, 웹 사용 마이닝으로 구분된다.

1) 웹 구조 마이닝

웹 구조 마이닝은 웹사이트와 페이지의 구조적 요약정보를 얻는 것을 목표로 한다. 구조적 정보란 웹페이지 사이의 그래프구조를 말하며 이는 사이트관리에 응용할 수 있다. 또한 웹 로그분석은 서버에 접근한 사용자 정보가 기록되는 로그파일을 분석함으로써 단순히 웹 사이트에 방문한 사용자의 수를 아는 것 이상의 정보를 알고자 할 때나 기간별 분석, 사용자 분석, 페이지 분석 등 다양한 분석을 하고자 할 때 사용된다. 웹 서버에 대한 모든 접근은 웹 서버에서 로그파일로 기록되는데 보통 사용자 접근시간, 사용자 ID, 사용자의 IP주소, 요청한 웹페이지, 접근시 사용한 OS 등과 같은 데이터 마이닝기법을 적용할 수 있다.

2) 웹 내용 마이닝

웹 내용 마이닝은 실제 웹 사이트를 구성하고 있는 페이지로부터 의미있는 내용을 추출하는 기법이다. 일종의 정보추출이라고도 할 수 있으며 텍스트 마이닝기술과도 밀접한 관련이 있다.

다시 말하면 온라인에 있는 방대한 웹 데이터에서 유용한 정보를 자동으로 찾는 기술이다. 예를 들어 온라인 여행전문 사이트에서 유용한 정보를 찾는 역할을 하기도 하고 내용을 바탕으로 웹 사이트를 요약하는 기능도 지원한다.

3) 웹 사용 마이닝

웹 사용 마이닝은 웹 사용자의 사용패턴을 분석하는 것이다. 이를 통해 웹 사용자의 행동을 접속 통계정보 이상으로 이해할 수 있고 또한 웹페이지의 이용패턴을 알 수 있게 한다.

결국 이 정보는 사용자에게 더욱 친숙하게 페이지를 재구성하거나, 사용자별 맞춤형 웹 페이지 구성 등에 활용한다. 웹사용 마이닝은 응용분야도 많을 뿐만 아니라 웹 마이닝에서 주요하게 다루어지는 부분이기 때문에 요즘은 좁은 의미의 웹 마이닝을 의미하기도 한다.

2. eCRM의 가치와 구성요소

eCRM은 오프라인에서 진행되었던 마케팅, 판매, 서비스의 기업활동이 다시 e-Marketing, e-Selling, e-Service의 세 가지 활용분야로 발전하게 된다.

e-Marketing은 웹을 활용해 전통적인 마케팅기능 및 새로운 마케팅기능을 구현하는 것이다.

예를 들어 온라인을 이용한 광고, 촉진, 다이렉트 마케팅을 포함해 시장조사 및 고객참여, 가격정보 등이 e-Marketing에 해당한다.

e-Selling은 초기에 고객을 인식하는 것에서부터 상품, 서비스 전달과정에 이르기까지 고객의 전 구매과정을 웹상에서 처리할 수 있도록 하는 것이다.

고객의 구매의사 및 지불능력을 파악하고 고객이 원하는 제품을 추천할 수 있고 인터넷에서 주문을 생성할 수도 있다.

e-Service는 고객서비스 및 지원을 하는 용도로 전자채널을 활용하는 것이다. 즉 고객이 스스로 고객정보를 입력 및 수정하고 서비스 주문 및 고장신고처리 현황 등을 검색할 수 있다.

eCRM은 단순히 웹 사이트를 만드는 개념은 아니다. eCRM을 성공적으로 수행하기 위해서는 다음과 같은 몇 가지 중요한 구성요소를 갖추어야 한다.

(1) 전문인력을 확보해야 한다

새로운 비즈니스의 변화를 이겨낼 수 있고 또한 기술적으로도 문제를 해결할 수 있는 전문인력이 기업에서는 필요하다. 전문인력의 확보는 기업의 경쟁력을 만들어 낼 뿐만 아니라 비즈니스 성공여부를 좌우하기도 한다.

(2) 진행 프로세스 구축이 필요하다

고객이 주문하는 순간부터 마지막 주문상품을 인도받고 사용 이후 고객이 만족하고 있는지조차도 기업입장에서는 파악할 수 있어야 한다. 이것은 일련의 주문부터 이루어지는 프로세스가 제대로 구축되어 있어야만 가능한 일이다.

TRENDS 망원경

한국 펩시 콜라는 어떻게 K팝의 열혈 팬이 됐나

펩시는 마이클 잭슨, 브리트니 스피어스 등 세계적으로 유명한 아티스트와의 협업을 통해 차별화된 길을 걸어왔다. 팝 문화 및 예술을 촘촘하게 녹인 문화 마케팅의 뿌리가 깊게 내린 대표적 브랜드로 평가받는다. 한국 펩시 콜라는 2010년 이후로 K팝 아티스트의 후원자로 자리매김하면서 벌써 10년 가까이 K팝 팬덤과 열풍을 끌어안은 다양한 콘텐트로 소비자와 소통하고 있다.

한국 펩시 콜라는 박수영 대표 부임이래 브랜드 전략이 전체적으로 수정되기 시작했다. 특히 신제품 펩시 제로 슈거의 성공적 출시를 통해 브랜드의 확장이 이루어지고 있다. K팝 마케팅을 펩시의 브랜드 전략에 스며들도록 하겠다는 박 대표의 전술적 계획이 알맞은 타이밍에 이행되면서 펩시의 브랜드 자산(brand equity) 제고, K팝 열풍의 확대라는 결과로 이어졌다는 평가다.

2019년 4월 한국 펩시 콜라에 합류한 박 대표는 펩시코 US와 삼성전자 등에서 30년 넘게 근무하며 다양한 경력을 쌓은 브랜드 리더다. 박 대표는 부임직후부터 한국 문화의 시대정신에 대변혁을 가져다 주면서도 펩시의 브랜드 이미지 개선의 핵심 플랫폼이 될 잠재력이 있는 K팝의 매력에 푹 빠졌다. K팝 아티스트가 아닌 K팝 자체를 타깃으로 정한 이유를 묻자 박 대표는 "펩시코의 기업철학, 펩시의 브랜드 가치에 이질감 없이 통합될 수 있는 한국 문화 자산을 찾아다녔다"며 "그 완벽한 조합을 완성해줄 대상이 바로 K팝이라고 느꼈다"고 말했다. 박 대표는 한국 문화만이 가지고 있는 독특함과 다양성의 정수가 K팝이라는 생각에 관심을 갖게 됐다고 말했다.

"K팝은 한국의 정신을 대표하는 문화로 성장하면서 돌풍을 일으키기 시작했으며, 그 과정에서 K팝 고유의 정체성을 잃지 않았음은 물론, 글로벌 트렌드를 그 안에 품어내기까지 했습니다. K팝은 상업적 가치를 넘어서서 하나의 문화현상으로서 한국의 젊은 감성을 대표합니다."

문화, 시대, 세대의 융합

박 대표는 아티스트와의 전방위 협업을 추진하며 한국의 젊은 세대에게 어필할 수 있는 문화적 코드를 찾고 있다. 특히 MZ세대를 대표하는 젊은 스타와 적극적으로 소통하려는 의지가 강하기로 유명하다.

한국 펩시 콜라는 K팝과 펩시라는 두 가지 문화현상을 융합하고자 K팝 아티스트와 협업을 매년 이어가고 있다. 한국의 역사, 전통, 문화, 사회 등을 기념하는 메가 프로젝트들로, 국내외 유명 디자이너, K팝 아티스트, 프로듀서와 함께 제작한 오리지널 음악으로 MZ 세대의 마음을 사로잡고 있다. 또 코로나19 이후 소비자와의 접점을 만드는 데도 굉장히 효과적인 방법으로 입증된 SNS 챌린지는 브랜드를

한국 펩시콜라 박수영 대표, 한국의 MZ 세대를 대표하는 스타인 이강인(축구선수), 안유진. / 사진: 펩시

차별화하고 입지를 다지는 데 유용하게 활용되고 있다.

박 대표가 목표한 궤도대로 K팝 마케팅은 2019년 한국 펩시 콜라 브랜드 전략의 핵심 중 하나로 자리 잡으면서 'FOR THE LOVE OF IT'이라는 테마 아래 다양한 K팝 아티스트와의 협업이 시작되었다. 여자친구의 은하, 빅스의 라비와 홍빈, 몬스타엑스의 형원, 뮤직 프로듀서 그루비룸, 옹성우, 유명 아티스트 비와 소유 등이 펩시와 팀을 이룬 프로젝트를 시작으로 2020년 캠페인에는 '아무노래'로 대국민 유행을 일으킨 지코와 거대 팬덤을 보유한 대표 아이돌 강다니엘이 메가급 유닛 그룹을 이뤘다. 브랜디드 캠페인으로는 보기 힘든 글로벌적 인기를 이끌어낸 배경이다.

2021년 라인업은 장르를 불문한 조화를 이뤄냈다는 평가를 받는다. 그룹 아이즈원의 권은비, 사쿠라, 김민주, 조유리, 장원영과 소유의 컬래버를 시작으로 하반기에는 관록의 댄스가수 비, 전례없는 역주행 신화를 쓴 브레이브걸스의 유정, 유나, 글로벌아이돌 몬스타엑스의 셔누, 형원, 아이엠과 루키 아이돌 에이티즈의 홍중, 윤호, 아이즈원의 유진, 우주소녀 다영, 이강인 선수를 비롯해 장르를 뛰어넘은 협업에서 새로운 이미지를 보여준 영탁 등 다양한 아티스트들이 함께했다.

협업에서 챌린지까지, 브랜드와 아티스트의 관계 재정립한 한국 펩시 콜라

한국에서 펩시의 문화 마케팅 전략은 가치 있는 파트너십을 지향하는 오늘날의 사회·문화적 코드를 상징한다. K팝 마케팅 프로그램은 브랜드와 아티스트의 협업을 가능케 할 뿐만 아니라 아티스트 간의 협업을 촉진하기도 했다. 한국 펩시 콜라의 프로젝트에 직접 참여하지 않은 여러 K팝 아티스트가 마치 약속이라도 한 듯 바이럴 캠페인에 참여했던 모습은 이러한 아티스트 간 협업 역시 성공적으로 이루어졌음을 알 수 있다.

'ZERO:ATTITUDE'와 'SUMMER TASTE' 등 각각의 SNS 챌린지에서는 뮤직 콘텐트에 직접 참여한 아티스트 외에도 수많은 K팝 아티스트가 매년 동참하고 있어 국내외 K팝 팬들 사이에서도 연이어 화제를 만들고 있다.

옛것과 새것의 경계를 너머, 한국 펩시 콜라의 비전

새롭고 신나는 K팝 문화협업과 콘텐트 생산은 2022년에도 이어질 예정이다. 박 대표는 "과거의 문화적 자취를 새삼 다시 돌아보며 문화 재생산을 이뤄가고 있다"고 말했다.

"트렌드에 발맞춰 그 어느 때보다 더욱 다양한 장르, 연령층을 아우를 수 있는 아티스트와의 협업을 언제나 꿈꾸고 있습니다. 브랜드 캠페인 빌더를 뛰어넘어 더 많은 아티스트를 응원할 수 있는 콘텐트 파트너가 되길 희망합니다."

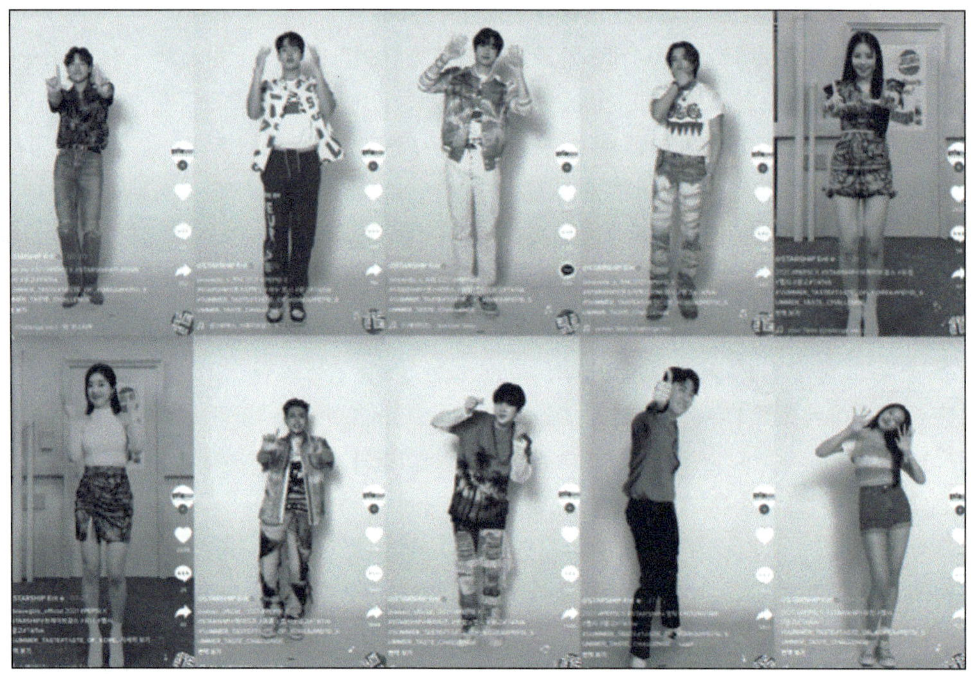

2021 펩시 TASTE OF KOREA 캠페인의 하나로 글로벌 SNS 틱톡에서 컬래버레이션 음악 'Summer Taste'의 댄스 챌린지가 진행되었다. 비, 몬스타엑스(셔누, 형원, 아이엠), 브레이브걸스(유정, 유나), 에이티즈(홍중, 윤호), 영탁, 안유진, 우주소녀 다영, 크래비티의 태영, 형준, 유튜브 크리에이터 땡깡을 비롯한 여러 K팝 아티스트와 크리에이터가 캠페인에 참여하여 전 세계 팬의 주목을 끌었다. Summer Taste는 글로벌 K팝 팬의 사랑에 힘입어 해외 10개국 및 지역 iTunes K팝 차트 TOP 10에 이름을 올렸다. / 사진:펩시

• 출처 : 포브스코리아 2021년 10월 23일

롯데하이마트의 온·오프라인 통합 '옴니 채널' 확대

(3) 채널 간 통합이 이루어져야 한다

이것은 기업의 다양한 채널에서 모두 고객을 위해 준비된 서비스를 제공해야 하나 부서마다의 역할과 상황 때문에 서로 다른 CRM 서비스를 제공하곤 한다. 그러나 고객의 입장에서는 통합되지 못한 서비스로 인해 충분한 만족을 이루지 못하는 경우가 발생한다. 이는 채널의 통합관리가 필요한 이유다.

3. eCRM구축 프로세스와 사례

(1) eCRM구축 프로세스

eCRM구축은 단순히 고객정보분석시스템, 콜센터시스템, 판매정보관리시스템을 구축한다는 의미는 아니다. 즉 전사적인 고객지향적인 시스템의 중심에 고객정보통합시스템을 구축한다는 의미로 받아들여야 한다.

따라서 특정 시스템구축 회사에 위임하여 진행하는 방식보다는 기업의 전반적인 철학과 종합프로세스를 재설정하고 시스템구축을 차별화할 수 있는 접근이 필요한 것이다.

이 과정에서 중요한 사항은 반드시 경영전략, 표적시장, 주고객층, 데이터베이스 등급, 캠페인과 마케팅활동 등 여러 가지 다양한 측면에서 진행되어야 한다는 것이다. [그림 13-2]는 eCRM구축 프로세스를 나타내고 있다.

그림 13-2 eCRM 구축 프로세스

- eCRM의 경영전략 및 상황분석
- 커뮤니케이션 접점 경로발굴
- 표적고객 설정
- 고객관리 목표설정 및 관리방법 개선
- 고객데이터 정비
- 고객등급 모델화
- 고객평가가치 분석
- 데이터 마이닝과 데이터 분석도구
- DB 통합 및 구축과 활용
- 고객세부화, 캠페인 프로그램
- 성과분석 및 의사결정

(2) eCRM 구축사례

eCRM의 목표는 고객의 필요를 이해하고 예측하며 그것을 마케팅으로 연결하는 것이다. eCRM이 잘 이루어지면 기업의 매출과 이윤 등 성과에도 영향을 미친다. 이는 인터넷의 발달로 인해 고객의 불만을 실시간 파악할 수 있게 되면서 고객만족을 위한 전략구사도 가능하게 된다.

또한 인터넷은 고객으로 하여금 투명한 가격정보를 제공받게 하고 이는 바로 인터넷이나 이동통신수단에 의한 즉각적인 구매도 가능하게 한다.

eCRM의 효과는 고객만족의 제고를 통한 기존 고객의 유지 및 신규고객의 발굴, 교차판매나 업셀을 통해서 기존 고객에 대한 매출의 증대를 가져온다. 하지만 eCRM에 있어서는 구성요소 간의 조화를 맞추는 것이 중요하고 이를 위해서는 구성원의 조화와 협조가 반드시 지원되어야 한다.

eCRM이 잘 구축된 사례로 뮤추얼펀드를 운용하는 Vanguard(www.vanguard. com)사의 차별화된 전략에 대해 알아보자.

이 회사는 500억불의 수신고를 유지하고 웹 사이트를 구축하는데 1억불을 투자하였다. 아주 엄선된 고객에게만 투자정보를 엄격하게 제공하며 상품은 절대로 팔지 않는다. Vanguard사의 회원이 되기 위해서 상당히 복잡하고 시간도 많이 걸린다. 이는 고객의 신용에 대한 보완을 검토하여 고객을 선정하기 때문이다. 이들의 대상고객은 일일 투자자가 아닌 장기간에

걸쳐 투자를 유지하는 고객이며 그 고객을 대상으로 엄선된 투자상품에 대한 정보를 제공함으로써 고객과 매우 가까운 거리에서의 고객 포트폴리오를 관리해 주는 노력을 하고 있다. 고객의 펀드에 대해 자세히 분석한 정보를 알려주기 때문에 고객들은 자연스럽게 이 회사를 신뢰할 수밖에 없다. 인터넷을 활용한 신뢰가 오프라인보다 쉬운 일은 아니나 한 사이트에 신뢰가 생기면 지속적으로 그 사이트를 활용하는 만큼 사이트신뢰도는 높아진다.

따라서 고객유지를 5%만 올리면 이윤은 25~95%까지 증가하게 된다. 고객과의 관계에서 최초 3년 동안은 많은 투자가 필요하지만 일정기간이 지나면 빠른 속도로 수익회복은 가능해진다. 이처럼 기존 고객을 잘 구축해 놓으면 구전효과가 일어날 수 있게 되며 이런 구전효과로 들어온 고객의 특징은 관리비용이 거의 들지 않기 때문에 비용측면에서도 더욱 효과적이다.

이처럼 e비즈니스는 기본적으로 네트워크 사업이다. e비즈니스에서 가치를 창출하는 중요 네트워크로는 고객 네트워크, 공급자 네트워크, 파트너 네트워크가 있다. 이 중 가장 중요한 것은 역시 고객 네트워크이며 이 고객 네트워크를 효과적으로 관리하기 위해서 eCRM이 필요하다.

e비즈니스는 오프라인 비즈니스에 비해 고객과 직접적으로 접촉하면서 많은 고객 데이터를 수집할 수 있다. 이런 특성 때문에 e비즈니스에서는 eCRM을 도입하기 용이하고 그만큼 많은 기업들이 더 정교한 eCRM을 전개하고자 할 것이다. 즉 e비즈니스에서는 경쟁사에 대한 방어적 입장에서도 eCRM을 도입하지 않을 수 없다.

eCRM은 기존의 오프라인 CRM에 비해 인터넷을 통해 고객 데이터를 수집하고 고객과 커뮤니케이션할 수 있다는 특징이 있다. 또 e비즈니스의 특징인 실시간 반응(real time reaction), 실시간 가격책정(real time pricing) 등을 CRM에 도입할 수 있다는 장점도 있다.

또 eCRM은 고객과 회사 간의 물리적인 거리를 제거함으로써 글로벌 관점에서 고객관리를 할 수 있다. 즉, eCRM에서는 아프리카나 알래스카에 있는 고객이라도 얼마든지 관리할 수 있다. 물론 이러한 eCRM은 e비즈니스 기업만이 실행할 수 있는 것은 아니다. 오프라인 기업도 고객관리는 인터넷을 통해서 할 수 있기 때문이다.

제3절 모바일 커머스(M-Commerce)

1. 모바일 커머스의 개념

(1) 모바일 커머스의 의미

모바일 커머스(mobile commerce)는 전자상거래를 무선인터넷과 결합한 형태로 우리가 사용하는 스마트폰을 활용하여 전자상거래를 실행하는 경우가 대표적인 모바일 커머스의 예이다. 기업측면에서는 모바일 커머스를 활용함으로써 얻게 되는 장점으로 거래비용 절감, 판매생산성 향상, 고객서비스 효율증대 등을 들 수 있다.

현재 모바일 커머스 시장은 무선인터넷 시장의 발달 및 금융결제 기능의 결합으로 급속도의 발달을 예고하고 있다. 이처럼 시장의 변화가 예측할 수 없을 정도로 나타나고 있고 그에 따른 기술의 변화속도도 더욱 광속화하여 아무도 미래의 모바일 커머스시장을 예측하기란 쉽지 않은 것이 현실이다. 다만 관련분야의 선도기업들은 차세대변화를 주도할 제품개발에 집중하고 있을 것으로 생각된다.

2. 모바일 커머스 특징

모바일 커머스 특징으로는 무선단말기 활용, 시간과 공간의 무제한성, 기업과 고객의 공동기대심리 등이다.

(1) 무선단말기 활용

무선인터넷의 발전은 전자상거래 분야로 영역이 확장되고 있다. 무선인터넷을 활용할 수 있는 무선기기의 대표적 단말기로 스마트폰, PDA 등이 있다. 아울러 머지않아 컴퓨터와 스마트폰이 결합된 새로운 형태의 무선단말기가 출현할 것으로 예상된다. 속속 등장하고 있는 형태로 보면 간단한 손목시계형, 안경형, 의류형 등이 집중개발되고 있는 추세다.

(2) 시간과 공간의 무제한성

모바일 커머스는 무선인터넷을 기반으로 활용됨으로 시간과 공간에 대한 제한이 거의 없다. 무선이 지원되지 않는 지역이 아닌 이상, 실시간 인공위성을 활용한 무선활용은 모바일 커머스 시장의 확대를 가져 올 것이다.

(3) 기업과 고객의 공동기대심리

많은 정보를 전달하려는 기업과 어디에서든지 많은 정보를 얻어 즉시 활용하려는 고객사이에서 모바일 커머스를 이용하면 시공간에 구애받지 않는 정보교환에 대한 공동의 기대심리를 가지고 있을 것이다.

3. 모바일 커머스 유형

모바일 커머스는 상품정보서비스, 엔터테인먼트 서비스, 모바일 포털서비스 등의 유형으로 구분된다.

(1) 모바일 상품정보서비스

모바일 상품정보서비스는 이동중인 고객에게 제품과 서비스에 대한 정보, 고객별 맞춤서비스, 거래에 대한 프로세스에 관련된 정보를 제공한다. 모바일 상품정보서비스는 점점 그 활용 분야가 다양해지고 있다.

1) 모바일 뱅킹서비스

모바일 뱅킹서비스는 이동중인 고객에게 은행이 금융상품서비스인 입출금, 잔액조회, 계좌이체 등의 업무지원을 해주는 서비스다. 이러한 서비스는 은행의 입장에서 고객 서비스의 향상과 비용절감 차원에서 효과를 기대할 수 있으며 고객입장에서는 오프라인 은행에 방문하지 않고서도 은행거래가 가능하다는 편리성을 제공한다.

2) 모바일 증권서비스

모바일 증권서비스는 이동중인 고객에게 무선인터넷을 통해 증권거래를 제공하는 서비스를 의미한다. 물론 이용할 수 있는 시간은 증권거래 가능시간인 오전 9시에서 오후 3시까지로 한정되어 있다.

3) 모바일 쇼핑

모바일 쇼핑은 이동중인 고객에게 인터넷을 통해 제품과 서비스를 쇼핑할 수 있도록 지원하는 서비스를 말한다. 아직은 시장이 초기단계이나 다양한 정보제공을 활용하면 고객입장에서는 구매의사결정을 쉽고 편리하게 할 수 있다는 장점이 있다. 그러나 쇼핑에 필요한 볼거리가 작은 화면에 제한이 있어 다소 만족스럽지는 않을 수 있다.

TRENDS 망원경

"숟가락 하나까지 고민"...백화점 F&B 매장에 2030 불러모은 비결

메뉴 기획부터 브랜드 서칭까지, 백화점 바이어의 일

Q. 백화점 바이어는 어떤 일을 하나요?

쉽게 말하면 백화점에 입점할 브랜드를 발굴하고, 유치하고, 들여오는 일을 해요. 그 과정에 필요한 브랜딩이나 컨설팅도 맡고요. 저는 F&B팀 소속이라 주로 맛집을 다뤄요. 8년 전 입사해서 2020년 9월까지 점포에서 일하다가, 그해 하반기에 바이어로 발령을 받았어요. 바이어팀이 더현대 서울 지점 오픈을 준비하고 있던 때였고요. 당시엔 지하 1층 푸드코트에 브랜드를 입점시켰고, 지금은 6층 식당가 담당이에요.

Q. 더현대 서울이 화제가 되며 F&B 공간도 주목받았는데요. 어떻게 구성했나요?

더현대 서울에는 지하 1층과 6층 두 군데에 F&B 공간이 있어요. 두 층의 접근 방식은 완전히 반대예요. 통상 백화점 식품관은 콘셉트를 정하고 레이아웃을 그린 후 브랜드를 선정하거든요. 그런데 더현대 서울 지하 식품관은 카테고리별로 메뉴를 먼저 정하고, 6층은 입점 브랜드를 먼저 정했어요.

지하 식품관은 '센트럴파크'를 콘셉트로 잡았어요. 작은 여의도 광장을 만든다고 생각하고 가운데 에스컬레이터를 중심으로 레이아웃을 짰어요. 각 구획된 공간에 브랜드를 채워갔고요. 6층 테넌트(단독 매장)는 단독 매장은 별도의 담당자가 있었는데요. 블루보틀처럼 꼭 함께하고 싶은 키 브랜드를 먼저 정했습니다. 브랜드를 위한 여건을 만들고, 그에 맞춰 레이아웃을 짜는 식으로요.

브랜드 선정엔 기준이 있어요. 식사 브랜드 10곳을 들인다고 하면 한식 2곳, 양식 1곳, 일식 1곳, 아

F&B 공간기획자 인터뷰를 진행 중인 이희오 바이어. ⓒ폴인, 최지훈

시안 1곳 등 정해져 있죠. 여의도는 젊은 직장인이 많은 지역이니 양식이나 아시아 음식을 좀 더 늘렸어요. 상품군을 정한 뒤 후보 서너 곳을 1년간 리스트업했어요. 왜 이 브랜드가 1순위인지, 3순위 브랜드를 넣으려면 어떻게 해야 할지 고민하고 설득하는 과정을 거듭했죠.

Q. 브랜드 발굴 과정이 궁금합니다. '이 브랜드는 될 것 같다' 감이 오는 경우는 언제인가요?

사실 어떤 브랜드가 잘될지는 고객의 선택에 달린 부분이라 알 수 없어요. 단지 확률을 높이려고 노력할 뿐이에요.

팝업 브랜드는 한끗 다른 재미 포인트가 있거나, 담음새가 좋아서 사진 찍기 좋은 상품인 경우 먼저 고려해요. 이를테면 떡볶이는 누구나 다 좋아하잖아요. 거기에 가래떡을 턱턱 썰어주는 퍼포먼스가 있다면 다른 재미가 되죠.

상설 브랜드를 컨택하는 기준은 아주 개인적이지만, '한 번 더 간 곳'이에요. 바이어는 하루에도 수많은 브랜드를 만나잖아요. 제가 두 번 이상 갔다면 정말 맛있다는 뜻이거든요. 오래 사랑받을 수 있는 클래식 브랜드라 생각하고 입점을 제안해요. '홍제동 우동국수'라는 노포가 있었는데, 노포 특성상 백화점에 입점한다는 건 상상이 안 되거든요. 그런데 메뉴가 너무 맛있어서 바로 제안을 드렸죠.

Q. 그러면 기존 매장보다 훨씬 작은 규모에 브랜드의 정체성을 담아야 할 텐데요.

지하식품관은 좁은 공간에 통일된 양식을 사용해야 해서 브랜드 고유의 디자인을 충분히 살리긴 어려운 게 사실이에요. 오직 메뉴로 승부를 봐야 하죠. 보통 사람들은 지하 푸드코트에 와서 특정 브랜드 이름을 대며 '먹으러 갈래' 하지 않아요. 메뉴명을 들며 '돈가스 먹을 거야'라고 하죠.

그래서 메뉴로 브랜드 아이덴티티를 각인시켜요. 단품을 특화하고 그 메뉴를 맛있게, 빠르게 제공할 수 있도록 공간을 기획해요.

Q. 예를 들면요?

일단 키 메뉴와 회전율을 고려해 메뉴를 '편집'해요. 본 매장에서 10가지 메뉴를 만든다면 백화점에선 1, 2개만 하는 수준으로 정리해요. 실제 인기가 많거나, 그 상권에 어필할 수 있는 메뉴 몇 가지를 추리죠.

주방도 꼼꼼히 살펴요. 효율적인 동선은 물론, 위생법에 어긋나지 않도록 안내하고요. 조리 도구부터 소스 하나하나까지 챙겨요. 필요하면 OEM(완제품 생산) 업체도 알아봐요. 빵을 만든다고 하면 생지는 어디에서 공급해오자, 하는 단계까지 함께 정하죠. 브랜드 단독으로 풀기 어려운 문제를 전문가 인력이 붙어 함께 해결하죠. 그 과정에서 브랜드를 더 단단히 다질 수 있도록요.

그때는 틀렸지만 지금은 맞는' 유연함 필요

Q. 그동안 진행한 팝업 중 특별히 기억에 남는 경우가 있나요?

2020년에 춘천 기반의 감자밭 카페와 함께한 '감자빵' 팝업이 기억나요. 인스타그램을 둘러보다 동기가 웬 감자를 찍어 올렸길래 뭐냐고 물었더니 감자빵이라고 하더라고요. 밭에서 막 캔 감자 같았는데 빵이라니, 재밌는 포인트라고 생각했죠.

바로 이미소 대표님께 연락을 드렸어요. 처음엔 거절하셨는데, 브랜드에 대해 알면 알수록 너무 매력적이라 포기하기 아쉽더라고요. 거듭 요청한 끝에 팝업을 진행하기로 했고, 함께 브랜딩을 다듬기로 했죠.

하나부터 열까지 정말 공을 많이 들였지만, 특히 포장에 신경을 많이 썼어요. 진짜 감자 같은 모양새가 포인트라고 생각했고, 그걸 잘 살리고 싶었어요. 바구니 · 박스 · 봉지 등 다양한 포장 방법을 시도했어요. 세 알씩, 다섯 알씩 넣어보면서 봉지 크기를 결정했죠.

상자도 저희 야채 바이어에게 부탁해 최대한 농산물처럼 보이게 포장했어요.

예쁜 백화점 상자로는 그 느낌이 잘 살지 않았거든요. 진짜 감자를 파는 것처럼, 농부가 밭에서 캐온 것처럼 보이게 하려고 행사장도 '밭'처럼 연출했고요.

그렇게 팝업스토어를 오픈했고 3개월 동안 12억원 매출을 올렸어요. 엄청난 성공이었죠. 행사 흐름을 실제 판매로 잘 이어가지 못하는 브랜드도 많은데, 두 대표님이 에너지가 워낙 좋으셔서 꾸준히 성장하고 있어서 더 좋고요. 지금은 200억 매출에 달하는 회사가 됐죠.

Q. 브랜드를 입점할 때 담당 실무자와 경영진 간 의견 차이가 있을 듯한데요. 어떻게 설득했나요?

이렇게 말씀드리면 의외겠지만, 바이어를 많이 믿어주시는 편입니다(웃음). '어련히 좋은 브랜드를

감자밭 브랜드의 대중 인지도를 끌어올린 더현대 서울의 감자빵 팝업. ⓒ현대백화점

택했겠지' 하셨죠. 관심이 가거나 들이고 싶은 브랜드가 생기면 팀장님을 모시고 같이 밥을 먹으러 갔어요. 직접 맛보며 브랜드의 가치를 느끼면 설득이 훨씬 수월했죠.
저희 팀은 하루 1시간 30분 이상 무조건 시장조사를 나가요. 점심시간을 활용해서 성수·연남·망원 같은 지역에 시장 조사를 가요. 저는 식사 담당인데, 카페와 베이커리를 맡는 바이어들과 팀을 이뤄서 가요. 그날 가고 싶은 곳들로 코스를 짜서 다녀오는 거죠. 30분 미만 거리라면 꼭 걸어가요. 오가며 그 지역의 상권을 보고 어떤 브랜드가 생기고 없어졌는지, 상권이 얼마나, 어떻게 확장되고 있는지를 보죠. 먹거리뿐 아니라 의류나 라이프스타일 팝업도 눈여겨봐요. 고객이 어떤 걸 좋아하는지 파악하기 좋으니까요.

Q. 입점 후에도 지속해서 관리하는 편인가요?
일단 입점하면 끝까지 책임진다는 게 저희 철칙이에요. 잘될 때까지 케어하죠. 이미 성공한 브랜드를 모실 때도 있지만, 가능성이 보이는 단계의 브랜드를 입점시킬 때도 있거든요.
메뉴를 바꾸든, 리브랜딩을 하든 다양한 방법을 동원하고요. 잔소리도 많이 해요. (웃음) 신규 브랜드가 많다 보니 바이어들이 그릇, 숟가락, 물잔 하나까지 모두 봐드리죠.
그저 "백화점에 들어오세요" 수준이 아니라, 새로운 매장을 하나 만든다고 생각하면 돼요. 백화점 문법에 맞게, 브랜드가 더 잘될 수 있게 구체적인 데이터를 드리고 그에 맞춰 가이드해요.

• 출처 : 중앙일보 2022년 11월 10일

(2) 모바일 엔터테인먼트 서비스

모바일 엔터테인먼트 서비스는 이동중인 고객에게 다양한 엔터테인먼트를 제공할 수 있는 서비스를 말한다. 최근 모바일게임이 성행하는 등 다양한 분야로 확장되고 있는 추세다. 서비스분야 산업이 확대되면서 모바일 엔터테인먼트 서비스는 더욱 발전이 기대되는 분야다.

(3) 모바일 포털서비스

모바일 포털서비스는 고객이 이동중인 경우, 무선의 웹포털을 이용하여 사용자에게 비즈니스의 편의를 제공할 수 있는 포털서비스를 말한다. 이러한 모바일 포털서비스는 소수의 제작자가 제공한 컨텐츠를 다수의 고객들이 사용할 수 있는 서비스이며 가끔은 소수의 인원이 다수가 제작한 컨텐츠를 직접 접속 및 활용하는 경우도 있다.

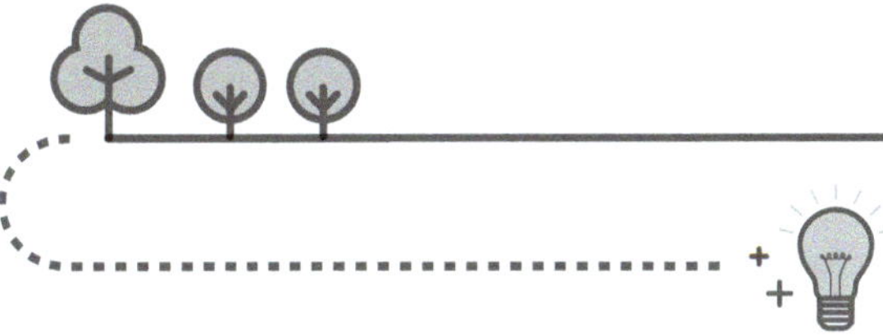

제14장

기업환경과 CRM

새벽배송 유일 흑자 오아시스마켓 물류센터 가보니

딸기·두부 주문하면 한 박스에…'합배송' 매력

오아시스마켓은 물류센터 직원이 물류 앱 '오아시스루트'를 본인 스마트폰에 깔아 주문을 확인해가며 '대신 장보기' 식으로 합포장을 한다.

매서운 추위에도 크고 작은 트럭이 쉴 새 없이 물건을 실어 나르고 있다. 하루 처리건수만 2만 5000여건이 넘는다는 성남 오아시스마켓 물류센터 모습이다. 특히 야외물류 공간 한편을 차지하고 있는 로봇들이 눈길을 사로잡는다. 사람 키의 2배 정도 큰 로봇인데 물류센터에서 방금 막 나온 택배박스를 능숙하게 분류해 차에 신기 좋게 쌓고 있다. 워낙 민첩하고 정확하게 움직이다 보니 한동안 넋 놓고 지켜볼 정도다.

동행한 김수희 오아시스 이사는 "트럭마다 적재공간 크기, 높이가 다 다르고 배송나갈 지역도 상이하다. 그래서 지역별 맞춤형으로 박스를 분류하고 쌓아 상차(물건을 차에 실음)하기 좋게 하는 작업과정이 필요하다. 로봇도입 전까지는 담당 직원들이 워낙 힘들어하는 작업이었다. 따라서 인력수급도 쉽지 않았다. 로봇도입 후 배송속도 개선 등 효율성이 극대화되고 있다"고 말했다.

오아시스마켓 주요 물류 인프라	
성남 스마트 통합 물류센터	
일일 배송 건수	평균 2만 5000건
연면적	4500평
작업자 수	350~400
의왕 스마트 풀필먼트센터	
일일 배송 건수	7000~1만건
연면적	3만평
작업자 수	약 150평

오아시스마켓

오아시스마켓은 2011년 출범 이래 지난해까지 흑자행진을 이어오고 있는 새벽배송 e커머스 전문 업체다. 지난해 매출액은 3570억원, 영업이익은 57억원을 달성했다. 올해 실적은 더 좋아졌다. 이미 3분기까지 누적 매출액이 3118억원으로 지난해 전체 매출액에 육박한다. 같은 기간 영업이익도 77억원을 기록, 전년 동기 대비 79% 늘어났다.

대부분 새벽배송 업체가 적자거나 최근 심지어 새벽배송 서비스를 없애는 회사가 많다. 이런 와중에 오아시스마켓은 오히려 새벽배송을 강화하는 분위기다. 최근에는 의왕에 대규모 물류센터를 추가하는 등 투자를 늘리고 있다. 그럼에도 흑자행진을 이어가는 비결이 뭘까. 물류센터에 직접 가보니 그 배경을 일부나마 알 수 있었다.

▶ '합배송·시스템'이 효자

▷2011년부터 흑자행진

e커머스업계 화두 중 하나는 물류 효율화다. 이를 가능케 하려면 무엇보다 '합배송'을 할 수 있느냐가 관건이다. 합배송은 여러 물건을 한 박스에 담아 배송한다는 물류 용어다.

"합배송이 왜 중요하냐면 비용 절감을 극대화할 수 있어서입니다. 합포장이라는 게 한 군데 목적지에 도착할 물건을 한데 모아 포장한다는 것이기에 물류비 절감에 굉장히 기여를 많이 하죠. 쿠팡도 과거에는 합포장 능력이 없어 같은 물건 10개를 주문하면 10개의 박스가 오던 적이 있었어요. 이걸 한 박스에 넣어 배송하면 물류비는 10분의 1이 되는 거죠. 물류센터에서부터 데이터 기반으로 풀필먼트, 합배송시스템을 구축했느냐가 e커머스 회사의 수익성을 좌우합니다. 오아시스마켓은 그런 점을 일찌감치 파악해 사업초반부터 시스템화했기 때문에 흑자를 낼 수 있었습니다." 민정웅 인하대 물류전문대학원 교수의 분석이다.

이런 설명을 듣고 직접 들어가본 오아시스 물류센터. 일단 춥다. 냉동, 냉장제품을 모두 다루다 보니 그렇단다. 현장 작업자들은 연중 겨울옷을 입고 일하고 있다고 했다.

통상 물류센터하면 네모반듯한 서가(書架)형 선반이 늘어서 있는 장면을 떠올릴 법하다. 그런데 오아시스마켓 물류센터 내부는 대형마트에 온 듯하다. 냉동식품부터 냉장, 상온 제품들이 품목별로 진열돼 있다. 이 역시 작업자들이 합배송을 하는 과정에서 편하게 피킹(집품)할 수 있도록 최적의 동선을 고려한 설계란다. 고객이 온라인에서 물건을 고르면 이를 물류센터 직원이 마트에 가서 대신 장을 봐주는 원리라는 설명이 뒤따른다.

김수희 이사는 "현장 직원에게 쇼핑하듯 피킹하게 만들었더니 입사 첫날부터 현장에 투입해도 바로 업무를 따라잡을 수 있더라"며 "고객입장에서는 생활용품이나 반찬거리 등은 한 번에 쇼핑하는 경우가 많다 보니 쇼핑 빅데이터를 바탕으로 가장 빈도 높은 아이템별로 진열을 해둬서 집품 동선을 최소화할 수 있게 됐다"고 설명했다.

그런데 물건을 담는 직원들 행동이 좀 남다르다.

이들은 연신 자신의 스마트폰을 보면서 일을 하고 있다. '업무시간에 딴짓하는 것 아닌가' 했는데 그게 아니다. 회사 자체 물류관리 앱을 본인 스마트폰에 깔기만 하면 그날부터 바로 피킹은 물론 패킹(포장)까지 할 수 있는 시스템의 일환이다. 일명 '오아시스루트'다.

피킹 합배송을 예로 들면 한 고객이 대파, 콩나물, 닭갈비 등을 시켰다. 그러면 작업자는 오아시스루트를 통해 고객주문 확인서를 QR코드로 스캔한다. 이후 앱이 알려주는 대로 물류센터 내 상품 위치를 파악해 찾아간다. 그리고 한 바구니에 고객 주문상품을 차례대로 담는다. 이런 바구니 15개를 실은 카트가 패킹장소로 이동한다. 그러면 이번에는 패킹 담당직원이 앱에 담긴 주문서 내역과 실제 상품을 확인, 한 박스에 냉동, 냉장, 상온 제품을 차례대로 담아 포장을 한다.

김수희 이사는 "한 직원이 15가구 주문을 처리하는 데까지 걸리는 시간은 약 30분 정도에 불과하다"며 "오아시스루트 화면에 표시된 상품코드를 따라 작업자가 정해진 동선을 돌게 돼 있어 상품을 찾는 데 걸리는 시간, 패킹하는 데까지 들이는 시간이 굉장히 짧다"고 말했다. 현재 성남 물류센터의 동시 피킹건수는 1000건에 달한다.

배송 담당자 역시 오아시스루트로 움직이며 효율성을 극대화하고 있다. 배송 담당자는 포장이 완료된 박스에 붙여진 QR 스티커를 스캔해 배송할 상품을 오아시스루트에 등록한다. 이후 담당 배송 권역 상품이 지도에 표시되면 로봇이 배송 담당자가 배송하기 좋게 지역별, 주문 순서대로 상품을 차에 실어준다. 배송 담당자는 배송을 시작한다. 집 앞에 물건 배달을 완료하고 문 앞에 놓인 박스를 오아시스루트를 통해 촬영한 후 송부하면 끝이다.

▶ IT 물류 특허만 지난해 3건

▷모회사 지어소프트가 조력

'최적의 피킹, 패킹 동선 구축, 쉬운 소프트웨어, 힘든 일은 로봇 대체.'

오아시스마켓 합포장 시스템의 장점이다. 이런 시스템을 조기에 구축하고 안정화시킨 비결은 오아시스 모회사 지어소프트를 빼놓고 설명하기 쉽지 않다. 참고로 오아시스마켓 대주주는 상장사 지어소프트, 즉 IT 회사다. 지분율은 12월 기준 55.17%다.

지어소프트는 오아시스마켓 초기부터 물류 자동화와 IT 기반 시스템 구축에 공을 들였다. 그 결과 상당 부분을 내재화하면서 원가 절감을 일궈낼 수 있었다. 이 기술은 대내외적으로 인정도 받았다. 지난해 특허청으로부터 피킹, 패킹 부문 특허만 3개를 취득했다.

이렇게 자체 시스템을 구축하다 보니 사업 초기부터 물류 부문에서 비용 절감을 할 수 있었고 이는 흑자 경영에 큰 힘이 됐다.

김수희 이사는 "물류센터 설립 비용은 오아시스루트라는 소프트웨어 중심으로 설계한 덕분에 크게 절감할 수 있었다. 동종 업계 다른 기업의 경우 물류센터 설립에 적게는 100억원, 많게는 300억원 넘게 들지만 오아시스마켓은 20억~30억원 비용으로 구축했다"고 소개했다. 오아시스마켓은 오아시스루트를 누구나 사용하기 쉽게 개발한 만큼 다른 업체에서도 활용할 수 있다고 내다보고 오아시스루트의 수출·판매도 고려 중이라고 밝혔다.

민정웅 교수는 "자체 기술력을 바탕으로 효율성을 극대화한 사례"라고 총평했다.

● 출처 : 매일경제 2022년 12월 9일

뱅앤올룹슨 CEO 튜 만토니는 "'이 제품을 내놓으면 팔리겠다'는 계산은 애초에 안 합니다. '이젠 무엇을 만들어야 새로울까'만 생각하죠. 우리는 항상 '남들이 아무도 해보지 않았던 것'에 욕심을 내왔고 그만큼 우리가 내놓은 제품 중 실패한 것도 제법 많았습니다. 그렇지만 우리는 늘 개의치 않고 신제품을 냈고, 이번 스피커가 설령 시장에서 외면받는다고 해도 후회하지 않을 것입니다. 우리는 도전자체가 성취라고 믿기 때문이죠."라고 말한다.

덴마크 오디오 기기회사 '뱅앤올룹슨(Bang & Olufsen)' CEO의 이야기에서 알 수 있듯이 고객의 환경과 기업의 비즈니스 환경은 변화무쌍하다. 그러나 시장을 선도하는 기업의 경영철학은 시장을 이해하는 것보다, 시장을 혜안으로 진단하고 이끌어가는 차별화된 그 무엇이 존재하고 있음을 알 수 있다.

이것은 국가마다의 상황이 다르고 비즈니스 시장의 특성이 달라서 그 시장고객들의 요구사항이 다양하기 때문이다. 이를 명확하게 예측하기 위해서는 철저한 조사와 분석, 그리고 고객성향을 파악하는 등의 프로세스 접근이 필요할 것이다.

제1절 국가별 CRM과 기업환경

국내기업 사이에 1990년대 후반부터 고객이 원하는 제품과 서비스를 제공하기 위한 기업경영이 본격적으로 등장하였다. 이 시기는 국내기업의 고객관계관리(CRM)의 본격화시기라 할 수 있다.

CRM은 개별고객의 특성을 찾아내고 이에 맞는 마케팅활동을 통해 전략과 실행프로그램을 운영하는 경영관리기법이다.

경쟁이 더할수록 고객의 원하는 바는 더욱 커지고 요구가 다양해지면서 고객정보의 활용정도가 이제 비즈니스를 좌우하는 중요한 지표가 된다. 이러한 고객정보는 기업이 가지고 있는 유형무형의 자산과 더불어 중요한 자산이 되며 기업은 고객의 정보자산을 효과적으로 활용하는 방법을 구상해야 한다.

요즘 선진국에서는 일반기업뿐만 아니라 공공분야에서도 CRM을 적용하고 있다. 영국의 경우 2003년부터 National CRM 프로그램에 의거하여 지역주민을 관심사와 이해관계에 따라 구분하고 정책수립시 협의 대상을 구체화하여 정책수용성을 재고하기도 한다.

또한 과거에는 CRM의 모든 기능을 일괄도입하는 방식을 취하여 비용부담이 컸으나 요즘은 필요한 부분만을 선택적으로 사용하고 그 비용만을 지불하면 된다. 그러므로 매우 적은 비용으로 CRM을 실행하고 유지보수할 수 있어 시장공략에 더욱 유리해졌다.

그렇다면 이러한 CRM의 변화가 국내와 해외시장에 어떻게 적용되고 있는지 해외기업과 국내기업의 CRM을 비교해보기로 하자.

1. 국내기업의 CRM

단순한 판매에 집중하던 국내기업들이 1998년 외국계 컨설팅회사가 CRM 패키지를 판매하면서 그 필요성을 인식하기 시작하였다. 한국 소프트웨어산업협회에 의하면 국내 CRM 패키지 시장이 급성장하고 있는 추세임에 틀림없다(1999년 997억 → 2000년 1/4분기만 766억으로 급성장).

이처럼 주요 기업들이 CRM에 관심을 보이면서 시장의 팽창과 더불어 일반소비재가 아닌 기업고객을 목표로 하는 기업들도 CRM을 구축할 정도이다. 그러나 현재 국내기업들의 CRM에 대한 인식은 선진기업과의 비교에서 큰 격차를 보이고 있는 것이 사실이다. 특히 전략적 접근측면에서 그 이해정도는 아직도 많은 차이를 보이고 있다.

기업내 IT관련 패키지 도입 시 이해하는 정도 혹은 IT 혹은 마케팅 관련임원이 최고경영자(CEO)의 결정을 통해 CRM관련 업무를 추진하거나 여러 부서들의 지원을 얻어 진행함에 있어 어려움이 많은 현실들이 아직도 선진기업과 그 차이를 보이고 있는 것이다. 자칫 전사적 차원의 공감대가 없다면 이것은 일시적 유행이나 움직임에 그칠 우려가 높을 것이다.

국내기업들의 경영혁신기법은 1980년대 이후 수없이 많이 도입되었으나 대부분 기업현장에서 정착하지 못하고 사라졌다. 이러한 환경에서 국내기업들의 디지털시대에 대한 적응가능성은 CRM도입을 얼마나 잘 하는가에 달려있다고 해도 과언이 아니다.

지난 3~4년간 국내 IT업계의 화두로 자리잡았던 고객관계관리(CRM) 분야가 새로운 전환기를 맞고 있으며 그동안 국내산업계 전반에 밀려온 CRM열풍은 IT업체들이 주도해왔다고 할 수 있다. 하지만 대부분의 기업이 뚜렷한 방향성없이 시스템구축에만 관심을 기울여 왔다. 이것은 CRM과 관련한 IT인프라만 구축해 놓으면 곧바로 CRM이 구현된다는 잘못된 생각때문이다.

최근 일부기업에서 "CRM시스템 구축이 회사수익에 별 도움이 안 된다"며 CRM의 효용성과 가치에 대한 회의적인 반응이 나오고 있다. 이것은 CRM의 본질적인 목적과 원리가 간과된 상황에서 CRM구축을 서둘렀기 때문이다.

기업이 CRM을 추진하는 궁극적인 목적은 고객의 니즈를 정확하게 이해하고 시장의 변화에 보다 유연하게 대처하기 위해서다. 이를 통해 경쟁력을 강화함과 동시에 궁극적으로는 회사의 매출과 수익의 증가를 도모하고자 하는 것이다.

그러나 실효성에 대한 의문이 제기되면서 국내기업 시장에서의 CRM투자는 점점 부진해지고 있다. 이는 세계시장에 역행하는 분위기이며 2017년 6월 국내CRM 솔루션 시장규모는 4조 7천억원으로 나타나고 있다.

(1) 국내기업의 CRM 추진경과

1) 고객관계관리에서 고객중심 개인화로

1994년 ERP(전사적자원관리) 도입이 활성화되던 시기에 ERP는 내부 프로세스 및 데이터의 정확성이라는 측면에서 각광받았다. 이후 고객과의 관계측면에 초점을 맞추는 기업들이 생겨났고, CRM이라는 개념은 이 시기부터 떠오르기 시작했다. 이에 많은 기업들은 CRM을 도입하려 했고, 주로 각 기업에 적합한 영업관리, 마케팅관리, 서비스관리 등 3개의 영역에 집중했다.

사실 과거의 CRM은 관련 제품이나 솔루션을 도입하는 정도였다. 이로 인해 2004년에서 2005년까지는 많은 어려움들이 있었다. 어려움을 겪었던 이유는 CRM에 대한 이해도 때문이었다. CRM은 조직문화, 내부조직 프로세스에 대한 변화관리가 중요한 시스템이며, 개념이었다. 그러나 당시 CRM에 대한 이해없이 툴만도입하면 되는 것으로 생각하고 도입했던 기업들이 많았고, 결국 실패로 이어졌다.

내부직원이 고객과의 관계관리에 해당되는 툴이나 솔루션을 활용해 고객에게 다가가고 혁신하는 작업을 해야 하는데, 기존의 방식을 버리지 못해 CRM의 진가가 발휘되지 못했기 때문이다.

CRM은 2000년대 후반부터 고객경험관리라는 개념으로 확장되기 시작했다. 그러나 고객경험관리라는 개념은 고객을 중심에 놓기는 했지만, 여전히 회사의 관점에서 고객을 바라봤다. 즉, 회사차원에서 서비스를 제공하고 영업을 하며, 마케팅하기 때문에 고객의 입장에서는 진정성이 부족했던 것으로 느껴질 수밖에 없었다.

그렇기에 최근 CRM의 패러다임은 위와 같은 개념에서 고객중심의 개인화, 고객성공으로 변화했다. 고객경험관리에서 시행착오를 겪었기에 회사중심이 아닌 고객을 가운데에 둬 모든 것을 고객의 입장에서 바라보기 시작했고, 이에 결국 고객이 성공해야 회사도 성공한다는 '고객성공'으로 CRM의 패러다임이 변화하게 됐다.

최근에는 고객성공이라는 패러다임의 변화에 4차 산업혁명의 핵심인 디지털 트랜스포메이션 물결까지 더해졌다. AI, 빅데이터, 블록체인, 클라우드 등을 CRM 기업들이 적용하기 시작했다.

CRM은 특히, 기술에 대한 민감도가 높은 분야였는데, 고객과 맞닿아 있다는 이유에서다. 이러한 측면에서 CRM 기업들은 고객의 비즈니스 성공을 위해서는 보다 다양한 기술들이 접목된 솔루션을 제공해야 한다.

단적으로 CRM은 ERP보다도 기술 민감도가 높은 편이다. ERP는 주로 최근 SaaS 형태로 솔루션을 제공하고 있는데, 반해 CRM은 더 나아가 AI와 PaaS 형태로도 고객들에게 제공되고 있다. 이 외에도 ERP는 기업자체 내부 프로세스에 대한 혁신이 우선시 돼 고객과의 접점이 CRM보다 현저히 적다. 하지만 외부적으로 고객과의 접점이 많은 CRM은 신기술을 통해 보다 다양한 솔루션을 제공해야만 경쟁력을 갖출 수 있다.

최근에는 SaaS 형태로 고객의 비즈니스를 도울 수 있는 솔루션을 제공하는 것이 CRM의 트렌드로 자리 잡았다. 기업마다 최신기술의 방향, 트렌드를 좇기위해 상당히 많은 투자와 시간, 인력 등이 소요되는데, 최신기술이 접목된 SaaS 형태의 서비스를 받아 사용하는 것이 투자 대비 효과가 좋기 때문에 각광받고 있다.

이 외에도 SaaS 형태가 주목받는 이유는 구축형 솔루션의 업데이트 문제를 해결할 수 있어서다. 2000년대에는 SaaS 개념보다 구축형태의 솔루션이 대부분이었다. 구축형태의 솔루션은 1~2년 프로젝트를 하고 나면 노후화가 됐고, 새로운 프로젝트에는 부적합했다. 그렇기에 투자한 만큼의 효과를 얻어낼 수 없었다.

CRM 트렌드에 대해 전문가들은 "과거에 비해 오늘날에는 AI, 블록체인, 음성인식, IoT 등을 활용해 모든 고객의 접점 상의 데이터를 수집하고 이를 비즈니스 단에서 공유하고 협업할 수 있는 환경구축을 지원하는 것이 현재 CRM의 핵심"이라면서, "SaaS 및 PaaS를 기반으로 최근 화두가 되고 있는 디지털 트랜스포메이션의 중심에서 기업들이 혁신할 수 있도록 지원해야 한다"고 설명한다.

2) 기술 성숙도는 최상, SaaS 형태가 한몫

"IT 트렌드 가운데 기술 성숙도는 최상위 단에 속한다. CRM은 고객과 가장 가까운 거리에서 고객의 디지털 트랜스포메이션을 지원한다. 고객의 경험향상을 위해 AI, 클라우드, 블록체인 등의 기술을 솔루션으로 만들어 고객에게 제공하고 있기 때문에 기술 성숙도는 절대로 낮아서는 안 된다."

전문가들은 CRM의 기술 성숙도가 ERP나 다른 IT 기술분야보다 높다고 설명한다. 가령, 자동차 산업에서 뜨거운 감자로 떠오른 '커넥티드 카'의 경우에는 위험징후가 있을 시 센서에서 수집된 데이터를 분석, 결과를 고객에게 미리 알려준다. 즉, 고객이 전화하기 전에, 고장에 대한 신호를 미리 알아내 선제적인 대응이 가능해야 한다는 것이다. 이로써 고객들의 만족도가 높아지고, 이는 향후 브랜드 충성도까지 높아질 수 있게 된다. '커넥티드 카'와 같은 예시처럼 성숙된 기술이 CRM에 접목되지 않는다면, 경쟁에서 살아남기가 어렵다는 것이다.

"다만, 변하지 않아야 하는 것은 고객을 '중심'에 놓는 것"이라며, "브랜드가 고객을 컨트롤해서는 안 되고 고객에게 맞춰가야 한다. 이러한 부분은 20년 전이나 지금이나 변하지 않는 진리"라고 강조한다.

CRM 분야의 기술 성숙도가 높아지게 된 시점은 클라우드의 확산시점과 같으며, 그 가운데 SaaS 형태로의 발전이 한몫했다. SaaS 형태의 CRM은 ▲신속한 도입과 유연한 확장성 ▲경영 효율성 증대라는 장점이 있다.

먼저 SaaS 형태자체는 비즈니스 수요에 따라 필요한 서비스를 선정하고 바로 접속해 사용할 수 있다는 장점이 있다. 빠른 도입 속도덕에 기업의 시장변화에 따른 대처능력을 향상시켜 더 이상 비즈니스 기회를 놓치지 않을 수 있다는 것이다. 더 나아가 별도로 내부에 시스템을 구축할 필요없이 클라우드 상에서 영업부터 협업, 통합, 플랫폼 위 애플리케이션 구축 등의 작업을 처리하고 데이터를 저장 및 활용할 수 있다.

이러한 SaaS 형태 CRM의 경우 스타트업에 더욱 적합하다. 초기에는 솔루션의 필요한 기능만을 구독형태로 구매 및 활용이 가능해 사용하지 않는 기능까지 모두 구매할 필요가 없다. 이러한 점은 미래에 기업의 규모가 커지더라도, 언제든지 솔루션의 기능과 종류를 추가할 수 있다는 것을 의미한다.

3) 5년 후 국내시장 1조 원 전망

4차 산업혁명을 만난 CRM은 고성장이 예상된다. 2018년 가트너가 CRM 관련 SW 시장을 조사한 결과, 애플리케이션 소프트웨어에서 CRM 부문이 가장 큰 비중을 보였으며 그 규모는 482억 달러에 달했다. 특히, CRM SW 지출의 72.9%가 SaaS 부문 지출인 것으로 전망된다.

셀렉트허브는 2025년까지 전 세계의 CRM 시장규모가 800억 달러까지 성장할 것으로 예측하고 있다. 이는 한화로 약 100조 원에 달하는 수치이며, 국내 시장은 이 중 약 1% 정도인 1

그림 14-1 CRM 관련 부문 증가율

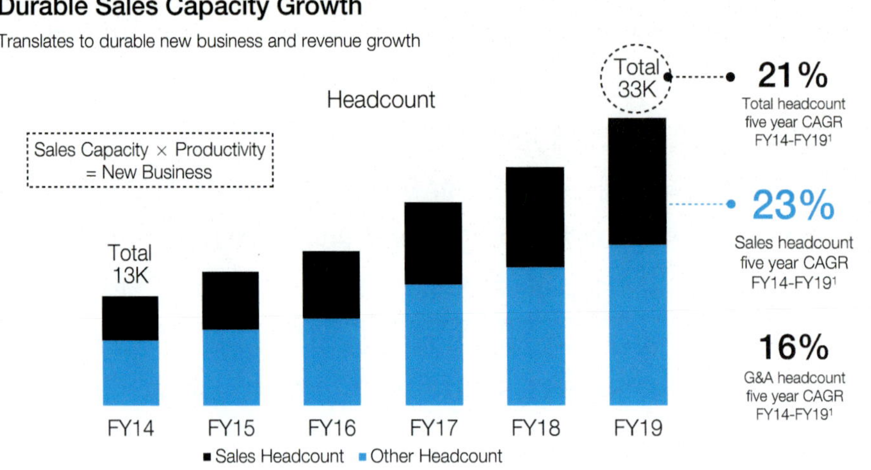

출처: CRM 관련 부문의 증가율이 지속적으로 커지고 있다(출처: 세일즈포스)

조 원에 이를 것으로 나타났다. 이러한 고성장이 가능한 이유는 4차 산업혁명에 따른 디지털 트랜스포메이션에 있는 것으로 분석된다.

특히, 글로벌 CRM 시장에서는 세일즈포스, SAP, 오라클, 마이크로소프트, 어도비 등 5개 기업이 전체시장에 50%에 달하는 점유율을 보이고 있다. 각 기업들은 점유율을 높이기 위해 격돌하고 있다. 가트너와 IDC의 자료를 정리한 〈표 14-1〉을 보면 세일즈포스가 2014년 5개 기업 가운데 18.2%를 차지했고 SAP와 오라클, MS, 어도비가 그 뒤를 이었다. 이후 2019년에도 세일즈포스가 5개 기업 가운데 17.3%로 선두를 달렸고, 오라클, SAP가 뒤따랐다. MS와

표 14-1 연도별 CRM 애플리케이션 시장 점유율 추이

	2014년	2015년	2016년	2017년	2018년	2019년
세일즈포스	18.2%	19.7%	18.1%	19.6%	16.8%	17.3%
SAP	13%	10.2%	7.2%	7.2%	5.6%	5.3%
오라클	9.1%	7.8%	9.4%	9.4%	5.7%	5.5%
MS	4.1%	4.3%	4.3%	4%	3.4%	3.5%
어도비	3.2%	3.6%	3.6%	3.2%	3.5%	3.5%

출처: 가트너/IDC

어도비는 전체시장의 3.5%를 각각 차지한 것으로 나타났다.

4) 데이터가 향후 CRM 좌지우지

시장의 지속적인 성장이 예견되는 가운데 '데이터'가 향후 CRM 시장을 좌지우지할 것이라는 의견이 지배적이다. 이에 대해 전문가들은 "넥스트(next) CRM은 데이터중심의 CRM이다. 쌓인 데이터를 어떻게 활용할 것인가에 초점을 맞춰 솔루션을 제공해야 한다"며, "AI, 데이터에 대한 의사결정을 지원하는 시각화 기술이 탑재된 CRM이나 데이터를 끌어 모아 활용할 수 있는 툴을 개발한다면, 향후 비즈니스에 지대한 영향을 미칠 것"이라고 강조한다.

이와 같이 데이터중심의 CRM은 기업고객뿐만 아니라 그들의 고객들에게까지도 이익이 될 수 있는 분야이기 때문에, 전략적인 측면에서 무게의 추가 데이터를 더욱 효과적으로 활용하는 쪽으로 옮겨질 것으로 전망된다. 실제로도 마케팅과 전자상거래 등의 프로세스를 갖춘 기업들은 그간 쌓인 데이터를 활용할 수 있도록 데이터 관련 CRM 솔루션의 도입을 위해 프로세스를 정비하고 있다고 한다.

뿐만 아니라 지난 1월 데이터 3법의 통과 역시 CRM 기업들의 성장에 마중물역할을 할 수 있을 것으로 보인다. 데이터는 산적해 있지만, 이를 활용할 수 있는 것들이 법으로 막혀있었다. 하지만 개인정보보호법 · 정보통신망법 · 신용정보법 등 3가지가 통과되면서 묵혀있던 데이터를 가명정보화 단계를 거쳐 활용할 수 있게 됐다. 이로 인해 국내 SW업계를 비롯해 많은 IT 기업들이 데이터를 활용해 비즈니스에 경쟁력을 높일 수 있게 됐다.

(2) 국내기업의 CRM 성공전략

국내기업의 CRM 성공전략은 다섯 가지로 접근할 수 있다. 다섯 가지 전략은 자사진단, CRM인프라, C(고객), R(관계), M(관리) 등이다.

1) 자사진단

기업 CRM 전략을 위한 자사진단은 CRM 성공을 위해서 아주 중요한 절차이다. 자사가 가진 업종의 특성과 분야의 상황을 잘 파악하여 그 특성에 맞는 전략과 차별화된 프로그램을 수립하는 것이 성공에 영향을 주기 때문이다. 또한 자사고객에 대한 명확한 분석을 통해 CRM의 목표가 설정되어야 한다.

고객에 대한 진단을 실시할 때 중요한 것은 고객수익성, 고객관계기간, 신규고객, 비수익고객 등에 초점을 두고 실시해야 한다.

2) CRM 인프라

단순한 인구통계학적 데이터만으로는 고객에 대한 분석이 어려우며 고객의 기호와 라이프 스타일 등이 다양화되면서 고객의 행동패턴 등 정보의 질(quality)이 CRM의 핵심 인프라로 부상하였다.

3) 고 객

CRM 성공을 위해서는 고객의 평생가치에 주목할 필요가 있다. 평생가치는 거래를 시작해서 종결되는 시점까지의 누적매출, 수익 등의 고객가치를 일컫는다. 만약 현재 고객이 우수고객일지라도 더 나은 조건을 제시하는 경쟁업체로 이동할 수도 있고 일반고객이라도 장기간 충성고객으로 유지하며 수익성을 높이는 고객으로 발전할 수도 있다. 이것은 고객에 대한 평가의 관점을 전환하여 더 높은 가치기준으로 고객을 바라봐야 하는 CRM의 전략인 것이다.

4) 관 계

일반적으로 기업들은 고객을 만나는 횟수가 많을수록 고객관계가 강화된다는 믿음으로 고객과의 접촉횟수를 늘리는데 주력한다. 그러나 고객을 만나는 횟수만큼 중요한 것은 그 진정성이다. 즉 신뢰할 수 있는 고객접촉이 중요하다는 것이다.

차별화되지 않는 고객접촉은 오히려 고객입장에서는 불편하고 부담이 될 수 있다. 따라서 고객접촉 측면에서는 빈도만큼 중요한 것이 바로 접촉의 질(quality)을 높여 감동을 주는 것이다.

5) 관 리

수많은 고객에 대한 관리가 동등해야 한다는 접근은 무리가 있다. 고객은 기업의 자산이다. 이제 그 자산관리를 제대로 하지 못하면 기업은 고객자산 때문에 고사할 수도 있게 된다. 기업의 입장에서는 가능한 수익이 되는 고객을 잘 관리하는 것이 중요하다. 물론 수익이 되지 못하는 고객은 수익을 주는 고객으로 전환시키든지 그래도 전환이 어려우면 서둘러 이탈하도록 유도해야 한다. 이것은 고객이 차지하는 가치에 따라 고객을 분류하고 차별화된 관리를 해야 한다는 것이다.

카드회사의 경우 수익성에 따라 고객을 플래티넘, 골드, 실버고객 등으로 분류한다. 이것은 그 등급에 맞는 고객관리를 실행하기 위해서 프로그램을 만든 것이다. 수익의 정도에 따라 혹은 빈도, 규모에 따라 고객관리를 차별화하겠다는 기업의 표현이다. 또한 이러한 등급관리가 성과에 영향을 주고 고객의 충성도에도 연결된다.

2. 외국기업의 CRM

우리나라에 최초로 휴대폰을 소개했던 모토로라는 2013년 2월 모바일 사업부를 우리나라에서 철수했지만, 성장이 가파르던 1999년 모토로라 코리아의 휴대폰 시장점유율이 17%나 상승하였다. 다른 산업의 경우도 마찬가지로 광고산업에서는 외국계의 시장점유율이 7%정도 상승하여 20%선으로 올라섰다.

뿐만 아니라 국내경비 업체 중 하나는 시장점유율이 2위로 20%대에서 머물러 있었으나 IMF로 인해 미국 TYCO 그룹에서 인수하게 되었다. 인수 이후 고객관리 분야에서 선진경영기법을 도입한 결과 시장점유율을 5%정도 높일 수 있었다.

이처럼 외국기업들의 전반적인 강점은 고객을 향한 강화된 프로그램을 발휘하고 있다는 것이다. 또한 그에 맞는 정확한 전략과 전술을 구사하고 있다는 것이다. 외국기업들은 치열한 상황에서 국내기업들과의 경쟁에서 살아남기 위하여 고객만족 활동과 핵심 고객들에게 차별적인 관리프로그램을 운영하였다. 물론, 이 과정에서의 마케팅 노하우와 데이터베이스를 지속적으로 축적해 가고 있다. 이에 비해서 국내기업은 획일적이고 대량 생산위주인 공급자중심의 생각을 버리지 못하고 있음을 알 수 있다.

하지만 선진기업들은 그들만의 고객관계를 통합적으로 관리하는 CRM 시스템을 구축하는데 주력하고 있다. 단순한 제품과 서비스를 판매하거나 고객요구를 수용하는 차원을 넘어서 고객 각각의 문제와 그들의 요구를 해결하는 단계의 발전적인 접근을 하고 있다. 또한, 인터넷 도입으로 고객과의 커뮤니케이션, 문제해결 빈도 및 속도가 획기적으로 개선되고 있는 현실이다.

조사기관인 IDC에 의하면 2000년 초부터 미국과 유럽에서 CRM은 핫이슈로 부상하기 시

작하였다. 이슈화되면서 기업들은 몇 가지 변화의 모습을 갖게 되었다.

- CEO가 직접 CRM 프로젝트의 실행을 독려하고 모니터링 함
- 기업의 65%가 CRM기술과 방법인지
- CRM 프로젝트(하드웨어, 소프트웨어, 서비스)에 투자 : 평균 310만달러(31% 기업은 500만달러 이상 투입)

이처럼 선진기업들은 CRM을 통해 한 차원 높은 고객관계를 정립하여 1위 굳히기 혹은 도약을 시도하고 있다. 또한 구식의 콜센터와 고객서비스 형태를 최신의 CRM체제로 전환한 기업들도 나타나기 시작했다(마이크로소프트, 컴팩 등). 아울러 CRM을 도입한 이후 업계 10위권으로 도약한 기업들도 나타났다(카드사 캐피털 원).

제2절 고객관계관리(CRM)와 기업

수많은 기업은 각자의 분야에서 선도기업이 되기를 원한다. 그러나 그것은 쉬운 일이 아니다. 기업이 CRM을 통해 시장의 선도기업이 되기 위해서는 몇 가지의 원칙들이 존재한다. 선도기업이 되기 위해 기업은 어떠한 CRM 원칙을 지켜야 하며 또한 선도기업으로 자리잡은 기업들은 과연 어떠한 과정을 거쳤는지 사례를 통해 점검해 본다. 먼저 CRM 실천을 위한 세 가지 원칙을 살펴보면 다음과 같다.

■CRM의 세 가지 원칙

- 자사의 우량고객식별
- 고객중심으로 모든 기업활동을 재편성
- 기존 유통망과 가장 적절한 혼합과 이를 근거로 한 개혁

모든 기업이 CRM을 잘할 수는 없다. 그러나 기업의 입장에서 최소한의 CRM을 실천하기 위해서는 원칙은 지켜야 한다. 이를 테면 자기 기업이 보유한 고객을 구분할 줄 아는 정도의 능력은 갖추어야 한다.

즉 자사의 우량고객을 식별할 수 있어야 한다. 그 다음에는 모든 기업의 조직을 고객중심으

로 재편성해야 한다. 입으로는 기업이 고객을 위한다고 하면서 조직도를 보면 전혀 고객중심으로 조직화되어 있지 않아서 CRM이 이루어질 수 없다.

또한 마지막으로 지켜야 하는 원칙은 변화를 준비하는 입장에서 기존의 것들도 돌아봐야 한다는 것이다. 기존에 축적된 영업망과 노하우를 모두 버리고 새롭게 개혁하겠다는 생각은 CRM과 맞지 않다. CRM은 기존의 것과 새로운 것에 대한 특별한 조화를 통해 만족이라는 대명제를 만들어 내는 것이다.

그렇다면 이러한 경영환경에서 기업들이 실제로 이룬 CRM의 사례들을 살펴보자.

1. 기업의 CRM

(1) 현대백화점의 서비스 품질관리 사례

국내 백화점은 1997년 외환위기 이전까지 연평균 20% 이상의 높은 성장세를 유지했다. 그러나 외환위기 후 소비자의 저가상품 선호도가 증가한 데다 할인점이 급성장하고, 소매업체가 도산하면서 백화점 업종의 성장세는 급격히 위축되었다.

특히 소비자 환경이 급격히 변하면서 백화점들에는 새로운 전략이 요구되었다. 우선 인터넷 보편화로 소비자의 정보력이 커졌다. 인터넷 보급으로 품질이나 가격에 대한 정보를 얻을 수 있는 통로가 다양해지면서 판매자가 소비자를 상대로 품질을 왜곡하거나 다른 매장보다 비싼 가격으로 판매하는 것이 불가능해졌다.

또 소비자가 원하는 상품을 얻는 과정에서 시간적, 공간적 제약이 사라지면서 거래에 대한 개념이 변했다. 기술발전으로 소비자를 대신해서 원하는 정보를 탐색해 주는 서비스도 등장했다.

이와 함께 소득수준 향상과 소비자의 가치관 변화로 소비성향이 달라졌다. 외환위기 극복후 소득수준이 높아지고 주 5일제가 전면 실시되면서 교통·통신·레저관련 소비의 비중이 늘어났다. 이런 급격한 환경변화 속에서 상대적으로 후발업체인 현대백화점은 과거 현대그룹의 지원을 바탕으로 안정적인 성장을 해왔지만 계열분리 이후에는 독자생존을 모색해야 했다.

유통업에서 백화점이 차지하는 비중이 줄어들고 있었기 때문에 현대백화점은 서비스 품질관리향상을 통해 성장을 모색해야 했다. 이에 따라 현대백화점은 유통연구소를 만들고 백화점과 유통산업 분야에 대한 철저한 조사와 분석을 통해 고객중심의 서비스 혁신을 이끌어 냈다. 이를 통해 후발주자였던 현대백화점은 안정적으로 국내백화점 업계 '빅3'의 위치를 차지하게 되었다.

현대백화점의 서비스 품질관리는 다음과 같은 활동을 통해 이루어졌다.

1) 고객 세분화에 기반한 경영

현대백화점은 고객 데이터베이스를 기반으로 고객을 세분화하고 타깃고객을 집중관리함으로써 백화점에 대한 고객의 선호도와 충성도를 강화했다. 회사측은 1998년 고객관계관리(CRM)시스템을 구축한 후 성별, 연령, 점포, 내점일 수, 구매량, 거주유형 등 다양한 기준으로 고객군을 구분했다.

이를 통해 10여 종의 고객군을 선별했으며 이들에게 다양한 마케팅활동을 벌였다. 일례로 현대백화점은 최우량 고객을 의미하는 'VVIP급'에 비해 구매금액이 다소 떨어지는 고객군 만을 별도로 찾아내 이들에게 3개월 한도에서 무료주차와 발레파킹, 고객라운지 이용 등 VVIP와 같은 수준의 서비스를 제공했다. 이를 통해 VVIP 고객군으로 편입을 유도하는 한편 백화점에 대한 선호도를 높였다.

또 백화점카드를 발급하고도 사용액이 많지 않은 고객들만 별도로 선정해서 직업군과 거주지역 등 다른 정보를 토대로 공략대상을 선정, 상품권 혜택이나 무료주차권을 배송하는 형태로 구매를 유도했다.

특히 현대백화점은 이벤트홀을 통해 다양한 전시회나 예술행사를 수시로 개최하고 있다. 아동극공연이 있을 때에는 30~40대 주부들을 대상으로 초청권을 배포하고 고액소비자는 패션쇼나 재테크 강연회에 초청하는 등 세분화한 고객행동에 맞춰서 문화서비스를 제공하고 있다.

2) 적극적 피드백

서비스 품질의 관리와 개선을 위해서는 시시각각 변하는 시장의 상황이나 소비자의 상태를 파악하고 이에 적절히 반응해야 한다. 이를 위해 현대백화점은 본사에 소비자조사를 담당하는 전담부서를 뒀으며 수시로 설문조사 등을 통해 고객들의 생각을 읽고 제품기획이나 마케팅에 반영하고 있다.

실제 연말연시나 밸런타인데이, 화이트데이 등 선물수요가 많은 경우에는 온라인 소비자조사를 실시해 변화하는 소비자들의 욕구에 부합하는 상품을 매장에 진열했다. 또 통상 30문항 범위내에서 제품선호도 등에 대한 설문조사를 실시하고 있으며 설문에 참여한 고객들에게는 백화점 상품권 등을 지급하고 있다.

적극적인 조사활동을 하다보니 당초 백화점 측에서 예상했던 것과는 전혀 다른 차원의 개선책을 유도한 경우도 있다. 실제 현대백화점은 자체 발급한 카드를 소지한 고객 가운데 사용액이 크게 줄어든 집단을 선별, 조사를 실시했다. 당초 객관식 설문을 만들면서 백화점의 서비스나 제품에 대한 불만족이 주요 요인일 것으로 추정했다.

하지만 조사결과, 카드업계의 경쟁이 격화하면서 다양한 혜택을 부여하는 다른 카드를 소지한 고객들이 늘어나면서 현대백화점 카드소지자들의 결제금액이 줄어든 것으로 나타났다. 이에 따라 카드사용에 따른 혜택을 확대하는 방안을 포함한 개선책을 마련하고 있다.

3) 서비스 향상을 위한 조직운영

현대백화점은 각 지점별로 CS(Customer Satisfaction:고객만족)담당자와 조직을 신설했으며 본사 영업전략실 산하에도 CS향상팀을 만들었다. 특히 고객서비스를 중앙에서 일괄적으로 통제하기보다는 현장에서 변화하는 고객욕구에 대해 즉각 대처할 수 있도록 지점별 조직을 적극 활성화했다.

또 지점별 CS조직은 각 지점의 인사책임자가 맡도록 했다. 인사정책의 가장 중요한 기준이 CS이며, CS도 결국 사람을 통해 이뤄질 수밖에 없다는 판단에 따른 것이다.

특히 CS 조직원들의 업무향상을 위해 다양한 아이디어가 나오고 있다. 현대백화점 미아점의 경우, CS올림픽을 운영하고 있다. 매달 매장별로 평가를 해서 올림픽처럼 금 은 동메달을 수여한다. 금메달을 딴 부서에는 상금을 주고 연말에는 메달순위를 종합집계해서 우승한 부서에는 포상을 할 계획이다.

또 개별직원에 대해서도 평가를 해서 우수직원 30명에게는 '서비스 명인'이란 칭호를 부여하고 축하케이크를 주고 있다. 미아점 관계자는 "직원들 스스로 서비스분야의 대표선수라는 사명감을 갖고 일하도록 유도하기 위해 CS올림픽을 시행하고 있다"며 "CS올림픽 도입 후 고객만족도가 높아지면서 올해 2월 기준으로 고객불만 접수건수가 작년 같은 기간보다 28.6% 줄었고 고객만족도는 23.1% 늘어났다"고 설명했다.

이런 고객만족을 위한 노력이 결합하면서 현대백화점은 업계를 선도하는 다양한 혁신적 아이디어를 선보였다. 미아점의 경우 백화점 가운데 최초로 고층부에 서점을 설치했고 조망을 위해 창문도 설치했다. 또 신촌점에서는 실제 집안 분위기를 연출하기 위해 가구매장에 창문을 냈다.

통상 백화점은 쇼핑객들이 일몰을 인식하지 못하고 쇼핑에 집중하도록 유도하기 위해 창문을 내지 않는 것이 관행이었다. 현대백화점은 이와 함께 압구정 본점 2층 명품관 매장을 트랙형으로 배치해 고객들이 편리하게 쇼핑을 즐길 수 있도록 했다.

특히 본점 3층에는 국내 디자이너 매장과 수입의류 매장을 복도를 사이에 두고 마주보고 배치했다. 국산 디자이너의 제품과 해외제품을 가까운 거리에서 비교할 수 있도록 한 이런 매장 배치에 대해 고객들의 호평이 이어졌다.

4) 현대백화점의 교훈

한국 유통시장에서 백화점의 비중은 줄어드는 추세다. 과거에는 백화점이란 고급유통망은 다른 유통업체와 확연히 차별화한 가치를 제공했다. 하지만 현재는 대형할인점과 인터넷 쇼핑몰 및 TV 홈쇼핑 등 다른 경쟁유통업체들이 시장을 장악하면서 백화점의 브랜드파워는 갈수록 낮아지고 있다.

이런 상황에서 현대백화점의 사례는 시장에서의 성공요인이 결국 고객에게 있으며 궁극적으로 고객만족을 이끌어 내는 서비스가 기업경쟁력의 핵심임을 다시 한 번 입증했다.

- 모든 소비자를 대상으로 마케팅전략을 시행하는 것은 효과적이지 않다.
- 불만은 고객의 입장에서 파악해야 한다.
- 내부직원을 잘 관리해야 한다.
- 서비스 만족도 평가에는 감성적인 부분을 포함시켜야 한다.
- 서비스 품질향상은 전사적 차원에서 이루어져야 한다.

TRENDS 망원경

디지털뱅킹 경쟁, 이제부터다-이용자 수 경쟁 그만… 맞춤형 경험 안겨라

바야흐로 디지털뱅킹은 금융생활의 근간이 됐다. 코로나19 팬데믹은 새로운 삶의 방식을 이끄는 촉매제 역할을 했고, 디지털뱅킹 활성화도 빨라졌다. Z세대(18~23세)와 밀레니얼세대(24~39세)부터 베이비부머세대(56~74세)에 이르기까지, 디지털뱅킹은 더 이상 선택사항이 아니다. 모바일뱅킹 거래는 이미 일상화됐고, 새로운 디지털 솔루션을 통해 금융기관과 빅테크 기업의 금융 서비스를 이용하는 것은 더 이상 낯설지 않다.

딜로이트가 올해 디지털뱅킹 성숙도(Digital Banking Maturity)를 조사해보니, 은행들은 디지털뱅킹을 통해 더 나은 고객경험을 창출하려고 힘썼다. 그러나 "디지털뱅킹으로 기존 고객과의 유대를 강화하며 새로운 고객유입을 이어갈 수 있는가?"라는 질문에 대한 속 시원한 답은 찾지 못했다. 디지털뱅킹 앱의 월간 활성 사용자 수(MAU)가 증가했다고 해도 그것만으로는 불충분하다. 미국 소비자 대상의 2021년 딜로이트 디지털뱅킹 서베이 결과에 따르면, 많은 고객이 여전히 대면 서비스 또한 선호한다고 응답한 점이 이를 말해준다.

일례로 지점이 감소하고 온라인·모바일 앱이 보편화하며 챗봇이 빛을 발할 것이라 봤다. 하지만 상품문의를 위해 챗봇을 사용한 응답자 중 82%는 앞으로 상품문의에 챗봇을 사용하지 않을 것이라고 답했다. 또한 응답자 46%는 지점을 계속 방문하겠다는 의사를 보였다.

이런 결과는 챗봇이 아직 고객이 원하는 지식수준이나 공감수준을 제공하지 못하기 때문으로 풀이된다. 이뿐 아니라 디지털뱅킹 이용 때 예상외로 긴 대기 시간이 소요되는 경우가 많다. 이처럼 대면 채널에서 고객이 경험하는 친밀감과 공감대 등을 디지털 채널에서 구현하기가 만만치 않다.

더욱이 MZ세대로 정의된 젊은 고객들은 기존 세대보다 주거래 은행을 변경할 가능성이 높다. 젊은 고객이 보유한 계좌 수가 적고, 은행과의 관계가 깊지 않기 때문으로 풀이된다.

한편, 어릴 적부터 핀테크가 제공하는 서비스 수준에 눈높이가 맞춰져 기존 은행에 대한 기대감이 훨씬 높기도 하다. 젊은 고객은 보다 통합적이고 지능적인 서비스를 제공하는, 믿을 만한 금융 파트너를 스스로 찾는 것이다. 다시 말해 기존의 은행 서비스 운영 방식으로는 더 이상 젊은 고객층을 잡을 수 없다.

특히 기존 은행들은 '빅테크 서비스를 선호하는 고객 행동에 어떻게 대응할지' '젊은 고객층을 어떻게 유인하고 고객 관계를 유지할지', 두 가지 숙제를 동시에 해결해야 한다. 디지털뱅킹이 저비용 비대면 채널의 역할을 넘어 차별화된 경쟁력을 갖추기 위해 짚고 넘어가야 할 네 가지 포인트는 다음과 같다.

1. 다다익선은 미덕이 아니다?!

모바일뱅킹에 로그인하면 처음부터 많은 정보와 서비스가 나타나는 경우가 많다. 다양한 부서 의견을 반영해야 하는 앱 담당자는 이런 복잡한 정보 표출에 변화를 주기 어렵다. 이는 고객에게 불편한 경험을 제공한다. 복잡한 정보가 고객이 원하는 서비스에 접근하기 어렵게 만드는 등 원치 않은 상황을 만들 수 있어서다.

따라서 디지털뱅킹은 푸시(Push) 마케팅이나 가판대 형태의 정보 제공 방식을 넘어서야 한다. 고객 반응을 이끌어낼 콘텐츠 구성과 함께 고객별로 개인화 서비스 제공하는 등 '정보 적중률'을 높여야 한다.

2. 디테일 없는 고객 중심은 2류

모바일뱅킹 앱이 단순하게 서비스 제공에 초점을 맞추고 있다면, 고객 경험 축적을 통한 차별화와 디지털 플랫폼으로의 도약은 그저 희망 사항에 불과하다. 고객은 은행이 제공하는 다양한 서비스를 이용하며 부지불식간 다양한 관계를

생성한다. 플랫폼이라면 이런 관계를 확대 재생산해 의미 있는 가치로 전환하는 혁신이 필요하다. 더 많은 부가 서비스의 추가에 함몰되지 마라. 고객과 다양한 관계를 만들어왔던 핵심 서비스를 기반으로 '디테일한' 개선 노력에 초점을 맞춰야 한다.

3. 주입식 단답형 이제 그만

고객 추천의 좋은 사례로 넷플릭스(Netflix), 스포티파이(Spotify) 등이 언급된다. 이들 앱 내에는 사용자가 평생 동안 모두 접할 수 없을 만큼 많은 양의 콘텐츠가 있다. 이 경우 추천 서비스는 매우 유용하다. 추

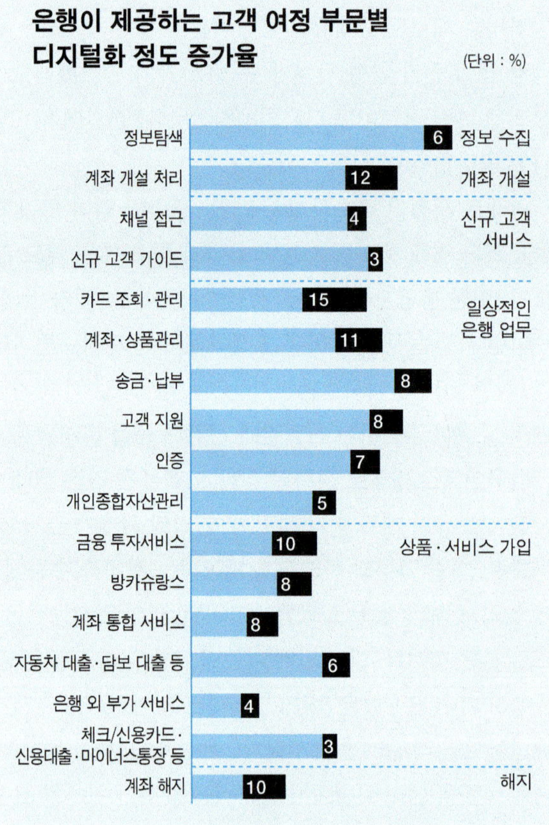

*설문조사 샘플은 2020년과 2022년 설문조사에 모두 응답한 193개 은행
*자료 : 딜로아트 2022년 디지털뱅킹 성숙도 설문조사

은행

천 콘텐츠가 고객 취향에 맞지 않더라도, 이것이 고객 불만 사항으로 이어지는 경우 역시 드물다.

금융 서비스는 다르다. 무수히 많은 상품이 준비돼 있는 게 아니다. 추천 상품이 고객 기대를 충족하지 못하면 신뢰도 하락으로 이어진다. 더욱이 고객은 주로 조회, 이체 등을 목적으로 뱅킹 앱을 방문한다. 이때 반복적인 상품·서비스 추천은 오히려 고객 피로도 증가로 이어진다. 은행은 광범위한 상품 포트폴리오 제공이 아닌, 거래·행동 데이터를 기반으로 개인의 고유한 스타일에 적합한 금융 상품과 서비스를 큐레이션해야 한다.

4. 휴먼 터치는 앞으로도 중요

고객과의 상호 작용에 따스한 인간미와 감성, 즉 휴먼 터치를 가미하는 것은 중요하다. 디지털뱅킹이 확대돼도 대면 채널은 은행 전체 매출 성장과 고객 관계 강화에서 핵심이다.

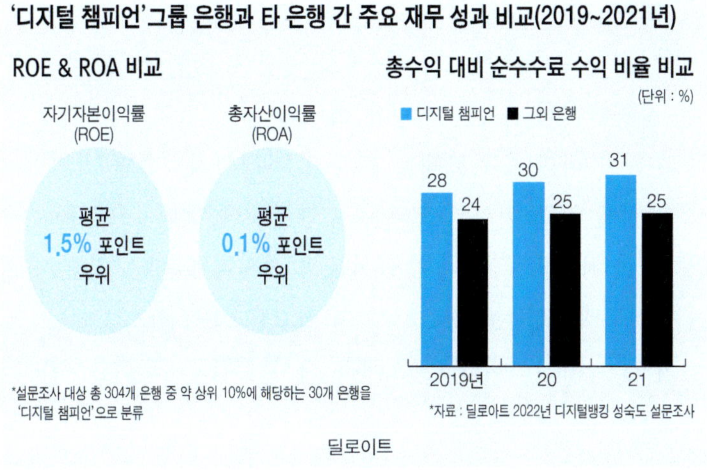

최근 은행 지점이 줄어들었다. 하지만 복잡한 금융 상품의 판매, 재정 자문, 고객과의 유대감 지속을 위한 지점 역할을 간과할 수 없다.

축적된 고객 데이터와 디지털 기술을 활용해 고객 생각보다 한발 앞서야 한다. 디지털 채널 중 모바일뱅킹 앱은 고객과 은행 사이를 상호 연결하는 고객 경험의 중심에 자리 잡아야 한다.

또한 원격 상담 지원 등 대면-디지털 채널 간 연계를 통해, 전 채널에 걸쳐 '끊김 없는' 일관된 고객 경험을 제공해야 한다. 인간이 경험하는 감정 범위를 이해하고 접근하도록 AI 모델을 심화시킨다면 디지털 공간에서 더욱 개인적이고 인간적인 상호 작용을 이끌어낼 수 있다.

네 가지 포인트의 핵심은 '고객 경험 중심의 혁신'이다. 디지털뱅킹 이용 증가는 은행 효율화뿐 아니라 핵심 매출 성장에 기여하는 폭을 넓힌다. 지난 수년간 모바일뱅킹 확장에 애써왔던 은행은 고객 디지털 이용 급성장세에 고무돼 있다. 이제는 고객의 잠재된 요구 사항을 선제적으로 예측하는 디지털뱅킹을 만들어야 한다. 그래야 금융 패러다임 전환기에 선도 은행으로 나설 수 있다.

• 출처 : 매일경제 2022년 12월 7일~12월 13일

(2) 고래곡선과 CRM

인천 남동공단에 업력 30년, 종업원 100명, 매출액 300억원 규모인 실내바닥재 전문업체 이야기다. 미국에서 MBA를 따고 가업을 잇고 있다는 45세 젊은 사장은 고민이 많아 보였다.

그의 최대 고민은 '왜 세련되게 고객을 관리하지 못하는가?' 이다. 그래서 그저 팔기만 하려 하지 말고 고객이 무엇을 원하는지 미리 파악한 후 그들에게 컨설팅하듯 접근해 성공을 돕자는 취지에서 영업부를 '고객컨설팅 사업부'로 개편했다고 한다.

사장은 고객컨설팅 사업부 직원들과의 만남에서 고객에게 세련된 영업을 하려면 고객이 누구인지, 그 고객의 특성과 우리 회사와의 거래관계는 어떠한지 잘 알아야 한다는 점을 강조한다. 직원들도 별 이견은 없어 보인다.

그래서 고객을 어떻게 구별하고 그 고객별로 어떻게 관계를 구축해야 하는지 물었다. 묵묵히 답을 하지 못하는 직원들에게 사장은 칠판에 '고래곡선'이라고 썼다. 고래곡선에 대해 묻는 직원들에게 사장은 이렇게 설명한다.

우리가 바다에서 고래를 본다고 가정하자. 수면 가까이 떠오른 고래의 옆모습은 고래등만 수면위에 있고 머리와 꼬리는 수면아래에 있다. 고객을 수익성이 가장 높은 고객부터 순서대로 줄을 세우고 각각의 수익성을 누적시켜 더해 나가면 마치 고래모습처럼 보인다. 그래서 이름이 '고래곡선(whale curve)'이다[그림 14-2 참조].

수익 극대화 포인트는 고래 등의 정점이고 그 점을 지나면 고객 수익성은 점점 줄어들어 나

그림 14-2 누적이익의 고래곡선-고객구별

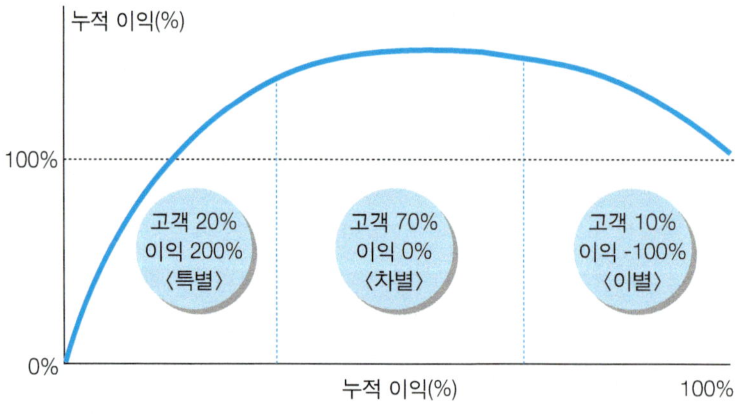

· 자료 : R.S Kaplan and V.G. Narayanan(2001), "Measuring and managing customer prolfitability", Journal of Cost Management, September/October: 5~15

중에는 거의 없어지게 된다. 즉 어떤 고객은 이익을 주지만 어떤 고객은 오히려 손해를 끼친다는 말이다. 이를 보면 어떤 고객이 기업에게 이익을 주고 어떤 고객이 기업에게 피해를 주는지 명백하게 구분된다.

고래를 보면서 고객 컨설팅사업부 직원들은 새로운 영업작전을 짤 수 있었다. 그저 모든 고객에게 최선을 다하기 보다는 고객의 수익성을 구별해야 한다. 고래의 머리에 있는 고객에게는 고객관계관리(CRM)를 강화해 최고의 서비스를 제공하고 넓은 고래 등에 해당하는 고객그룹에는 소홀하지 않을 만큼 접촉하면 된다.

또 꼬리에 해당하는 고객은 손해를 주는 고객임을 감안하여 이에 상응하는 관리를 해야 한다. 이것이 기업의 영업부에서 고객과 해야 할 커뮤니케이션인 것이다.

2. 국내 CRM의 시기별 변화

(1) 국내 CRM의 역사

1) 1기 : 1990년대 중반~1990년대 후반

- 데이터베이스 마케팅의 도입
- CRM 시스템 구축을 위한 적극적 IT투자
- 금융, 통신, 유통부문의 대기업이 투자의 주축형성
- 1990년대 말 eCRM 구현을 위한 IT 투자활성화

2) 2기 : 2000년~현재

- 양적 성장 : 내구소비재, 일용소비재, 서비스, 산업재 등 전 업종으로 확산
- 질적 성장 : IT투자에서 수익창출을 위한 고객정보의 활용이라는 전략적 이슈로 관심의 중심이동

(2) 업계별 CRM 특성

1) 전자업계–전기, 전자(가전, 컴퓨터, IT)

① 업계 특성과 CRM과제

고객과 직접 대면이 없으며 실제 고객을 알지 못하고 비즈니스가 진행된다. 고객관리가 대

리점 차원에서 이루어지며 그로 인해 본사에서는 고객관계관리(CRM)가 쉽지 않은 상황이다.

따라서 이러한 과정에서의 CRM과제는 상품개발 위주의 마케팅이 필요하며 직접 대면할 수 없는 고객의 마음을 새롭고 차별화된 상품으로 소구(appeal)해야 한다.

② 접근방법

직접 판매의 가능성을 활용하여 제품 이외의 부가가치 서비스로 차별화 전략을 적극 활용해야 한다.

예, 델 컴퓨터사의 인터넷 직접 판매

③ 고객정보가 갖는 의미

고객정보를 상품개발에만 이용하는 것이 아니라 마케팅과 세일즈, 서비스까지도 적극활용하여 소비자에게 가치를 제공하는 비즈니스를 만들어야 한다.

④ 전략적 파트너가 되는 유통망 활용

기존 유통망의 역할을 변화시켜야만 한다. 고객과의 접점으로써의 역할변화가 대고객서비스를 극대화 할 수 있다. 기존 대리점, 양판점이 동시에 고객관리에 협력하여 공조해야 한다. 또한 양판점을 고객관리의 도구로서 활용해야 한다.

⑤ 향후 방향

적합한 유통망을 구성하는 것이 우선되어야 한다. 기존 유통망의 적절한 활용과 직접 판매 도입을 통해 고객정보를 상품에 적용 가능한 유연한 시스템구축을 해야 한다. 이러한 구축은 대량고객화(mass customization)로 연결되며 건전한 유통구조를 만들 것이다.

2) 화학업계

① 업계 특성과 CRM과제

화학제품은 주로 소재중심으로 이루어진다. 그것은 상품 차별화가 곤란하며 고정고객중심으로 비즈니스가 이루어지게 되는 것과도 연결된다. 반면 가공형 특수제품은 불특정 다수고객을 대상으로 이루어진다.

이러한 상황으로 인해 화학업계의 CRM과제는 고객정보 DB 및 제품기술정보 DB정비, 콜센터, 전자상거래에 의한 유통판매체계 강화에 집중해야 한다.

② 콜센터 운영사례

화학업계에서는 고객별 서비스제공을 위한 콜센터 운영과 대면접촉을 통한 기술지원으로 콜센터를 통합함으로써 비용절감 및 24시간 고객지원을 가능토록 해야 한다. 또한 고객지향의 조직도 변화도 필요하다.

③ 전자상거래의 운영사례

특히 화학업계는 시장, 생산거점, 원자재 조달장소가 국제적임으로, 전자상거래를 통한 정보교환과 거래가 효용성이 높아지고 있다. 더불어 상품의 용도확대와 홍보기능 활용도 전자상거래를 통해 진행되고 있다.

3) 유통업계

① 업계특성과 CRM과제

고객은 눈에 보이지 않고 시장과 고객은 빠르게 변하고 있다.

② 고객확보 매니지먼트

- 상품뿐만 아니라 고객과의 모든 접촉에서 서비스를 제공하려는 노력
- 고객을 세분화하고 서비스 유형을 다양화
  - 식자재, 반조리재, 조리품 등

③ 전자상거래 충격

- 중간유통이 생략된 전자상거래의 발전
- 부가가치 창출의 역할자로서 유통의 재설계

④ 개별고객 에이전트로 진화

- 고객유지와 로열티(loyalty)를 높이는데 집중

4) 보험업계

① 업계 특성과 CRM과제

- 고객과 직접 접촉부재, 고객정보의 소유문제
  - 영업사원, 회사
- 보험업의 성장치중에 고객관리의 필요성 낮음
- 상품설계와 가격설정의 자유화로 경쟁체제 심화
- 당면 과제는 고객정보에 기초한 고객지향 비즈니스모델로 전환

② 접근방법

- 보험회사마다 강점을 찾아 타 회사와 차별화하여 발전유도

- 약점의 강점전환 및 제거
- 고객위주로 접근

③ 고객정보수집

- 기존 정보수집의 어려움 극복
  - 영업현장 정보흡수
  - 회사에서 공식적 절차에 의해 모은 정보를 효율적 통합관리
  - 타 회사와 연계(카드사, 관련사 등)

④ 이벤트 시기정보

- 고객에 먼저 필요를 인식시켜라
- 고객의 상황과 시기정보를 활용하라

⑤ 모든 업무프로세스를 철저한 CRM 체제로 전환

(3) 국내기업 CRM의 문제점

1) 고객정보 관점

국내기업은 지금껏 상품을 판매하고 계약을 체결하는 과정에서 일어나는 각종 처리 데이터의 축적과 영업조직, 성과평가 등의 정보만을 가지고 있으며 업무처리 절차도 상품 및 계약관리 프로세스 단위로 구축되어 있다.

그리고 고객정보의 무분별한 도용을 위하여 고객정보의 습득에 많은 법적인 제약도 있다. 고객 또한 자신의 정보를 제공하고 활용하는 데 많은 두려움을 가지고 있다. 이러한 여러 문제점으로 인하여 국내기업들은 고객의 욕구를 파악하고 활용하는 시스템구축에 많은 어려움

TRENDS 망원경

족쇄 풀린 온라인배송…이마트도 12조 새벽배송 뛰어드나

대구시가 대형마트 의무휴업일을 평일로 바꾸는 방안을 추진하는 가운데, 정부가 대형마트의 새벽시간·의무휴업일 온라인 배송을 허용하는 방향으로 가닥을 잡았다.

26일 유통업계에 따르면 산업통상자원부, 전국상인연합회, 한국체인스토어협회 등을 중심으로 꾸려진 '대·중소유통상생협의회'는 이르면 연내 대형마트 새벽시간·의무휴업일 온라인 배송 허용을 뼈대로 하는 상생안을 발표한다. 국무조정실은 현재 최종 상생안 발표 일정을 두고 막바지 일정을 조율 중인 것으로 알려졌다.

그동안 대형마트는 매달 두 차례 문을 닫는 둘째, 넷째 주 일요일과 영업제한 시간인 자정부터 오전 10시 사이에 온라인 배송이 제한됐다. 영업제한 시간에는 온라인을 포함해 모든 영업을 하지 못하도록 했기 때문이다.

이 때문에 대형마트가 운영하는 온라인몰은 그간 새벽배송 시장에 진출하지 못했다. 대신 쿠팡과 네이버 마켓컬리 등 대형 이커머스 기업들은 새벽배송, 1시간 배송 등 다양한 온라인 배송 서비스를 띄우며 매출을 늘려왔다. 통계청 자료에 따르면 2012년 34조1000억원이던 온라인 쇼핑 거래액 규모는 지난해 187조1000억원으로 5배 이상 늘었다.

서용구 숙명여대 교수의 연구에서도 마트 의무휴업일에는 마트 주변 점포에서 지출되는 소비 금액이 최대 15%까지 줄어들고, 온라인 쇼핑 이용 금액은 최대 37% 늘어나는 것으로 조사됐다.

이마트·홈플러스·롯데마트 등 전국의 400여개 점포를 보유한 대형마트를 직접 도심형물류센터(MFC)로 활용하게 된다면 배송 경쟁력이 커진다는 설명이다. 시 외곽에 있는 풀필먼트센터에서 상품을 배송하는 이커머스 기업보다 유리하다. 특히 수십년 간 신선식품을 안정적으로 공급해왔다는 점에서 품질도 보장된다.

[사진 = 연합뉴스]

[사진 = 연합뉴스]

한편, 대구시에 이어 대전시와 광주시 등 광역단체도 의무휴업일의 평일 변경을 고민 중이다. 특히 국내 최대 광역단체인 경기도도 시·군에 휴무일 변경 의사를 묻는 등 동향 파악에 나섰다. 이날 경기도에 따르면 도는 지난주 31개 기초단체에 대형마트 의무휴업일 현황과 평일 검토 여부를 묻는 공문을 보내 이번주까지 회신을 요청했다.

현재 경기도가 파악하고 있는 31개 시·군의 대형마트 의무휴업일은 '2020년 버전'이다. 이에 따르면 대형마트가 없는 가평·연천군을 제외한 29개 기초단체 가운데 고양·남양주·안양·파주·김포·오산·하남·양주·구리·안성·포천·의왕·여주·과천 등 14곳이 평일인 '수요일'을 의무휴업일로 지정했고, 수원·화성·부천·성남 등 15개 시군은 '일요일'을 의무휴업일로 정했다.

경기도 관계자는 이번 공문에 대해 "정책 방향을 정한 게 아니고 2년 전 자료를 현행화하기 위한 것"이라면서 "대구시에서 의무휴업일을 평일로 전환한다고 하니 현황을 파악하는 게 우선이라 공문을 보내게 됐다"고 설명했다. 대형마트 휴무일 지정은 기초단체장 권한이란 점을 강조하며 확대 해석을 경계하기도 했다.

취재 결과 일요일을 대규모 점포 휴무일로 정해 운영해 온 수원·화성·부천·평택시 등 다수 기초단체들은 대체로 휴무일 변경을 검토하지 않고 있는 것으로 확인됐다. 대형마트와 전통상권, 주민으로부터 불편을 호소하는 민원이 적은 데다 제도가 도입된 지 10년 정도 흐르면서 어느 정도 정착이 됐다는 점에서다.

다만 일부 기초단체에서 동요 움직임이 감지된다. 대규모 점포 11개, 미등록 대형마트 1개, 중대규모 점포 56개가 있는 용인시는 내년 1월 초에 대형마트, 전통시장 관련자들이 참여하는 간담회를 개최할 예정이다. 용인시는 둘째 주, 넷째 주 일요일을 휴무일로 지정해 운영해왔다. 용인시 관계자는 "일요일 휴무제가 어느 정도 정착이 된 상태라 평일로 옮기는 안은 혼돈을 줄 수 있다"고 지적했다.

• 출처 : 매일경제 2022년 12월 26일

을 느꼈고 그 동안 실패경험도 많이 가지고 있다.

고객에 관한 정보는 하루가 다르게 변하지만 이런 변화된 고객정보를 즉시에 반영할 수 있는 제도적인 장치와 방법이 부족했던 것이 사실이다. 고객이 연락하지 않으면 구매당시의 데이터만 존재하는 것이기 때문이다. 국내기업들은 이러한 사정을 알면서도 막연히 CRM 구축에 기대를 가지고 있다. CRM은 경영전략과 마케팅전략을 새롭게 수립하고 다양한 채널을 연계하는 것이지 기업의 부족한 데이터를 채워주는 것은 아니다.

물론 고객위주로 데이터를 재편하고 흩어진 고객 데이터를 통합하고, 잘못된 정보를 정제하는 일은 CRM의 과정에 속하지만 고객의 상세 데이터를 채우고 신규 고객데이터를 확보하는 일들은 모두 기업의 몫이기 때문이다.

이러한 고객정보에 대한 확보노력은 단기간에 효과를 보기가 어렵고 기업활동에 지속적이고 일상적인 업무로 전개되어야 하며 CRM도입과는 별개로 전개되어야 한다는 것이다.

2) 기업 비즈니스 관점

CRM은 전사적으로 구축되어야 하며 절대적으로 고객입장에서 생각하는 고객지향적 시스템이어야 한다. 모든 부서에서 고객에 대한 정보의 수집과 활용에 동일한 프로세스와 시스템이 활용되어야 된다. 모든 고객의 불만, 특징, 구매행동, 요구사항 등을 고객의 접점에서 신속하게 활용할 수 있다면 고객에 대한 차별화된 서비스가 가능해질 것이며 고객의 만족도는 높아질 것이다.

그러나 국내기업은 CRM구축 초기부터 IT부서와 마케팅부서 간의 보이지 않는 파워게임과 서로의 업무 떠넘기기 등을 통하여 어렵게 CRM 추진부서를 정하고 있다.

또한 경영자의 마인드에도 많은 문제가 있다. CRM 팀을 만들고 투자를 결정하고 시스템을 구축하는 모든 과정에서 최고 경영자의 관심은 시스템구축에 성패를 좌우하지만 많은 경영자들은 과정보다는 결과에 대한 관심만을 가지고 있다.

그러다 보니 몇몇 부서위주로 시스템이 구축되고 실제로 고객접점에서 활용될 시스템이 마케팅부서나 IT부서 위주로 개발되어 현장감이 떨어지게 되는 것이다. 어떠한 방향으로 고객의 정보를 활용하여 고객을 만족시킬 것인지에 대한 대책과 기업의 전사적인 고객관리 업무의 개선이 없다면 아무리 좋은 시스템에 투자를 하여도 얼마가지 못하여 무용지물이 되는 것이다.

값비싼 통합 CRM 솔루션에 의존하는 것 보다는 기업의 문화와 최종 고객과의 접점에서 제대로 활용할 수 있는 자사만의 독특한 CRM시스템 구축이 국내기업 실정에 적합할 수 있다. 즉 한국형 CRM 구축이 필요한 것이다.

CRM 구축은 한 번에 끝나는 사업이 아님으로 고객을 이해하고 고객정보를 수집하는 과정부터 축적된 자료를 분석하고 마케팅전략에 활용하는 모든 과정들이 계속적으로 시스템화되어야 한다.

3. CRM 적용사례

(1) 국내기업

1) 부정 사용자 적발 시스템을 도입한 BC카드사

BC카드는 데이터마이닝 기법을 활용한 부정 사용자 적발(fraud detection)시스템 구축을 통해 고객과의 관계를 강화한 사례이다. 신용카드회사의 골칫거리 중 하나는 타인의 카드를 훔치거나 주워서 몰래 사용하는 것이다. BC카드사는 이런 일이 발생하는 것을 미리 방지하기 위해 데이터마이닝 기법을 사용하였다.

예를 들어 거래당일 누적거래 회수, 거래 간 시간 차이, 평균거래금액 등 신용카드를 사용하는 패턴이 평소 사용하는 특성에서 벗어나게 되면 위험도 점수가 높아지게 되고 이 점수가 일정수준에 이르면 자동으로 거래가 거절된다. 만일 이때 신용카드 가맹점에서 카드를 사용하면 BC카드사로 연락을 요청하는 메시지가 승인 단말기에 해당 전화번호와 함께 자동으로 나타난다. 이렇게 되면 카드사용자는 BC카드사 직원과의 전화통화로 본인여부를 확인하는 절차를 밟아야 하고, 아무 이상이 없다고 판단되면 정상적으로 거래가 이루어지는 것이다.

BC카드사는 이 시스템 도입을 통해 카드의 부정사용으로 인한 손실액을 적지 않게 줄일 수 있었다. 신용카드를 정상적으로 사용하고 있는 일부 회원들이 불편을 호소하는 문제가 발생하였으나, 두 차례에 걸쳐 모델링을 개선했으며 현재는 그와 같은 불편을 최소화하고 있다.

2) 영업력 강화시스템 도입한 한미약품

제약회사는 현재 영업사원의 인맥과 성실성에 의존하는 전통적인 영업방식으로는 더 이상 생존하기 힘든 시장구조가 형성되고 있다. 한미약품은 이러한 현실을 극복하기 위해 영업력강화 시스템(SFA_ Sales Force Automation)을 구축키로 하고 프로젝트에 돌입했다.

구체적으로는 ① 현장에서 직접 사무업무를 수행하고 전달받을 수 있는 영업자동화시스템과, ② 고객이 요구하는 가치정보와 제품정보 그리고 제약기술정보를 영업사원이 적시에 취득하고 제공할 수 있는 영업정보시스템, ③ 유망고객 발견과 고객방문 우선순위 등을 결정할 수 있는 고객관리시스템 구축을 목표로 하고 있다.

이를 위해 한국 후지쯔의 세일즈포스비전(sales force vision) 패키지를 도입, 구축하고 있다. 한미약품의 SFA구축 전략 중에서 가장 돋보이는 것은 제약기술 정보DB를 구축하겠다는 것이다. 고객의 구매패턴을 분석하고, 유망고객을 찾고, 그 고객에게 어떠한 정보를 제공할 것인가를 선택하는 영업정보시스템의 구축은 경쟁사의 전략과 크게 다르지 않다.

하지만 약사와 의사 등 전문가를 대상으로 한 영업이기에 각종 국내외 제약기술정보를 제공함으로써 자사 상품의 구매동기를 유발시키겠다는 것은 차별적인 영업전략이다.

(2) 외국기업

(1) TESCO

최근 영국의 슈퍼마켓 1위의 매출을 자랑하는 TESCO 사례를 살펴보자. TESCO는 우리나라에도 삼성테스코라는 회사 이름으로 진출했었으며 홈플러스를 운영했었다.

TESCO는 1995년 이전에는 Sainsbury's 라는 슈퍼마켓에 이어 2등을 하고 있었다. 그러나 1995년 Club Card라는 일종의 보너스 카드를 시작으로 전세는 역전되기 시작했다. 우리나라에서는 보너스 카드없는 기업이 없을 정도로 보편화되어 있으나 TESCO의 club card는 무엇이 달랐을까?

우리나라에선 항공사 마일리지 카드를 제외하고 보너스 카드는 별 의미가 없다. 이는 보너스 카드가 사용량에 따라 생색내기식의 점수를 가산하고 그에 따라서 사은품이라고 주는 것이 볼품없기에 보너스 카드는 고객으로부터 외면당하고 있다. 따라서 보너스 카드로 인한 매출기여도는 별로 없는데 비해서 보너스 카드를 유지하기 위해서는 매출의 1.5%에서 2.5%의 비용이 든다.

그러나 TESCO는 달랐다. TESCO는 우선 고객의 구매금액의 1%를 현금으로 돌려주었다. 누적금액이 400파운드 이상되면 4파운드짜리 즉시 현금화할 수 있는 쿠폰을 메일로 송부해주었다. 이때, 고객의 구매패턴에 따라 필요한 할인쿠폰도 같이 송부했다.

뿐만 아니라 1년에 4회 잡지를 우송했다. 이 잡지는 모든 고객이 동일하게 받아 보는 것이 아니라 고객의 라이프스타일에 따라서 15종의 잡지로 나누어 발간했고 표지모델에서 내용, 광고까지 모두 해당 라이프스타일에 맞추어 잡지를 발간했다. 고객은 TESCO에 오면 반드시 club card를 제시한다. 그리고 고객은 현금쿠폰 등 다양한 할인혜택과 자신의 라이프스타일과 구매이력에 따른 신규상품을 추천받는다. TESCO는 이런 데이터를 모아서 다양하게 분석했으며 그 결과를 철저히 비즈니스의 의사결정에 반영했다.

우선 눈에 띄는 것은 고객세분화(segmentation)를 아주 다양하게 하고 이를 기준으로 모든 비즈니스 프로세스를 달리하고 있다.

여기서 중요한 것은 세분화된 고객군(group)별로 매출목표를 잡았다는 것과 고객별 매출목표에 미달하면 중앙마케팅 팀에서 특별지도를 한다는 것이었다. CRM에서 TESCO의 훌륭한 점은 고객 세분화를 캠페인에 활용하는 것뿐 아니라 각 고객군 별로 비즈니스 프로세스가 다르게 되어있다는 점이다. 실적도 따로 관리하고 있으며 각 고객군이 구매하는 제품별로 매

출액이 관리되고있다는 점이었다. 고객군과 선호제품을 연계해서 분석하고 있고 그에 따라 관리도 되고 있다.

또한 이를 관리하는 부서 역시 CRM 팀이라고 따로있는 것이 아니라 마케팅팀에서 전체 1000여개 점포에 대한 관리를 중앙집중식으로 하고 있다. 그러므로 전체적인 고객대응을 일관되게 할 수 있는 장점이 있다.

2) 가전회사 필립스

가전회사 필립스의 사례를 보면 효과적인 CRM 전략실행이 수익창출에 긍정적으로 기여함을 알 수 있다. 필립스는 2002년 이후 가전시장에서 차별화 전략의 일환으로 CRM에 투자했다. 기업고객과 일반고객 모두와 장기적 관계를 맺음으로써 고객 로열티를 확보한다는 목표를 달성하기 위해서였다.

고객과 밀착관계를 형성한 결과, 필립스의 온라인 판매가 늘어났고 매출도 700만달러 증가했다. 필립스는 CRM을 통해 고객의 욕구와 선호도에 대한 세부정보를 수집했다. 이러한 정보를 바탕으로 한 타깃마케팅 캠페인은 고객의 응답률을 높였으며 그 결과 350만 달러의 수익효과를 거둔 것으로 추정되었다. 뿐만 아니라 필립스는 CRM을 바탕으로 유럽과 북미지역 B2B(business to business) 고객들에게 주문상황을 스스로 확인할 수 있는 주문과정 자동화 서비스를 제공해 약 1080만 달러의 비용감소효과를 거뒀다.

TRENDS 망원경

온라인 물품 배달 전문, '디지털경제'에 신속 대응

프랑스에서 식품 배달업 규제를 강화한다는 소식이 들리자 업계가 긴장하고 있다. 웬일로 프랑스가 새로운 디지털경제 주체의 등장에 발 빠르게 대응했다. 정부가 대도시 선출 의원들의 압박에 밀려 지자체 편을 들어줬다. 배송 전용 매장 '다크스토어'는 이제 '상점'이 아닌 '창고시설'로 분류된다. 이에 따라 앞으로 다크스토어를 열 때 지자체 규정을 적용한다.

급속한 증가

다크스토어는 코로나19 유행으로 1차 이동제한령이 떨어진 뒤 파리를 비롯한 광역도시에 우후죽순으로 생겨났다. 대표 브랜드로 고릴라스(Gorillas), 고퍼프(Gopuff), 플링크(Flink)가 있다. 영업 목적은 단순하다. 손님이 인터넷으로 장 본 것을 최대한 빨리 배달하는 것이다. 작은 마트와 비슷한 가격대에 생수, 파스타, 과일, 치즈, 샴푸 등 프랑스 소비자가 많이 찾는 상품 1천~2천 개를 판다.

수만 가지 상품을 파는 대형마트에 견줘 취급하는 상품이 월등히 적다. 하지만 소비자는 물품 진열대 사이를 오가는 대신 스마트폰으로 원하는 상품을 찾아 장바구니에 담으면 '몇 분' 만에 집으로 배달받을 수 있다. 실제는 어떤지 몰라도, 일단 애플리케이션에서 하는 약속은 그렇다.

그 약속을 지키려면 업체는 배달의 어려움을 극복해야 한다. 그래서 거주지역 안에 물류시설(다크스토어)을 짓기 시작했다. 한 동네에 브랜드마다 다크스토어가 평균 한 곳씩 있다. 파리에선 2022년 초 다크스토어 수가 벌써 80개에 이르렀다. 리옹, 마르세유, 낭트, 릴 등 다른 대도시에 있는 다크스토어를 모두 합하면 70개가 조금 넘는다. 영업활동이 아직 제한된 공간에 다크스토어가 집중됐음을 알 수 있

022년 2월 독일의 배송 스타트업 '고릴라스'의 직원이 네덜란드 로테르담 시내에서 소비자가 인터넷으로 구매한 물품을 배달하고 있다. 프랑스를 비롯한 유럽 각국의 대도시에선 코로나19로 이동제한령이 내려진 뒤 배송 전용 매장 '다크스토어'가 급속히 늘어났다. REUTERS

다. 장바구니 배달서비스 산업이 빠르게 성장하는 추세라고 해도 말이다.

2018년 이전만 해도 프랑스에서 그런 서비스를 찾아볼 수 없었다. 사업을 키우기 위해 플랫폼업체들은 다크스토어 수를 마구잡이로 늘렸다. 그때마다 지자체와 협의를 하는 둥 마는 둥 하거나 아예 하지 않았다. 지금까지 다크스토어는 '클릭 앤드 콜렉트'(온라인에서 상품을 주문하고 오프라인 상점에서 찾아가는 서비스)를 이용할 수 있다는 점을 내세워 상점으로 분류됐다. 하지만 온라인으로 구매한 물품을 찾으러 상점에 가는 이용자는 드물었다.

그러다 2022년 9월 초 프랑스 정부가 다크스토어를 모두 창고시설로 분류한다는 내용의 행정명령을 발표했다. 이런 변화는 지자체에 다크스토어 규제 수단을 쥐여줬다는 점에서 의미가 크다. 창고시설 건축 허가구역과 건축 조건, 건축 금지구역은 도시계획에 따라 지자체가 정하기 때문이다. 파리에서는 다크스토어 수십 곳이 문을 닫거나 다른 곳으로 옮겨가야 한다.

논란의 이유

그런데 왜 다크스토어를 규제하려는 걸까? 첫째로 소음 문제가 있다. 스쿠터가 오가는 소리에 도로변에 사는 주민뿐 아니라 배송지 근처 주민들까지 피해를 보고 있다. 귀스타브에펠대학 소속 연구소인 '로지스틱스 시티'의 레티샤 다블랑 소장은 이를 두고 "전기스쿠터로 바꾸면 해결할 수 있는 도로 환경관리의 문제"라고 말했다.

배달원의 노동조건과 지위에 대한 비판도 나온다. 다블랑 소장은 "배달원이 노동자로 인정받기 시작했지만, 그래도 현재 업체 대부분은 개인사업자 자격을 얻을 수 있는 사람에게 배달을 맡기는 추세"라고 설명했다. 배달원의 지위는 플랫폼업체마다 다르다. 다크스토어에서 일하는 노동자와 개인사업자의 비중이 얼마인지 알 만한 통계가 아직 없다.

다만 딜리버루(Deliveroo) 등 음식배달 플랫폼업체의 배달원처럼 처우가 나쁘지 않을까 하는 우려가 있다. 다블랑 소장은 "대다수가 개인사업자인 음식배달원은 배달사고율이 매우 높다"며 "파리에서 배달 경력 1년 안에 한 번 이상 교통사고가 난 음식배달원의 비중은 전체의 3분의 2 가까이 된다"고 말했다. "대부분은 응급실로 갈 만큼 큰 사고였다." 퀵배달의 어두운 면이다.

환경문제도 있다. 다크스토어가 몰린 광역도시에서 스쿠터가 소비자 문 앞에 두고 간 상품이 비닐봉지에 담겼을 가능성이 크다. 그전에는 소비자가 직접 장바구니를 가지고 근처 마트까지 걸어가거나 대중교통을 이용해 장을 봤다. 배달서비스로 바뀐 생활양식이 탄소발자국을 더 깊게 남길 수밖에 없다.

이들 사안을 다크스토어는 지자체와 협의해야 한다. 업체의 어려움은 또 있다. 여느 초기 기술기업과 마찬가지로 다크스토어는 사업 초기 수익률이 낮아 단계적인 자금 모집을 통해 성장하려 한다. (기술 거품이 가라앉기 전인) 2022년 초 업체별 출자 자본금을 보면 스페인 업체 글로보(Glovo) 20억달러,

독일 업체 고릴라스 30억달러, 튀르키예의 대형 업체 게티르(Getir) 120억달러였다. 투자자 목록에는 대형 유통업체 이름이 자주 눈에 띈다. 카지노 그룹의 자본이 들어간 고릴라스는 그룹 자회사인 모노프리의 상품을 유통한다. 다른 배달업체 카주(Cajoo)의 주주는 카르푸다.

낮은 수익률

이들 스타트업의 성장이 빠르긴 하다. 하지만 마케팅과 프로모션에 들어가는 지출을 감당할 만큼의 재산성과는 아직 거리가 멀다. 이런 사업이 언젠가 수익을 낼 수 있을까? 희망은 없어 보인다. 배달서비스의 경쟁이 매우 심하고 기존 업체들은 이미 이윤을 많이 낮췄다. 이를 증명하듯 신생 배달업체의 역대 최고 자금 모집 공고는 2022년 초부터 해고 소식으로 바뀌기 시작했다. 고릴라스와 고퍼프는 각각 300명, 450명의 해고 소식을 알렸다. 게티르 역시 인력의 14%인 4500명을 해고했다. 사회, 환경, 경쟁, 재정의 난제가 퀵배달 사업에 쌓여 있다.

• 출처 : 이코노미 인사이트 2022년 11월 1일

참 고 문 헌

- 김동진외, 재방문의도 및 구전의도 형성과정의 제품과 서비스 간에 차이에 관한 연구, 호텔경영학연구, 2010.
- 김승욱외, 유비쿼터스 컴퓨팅시대의 고객관계관리, 형설출판사, 2004.
- 김이태외, 고객관계관리, 도서출판 대경, 2005.
- 김 인외, 행정서비스 현장 고객만족도 영향요인, 한국행정논집, 2007.
- 김형길외, 마케팅의 이해, 도서출판 두남, 2010.
- 남승규, 의사결정 관점에서 본 고객만족과 소비자참여, 한국심리학회지, 2010.
- 박성수, CRM과 짜장면 배달, 시대의창, 2006.
- 오수균외, 마케팅원론, 도서출판 두남, 2010.
- 유명희, 의료관광마케팅, 한올출판사, 2010.
- 이범희, 고객관계관리, 학현사, 2013
- 이정학, 서비스경영 제3판, 기문사, 2009.
- 전타식, 성공하는 비즈니스마케팅, 도서출판 두남, 2007.
- 전타식, 쉽게 배우는 창업경영론, 도서출판 두남, 2009.
- 전타식, 쉽게 배우는 경영학원론, 도서출판 두남, 2014.
- 박종오외, 마케팅 2판, 도서출판 북넷, 2017.
- 안광호, 고객지향적 마케팅, 도서출판 북넷, 2017.
- 정은미외, 서비스청사진의 실수가능성 분석을 통한 항공사 기내서비스의 고객불만분석, 호텔경영학연구, 2009.
- 조원익, 실패한 마케팅에서 배우는 12가지 교훈, 위즈덤하우스, 2005.
- 함봉진외, 인터넷마케팅, 도서출판 두남, 2010.
- 현영섭외, CBC를 적용한 고객응대역량 모델링 및 CS교육프로그램개발 사례, 인력개발연구, 2008.
- Liu and McClure, 한국 소비자를 대상으로 한 불평행동에 관한 연구, 2001.
- Levy외, 소매경영, 한올출판사, 2004.
- Lucas, 고객서비스 어떻게 할 것인가, 도서출판 석정, 2002.

- 경향신문, 2022년.
- 매일경제, 2022년.
- 이코노미스트, 2022년.
- 이코노미인사이트, 2022년.
- 주간경향, 2022년.
- 중앙일보, 2022년.
- 포브스코리아, 2021, 2022년.
- 한국경제, 2022년.
- 한국경제TV, 2022년.
- ECONOMY CHOSUN, 2022년.
- SBS Biz, 2022년.
- SERI 경영전략실, 2022년.

찾 아 보 기

<국문색인>

ㄱ

ㄴ

ㄷ

ㅋ

ㅌ

ㅍ

ㅎ

<영문색인>

저자소개

■ 전타식

전타식 교수는 현재 전주대학교 미래융합대학 농식품경영학과에 재직하고 있다. 그는 국립 인천대학교 경영학과를 졸업하고 중앙대학교에서 경영학석사(MBA)를 취득, 국립 인천대 학교에서 마케팅 전공으로 경영학 박사학위(Ph. D.)를 취득했다.

그는 대학졸업 후 (주)삼보컴퓨터에 입사하여 마케팅, 해외영업, 국내영업 등 다양한 업무에 투입되어 역할을 해냈다. 특히 (주)삼보컴퓨터에 근무하면서 국내 주요 TV홈쇼핑에 디지털리스트로 수년간 출연하며 판매매출 기록을 꾸준히 경신하는 등 고객판매 부문에서 신기록을 세우기도 하였다. 그는 십 수 년 동안의 기업 비즈니스 경험과 (주)엑스퍼트컨설팅그룹에서 기업 고객을 대상으로 고객관계관리, 마케팅, 유통, 세일즈 등의 전문 강의를 했던 노하우 등을 살려 장안대학교 프랜차이즈경영학과 등 15년 동안 대학에서 전임교수로 제자들과 정보를 공유하고 그들 삶의 방향을 제시하는 중요한 역할을 해왔다. 또한 한국농수산식품유통공사(aT) 농수산식품유통교육원 마케팅 교수로 활동할 때는 농식품산업 종사자들과 함께 현장문제 해결을 위한 창의적 접근과 파트너사와의 협업을 위해 노력해왔다.

그의 관심 연구 분야는 농식품 유통 및 마케팅, 감성지능, 세일즈, 고객관계관리, 소비자 행동, TV홈쇼핑 등이며 이러한 관심분야에서 활발한 연구 및 저술활동을 하고 있다. 그는 유명학술지에 꾸준히 논문을 발표하고 있으며 「유통원론」, 「POSITIVE경영학원론」, 「창업경영 Basic」, 「CRM고객관계관리」 등 경영관련 저서 출간에도 힘쓰고 있다.

또한 그는 한국고객만족경영학회, 국제e비즈니스학회, 대한경영정보학회 등에서 활동중이며 산업통상자원부 산하 한국산업기술평가관리원기술개발기획평가단 정위원, 농수산식품유통교육원자문위원, 경기도경제과학진흥원 제안평가위원, 시흥시산업진흥원 지역산업 전문위원, IBK창공 및 스마트벤처캠퍼스에서 청년창업자를 위한 자문 멘토로 그 역할을 다하고 있다.

그는 매일매일 클래식음악과 올드 팝을 즐기고, 눈보다는 비를 좋아하며 특히 쇼팽과 김광석의 음악에 대해서는 '매니아'라고 자칭한다.

강의, 워크숍 및 컨설팅 문의

ibecomeceo@hanmail.net

저 자 와 의
협 의 하 에
인지생략함

CRM 고객관계관리

2017년 8월 10일 1쇄 발행
2023년 7월 15일 2판 1쇄 인쇄
2023년 7월 20일 2판 1쇄 발행
2025년 8월 12일 2판 2쇄 발행

저 자 전 타 식
발행인 류 재 식 · 박 용 범
발행처 도서출판 북 넷

서울시 용산구 효창원로70길 46 대신빌딩 2층
등 록 2010년 6월 7일(제2010-000069호)
전 화 (02) 395-2341
팩 스 (02) 395-2303

값 34,000 원

ISBN 979-11-86947-71-5(93320) e-mail : book2341@naver.com